山右叢書·二編

七

上海古籍出版社

山右歷史文化研究院　編

目録

條麓堂集（下）

〔明〕張四維 撰
張志江 點校

條麓堂續集

〔明〕張四維　撰

張志江　點校

條麓堂續集卷十三

條麓堂續集卷十九

條麓堂集（下）

〔明〕張四維　撰

張志江　點校

條麓堂集卷二十五

碑　文

榮河尹望海侯君重建邑城碑

榮河，古綸也，夏后少康之邑，爲漢、唐畿内地，控河、汾之匯，枕秦、晋之交，觀元季武壁遺迹，防禦視他郡爲要。然地無崇山峻嶺之阻，兵無屯衛之固，即一旦草藪竊發，輒燎原莫撲，防禦之術，又以城池爲要。乙卯歲季，秦、晋地大震，邑敗數十城，一時凶宄乘便剽劫，邑西則有沿河獷夫亂流而東，邑東則有藩府屯卒乘原而西，民洶洶莫必其命，則城池之守又惟此時爲要。而大變所摧，基址僅存，民敝不任，財匱莫出，鳩工興務，有甚難于時者，人瘼天灾，于斯極矣。丙辰，天子方大計天下群吏之治，聞變惻愴，命冢宰擇守令之賢者、才者往撫疲民，興廢政。深澤令鄆城望海侯公有卓異績，遂擬公榮河，天子俞之。公祗嚴德意，鋭以蘇困起廢爲任，始至，即練鄉兵，倡勇敢，精器械，揚威武。諸盗既懾，城守是先，遂略地勢而相視之，闢新制，聯舊基，周繚共得里九餘步十三。通邑民而均役之，凡幾人役一丁，得丁凡四千。丁四日一役，日役者一千丁，用以不妨農務。慮財用而委輸之，凡監司給濟若干金，富民願助役者若干金，而公區辦若干金，共得百餘金。量難易，命徒庸，計時日，平遠邇，令既具，擇邑父老之良與子弟之能者分督之，獎率有術，餱偫咸裕，板榦斯竪，畚鍤丕作。經始于五月丙寅，越六月丙午城成，凡爲日四旬有一。于是城東、西、南爲門者三，南、北爲重門者二，門各冠以重樓，併西城爲樓者四。崇墉造天，嚴扉重閉，烽櫓連望，實備實美，煒若神造，屹然河、汾之巨防矣。民既安堵，公遂覈田賦之奸欺，均繇役之次第，浚瀵魁之淤源，平鈐[一]織之獄訟，創書院以群業，明經術以正趨，百姓悦豫，多士大和，訢訢乎向道樂生，忘其爲創殘之餘也。邑庠教諭孝光先，訓導高鳳、王夢弼，暨諸生王濟、張璉、柴騰、李世安、潘希皋、衛守仁、范道亨等，投牒分守石首王公，以樹碑請，遂告予，屬之言。予惟孔子作《春秋》，凡土功必書，所以重民力、垂鑒戒也。然自天下爲家，城郭、溝池以爲固，司險掌固，屬在夏官，凡以思患豫防，域民奠國，殷、周盛王之所不廢也。恃陋不備，於莒斯誅，蓋《春秋》非惡用民，惡用民之輕爾。昔叔敖城沂，使封人慮事，以授司徒，量功命日，分財用，度有司，事成，不愆于素。夫叔敖舉楚國之政，當閒暇之期而城一邑，是財力有餘也，猶見美當時，垂聲後世。而况公承凋瘵之後、恇攘之中，財力俱詘，爲必不得已之舉，賦不及民，刑不及役，量勢以興，計日而就，視城沂之美，與敖有光，其難易則倍殊矣！使當春秋之前，聖人固將大書起例以詔後者，而謂凡城之志皆譏，固穀梁之舛也。予既述公之績，併系以詩，俾汾陰之民世咏之，章善以情，傳遠以信，寧惟史職，固亦《春秋》意哉！詩曰：

在晋西陬，邑曰汾陰。陰迫陽激，谷峙陵湛。越有獠狡，當晝荷戈。讙呶趫捷，其徒如麻。人忘厥身，疇恤有家。天子念我，命我侯公。戴星載馳，單車自東。顧境衺徊，不遑底處。哀我矜人，糾我義旅。太乙揚旍，讋彼狐鼠。乃相原隰，乃理墉洫。豐庳示中，先後以式。衆庶歡騰，式呼以舞。登土轟雲，决渠溜雨。賈力争先，崇朝百堵。乃作重門，鐵扇石樞。乃擢危樓，修橑荷桴。峭岸緣流，横雲斷衢。颸寧霾浄，嵬爾雄區。昔公未來，田穢于萊。稺遺載道，衆心孔哀。公既至止，婦子燕喜。西隴南郊，俶載禾黍。靈瀵既陂，秔稻環郛。白鹿載闢，衿珮群趨。我邑既覆，維公復之。我民既殄，維公育之。我願我公，百禄是綏。延于永世，頌此刻詩。

陵川縣君貞節碑

陵川縣君者，皇明宗室女也，父曰輔國將軍聰淙。瑶潢托體，瓊珮閑儀，婉嫕〔二〕幼成，終温且惠，笄年選配儀賓裴禹卿。禹卿者，前東平太守之仲子也，弓冶紹其華胄，琴瑟偕其静好，肅雍有度，順巽不渝，家人内外，莫不宜之。會嘉靖乙卯秦、晋地大震，連城盡圮，比屋陸沉，蕭芝同焚，玉石俱碎，人死者以數萬計，禹卿與焉。縣君痛軫所天，信堅皦日，哀腸慷慨，自惟一死以爲安，姻黨留連，勸譬百方而不變。禹卿將殯，縣君以首觸棺，叩心泣血，而大慟曰："盍少待，即同歸也。"翌日，乃歸寧父母、兄弟，永訣以旋，其夜遂投繯而死，年才二十有一爾。蘭蕙淑姿，溘先于朝露；松筠茂節，凛著于歲寒。行道爲之傷心，義士因而隕涕。嗚呼！烈矣。夫大倫所係，厥綱惟三，女子事人，在義從一，此風化之本原，寔禮教之攸始，是以圖史列其表儀，彤管著其潛懿。若奔流驟至，寧載溺而需符；若烈焰在堂，甘自焚而待姆。或歸尸而書户，或剺耳以投棺。莫不掩嫮中閨，傳芳邈代，苟非自天降哲，聞禮克持，夫豈能矢死靡他，從容就義若是哉？嗟嗟縣君，視往牒信有徵矣。于是守臣高其節誼，奏之天子。天子感焉，乃詔秩宗表厥宅里。華坊巀嶪，風穆動于丘閭；正氣崚嶒，名赫揚于河嶽。振兹人紀，重我宗盟。縣君有弟二人，爲奉國將軍俊権、俊㖩，樂善能文，篤親追遠，擬鐫貞石，用永徽猷。以維嘗從太史之末，俾屬傳信之辭，九京可作，一言不愧。銘曰：

奕奕銀漢，于天爲章。婉婉淑女，王家之光。厥光惟何？皎焉貞烈。霜雪匪厲，金石可裂。桃李穠華，初配君子。奉榛采蘩，惟恭敬止。結髮偕老，百歲是期。早歲不夭，明靈曷知？自古先民，修短均死。夫亡與亡，我心則爾。父母憐女，舅姑惜婦。勉以無死，我心則否。瑜珥錦繒，忍復戴服？蓬首槁容，忍復膏沐？去此白日，即彼玄夜。蒿里偕歸，魂魄相藉。北風淒淒，朔雲無暉。萬人哀感，神鬼嘘唏。帝謂禮臣，旌是淑節。樹儀國姓，系美皇牒。條涑之墟，崇丘窈窕。植有連枝，翥惟雙鳥。日星永明，川原永平。南山片石，千秋令名。

誥封通議大夫南京兵部右侍郎槐莊杜公神道碑

萬曆丙子五月五日，封南京兵部右侍郎杜公槐莊卒，其子工部侍郎拯屬告在里，奉公終，乃走使者籲闕下，上爲降恩綸諭祭，命有司營葬如制。初，司空與余舅今大司馬王公同官比部郎，奉公及余外祖贈少保公各就養京邸，歲時耆英社會，余時走試春官，嘗以通家子謁公，奉色笑焉。至是，司空乃以范太史所爲公狀示余徵銘，用揭于阡左云。按狀，公諱晞，以字行，曰士希。其所居介龍潭間，卜小築于其滸，手自植槐焉，因號槐莊。公生而頎秀警敏，稍長，從經師受弟子業。乃經師一見輒異之，期以遠到，竟以親老故弗能離膝下待試，而晨夕奉菽水歡。事繼母孝謹，一如事父。迨父没，又益夔夔篤也。與其弟某同居五十餘年，有無均之，仍躬拮据而畀之産。有女兄既嫁而寡，家復落莫，則捐貲割地，恤其子若孫，其女兄藉是得以節終焉。蓋天性孝友如此。教諸子嚴而有法，不第課佔僤以徼世資。司空公弱冠舉進士，仕郎署矣，乃其訓敕之嚴，弗以子貴故暫輟也。比部郎職得讞中外疑獄，公屬在宦邸，所與昕夕論議，常左刻核而右平恕，復著《法原》以示，司空謹奉教，遂以平允見稱。會河間王氏子以告訐興詔獄，詞所株連無辜甚衆，司空悉與申雪之，而抵罪王氏子，以是忤旨，遭廷杖，外謫。公不以爲戚，仍朂司空曰“臣職不啻若是”，蓋其識度淵矣。公雖夙棄舉子業，而博涉洽聞，譚世務悉中肯綮，至廣座發難吐奇，令衆口自廢。司空官比部及自謫居稍遷留曹郎，皆迎公就養。公以故由越入吴，逾淮涉濟，縱觀兩都之勝，諸所嘯咏留題，見者咸擊節稱賞也。比自留都歸，乃始慨然嘆曰：“天下之壯遊盡是矣，吾且終老菟裘。”遂杜門下楗，即有禮於其廬者，亦翛然簡接云。居常念先世祠墓傾圮，且家乘、禮儀闕然未備，乃爲繕祠宇，秩祀事，倣《朱子家禮》、《蘇氏族譜》立爲宗約，而裁之以獨見。杜氏族指繁，公於行爲最尊，衆有紛競，第取公片言立决。族有祭田，有公田，有湖地，公按籍授事，悉窒諸奸利孔，族衆甚宜之。然性復輕財好施，族黨中貧弗能葬者，窶無以爲業者，婚娶弗能以時者，輒推所有賑之，如償宿負，以故人人懷德而服從其教。昔萬石君家不言而躬行，視此豈異哉？宜乎公之有子也。公生于弘治戊午，享壽七十有九。卒之日，夙戒家人具湯沐，比午集子弟，以節事會食于中堂，日晡乃危坐逝，其令終如此。公曾祖旋，以子參貴贈儒林郎。旋生修，修生欒，即公考也，贈如公官。嫡母鄒、生母張俱贈淑人。繼母孫、公配游氏累封淑人。生丈夫子三，長即少司空拯，嘉靖戊戌進士；次哲，貢入太學，先公卒；次播，隆慶辛未進士，知臨清州，亦先公卒。孫男三：伯初、應初、愼初。曾孫男二。銘曰：

淵之匯，流則長。根之蟠，燁其芳。兹天道，信有常。猗惟公，德可量。裕乃躬，化斯鄉。慶所篤，胤是昌。民攸庇，世之望。孝養備，壽且康。都顯榮，歿亦光。鬱斯丘，封若堂。神于依，風載揚。山矗矗，川瀼瀼。千萬年，永不忘。

特進光禄大夫柱國少師兼太子太師吏部尚書建極殿大學士贈太師謚文貞存齋徐公神道碑〔三〕

當嘉靖末載，世風之溷濁甚矣，民不見德，惟賄是聞，四夷交侵，萬民失業，天下勢蓋岌岌乎其殆矣。一旦肅皇帝赫然斥逐盜臣，而以政柄歸之徐文貞公，若雷霆震而妖怪伏，陰翳披豁而旭日升也。令出朝堂，不崇朝而歡聲暢于四海，若蘊隆焚爓之極而時雨沛也。由是中外洒然易慮，士大夫得以守身修職，自見于世，争自淬礪，以名節相尚，苞苴屏絶，清議凛凛，回視前日寵賂狼籍，狎習而不怪者，若異世事矣。未幾，廢墜興，瘡痍起，流徙者復，怨畔者靖，文武小大吏咸黽勉理其官守，内撫外攘，國勢儼然增重，迄于今賴之。夫是時道敝風淪二紀餘矣，久難變而極重不可返也，識者憂焉。乃清濁分規，安危異度，成功化于俄頃間，而貽諸永世如此，豈非忘身徇國之忠、正己格物之效？夫固有不言而信、不行而至者哉。嗚呼！肅皇帝臨御凡四十六年，其知人善任之弘猷盡善克終，于是爲不可及已。公諱階，字子升，别號存齋，松江之華亭人。父贈特進光禄大夫、柱國、少師兼太子太師、吏部尚書、建極殿大學士思復公黼，母贈一品夫人顧氏。思復公嘗丞宣平，以弘治癸亥九月二十日生公于官舍，有異徵焉。公警敏性成，弱不好弄，知學即隱然有巨人志。嘉靖壬午舉于鄉，癸未登鼎甲，授翰林院編修。予告歸娶，尋丁思復公憂。服闋復職，益孜孜務實學，德日進。俄以議孔廟祀典忤旨，謫福建延平府推官。滿三載，遷浙江按察司僉事，提督學校，升副使，移任江西，江浙士至今頌公德教不衰。己亥，册立東宫，召公爲司經局洗馬兼翰林院侍讀。公去國且十年矣，歸而望益重。丁顧夫人憂。終禫，以國子祭酒徵。上遲其至，屢語侍臣趣之，由是人始知宸注于公者隆也。再逾年，升禮部侍郎，改吏部。公則榜卧内曰：“嗟！汝階二十一而及第，四十三而佐天官，國恩厚矣，有不竭忠殫勞，而或植黨鬻法，背公自營，以干神譴，將殃及子孫，可不畏哉！”蓋其事心之嚴如此。尋兼翰林院學士，教習庶吉士，擢禮部尚書。時部務久不治，壅爲弊竇，猾胥夤緣爲奸利，紛不可詰。公乃詳徵故牘，參稽近事，諸所沿習，若宗藩封爵、文武大臣恩恤等例，悉折衷情法，裁定畫一奏之。又澄汰太常寺、太醫院官生，四夷館通事，光禄寺厨役，凡遊惰失職并寄空名不事事者若干人，絜爲考選、稽試、登黜之令，額定其數。于是政紀清肅，人罔倖心。莊敬皇太子薨，上欲令百官毋制服，公以禮争之，遂服衰。既而，以册立皇太子請，不報，連請之。上察公忠勤，召儤直西内，加太子太保。會虜十餘萬騎入薄都城，中外大震，莫知所爲。公疏請出邊將以罪繫獄者，令輸死自效。又請無禁關厢民之入城避寇者，宜籍其壯勇充行陣；京軍脆怯，見虜恐奔潰不支，宜配以大同健卒，屯城隅爲關厢捍護。又請上出視朝，召群臣問計。由是都人恃公，心稍安。内閣因請令公督調九門，公亦自請視師。上不欲公遠左右，不許。俄虜縱所掠馬房内使還，以番書求貢。上召内閣及公，諏所以應之。分宜謂：“饑虜掠食耳，不足慮。”公曰：“今環城皆虜，所焚屠至慘矣，豈止掠食？宜亟圖剿禦。”上目公曰：“然。”公因進言：“今我戰守具未備，虜求貢，雖誠僞未卜，宜從權以款之，遣使往詰來文真贋。即虜誠也，責令斂兵出塞，介邊臣爲請；即不誠，則使往返間，我四方兵至矣。”上稱善者再。時有謂朵顔三衛導虜入者，議集其入貢使詰責之。公曰：“事無左驗，而遽顯詰之，虚且失夷心，實則罪在不赦，而我力未能討，是驅就虜也。不若但以捍圉不虔責之。”諸夷使果慴伏，上由是益知公可大用。及叙薊鎮獲諜功，上特筆加公少保麻，拜旦夕矣。會奉旨，欲祔孝烈皇后太廟，祧仁宗主，令廷臣集議。衆知其非，莫敢言，公執以爲不可。上怒，誚其專禮，令再議。公請增太廟爲十一室，祔孝烈，而亦不祧仁宗。上不從，竟祧仁宗。再逾年壬子，上意解，始命公兼東閣大學士，參機務云。是時，分宜方縱其凶子以漁貨于四方，濁亂國經，漫無紀極，且猜忮隱狠，鋒距百出，既與公枘鑿不相入，而外論復推公籍甚。公蒿目時艱，欲拯之，不啻援溺救焚，而形格勢禁，摇手觸忌，又不忍默默坐視，負上特知，乃外晦内貞，隨事自效，冀有所維持匡正而不著其迹。于時有世道慮者，咸爲公危慄，謂不異藉虎枕蛟云。賴上明聖，察公忠謹，專一眷信，久益篤。一品三載，詔進光禄大夫、柱國兼太子太傅、武英殿大學士。六載，加少傅。滿九載，改吏部尚書，尋加太子太師。西内永壽宫火，上雅不欲還大内，徙居玉熙殿。公朝夕徬徨，曰："此非至尊安居所也。"乃請掄三殿餘材營之，躬爲督視，數旬而工成。上大悦，更名萬壽宫，進公少師。上雖深居法宫，然殷憂天下，四顧臣工，無與分猷念者，習見公肫肫保民憂國之誠，内善之，自是密札諮問，交午公所，其及分宜者希矣。會御史鄒應龍盡發分宜子世蕃奸狀，上震怒，勒分宜致仕，下世蕃獄，戍之。于是公始爲政，乃揭三語座隅，曰："以威福還主上，以政務還諸司，以是非賢否還公論。"蓋是三者，分宜皆擅而私之，爲中外痛心疾首者也。分宜既去，諸比周附麗、干紀作奸、布在列位者先後爲言官糾繩，多得罪去。乃言者搜剔大苛，益抨擊不已，上厭之，以語公。公婉詞爲解，上不樂。會問知人之難，公因對言："大奸似忠，大詐似信，故知人之哲，帝堯猶難之。欲易其難，無過廣聽納者。聽納廣，則窮凶極惡人爲我攖之，深情隱慝人爲我發之，未用者不濫進，已用者不倖留矣。故聖帝明王必廣求言之路，用其言之善者，而容其未善者，則嘉言競進矣。"上亟稱善，意乃解。是時朋淫既黜，公旁引正人，或拔自散寮，或起諸巖穴，于是中外彬彬，仁賢在列，曩時蠹國殃民之政次第更置且盡，天下莫不想望風采。乃公自惟承積蠱後，以多故爲憂，内之則〔四〕日延賢士大夫，廣詢民瘼，求康阜長計；外之凡竿牘往還，必究極利弊，敷腎腸相示，俾人獲自盡，期于成功。上剛明任決，釐慮萬幾，凡四方所上章奏，每事與公疇度，手敕、秘札晝夜絡繹下。公故以恭謹得上心，既承專任，益傴僂懼隕越，沓至促應，未嘗逾頃刻期，夜則具楮墨、燈火以候，不敢安寢也。時上方崇齋祀，益以應制文，勞甚矣。或謂公，公曰："君猶天也，臣子義靡所憚勞，吾豈不知愧諸少年，顧取一己名不難，念誰與上共天下者？"蓋其心良苦矣。久之，上益信嚮公，進建極殿大學士，又特旨加上柱國，公力辭。又賜以上方玉帶。嘗因公乞骸手批答之云："卿念在邦民，誠圖寧固，宜贊朕不及，罔棄是思。"旨下，舉朝異之。公嘗有小痾，上出内苑珍劑二罌以賜，手札温諭，宛若家人父子間云。是時上春秋高，亟求祈年術，諸迂怪士競獻異藥。公多方譬止，勸上勿餌。黄岡大猾胡大順者，往夤緣陶仲文用事，尋以罪斥還籍，至是復詭稱以乩事吕仙，獲萬壽金書及鍊水銀爲神丹術，服之不老，賂上所幸道士藍田玉等，令其子上書言狀。上意動，田玉等輒陰召大順入京。上欲復用之，以問公。公極言其誣罔狀，且曰："詐傳旨，在律必誅。今不治，異日夜半出寸紙，有所指揮，誰能辨者？"上大悟，乃下諸人者于獄，悉論死，自後遂無敢復以不經語試上者。乙丑，上有疾弗懌，屢以禪繼爲言。公皆踧踖婉曲以對，因請舉册立典，不報。俄上欲南幸承天，内中嚴辦趣發矣，人心皇皇，諸司皆失措。公諫止不從，則再三危言之，上竟用公言罷行。丙寅冬，上疾大漸，覺前後爲方士所誤，有悔心，俄而棄群臣。公哭之慟，乃緣上意草遺詔，諸秕政宵人一舉而芟蕩之。詔下，士民多感泣者，人擬之嘉靖登極之詔，謂爲世廟善始令終之懿典焉。穆宗臨御，以公先朝耆碩，傾心委任，每事虚己受成。然更代之際，庶政填委，兼以朝儀久廢，百務創始，公殫精徇國，兼總巨細，頓減常食，遂決意求去。上勉留至懇，公意竟不變，一歲中疏凡十餘上，始得請。乃賜敕給傳，遣官護送以歸，仍令有司月給廩六石，歲撥夫十名，示優眷焉。時隆慶戊辰秋也。迨萬曆壬午，輔臣等以公壽八帙聞，天子爲之動容，乃降敕，遣行人存問，賜白金五十兩、大紅蟒紵一襲、彩幣四表裏。公遣孫詣闕謝，疏末勸上清心省事，講學勤政，登廉斥貪，緩征寬役，語亹亹出衷懇。上覽而善之，詔官其孫，爲試中書舍人。越明年，癸未閏二月二十六日，公遂薨。上聞訃，輟視朝一日，賜祭十三壇，遣官治葬，贈太師，謚文貞，録一子尚寶司丞，蓋恩禮之始終備矣至矣，非公之元忠懋德，功在社稷，其孰能當之？公德本天授，而培之以學，雖由良知爲入門，然篤志力行，不事口耳，務求真契于心而實見之事，與世之借頓悟以文禪覺者不同。公冢孫元春登進士，公貽書訓之，謂“進德修業，乃日用本分，猶衣食然。若立門户相標榜，即非爲己”。蓋公之爲學如此，故其暢于四體，發于事業，旋乾轉坤，磊磊然卓異而迅速者，誠有本也。當公之初得政也，余告公以所聞四方人情，公曰：“此風耳，鬱湮之久，人心思治甚，故若此，久且將責實焉，未易副也。”余曰：“所謂風者，若乘人心所嚮鼓而引之，乃恐實不繼耳。公不動聲色而天下歸德，是以誠心至仁爲風之自也，久且入人益深，何患無實？”居有間，庶務駸駸舉矣，公色憂滋甚，余問之，公曰：“屏貪滌瑕，改前政反掌耳。今國計所最可慮而難措手者在財用，總歲所入，不敷所出十三，凡括之民者至纖悉，無遺利矣，而經費日以穰衍。今所取盈帑積先年羨耳，後將若何？所謂參政他日憂也。”嗚呼，悠哉！思深乎老臣之謀國也。今去公世有年矣，賴天子明聖，百度修舉，内鮮逋徵而外無兵興費也，乃歲計僅僅支目前，度支間告詘焉，而胡以待意外虞耶？嗚呼！公之賜，民賴之至今，乃公之憂，其究未之釋已。公子太常卿璠、尚寶卿琨、少卿瑛、諸孫南京鴻臚卿元春等徵余爲文，碑于公之神道。維，公門下士也，不敢以固陋辭，乃據所見聞用徵信史如右。若夫世系之綿、支衍之盛，以及孝友惇睦之行、經綸布濩之詳，則備見于狀、志云。銘曰：

於鑠肅廟，握符四紀。籲俊亮工，登閎上理。粤有匪人，惟國之蠹。竊寵拂經，穢我皇度。天啓聖聰，迸棄回庸。聿求良弼，授政元忠。惟此元忠，夙抱純一。叶望雲霓，更調琴瑟。滌腥以馨，拯炎以濯。汨流驟澄，烈焰隨撲。墨風既殄，百工共事。大法小廉，不懈于位。解彼倒懸，措之大厦。旅悦于途，農歌在野。亂絲棼如，伏莽越厥。坐致敉寧，靡俟期月。幽通蔀屋，逖被海濱。不假置郵，德流若神。在昔楊令，素絲章軌。白麻始宣，風終貴侈。亦有司馬，名聞遼海。朝駕鋒車，熕苛夕改。焯彼往迹，二代民瞻。我儀自今，實公是兼。唐風暫肅，咄啐而漓。元佑〔五〕不憖，紹聖抏之。詎若公猷，力振頹綱。訏謨垂裕，歷世允臧。波靡逢迎，公挺其節。在遠不忘，天子之哲。俗工自營，公志勤民。選衆特舉，天子之仁。公生有爲，惟天純祐。奠圖彌鞏，納世仁厚。公歸有時，眉壽惟期。典刑不作，永代遐思。南有靈原，崇封翼翼。豐碑勒銘，行道是式。

墓 表

誥贈通議大夫禮部左侍郎兼翰林院學士桂坡閔公墓表

閔于吴爲著姓，其先世汴人也，當宋中葉，有將仕郎某者，以中原多故，携家入吴，卜烏程之晟舍里居焉，其後子姓益蕃，用詩書業其世。迨大司寇莊懿公，遂以勛烈見于時，而大宗伯午塘公又以文章顯，宣曜流聲，卓然爲士族冠。故吴中推世家者，有“八百年閔”之稱，蓋侈言其族望隆而系本遠也。公諱瑆，字某，别號桂坡，莊懿公之從昆弟，午塘公之大父也。性勁直狷介，自將行志，所欲不苟同于俗。當莊懿公盛時，諸賓客冠蓋輻輳其門，公爲同祖兄，澹然有以自守，方課樹藝，時廢居以營度其業，若非衣冠。世人或誚之，則曰：“弟且致力于時，吾顧獨不能爲身計，藉餘潤偷自逸耶。”已而其産益豐，占良田數百畮，緡錢積以萬計，遂以貲雄于閭右。郡太守以公莊懿公兄，而耆且賢也，欲以壽官官公，公固辭，其不慕外榮如此。公治家嚴方，教子孫有成法，忠信惠利，孚于鄉黨。里中有疑讞未决、枉繫無訴者，必爲白于吏而直之，時稱長者。公于某年某月某日卒，得壽若干歲，葬于某地。後幾年爲嘉靖甲寅，以午塘公貴，贈公禮部左侍郎兼翰林院學士，配芮氏贈淑人。又七年辛酉，公曾孫道孚承午塘公遺意，述公行，屬余表于其阡。始歲癸丑，天子命柬禮部所升進士肄業中禁，維濫與其列。時午塘公奉簡命授庶士業，維蓋執經侍焉。講藝有間，輒述祖德不厭，若公之厚積于身而昌施于後者，匪直一二道焉，思以宣遺徽、徽久遠者至汲汲也。俄遷大宗伯于南，尋致政歸，歸未幾而殁，其所汲汲者能無待于後之人乎？昔歐陽文忠表瀧岡之阡，越在五紀外，于時文忠罷政府四年矣，其自述固謂有待云者，寧惟不暇已耶？蓋人子欲報之情罔極，時方得君行志，則所以褒大寵榮其先者未艾，故既請老而後從事焉，其宜也。午塘公位不酬德，年不待志，揚祖之烈，乃曾孫竟克成之，益以見閔氏之世多材賢，而善人、君子之履潛德、衍餘慶者終必光揚表著于世，不但已已也。余故嘉道孚君之孝思，不辭其請，且曰先師之有待者云爾。公有男子五人：

蘭；葵；芹，臨安府檢校；華；蕙，贈禮部左侍郎兼翰林院學士。孫男八人：如松，州判官；如楩；如桂，庠生；如霖，南京禮部尚書午塘公也；如椿，庠生；如桐；如梅；如楨。曾孫男六人：道充，舉人；道亨；道孚，官生；道鳴，舉人；道隆；道通。玄孫男十六人。閔氏故爲望族，迨公之世又益昌熾如此云。

通議大夫南京户部侍郎吴臯喻公墓表

前少司馬吴臯喻公，既受南京户部侍郎任之逾年卒，天子敕所司營兆域，遣司空屬治其葬事，頒諭祭焉。初，公謝南兵侍政還汝南，士望屬之不置，會有詔搜訪耆逸，言者咸推轂公，章凡十數上。庚午，遂以南户侍起公於家。公至，則條上恤困利國四事，中外稱便。天子方嚮意用公，遽聞公殞，故恤典有加如此。公子三玄輩既遵敕命葬公城東許古城之陽，乃執大司空貞庵曹公所爲公狀，徵其門下士蒲坂張四維表于墓端。按狀，公諱時，字中甫，别號吴臯，先世豫章豐城人也。高祖友善，曾祖克恭。祖孟烈，號午臺公，贈通議大夫、南京户部侍郎，喻氏之遷于光寔自午臺公始。父宣，贈御史，加贈户部侍郎。母夏氏，封太孺人，加贈淑人。公幼有至性，髫年失怙，事母以孝聞。自知學即有遠志，每誦聖賢奥語，必掩卷以思，求其要領，及覽古今成敗事迹，必反觀規畫，若身歷其時、當其事者。辛卯舉于鄉，戊戌登進士，補吴江縣令。邑鉅而彌文，公以樸質簡重御之，剔弊申紀，宿猾莫敢撓法。已乃崇禮教，平賦税，政成，爲吴會最。擢某道監察御史，巡鹽河東，先聲肅然，污吏皆望風解綬去。時河東有王府禄鹽，大爲鹽法蠹，公以非祖宗舊制奏罷之，河東人爲立生祠。比按四川，風裁不異河東時。監壬子秋試，以得人稱。升應天府府丞，轉南太僕寺卿，改都察院僉都御史，巡撫保定兼督紫荆等關。畿右在塞内，頗少警，兵媮餉糜，宿弊叢積，公毅然以法整刷之，軍容頓肅。時留都振武營軍卒不靖，因改南京都察院提督操江。公鎮弭有法，無一卒敢譟者。江洋巨盗汪燃、朱良弼等，積年爲民害，公悉以計擒之。升副都御史，總督漕運，裁冗食數千歸舊隸，剿劇賊郭倫輩，没其贓千萬以佐縣官，遂條上漕儲四事，至今遵行之。尋以本官總督陝西三邊軍務，明法宣威，招携懷遠，一歲中上首功七百餘級，納降千餘口，天子嘉獎，有白金、彩幣之賜。升兵部侍郎，協理京營戎政。會虜犯近畿，公督兵防禦甚力，天子賜御饌。俄奉旨，改南兵侍，將奏績矣，有言者沮公，公乃聽用于家，建精舍一區，扁曰“五嶽廬”，積書其中，朝夕偃仰披閲，時吟哦以寄興。客至必命酌話舊，或棹舟巾車，恣登眺而後返，夷然若未嘗涉世故者，神情精健。蒼生日望其起，乃被召未幾，而公遽逝矣，其可慨也。夫公生于正德丁卯二月五日，卒于隆慶辛未正月二十七日，得年六十有五。初配郝氏，贈淑人。繼趙氏，封孺人，加贈淑人。子男三人。三玄，州學生，娶胡氏，趙淑人出。三素，娶許氏；三象，娶朱氏；女二人，適恩貢陳七政、國子生鄭希説：俱側室彭氏出。孫女一，幼，三玄出。史維曰：昔杜征南耽思經籍，以“武庫”見稱，其博學多通宜無不周矣，乃其自狀則曰“癖《左氏》”，今考所撰注《春秋經傳通解》、《釋例》之外無聞焉，信乎其言之也。公酷嗜群籍，鋭情披涉，凡九流百氏靡不總挈而析之，窮年兀兀，不間少壯。當公按河東時，維以諸生蒙鑒拔，謁公行臺，環堂宇悉篇翰也。比巡諸郡邑，書篋必纍纍隨之不釋，蓋所綜覽既博，每憶及一語，雖夜必張燈發篋取閲之，不爾，則竟夕不眠。嗚呼！杜征南之耽思，蓋未必若是之勤且篤也。故其經術、政事往往過人，至發爲詩文，亦皆鎸心獨詣，瑰磊成一家言，不其偉與！公嘗作《天人圖》，編年分月、日、時繫焉，每時爲一空圈，識善以堊，識惡以黝，善惡中則黑白半之，以自鑒觀省察，蓋治心之嚴如此，則其所以過人，又不啻在博覽間也。

誥贈奉政大夫山東按察司僉事龍山張公暨配贈宜人楊氏墓表

山東提刑張大夫奉敕旨理密雲兵備之三年，障塞峻固，斥堠明密，器械堅利，糗糒充阜，士氣勃勃奮揚，國威遠暢，連歲絶無烽警，邊民賴焉。于是督閫上其勛狀，天子嘉之，命有司議優典，乃頒制誥，贈其父龍山公奉政大夫、山東按察司僉事，母楊氏贈宜人。先是，大夫任保定府通判時，以績最贈父承德郎，如其官稱，母安人。至是，凡再被貤命，恩數益崇重云。方公夫婦之歿也，大夫蓋肄業邑庠，居貧不能具禮制，有終天慟焉。既膺受寵恤，思所以昭著先烈，侈大君賜，以伸罔極之慕，遂手狀公夫婦言行，走使燕邸，屬太史氏維表章之。維與大夫同條、涑間人也，且隨大夫舉于鄉，心甚誼大夫，因以詳公夫婦之賢哲，而悲其不待養，故于大夫之請不辭。公諱九疇，字範之，龍山其別號也。占籍聞喜縣豐泉里，所居在邑東二十五里，地曰西峪。曾祖鼐，祖會。父壁，邑學生，母賈氏，于成化十年二月二十八日生公。公幼爲舉子業，方志學而孤，遂棄去，治農畝。然其宿昔所在，故念之滋久不衰。家故贏裕，中歲産爲里胥所侵，且耗斁矣。比大夫生，還復命之就學，冀成己志。大夫幼穎慧，公母賈孺人者，貫通書史，工楷書，曉聲偶，特愛異大夫，躬加引誨，不以寒暑輟，故大夫之學夙成。然家用漸窶，歲頻饑，公慮大夫薪燭不繼，售良田資之。姻閭多勸令大夫廢學者，公執不變。會售田且盡，相愛者至百方婉諭，公曰："地罄，吾將樵山供吾兒，爾勿預吾事。"衆皆哂之。迨賈孺人殁，公遂竭産給子，俾遠游，資良師河中。越歲，躬往視之，遇大雪，幾踣于道。大夫既學益進，督學使者試高等，駸駸近顯揚矣，乃嘉靖十六年四月十九日而公卒，享年六十有三。公卒時，以其邑諭贖貨，心叵耐焉，故大夫至今以爲恨。公孝友篤至，平生雖一蔬一果，必先獻父母。弟惑讒搆訟且十年，公友愛不少替。弟歿，恤其子不異己生。凡祖妣生忌，必具禮祭。恭慎好義，人有急難，必舍己事往拯，無論仇怨。鄉人有訟，必爲平解之，無已，則濟以己財。遇姻黨困乏，至出售田金爲賑，尤人所難能者。以嘗從學，雖廢業，猶博覽不倦，家雖貧，然所與交游文雅士且徧四境焉，蓋有傳記所稱隱君子遺風云。配楊宜人，成化十二年八月初二日生，性篤實，事姑舅克盡孝敬。姑有疾，晝夜不離于側。方大夫嚮學，遭歲祲，宜人躬紡織，佐朝夕費。大夫游學河中，寒暑必寄衣，綫縷增緻，時節則登里北高丘而望，見者感焉。公歿，大夫學益成，每試輒高選，宜人念公不及見，未嘗不泣涕道之，且諗大夫以公所歷諸艱，俾不忘所本。嘉靖二十三年四月二十三日而孺〔六〕人卒，年七十有二。子男一人，守中，即大夫，今升山東按察司副使，娶某氏，封宜人。女二人，長適潘武，次適任峪。孫男一，兆雲，業儒。孫女三，長適縣學生楊禮，次適儒士楊三元，次適縣學生賈治策。公兆在先塋之左，其合祔以宜人卒之歲八月。後五年爲嘉靖己酉，而大夫舉于鄉。又後十有九年爲隆慶丁卯，爰始樹石墓道，以表其潛懿焉。太史氏曰：學者求名，耕者殖利，所業既異，則其識趣因之，通人之情也。龍山公弓裘嗣學，奪于靡怙，既以舍佔俾而事耕菑矣，顧乃篤念篇籍，不問貲産，以其身所未竟貽爲義方之訓，衆口交嗤，一心自如，終能啓佑後人，蔚爲國寶，此其識度固非庸俗者所能量哉，何其偉也！夫厚德必興，積善餘慶，公夫婦淳德並茂若此，則夫流澤匯祉，光顯博德，不于身于其子孫，不于生前于其身後，謂非天之既定者耶？可以風世矣。

南京兵科給事中定齋梁公墓表

南京兵科給事中定齋梁公，以嘉靖壬寅十二月三日卒，明年癸卯，祔葬先兆，前侍御、少京兆曲沃李公爲銘誌，納之羨中，其述公世行詳矣。公有三子，伯紀，仲綱，季維，俱通敏宏諒，爲能以文行，世其家。當公歿時，伯子已有聲庠序中，仲、季方幼。迨後八年，爲嘉靖己酉，而伯子舉于鄉。又三年壬子，仲子繼之，領省解。又六年戊午，而季子復繼舉焉。迨歲壬戌，仲子遂登進士。蓋公歿且廿年，而門祚奕奕盛矣。夫君子修德學道，入以治身，出以澤物，咸所自盡者，非以要福于天而責效于後也。然德厚則享豐，澤深則報重，猶之浚泉獲滋，植木蒙廕，理有固然矣。其或厚積于躬而不延其享，博施于物而不食其報，則其渟蘊未艾之祉，必於嗣人發之，此天道也。公自髫年志學，誦《詩》讀《易》，隆師取友，奉父遺訓，與伯兄砥礪，期繼先業，以所聞見著之於躬行而發爲文詞，故其事親孝，事兄悌，與人忠，其汲汲獎導後進也若不及，而所著述若《窺易集》、《定齋存稿》，皆鑿鑿有綮要，不爲空言，蓋其德之積于身者如此。登第後，爲山東濟陽尹。濟陽，劇邑也，久無善理，民以流移。公汰貪墨，抑豪右，懲渠惡，剔宿弊，未幾邑理肅清，民相率復業。既又爲之罷無名之税以通商，覈詭隱之田以均賦，立朔望稽察之令而馬政修，定賓旅往來之式而民供省，諸所措施稱古循良吏風。嘗自牓其堂云："一鶴一琴，亦是身邊長物；匹夫匹婦，孰非膝下嬰兒。"旨哉言也，仁政厥有本矣。至若辨禹城之滯寃而却其饋，戢巨鐺之横索而使之服，則尤所表表者。于是撫按諸監司亟稱之曰賢，署上考，是公道之徵於物者又如此。使天假公以年，方當昌言讜論以佐廟謨，兼濟廣施以康黔庶。乃甫拜諫職，尋居憂而歿。不惟百鍊之刃試于小割，千里之足靳于遠到，使識者爲國器惜，乃西河故里薰善良之德者望拱木而興悲，東土舊氓懷愷悌之仁者睹甘棠而發咏。衆心所思，衆口所頌，于是餘慶旁衍，膺在後哲，科第蟬聯，昆季競爽。且將敷引未究之施，寖久寖昌，以永賁于邦國，即往事而方來者可必矣。維昔獲與公仲子同游臨川皆所陳先生之門。己酉，又獲與伯子同舉。雖生晚不及覿公，然叨此世契，私淑風烈深矣。仲子既僉豫臬，使燕京徵維爲文，以表于阡道。公行美甚多，語在李京兆誌中，兹不悉具，但著公之大都如此，以明屈伸相乘、德福感應之不誣，俾爲善者勸焉。若夫世次、出處之略，系在左方。按公諱格，字君正，號定齋。先世當勝國時自絳徙稷山。祖鑄，貢入太學，任河南楊莊巡檢。父溥，領弘治己酉鄉薦，歷官秦府右長史。母姚氏。以公貴，父贈奉政大夫，母封太宜人。公以弘治己未九月二十日生，以嘉靖乙酉領鄉薦，以乙未登進士，以山東濟陽知縣擢南京兵科給事中，歿年四十四。配郝氏，封孺人。仲子綱貴，公進階承德郎，孺人加封太安人。子紀娶胡氏，綱娶郝氏，維娶某氏。紀、維俱舉人，綱今任河南按察司僉事。孫男二人：蕙、蘅。孫女十人，一適舉人裴賜，一適舉人王濟，一適史大業，一適庠生甯塾，餘幼。

文林郎山西定襄縣知縣柳溪王公墓表

公姓王氏，諱言，字克一，别號柳溪，直隸保定府定興人也。祖鑑，父景清。王氏故爲定興茂族，及公祖暨父，益以貲産雄閭右，然惇義樂施，鄉黨之人歸仁焉。比生公，機悟穎脱，卓然與群兒不類，咸以爲積善報云。稍長，知就學，習聲偶，即有聲塾術間。十二歲，通《春秋經傳》，督學使者奇其少俊，遴補弟子員。既而屢上有司不偶，公慨然曰："吾之不得志于是，命夫！"遂入貲爲太學生。既卒業，需次于家，益泛覽書傳，以至名法、藝術，靡不綜括，古今格言，朝夕纂積百帙，築圃藝花，時吟哦其間，翛然有古達人致焉。比謁選，授山東東平州判官。時僚友有歿于官，不能歸其櫬故土者，公皆厚恤其帑而遣之，甚爲荆山王尚書所稱。改陜西河州，尋升山西五臺縣尹。縣故塞垣也，民歲苦虜侵暴，公有威略，民恃之。俄左遷山東曹州判官，復陟山西定襄縣尹。公凡臨郡邑四，所至必興學勸農，摘奸振廢，吏民畏而愛之。然性伉直，不能浮沉于俗，比涖定襄，遂浩然解紱。時有王典史者，激公高尚，亦自投劾而去。公既歸，益放情詩書間，教諸子明農課經，優哉其有餘也。人方期其上壽，乃當嘉靖辛酉閏五月廿九日遽卒，壽蓋六十六云。公配淶水李氏，先公一月卒。生子男四人：光召，太學生；光裕，縣學生；光遠；光大。女三人，董汝安、縣學生陳銑、典膳陳錫，其婿也。孫男凡十人：重喜、重慶、重榮、重寧、重安、重光、重美、重陽、重樂、重華。柳溪公既歿之明年，其子光裕乃述公行，屬史維表其封。光裕嘗從余遊，余故識公，不虞公之不久斯世也，聞光裕之請則愕然，因爲纂其世行，俾歸而樹之。太史氏曰：保定爲今畿輔近邑，方之有漢，蓋内史所治五陵、杜霸之域焉。史稱“五方雜錯，風俗不純”，彌文就末，僭侈浮俠，今其事與古豈異哉？乃公負奇矜節，侃侃自信，居官則以才守著聲，理家則以本業施後，不類史所謂“五陵”者，固不化于俗哉？將燕趙多奇，有古遺烈也？

廬州府照磨東山李公墓表

芮有君子曰東山李公者，諱浚，字公遠。其先猗氏人也，勝國時徙縣之朱吕村籍焉。曾祖文質，義官。祖壽，義官，配王氏。父錕，國學生，配蕭氏，繼張氏。公，蕭出也。李氏自文質公以貲雄閭右，嗣後子孫蕃碩，遂爲邑望族。及公，益行誼惠愛，著聞于鄉井云。公齠年失母，弱冠父復見背，祖母王憐而鞠之。既成立，事王備極孝養。王年八十後失明，每食，公必嘗之，手以進，晨昏定省，未嘗一日遠出。比王歿，廬于墓側，蔬食水飲，三年終喪，不忍離。親友憐其尪，百方勸之歸第。弟滂，字公達，父歿後九日始生。公傷之，載撫載訓，俾之向學。公達固穎敏，因感奮淬勵，迄有成績，充邑貢，今爲國學生。撫諸侄不異己子，嘗捐俸爲侄栴入粟補胄監。兄弟同居，怡怡然終其身無違言，其孝友天性也。人有搆怨者，公喻止之，必歡然兩解。恤困賑乏，孜孜若不及。其仁聞芳澤所漸，河之南、山之北有頌聲焉，匪獨里閈中爾。公幼遊邑庠，既不夭，應例入監。嘉靖壬子，授南京西城兵馬司吏目。辛酉，升廬州府照磨，未及任，卒于南都，時九月二十三日也，距其生弘治甲子正月二十四日，得年五十有八。配晁氏，平陸陰陽官鳳來之女，有淑德，早卒。繼趙氏、侯氏、馮氏、馬氏。子男一人，構，邑庠生，娶薛氏。女三，一適史第，一適許茂楓，一幼。公喪歸自南，公達率構、栴輩徙元配晁氏柩，合葬于祖塋之壙，有銘矣，復屬予表其墓前。蓋凡所以治其後事者，罔不誠信若此。太史氏曰：芮，僻邑也。東山公欲成弟名，遣公達之蒲學焉，蒲人士無不樂與游者。歲癸卯，余偕公達省試晋陽，得見東山公晋陽客舍，色晬而氣温，與其弟語，穆然若恐傷之，雖客數數往來，諦視其色，乃罔不在公達也。辛酉，公達貢入太學，而東山公歿。余見公達慘慘神傷，甚若孝子執親喪色，竟不卒業，歸治其喪事。嗚呼！兹其兄弟豈不信友悌可稱哉？夫子孝弟悌，庸行耳，前史表見往烈，非有軒揭殊特，的然關天下大故者不垂諸紀載，然而必有《孝友傳》者何哉？良以民彝天則，斯道攸先，而賢者至性深情，有足風世焉爾。以余耳目所接，若東山者，雖質之史傳何愧焉，是可表也。

東山仇孝子墓表

明故旌表孝子東山仇公者，諱朴，字時淳，潞安府南雄山之東火鎮人也。公幼有至性，事二親以孝聞。比居繼母閻喪，年六十餘矣，三日水漿不入口，形毁骨立，非杖不能起。已而廬墓三年，屏葷蔬食，每伏地號慟，冬月淚輒凝爲冰不解。終禫未忍離，鄉人士千餘人勸之，始返。歸見親室，頭觸庭槐而仆，良久乃蘇。每月朔弦望，仍詣墓所哭臨如初。家有畜犬，伺公將謁墓，則群隨之，及壙而散，厥後所居室瓦溝産白雀數十，人咸以爲孝感所致。守臣上其事，詔旌其門曰“孝子”，故世稱“仇孝子”云。初，公從兄弟凡五人，孝友温恭，濟濟競爽，相與議立家範，以貽訓于嗣人，情理參平，科條纖至，迄今子孫守之，同居六世矣，凡海内稱義門者，莫不推上黨仇氏。公又嘗舉行《吕氏鄉約》，身領約事三十餘年，建東山書院以教鄉之子弟，于是人識禮義，盜賊屏息，僧道遠迹，淫樂不作，風俗一新，遠邇嚮化。大哉！孝德所推，其徵于宗族、鄉黨者若此。《詩》曰“孝子不匱，永錫爾類”，豈謂是夫？公勁直好義，汲汲不倦，當其心所不欲，雖微不處。方家範未立時，公尚幼，一日宴賓，有女樂，君顰蹙視之，出而盡哇其食，故雄山人至今宴會不用女樂，自公始也。初爲子焕求婚某氏女，既納采矣，其家請從俗。公曰：“吾家婦有不遵家範者去之，矧未娶？”遂絶婚，更聘義門李氏女。其處家嚴密勤儉，晚歲益精勵。每日五鼓興，謁先祠，集家衆于有序堂，申以修齊之訓。群從子弟退，而惴惴然奉教唯謹。《鄉約》既立，乃設義廩以便斂散，建義學以淑閭閈，築藥樓以濟夭死，立義冢以葬貧乏，併置義學田，以贍鄉之不能具束脩者。迨書院既建，又改正本村東嶽廟爲里社壇，與鄉人春秋祀之。賦徵急，則先出家貲代里人完輸，後唯計原齒收償，不責其息。歲告歉，則自族人以及里社計口給穀有差，又饑又賑，且弛諸逋欠，爲叢家瘞死者，併給役夫費焉。至如重四女之死節，則親董其小嶺祠之役；尊虎谷王公之學行，則梓行其《博趣齋》之稿。其樂施好義類如此也。幼歲機警，既長，才具敏贍，規畫過人。父義官公自髫年以家事委之，即有端緒，以後遂任家政終其身，錢穀、金帛出其手，無錙銖私，闔内外咸悦。正德庚午，流賊突入境，東、西二火罹害甚慘，獨公能先時率闔家避去，人服其識量。于時兵燹之餘，居室煨燼，君力爲營構，比落成，視舊殆增壯云。凡鄉約、書院始所經營，雖兄弟協議，及其建置、綜理，則公獨任之，屋宇、器用，無論内外巨細，各有方列。嘗製輕車，駕鹿出遊，觀者如堵。又嘗以意製獨輪車，渾堅輕利，郡人則而製之，號曰“東山小車”。其巧思足喜也。公曾祖述芳，祖鏞，父鶴，母張氏，繼母閻氏。公初配王氏，繼路氏、董氏。子男一人，焕，先公卒，娶李氏。女五人，適武思彤、李衕、袁竺、申去垢。孫男一，堦，府學生，娶袁氏。曾孫男五：承教，娶鄭氏；承志，府學生，娶車氏；承緒，聘趙氏；承祥，聘袁氏；承統，聘袁氏。曾孫女二，幼。玄孫男一，玄孫女一。公生成化癸巳六月二十二日，卒嘉靖庚子八月二十五日，得年六十有八。葬陽堰原，涇野吕先生爲銘其墓矣。後二十有七年，爲嘉靖丙寅，公從子進士炅乃復屬余表于其阡。嗚呼！《家人》之《易》，睽也。三人同處，中一人異慮焉，即其同不可永矣，而况不止于三，不止于一也。乃仇氏同居六世，當不下數百指，顧獨無一人異慮者乎？而敦睦之風在久益洽，至使環邑歸仁，風行四達，要〔七〕必有由致矣。夫孝弟，順德也。孔子曰：“治家者，不敢失于臣妾，而况于妻子乎？故得人之歡心，以事其親。”東山公躬履純孝，克諧昆季，創家範以貽謀子孫，有厥本矣。植範以身，迪人以誠，體物以情，齊衆以公，使一門之内雍雍肅肅，雖它有嚚傲，且聞風易慮矣，而況生其室、由其訓者乎？若是故乃可久同居也。故政無家國，苟反身無實而任之徒法，其有能久者鮮矣。

處士王公明仲暨配嚴孺人墓表

公諱寅，字明仲，姓王氏。王氏大抵皆王者之後，其居太原者族望最著，出自周太子晋，爲姬姓。隋唐以來支胤蕃碩，析處河東皮氏之墟，代有顯者。河東爲今州，皮氏爲今河津縣，故州與河津之王同祖太原云。公高祖元一，曾祖長一，祖太一。父健，母葛氏，生三子，公其仲也。幼機警，有心計，居貨南北，善與時低昂而取其贏，用能世其父業。平居謙巽，言若不出諸口，而實有膂力，工金革之藝，每水陸貿易，同行者恃以無恐焉。性耿介，不耐人爲嬫婀押闔〔八〕態，見必面斥之。至于周急恤困，唯其力，不靳也。處兄弟友。伯兄蕩不事産業，父病之，陰以市店一所僞爲券寄執友某人處，冀以約其肆心。後父之執友者渝盟，持所立券計齒索負，公予價如其齒，以店歸，與兄弟均析之，蒲人服其義焉。年二十九，以疾卒于家。配嚴孺人者，于時方娠，年僅二十有四矣。公歿閲五月餘，而子珪始生。嚴孺人茹辛哺孤，矢成夫志，雖伯叔、姑姊所以諷諭者，百端不易也。屏鉛華、斥綺繡不復御，夜不出閾，曰未亡人法當如是。謝絶姻黨來往，惟歲時一歸寧父母。父母憐其少也，則欲奪其志。誓心而歸，迺後不復歸寧父母家，其烈如此。事舅姑曲盡婦道。舅歿，姑亦已老，且目不能視，孺人晝夜侍寢食，衣帶不解，扶侍便溺，時時自驗視。或出執中饋，未須臾，姑即亟呼之，不能離也。病篤，則出金珠環珥一篋付孺人曰："以此酬孝婦勤苦。"孺人哽咽受，姑卒，仍與其妯娌三分之。孺人性慈惠，遇人有恩禮，族黨間男婦長少，無親從遠邇，相與皆以母呼之。子珪既長，娶張氏，生孫今中丞公輪，而張殁。孺人既軫念中丞公之穎秀而多病也，且憐其失母，醫藥飲食，所以保護之者百方。六歲，遣就塾師，比夜歸，則宿之榻側而撫摩之，五更覺，則呼名以訓迪之。已而中丞公遊郡庠，領鄉薦，家聲振振起，孺人慰且泣曰："未亡人忍百死有今日，庶幾見良人于九原有辭矣。"嘉靖壬辰，孺人壽八十三歲而終。侍御穆公疏其節于朝，詔表其里。方公殁時，有二女，殁後生遺腹子珪，孺人煦育成立，嫁其女李銘、閻仁，爲其子娶張氏，繼娶祁氏、李氏、高氏。是生孫男三：長輪，即中丞公，娶何氏；次軫，娶洪氏；次軻，先卒。孫女二，一適景鎬，一適楊紳。曾孫男六：閣先卒，闞聘楊氏，闡聘杜氏，門聘李氏，闕聘雷氏，問幼卒。曾孫女六，一適生員景賓，一適恩生楊俊彦，一適潼關衛指揮應襲黎從政，一字張四象，一字柴嘉霖。初，公權葬文學村祖塋，及孺人殁，中丞公卜兆保泉里之張劉莊，遷公柩合祔焉。迨中丞公登進士，歷中外，授節鉞，駸駸尊顯矣，深惟祖德，念所以厚其終者未稱，迄歲辛酉，遂啓公域廓而輪固[九]之，乃徵余文以表于隧前。嗟夫！余閲圖史，見古烈女貞婦之行衆矣，雖其高標峻節，異致殊途，大約守死從一，夷險不變，即其清芬所暢，固已掩中閨而特秀矣，矧孺人以娩婉之質，當淑艾之歲，遘不天之運，鮮同義之助，隻身徬徨，子育遺腹，寧百憂是罹，而惟夫宗之恤，卒能纂禴祀于有承，啓簪紱于方熾者哉！推此志也，雖與曒日争暉、秋霜競厲可也。公蹈義不回，臨財能讓，而得年不永，靳施于身，三世之下，其子姓之繁茂昌大若此，昔人謂善惡禍福之報至子孫而後定，顧不諒哉！

校勘記

〔一〕"鈐"，疑當作"鈎"。

〔二〕“⿰女憲”，疑當作“⿰女⿱⿱丰罒心”。

〔三〕此篇篇題，底本卷首原目録作“徐文貞公神道碑”。

〔四〕“則”，清稿本無此字。

〔五〕“佑”，疑當作“祐”。元祐，宋哲宗趙煦年号。

〔六〕“孺”，疑當作“宜”。

〔七〕“要”，清稿本無此字。

〔八〕“押闔”，甲辰本作“捭闔”，清稿本無此二字，是。

〔九〕“固”，疑當作“困”。

條麓堂集卷二十六

誌　一

封特進光禄大夫左柱國少師兼太子太師吏部尚書中極殿大學士觀瀾張公墓誌銘

封特進觀瀾張公者，今少師江陵端公之父也。端公以甘盤舊德受知穆考，親承憑玉末命，輔今上于冲年，畢智殫誠，孜孜夙夜，以安社稷爲任，于今且七載，百度惟貞，四夷面内，薄海謐如也。先是，端公以公與趙夫人年高，雖心在王室，然時時有陟岵屺之思。上及聖母聞而念之，乃降璽書慰諭，曰："聞先生父母俱躋古稀，康健榮壽，朕心嘉悦，特賜大紅蟒衣一襲、銀錢二十兩。又玉花墜七件、彩衣紗六匹，乃奉聖母恩賜，咸宜欽承。"遣家僮往賚之。端公知上倚毗切且被恩禮隆異，于是不敢復言私。公每遣人端公所，必强飯示健，用寬釋其意，若是者久之。昨歲秋杪，忽以公訃聞，端公泣血扣心，毁頓幾絶，亟請奔喪如制。兩宫太后與上俱震悼徬徨，降手敕丁寧諭留，勉以社稷大義，詞旨哀惻，聞者隕涕。賻賵慰挽，既渥既勤，黄門使者相望於道，詔宗伯之屬往諭祭，仍加祭五壇，詔司空之屬往營葬事。端公猶哀祈終制不已，上焦然不寧，諭閣臣曰："元輔必不可離朕，即百疏不允，盍止之?"某等以上意示，端公復哀號上章，并以母老爲言，詞益懇。上曰："元輔至情，是欲葬父見母爾。"乃特敕中貴人在禁近者，假歲月往爲營葬，并命端公子編修嗣修同往襄事，即奉端公母入京。申諭端公曰："卿今其可留也。"

端公以請益數，上加恩滋降〔一〕異，既感且懼，又念中宫將建，以承宗廟，衍萬祀，其典至重，乃不敢復言。比贊成嘉禮，亟申前請至再。上不得已，許暫歸治葬，遣文武官各一員護行，仍往還給傳，以六旬爲期，賜敕及手敕，敦諭速返。仍賜銀印一，曰“帝賚良弼”，令便宜上封事，賮以金幣，及兩宫聖母賜賚優渥，蓋皆古今曠絶未有之典也。端公既得請，乃手曾司馬確庵氏所爲公狀，屬某爲銘。某辱知端公，從游且廿年，于公爲通家子姓，無能效一手足勞，誠得奉執筆役，附名羨道之石，甚幸，乃不敢以不文辭。按狀，公諱文明，字治卿，觀瀾其别號也。高祖唐，妣沈氏。曾祖旺，妣王氏。祖懷葛公誠，妣聶氏。父東湖公鎮，妣李氏。由懷葛公而下俱以端公貴贈如公官，聶以下俱贈一品夫人。其先鳳陽定遠人也，國初始祖關保以功授施州千户，子孫因家焉，其分徙江陵則自懷葛公始。懷葛公以陰德稱里中，有三子，而獨鍾其仲，仲即東湖公也。迨公生，懷葛公喜曰：“果然是興吾宗矣。”公幼警敏，爲文操筆立就，才氣溢發，弱冠，補郡庠生。關西許少華氏督楚之學，見公文異之，以高等選入書院，楚人士無不推轂公者。顧數奇，凡七舉有司不第。當其時，則端公業以神童顯矣。比端公舉進士，以翰林編修秩滿當貤封，公曰：“吾束髮業儒，自視非後人也，乃四十餘而不遇，成我志者，其在吾子矣。”遂就封。比端公引疾〔二〕在告，山居且六年，翛然無當世意，公不樂。端公異公貌之日癯也，竊詗之得指，乃請治裝。公大喜，爲益餐。是時端公負公輔望，隱隱然名重搢紳間矣。出未幾，遂侍穆廟潛邸，繼參大政，迨受遺輔今上，總理百揆，振敝綜功，用臻世于大理，公寔使之，豈人力也哉！公修貌長髯，廣顙豐頰，飄然綽約，冰霜之姿，類莊周所稱藐姑射之神人者。任真坦率，終其身不知有仇怨。其與人處，無貴賤小大，咸悉無競。又性喜飲酒，善諧謔，故姻閭中無不傾心愛敬之，有旨酒必延致公，或載就公飲，即衆宴無公弗成歡也。性好施予，遇所識艱窶者賙之，無少靳。其自奉則甚約，每食不過三品。端公歲時奉華服，一御即斂置篋中，妾媵鮮衣帛者。端公聞弗宜也，微諷之，公報曰："吾性固然，且令後人師吾儉耳。"蓋其識量高邁如此。公生于弘治甲子十二月十五日，卒于萬曆丁丑九月十三日，得壽七十有四。配趙氏，封一品夫人。子男四：長即端公；次居敬，郡庠生，早卒；次居易，荆州右衛指揮僉事，四川都司僉書；次居謙，舉人。女一，適邑庠生劉胤桂。孫男十人：嗣文，舉人；嗣修，丁丑一甲第二人，翰林院編修；嗣允，郡庠生；嗣哲，廕錦衣衛止〔三〕千户；嗣弼；嗣淵；嗣寬；嗣信；嗣敏；嗣惠。曾孫男二、女一，俱幼。敕建塋域某山之原，葬期爲戊寅四月十六日。銘曰：

天惟純佑，間世生賢。熙運所乘，地靈會焉。山川出雲，有開必先。煌煌西楚，世祖中興。此焉奮迹，配漢春陵。公生其時，名世是膺。曰慎厥修，里仁歸美。曰富厥藴，溟澥靡涘。雉膏不食，貽命元子。世皇有孫，既聖且神。元子于襄，風化載淳。俾高后業，彌久彌新。惟天有時，自公值之。惟地有靈，自公萃之。再世而昌，有子嗣之。功施于國，篤慶在家。存也榮豫，歿亦光華。子心何極，天寵有加。彼美崇丘，承帝之域。哲人所歸，喬木可式。玄堂有銘，萬年考德。

贈通議大夫詹事府詹事兼翰林院侍讀〔四〕學士南野馬公暨配李淑人張氏合葬墓誌銘

南野馬公暨元配李者，掌詹事府事、禮部左侍郎兼翰林院侍讀學士自强之父母也。歲壬申，今天子踐祚，上兩宫徽號，覃恩，加贈公通議大夫、詹事府詹事兼翰林院侍讀學士，李加贈淑人。其冬，公繼配張卒。侍郎自潛邸侍上經幄，甚受知眷，聞訃則以情請，蓋淑人歿至是凡三十有七年，而公歿抑已七年矣，未合葬也。天子惻然動心，特詔有司營葬事，賜之諭祭，其恩數逾越常典[五]若此。再閱歲，襄事有日，侍郎乃手狀公夫婦世行，以維附在姻婭，屬之爲銘。按狀，公諱珍，宇[六]廷聘，别號南野，世居同州城南八里沙苑之馬坊。高祖克敬。曾祖馴，太學生。祖文。父通，大[七]學生，知博野、繁[八]峙二縣，有廉能聲，贈通議大夫、詹事府詹事兼翰林院侍讀學士。母雷氏，贈淑人。公兄弟凡六人，公居其季，最爲父母憐愛。早失怙，補學官弟子員，文譽駸駸起矣。雷淑人固不欲以文事勞之，遂奉例爲國子生。公美姿容，殊[九]髯豐順，眉目秀偉，正視不見耳，膚理白膩若玉，人望之知敬，乃其器量豁達，不設城府，即之者又未嘗不親也。其在太學，尚友四方士，講明世務，意趣甚遠。乃四方士無不樂與公交，曰："從禹[一〇]公游，不異飲醇醪也。"比爲宛平丞，潔己受[一一]民，事至類迎刃解，甚爲僚長所重。會世廟覃登極恩，獲贈封其父母。是時東廠官校襲正德中餘焰，往往以事撓縣官，憾公不爲動，則捃摭瑣事誣抵之。公弗辨，將拂衣去，或謂之，公曰："吾母春秋高矣，吾四兄，卒于宦者三，一不及貢，吾不歸，何以慰倚閭望也？矧京邑多不可問，而丞且負予。已矣！吾不忍譊譊與宦豎争一官也。"遂歸。蓋歸八閱月，而雷淑人卒，年且九十矣。公既承晨夕歡，而復哀慕深至，殯葬盡禮，鄉黨稱孝焉。公性故好學，居常手一編自娱，見古人忠孝節義，必嘆賞不置。其教子甚嚴，率以鷄鳴呼燈火，祁寒不易，故皆有成立。家舊饒裕，然公博愛好施，用財不訾省有無，雖嘗子貸錢穀，卒無以自殖，人或不能償，即與析[一二]券。鄉人習公長者，或併緡本隱没之，亦不與校也。有渭南故吏窶者，每秋成謁公，輒稛載而歸，以爲常。初，公童時在博野就外傅，見丐者憐之，歸而涕泣不能食。父奇之，曰"此兒[一三]能仁，異日必衍世澤。”蓋天性然也。生平不疑人欺，不言人惡，敦倫樂善，恒如一日。諸兄既皆早世，公撫諸孤不異己子。兄璠遺有幼女，公奉雷淑人命子育之，長配張拱極，生子，今舉人薇。方公任究[一四]平時，都中大疫，侄秉中以承差辦事禮部染焉。時方盛暑，疾勢甚殆，公移置同室，與之對榻，撫視之，兩月餘始復，人以爲難。歲時宗族子姓來謁，必分曹面誨，士以讀，晨[一五]以耕，動[一六]勤懇懇，冀其能立。其諸里鄰鬻争，不論巨細，公一言析曲直，即帖然兩解，故鄉人無少長遠近，無不愛敬公。公嘗患頟瘍，里中相與醵金刲牲以籲神，至數十百人，此不易得也。公性不善酒，稍飲即面頳，顧獨愛客，每與里人、故舊爲燕樂談笑，連日夜不倦。方侍郎官翰林時，迎公養京邸，與四方縉紳耆父結社，風日佳美，即選名園勝境出而遊覽之，都人至今相傳，以爲勝事。淑人家爲左輔望族，父某，母乞氏。性婉慧，凡女紅、滫瀡咸不假師授而能。禀賦剛正，不妄笑語，遠識敏斷，不類閨閤中人。其事姑最孝敬，當公兄瑜之歿也，公時任宛平，遺[一七]淑人歸慰姑，且爲長子娶。淑人曰：“猶子芥長，姑視之等孫也。”遂兩爲奩其[一八]，姑乃大悦。姑病，淑人私卜之，不吉，驚而仆，有頃乃蘇，其深愛若此。育諸子最慈，然不忘訓督。公嘗遊蜀，諸子間元夕出嬉，淑人詗知之，召長跪堦下，譙訶之，命焚所業書。諸子愯懼請罪，暨諸從子同跪謝，始解，已復大哭，其嚴如此。至于躬履儉勤，雖貴不改。凡賓祭、塾序之需，□[一九]黨往來之費，皆先事爲備，故公居常暇逸，絶無内顧，雖其襟度冲邁，寔淑人贊成之也。公生成化己亥十二月七日，卒嘉靖丙寅八月二十日，享壽八十有八。淑人生成化壬寅十二月十四日，卒嘉靖丙申三月十六日，享年五十有五。公繼配張氏者，朝邑縣之楊村人，亦能總理[二〇]内政，顧復諸孫，性不喜華飾，而好周里婦之貧者。生弘治己未十月十七日，卒隆慶壬申十月二十八日，享壽七十有四。公四子，皆淑人出：伯自勉，國子監助教，娶楊氏；仲即侍郎自强，娶李氏，封淑人；叔自修，娶王氏；季自道，州學生，娶王氏。孫男八：慎，娶張氏；忱，州學生，娶王氏；恬，娶陳氏；怡，舉人，娶楊氏；協，州學生，娶李氏；憬，州學生，娶李氏；慥，舉人，娶維息女；惺，州學生，聘李氏，夔州府知府從教女。孫女七：長適太學生張恒；次適劉采；次適州學生張思齊，舉人藻子；次適畦邦教；次適王守仁；次適李涵；次適王訓。曾孫男十一：橋、朴、梧，俱州學生；格、樌、榣、機、林、柱、檢、榛。曾孫女七：長字李傑，次字某，餘幼。銘曰：

猗！太華之陰，北距洛涘。有美淳風，惟仁人之里。恩施既博，物無不被。碩人逑焉，同德齊軌。是錫胤祚，爰興國士。正誼純誠，媚于天子。孝思玄通，恩恤甚侈。王人營兆，鸞文諭祀。桂茁蘭芽，烝烝未已。厥惟顯道，武〔二一〕增來祉。膴膴者原，堂封崇只。萬世有辭，考德在是。

封通議大夫禮部左侍郎兼翰林院侍讀學士澹齋王公墓誌銘

萬曆甲戌八月九日，誥封通議大夫、禮部左侍郎兼翰林院侍讀學士南昌王公卒于家，距其生弘治丙辰，享壽七十有九。公仲子掌詹事府事、吏部左侍郎兼翰林院侍讀學士希烈，方被專命總史事，後〔二二〕公訃則摧慟以情聞。天子感焉，詔有司營葬域，遣官諭祭如例。公初以嘉靖戊午封翰林院編修，隆慶丁卯進封侍讀，戊辰進封國子監祭酒，萬曆癸酉進今封，前後凡四膺綸誥，其歿也，復恩恤隆備若此，哀榮、壽考，蓋都生人之具福云。侍郎卜於某年月日葬公于臨川麥岡山之阡敕所營兆，乃托禮部右侍郎漳浦林公狀公世行，徵余誌而銘之，以余托契侍郎，爲公年家子，而林公復侍郎門下士，俱知公故也。按狀，公諱忞，字廷望，以字行，號澹齋。先世臨川人，其徙南昌自五世祖本淵始。曾祖敬符，祖紹肅。父崇禎，號介軒，以侍郎貴贈如公官。母喻氏，贈淑人。初，介軒公感奇夢生公，故命公小字曰“閏龍”以志其異。比長，淳篤謹厚，出入循循甚飭。性穎敏，出就外傅學，即爲弟子高等。家故無餘貲，嘗游學宣州之黄池，主人甚賓禮之。歸而奉親，備極色養。介軒公性方潔，不苟殖貨利，食指日繁，兼之賓祭諸需，日不暇給。公節宂蠲浮以佐之，不以一緡自私，用能得歡心焉。介軒公家政方嚴，子姓日會食一堂，逡巡甚肅。公年高矣，每飯必侍側，夜則依膝前承訓問，俟即安而後退。比居二親喪，年且六十，其哀毁不異少壯人，終其身，歲時、生忌薦享必涕泣，蓋其至性如此。待二弟忌、悉友愛備至。内行修謹，室無媵侍，閨門之内雍雍如也。公質直坦夷，不爲崖岸，雖命數荐錫，而目〔二三〕視常如布素時。諸里社耆舊夙昔從公游者，歲時過從，相與飲宴笑謔，亦忘公之貴也。其襟懷洞豁，秀眉修髯，人望若神仙然。居常恬簡，不自衒材智，澹于世味，而惟喜爲近體詩，諸所倡和，興至立就。晚年精神完固，能于燈下作蠅頭字，兀坐一室，行吟自得。留心内典，積佛書盈二藏。矜貧好善，尤樂于施予。由是大爲鄉人所懷，每肩輿出行，無論里社、城市，咸老稚歡迎，謂爲佛至。及公歿，則遠邇奔赴，如哭所怙恃云。公配徐氏，累封淑人。子男四人：伯希昂，府學生，娶李氏。仲即侍郎希烈，娶李氏，累贈淑人；繼戴氏，累封宜人，贈淑人。叔希元，國子生，娶吴氏，繼陶氏、張氏。季希佐，國子生，娶樊氏。女一人，適潞河巡檢鄧一治。孫男十：時聖、時武、時霖、時成，昂出；時文，官生，烈出；時麟，元出；時純、時熙、時錫、時命，佐出。孫女四。曾孫男五：國玉、國珍、國相、國瑞、國祥。銘曰：

含醇履臧，粤秉德自躬，不顯其光。孚化于鄉，既壽且康。爰浚厥祥，再世而昌。惟德之茂，惟邦家之慶叶。膴膴麥罔〔二四〕，帝命共工，營封若堂。永錫爾胤祚，萬祀未央。

光禄大夫太子太保禮部尚書兼文淵閣大學士贈少保謚文莊乾庵馬公墓誌銘

關中，古都會地，當漢、唐代，蟬聯樞揆不可勝紀，顧自明興來，名臣、碩卿勛伐相望，獨未有參政地者。迨萬曆戊寅，馮翊馬公始由大宗伯承麻拜云。公負公輔望久，當是時，以舊學受眷知，上所注意甚厚，海内士咸訢訢，謂關陝地靈二百年始發于公，必且抒所素藴以協贊中興偉烈，不偶然也。俄而，公被末疾以歿。吁！可悲矣。余與公周旋三十年，知公深，纂遺行，徵不朽，宜莫如余者，顧心内傷公，每援筆輒泫然不知涕之無從也，蓋逾年始克誌而銘之。誌曰：公姓馬氏，名自强，字體乾，别號乾庵，陝之同州人也。自其先世居州城南之馬坊頭，有諱和卿有〔二五〕，生克敬。克敬生馴，太學生，公高祖也。曾祖文。祖通，知博野、繁峙二縣。又〔二六〕珍，宛平縣丞，母李孺人。自曾祖而下，咸以公貴贈光禄大夫、太子太保、禮部尚書、文淵閣大學士，妣皆贈一品夫人。初，李孺人方娠公，夢龍繞室，宛平公亦夢南極老人以緋衣兒來送。比公生，頭角嶄然，不類凡子，父母奇之。幼警悟，自知學授章句即解其大義。十歲能文，年十四，補郡庠弟子員。嘉靖庚子，舉陝西鄉試第一，聲名籍甚。顧屢上春官不偶，益潛心下惟〔二七〕，精進不懈，已復携群弟子修業于太華山之青柯坪。癸丑，登進士，選翰林庶吉士。故事，吉士年長者總挈諸務，曰館長，人多匿年避之。公年在數人下，獨不避，諸所綜理咸盡善，愜於衆心，前後鮮及之者。乙卯，授翰林院檢討。甲子，滿九載，升修撰。是時重録《永樂大典》，被命爲分校官。丙寅，丁父憂。丁卯，以重録《大典》書成，加侍讀。己巳，服闋，起司經局洗馬，管國子監司業事。庚午，回局，兼翰林院侍讀，充經筵講官，纂修《肅皇帝實録》。是秋，典應天府鄉試。公品校精審，凡三爲會試同考官，及是榜所録士，咸稱得人。陛〔二八〕國子監祭酒。公見科餘〔二九〕漸弛，失教學初意，毅然以振飭自任，首按群不逞習爲奸利事者，剗剔積蠹，悉取累朝訓典申明之，絶請托，抑躁競，厲學官，日以正學迪諸生，于是成均中爽然易觀聽焉。時生徒大集，有需次經年不及撥歷者，公上疏請損諸司歷事期而增其名額。諸生有貧困不能自給者，輙〔三〇〕周之。故士初憚公，已無不愛且敬者。辛未，升詹事府少詹事，兼翰林院侍讀學士，尋掌院事。是時，上在東朝，言者請妙簡端方士備輔導，故遷公宫尹。士〔三一〕申，上出講學，遂以公爲講讀首臣。公念上方冲齡，凡所進講不爲微文奥義，務取目前易省事款款曉譬，冀有所感動，歲〔三二〕度端詳，音吐洪暢。上聞而甚悦，以告穆考，有時講退，于幄後嘖嘖嘆美，衆咸聞之。升詹事，兼教習庶吉士。上登極，擢禮部右侍郎，充日講官。尋轉左，掌詹事府事。丁繼母張氏憂歸，上時時念之，嘗與元輔張少師言公所講解易省，久之，又時問公服將闋未也。乙亥，守臣以公服除聞，詔添注詹事府，以原官協理府事，充《實録》副總裁，日講如故。抵京，升吏部左侍郎。會禮部尚書缺，廷推以公名請。上遣中使問閣臣，尚書兼日講否。張少師爲言講臣須清心專慮，而禮卿部務煩重，勢不得兼狀，乃升公禮部尚書，兼翰林院學士，罷日講，仍充經筵講官，蓋特命也。時宗藩繁衍，諸請名、封、婚、禄歲以千計，中多詭冒乖越，而先後條例亦自相牴牾，以故王府科宿猾習其穴竇，交結諸藩狡役，出入爲奸，莫可究詰。公一一清其源本，擇條例協于情、通行無碍者爲準，其一時有爲而設、彼此刺謬者悉屏去之，今禮部新題更定

《宗藩條例》多公所具藁也。法守既定，乃斥汰諸積胥之尤無良者，凡王府章疏主〔三三〕，必親爲哉〔三四〕决，隨榜之部門，明示行止，由是諸掾隸無所索賄，公宇肅然。隆慶間，嘗罷張真人封，以提點世其祀。及是，提點來朝，請復封，公寢其奏。提點固請不已，公上疏，歷陳其不可，且請嚴杜夤緣請乞之隙，無啓倖門，語甚剴切。初，比〔三五〕虜通貢市，儀部所議爵賞有定額矣，乃虜欲無厭，請寖溢額。公明其非計，請申明初約，凡一切額外乞求，令邊臣勿復通。令甲所載文武大臣恤典，節年條例增損子〔三六〕奪靡準。公審詳參校，議爲畫一之法，奏之報可，著爲令。丁丑，知貢舉。《世廟實録》成，加公太子少保。戊寅二月，進太子太保、文淵閣大學士，入閣辦事。公雅有康濟志，以古人自期待，感幸知遇，夙夜孜孜，失〔三七〕有以自效。會夏秋之交暑雨，偶感瀉痢，疾久不愈，竟以十月十三日卒，距其生正德癸酉十一月初二日，得壽六十有六耳。訃聞，上悼惜深至，輟視朝一日，賜賵賻、含襚〔三八〕之具甚渥，贈少保，謚文莊，加祭至十一壇，廕一子中書舍人，遣行人護柩還，工部主事督修塋兆，凡所爲哀榮恤終之典，視禮臣所議悉加厚焉。蓋上所惓惓注眷公者，其恩禮始終不替益篤如此。惜天不假公年，不及大究厥用，爲可恨也。公隆顴方頤，鉅耳豐背，舉止凝重，儼然山立，見者知其正人。其操尚端嚴，凡立身施政，務行心之所是，不欲一毫苟徇于人。兼容博愛，發于至誠，見一人一物不得其所，必疚然思爲濟之，故平生恤困周急，惟其力所可爲，如恐不及。見不善，蹙然若將浼己，雖甚嫉惡，而弗徵於聲色，以是遠于憎忌。人有片長寸善，汲汲樂與之，自以爲不如也。蓋其德宇淵宏，造詣深邃，誠心直道，貫乎表裏，始終無間然矣。性篤孝，爲諸生時李孺人病阽危，齊心祈神祐。侄應第者弗知也，夜夢神告之曰："語若叔，而祖母數定矣。"其精誠感通如此。事父宛平公樂志承顔，備極無方之養。居喪孺慕，有烏鳥數百旦夕翔集其廬，人以爲孝感所致云。公配李氏，累封一品夫人。子男二人：怡，舉人，娶楊氏；慥，進士，兵部職方司主事，娶余息女，先公十二日而卒。女二人，長適指揮僉事張恒，次適選貢生張思齊。孫男二：楩，楠。孫女三，一字司務高嶽子起鵬，一字編修盛訥子以弘，一字知縣張薇子祇若。銘曰：

昔在殷宗，有臣甘傅。迪德襄猷，式弘湯祚。公兼其遇，侍帝中興。金華初直，玉鉉竟外〔三九〕。左輔神皋，嶽瀆藴秀。閱年二百，毓公大受。立朝三紀，正色垂紳。清風終始，卓爾名臣。執經旃厦，陳義惟晰。讜論格心，宸聰載懌。視篆秩宗，張陳鴻典。議政于廷，告猷孔善。聖主深知，寰區繫望。天不憖遺，哲人遽喪。惋彼濟川，中流檝傾。煜煜箕尾，不泯厥靈。在洛之涘，川原窈窕。豐碑崇墉，承恩建兆。若堂者封，公歸在中。有銘考德，傳信無窮。

資政大夫兵部尚書□□〔四〇〕霍公墓誌銘

當嘉靖末載，朔方虜數侵暴西塞，歲必三四入，入必旬月乃去，自郡邑城郭外，遠邇鄉社攻毁十七八。虜聯營帳駐塞内，或騎三五散掠數百里外，無攖之者。於時朝廷深以西事爲憂，乃升户部右侍郎霍公爲兵部左侍郎，兼都察院右僉都御史，總督陝西三邊軍務。公受命則倍道入關，首詢諸死事者，厚恤其孥〔四一〕，汰除諸將佐不職者，簡武勇以代之。於是募丁壯，補車騎，縠甲胄，繕亭障，礪器械，激忠義，比至秋防，軍容一新，萬旅競奮，亘長塞數千里，旗幟、刁斗色相映，聲相聞也，終歲虜遂無一部敢並塞窺者。公乃飭諸鎮同〔四二〕便襲擊其帳，延綏、寧夏各奏塞外捷，虜人憚之。隆慶丁卯冬，威寧諸虜分衆十餘萬，東自薊鎮義院口入犯灤水，戕昌黎；西自山西偏頭入犯嵐、汾，攻石州，破之。軍書東西告急，畿輔大震。是歲，莊皇帝初踐阼，憤武事之不振，毅然圖所以易弦轍、宣威略者，深惟兵本之重，慎簡厥任，乃進公爲兵部尚書。公料天下戎馬强弱、邊塞要害及諸將帥材勇高下，總統經略，劑量而斡運之，機應曲中，方内無警，天子甚倚賴之。俄，内江趙文肅入參機政。文肅恢詭，好奇節，而不諳事理，扼腕攘袂，以詰戎自任，始欲更營制，又欲法外誅邊帥之小有亡失者，公皆執不從，因之大迕。公乃引疾乞歸至再，若曰："臣職典兵，而趙某每事相掣曳，即有疏失，將誰任其咎者？臣不能與其〔四三〕事，矧又病，願賜骸骨歸。"許之。迨上登極，言者屢薦公可用，幾欲召之，屬公嬰末疾，有待也。未幾，而有司以公訃聞，天子軫焉，遣官營葬事，賜謝〔四四〕祭如例。公子國子生鍾瑜手前河南左布政使孔公夫〔四五〕胤所狀公世行問銘于余。余故知公者，公負亮節，材蘊甚宏倖〔四六〕，即所表見固已章灼瓌異，要爲未究其用，乃天不憖遺，不得以其所長盡效于邦家，余蓋深惜之，乃不辭而爲公銘。按狀，公諱冀，字堯封，號思齋，世爲汾州孝義縣人。祖鳳，贈兵部尚書。久〔四七〕文會，歷封兵部尚書。母郭氏，封夫人。公幼學稱神童，勤苦自勵，家貧，夜或乏燈火，則依月光誦習之。年十五，記經書子史數十萬言。嘉靖丁酉，舉于鄉。甲辰，登進士，授永平府推官。以績最，戊申，召入，授廣西道監察御史。庚戌，清軍浙江，上言："南北燥濕異宜，勒之遠戍，非人情，不可久，請無拘故籍，俾臣得以便宜補附近伍缺，庶收實用。"朝議以爲允，令布其法四方，迄今行之。癸丑，巡按河南。會妖賊師尚詔作亂，時撫臣以升任去，代者未至，公多設方略，檄諸文武將吏，乘其未定急擊，破走之，地方以寧。丁巳，升大理寺右寺丞，尋轉左。戊午，升都察院右僉都御史，巡撫寧夏。在鎮凡三年，戎事甚飭，烽警稀少，虜嘗一入塞，輒被衄去。天子聞而嘉之，賚以金綺。

庚申，移鎮保定。畿右歲祲，盜賊鼂起，公至，申嚴武備，首發廪賑飢，民賴以全活甚衆，盜乃解散。辛酉，召入佐院事。其久〔四八〕，薊、昌、宣、大競以缺餉告，大司農言四鎮歲中所出内帑錢，視曩時已什伯。天子疑之，詔遣户部侍郎忠直有心計者一人往稽其弊。時户部二侍郎不欲行，廷議亦不擬二人者，乃進公户部右侍郎以往。公徧歷疆埸，盡得其耗蠹、侵冒之寔而奏之，因條上恤軍、通商、轉輸、積貯便宜四事，皆見嘉納。初，公既行，户部二侍郎皆罷，而公復按抵監兑郎某于法，故怨讟朋興，相與搆爲飛語，公坐調爲南京工侍。俄而誣明，改南京兵侍。乙丑，改户部右侍郎，兼都察院右僉都御史，巡撫山東。東省徭役不均，民甚以爲苦，公爲平之。治河之役，困于調集。公檄郡邑，徵丁銀輸工所，既〔四九〕近河居民應役，公私以爲便。丙寅，升刑部左侍郎。其冬，遂受總督三邊之命。再閲歲，筦兵本。庚午，謝政歸。家居凡五年餘，以萬曆乙亥三月二十六日卒，距其生正德丙子正月二十九日，得壽六十。公配張氏，封夫人。子男四人：長鍾瑜，國子生；次鍾琦、鍾珂、鍾琳。孫男亦四人，某某。公雅有人倫之鑒，佐郡未〔五〇〕平時，今少司寇欒亭王公與其兄楚雄太守俱以諸生爲怨家誣構于理，公一見稱異，爲雪其誣，慰遣之，曰：“二賢善自愛，行達矣。”司寇兄弟其秋同舉于鄉。在兩浙日，有周生者按籍當補戍，公賞其俊茂，爲豁其藉。周生後登進士，今爲廣東布政司參政。銘曰：

夏卿樞府，邦政攸宇。譬彼大厦，任材則巨。桓桓惟公，洵文且武。當險不驚，在微能睹。爰挈戎韜，九有雰消。邊城巀嶪，胡爲不驕。昔在正德、嘉靖之世，曰王恭襄，曰楊襄毅，以迨于公，三同〔五一〕馬氏。惟晋之良，光于有位。帝念崇功，恩恤孔隆。綸文悼忠，王人視封。遵彼横汾，鬱鬱玄宫。勒石有銘，用諗于無窮。

嘉議大夫南京禮部右侍郎前峰孫公墓誌銘

南京少宗伯前峰孫公既卒之明年，其伯兄今太常公鑨、弟侍御公錝，以公門人翰林編修韓君世能所爲公狀，徵銘于其友人張四維。嗚呼！維安能爲公銘也？維自釋褐，公相與爲莫逆交者且廿年矣。公意氣豪邁，每吐心論事，琅琅動人。余與之居相比而心相近也，間離居，則思其容聲，未嘗不在眉睫間，蓋至今猶爾，詎意公乃長遊〔五二〕耶？故每據狀援筆，輒泫然不可止，余安能爲公銘？然公藴負淵邃，不事表暴，諸所自期待，其見于施用者未究其十一，余既知公深，則所以摭寔宣隱，俾有述于永世者，豈異人任哉？嗚呼！余又安能不爲銘也？公諱鋌，字文和，初號正峰，後更曰前峰。先世爲睦州人，後唐明宗時有三司使諱岳者卒，葬餘姚燭湖，子孫遂爲餘姚人。宋淳熙中有進士燭湖公諱應時者，明興，有山陰學教諭公諱原彝者，蓋姚江稱華胄者，推孫氏焉。公曾祖新，贈資政大夫、禮部尚書。祖燧，巡撫江西右副都御史，累贈資政大夫、禮部尚書，謚忠烈。忠烈公死節江西，朝廷録其後世襲錦衣衛千户，由是隸藉錦衣云。父升，資故〔五三〕大夫、南京禮部尚書，贈太子少保，謚文格〔五四〕。母韓氏，贈夫人，以嘉靖戊子正月十七日生公。公生有異質，讀書一見輒成誦，日記十〔五五〕餘言，操觚爲文，咄啐立就，初不經思，而意致坌漓〔五六〕，英采焕發，見者靡不異之。弱冠，補京庠弟子員，領嘉靖己酉順天府鄉試第一。癸丑，登進士，選翰林院庶吉士，讀中秘書，聞見日富，乃力爲古文詞，每閣試輒高等。乙卯，授翰林院編修。自以身爲國史，耻一物之不知，乃取家故所藏經史百家之言與夫國朝典憲及騷人文士之所稱者〔五七〕，窮日夜之力而披涉之，隨闢所居屋後爲精舍四楹，約余輩二三寮友相與講習論究，志趣甚鋭。俄聞文格公訃南奔，廬于墓所三年，族姓子弟及旁郡文學來受業者甚衆。服闋，復除原職，受詔分校《永樂大典》，纂《承天大誌》。《誌》成，有金帛之賜。隆慶丁卯，大典完，晋左春坊左中允，兼原官，賜五品服。尋充經筵講官，管誥敕，纂修世宗肅皇帝寔録。是秋，貳今少宰東岑王公典校應天府鄉試，得人爲最，士之登春榜者視疇昔獨多。其冬，升諭德，兼翰林院侍讀，掌司經局事。己巳，升國子監祭酒，振規條，飭廢墜，每季試諸生，必梓其文之優者，六館翕然頌服之。先是，莊皇帝覃登極恩，詔天下郡邑自歲額貢士外，許不次拔其異等者斥〔五八〕之國學，曰恩貢。庚午秋，輻奏至矣，公閲其才美，乃上疏以廣科額爲請，天子許之。是秋，兩京鄉試增至一百五十人，則公所推廣德意也。居頃之，升南京禮部右侍郎。公體素碩健，精力過人，幼歲讀誦、綴文，每徹曉不寐。當營文恪公葬時，或十餘旬晝夜不交睫以爲常，其强如此。然以世家子，應酬自倍，公又事事周慎，務爲敏捷，四方徵索詩文，雖旁午必以時給，人每以此多之。公亦雅自憙，不自愛嗇，比較修典志，代宣綸綍，乃至寢食俱廢，精力遂大咸〔五九〕于曩特〔六〇〕。初苦肺病，勞動則作喘，而體膚殊振慄畏寒，亦間有瘳時，然每發必視前增劇，余心慮之。及赴留都，竟卒于白下舟中，時庚午十一月二十六日也，得年僅四十有三，悲哉！公磊落有大度，視宇宙内事若無一不可爲者。嘉靖末，中外多故，遇時事有不當意，輒慷慨振〔六一〕腕，恨不以身任之。性警敏，有膂力，凡事試爲之，若素習。初，公伯考都督孝子公喜騎射，精天文。公一得于聞見，即能挽强命中，且指畫列宿垣次歷歷不紊，孝子公特鍾愛之。文恪公在詞林時，日與寮友吉水尹公、關中王公、内江趙公論文講藝，或至夜分，公必潛聽不去，故童年爲經義即莊古，不類時製。天資强記，凡遠年近歲諸公私内外巨細事，無論人己，但耳目所接，語及即能道其時日、曲折。或有疑者，則曰同日更有其〔六二〕事、某事，及日前日後旁證，連旬乃已，真足奇也。爲人豁達，無它腸，與人交，一見出肺肝相示。人有求，必盡其心以圖之，期以有終，寧後己事。其興致豪爽好客，而飲酒能數斗不亂，每宴集必觥斝交錯，雜以諧謔，人人盡其歡而後止。而又倜儻好義，憂人之憂。塾師孫駕部、庠師汪司訓、座主楊通政歿于京，爲悉心理其後事，恤故所知葉通判、羅貢士家如其生然。尤篤厚倫理，孝友天植。五歲，執韓夫人喪，哀毁如成人。事繼母楊氏太夫人，服其訓，出入必慎，凡事承顔後行，終身無色忤。事從兄都督公、伯兄太常公，情愛終始靡間。諸弟若侍御公舉人鑛、京庠生鑲，皆公所親教，蟬聯取科第未已，衣食供奉所需，出其奩資禄入，無論彼我。歲時享家廟，合族上壽，雍雍如也。居常不問生産，卒之日乃無以贍殮事。公配魏氏，封宜人，南京工部尚書魏公有本女。生男一，如沚，聘姜氏，行太僕寺卿子羔女。女二，長許聘禮部員外蔣勸能子某，次許聘知府楊世華子某。側室任氏，生男一，如洹，幼。公所爲詩文甚富，異日當謀諸公昆季，彙而梓之。銘曰：

代運熙明，是生哲士。家慶載昌，行惟材子。莘梧鳳栖，茁葭麟趾。天人可徵，物理固爾。矯矯惟公，身都其美。承家以孝，華國有煒。惟祖有烈，曰紹厥祉。惟考有文，曰遵厥軌。細旃講道，百辟傾耳。三代炳風，兩朝信史。方引厥緒，未究厥指。天意謂何，中道遽已。膴膴崇阡，竇幢之阜。公神在天，體魄藏此。柏檜相望，祖考具邇。永利嗣人，于千萬祀。

都察院右副都御史澤山馮公暨配恭人趙氏賈氏合葬墓誌銘

公諱舜漁，字澤甫，别號澤山，馮氏，先世河南龍門鎮人。遠祖諱俊者，當金源氏時至蒲，生子直爲萬户招討使，鎮河中，子孫遂家焉。傳數世，至公高祖祥，以行誼著聞，殁祀鄉賢。曾祖盛，舉人，秀府紀善。祖從政，舉人，歷尹河陰、汲縣。父紹，歲貢，任鳳陽縣學訓導，以公貴贈按察司副使。母鄭氏，封太恭人。公幼而穎慧，性倜儻弘達，每作事發言，輒出儕輩意表。方從童子師、習聲偶時，即隱隱有聲州閭中。比長，益肆力問學，厚自期待。嘉靖己酉，舉于鄉。癸丑，登進士第。甲寅，授山東臨淄知縣。時江左暴有倭患，公以治邑最，選調蘇之常熟。常熟在蘇爲上邑，寇所特垂涎者。公至，則多方調度，練武勇，儲軍寔，築福山堡，申固長江之險，民賴以無恐。加意撫摩，樽省浮費，尤良于蔽獄。有貴游子弟舟行被刺而賊不得，前政爲根補〔六三〕蔓引，歷歲矣，比公至，則廉獲真賊，人大以爲異。戊午，升户部福建司主事。壬戌，調兵部職方，升本司員外、武庫司郎中，兩部咸有能稱。癸亥，升山東東昌府知府。東昌當兩京孔道，供應煩浩，民力詘不能支。公爲裁節冗費，取給而已，亦不廢禮，由是民累頓紓，經行者無尤焉。乙丑，升湖廣按察司副使，整飭蘇、松、常、鎮等府兵備。時倭患稍寧矣，會虜犯黄甫川，勢張甚，復調公陜西按察司，整飭延綏兵備。隆慶戊辰，三載考最當遷，適地方有萑苻不靖，督撫交章留之，乃加公銜布政司參政，仍舊兵備延綏。辛未，升陜西按察使，治獄平允。先是，地方礦賊猖獗，有司會兵捕緝，纍老弱甚衆。公讞其無辜者，一切釋遣之，西人以爲德。尋升右布政使。壬申，轉左。陜稱劇藩，財賦出入最爲穰夥，歲供三邊餉以億萬計，之〔六四〕胥因而傍緣爲奸，主者不能察，甚或乾没其間。民應傳〔六五〕輸役者，往往輒破家。公在陜日久，知其病，及是則痛釐革之，諸以轉輸至者，投牒而退，正賦外無毫釐餘費，由是頌聲翕然，抽〔六六〕于關隴。司所轄凡八府，各州縣租賦供京、邊者，悉由府起解，藩司轉牒而已。西安因治在會城，近歲乃以其府屬州縣租賦徑祇〔六七〕藩司轉運，而府不與焉。公喟曰："非政體也。會府固多事，其視藩司何若？"乃議白撫按，牒歸該府，撫中丞是之，而按史以爲未可。俄承特簡，擢公都察院右副都御史，巡撫延綏，贊理軍務，按史遂以爲不聞新命也者，摭它事以布政使劾之。公竟聽勘而歸，時萬曆癸酉春也。久之，其事勘明，悉誣指無實，三秦人士至今爲公不平。公事親孝，當謝政時，太恭人猶在堂，年高矣，公養志承顔，曲盡愛日之誠。比歿，孺慕哀悼，喪葬以禮。至于惇睦宗族，致厚親友，賙貧恤患，諸皆可稱。公禀受龐厚，方頤廣額，修髯豐背，望之偉然。飲食兼人，自幼至壯，未嘗近醫藥。性豪率，不耐拘拘爲小謹，方其志學、從宦，每有物外情。初年，嘗居業城南中條山麓曰鄭莊者，其地水、竹爲一方之勝。比返初服，乃繕屋編籬，雜植花卉，歲時拉朋輩游燕其間，或浛旬不返，乘小車出入，綸巾野服，見者不知其爲達官也。萬曆壬午十月二十七日，忽不懌，遽整冠服而逝，距其生嘉靖癸未十一月十二日，享壽六十。元配趙氏，封安人，再封恭人，生嘉靖癸未七月十三日，卒隆慶戊辰八月六日，得年四十有六。繼賈氏生嘉靖甲寅六月二十八日，卒萬曆戊寅正月二日，得年二十有五。繼李氏。子男六人：瀹，舉人，公卒之明年亦卒，娶楊氏；洲，早殤；津，娶楊氏；源，聘楊氏；涌，聘傅氏；湘，聘楊氏。女五人，一適張近光，一字孫守節，餘幼。孫男二：惟榮，聘杜氏，瀹出；惟光，津出。孫女一，適官生王之柱。嗚呼！公宦迹南北，最爲人所歸德，無如在陝轄，顧竟以此罹謗。賦氣既厚，神情又瀟洒，脱世羈，即期頤可躋，而年僅若此，謂之命數非耶？余與公髫齔交，兩試皆同舉。當癸酉公歸，余以謁告在里，方相與徜徉，結鄉社，甚歡矣。余尋復被召，塵三事，荏苒且十年，邇歲不禁多病，日夕思撰杖屨〔六八〕從公也。頃罹先人憂還故丘，則公已不待矣，悲哉！公子津爲公卜兆于鄭莊之乾隅，將以今歲乙酉三月十五日營公葬，并遷趙恭人、賈氏二柩合祔焉，禮也，乃持余表舅臨朐教諭兩泉孫公狀請余銘。余久不近鉛槧，乃慨公去世未幾而長子殞也，聞津能舉公殯則嘉之，且有深感焉，特不亂〔六九〕而爲之銘。銘曰：

蒲有著姓，曰惟馮氏。戎闔開家，鄉祠樹紀。載世其家，科名接軌。南宫論秀，寔自公始。盤錯投艱，簡書屢委。舟車所至，民獲休祉。膚工未竟，遐道中止。淵〔七〇〕舊是依，凡〔七一〕杖欒只。南有嘉原，土澤淑美。生所盤桓，没寧歸此。凝和衍祥，萬年不毁。

中憲大夫都察院右僉都御史右山裴公暨配陳孺人墓誌銘

隆慶丁卯七月十九日，都察院右僉都御史裴公卒于家，距其生正德癸酉六月六日，得年五十五爾。初，公巡撫陝西時中飛語，聽調里居，于時五期矣。會今天子登杜〔七二〕，搜揚遺碩，六科十三道交上疏，薦公任〔七三〕大用，詔報可，朝夕且賜環，乃公忽以訃聞。天子悼之，特頒諭祭一壇。公階四品，不滿一考，於法未應賜祭，蓋異數云。公神宇冲粹，涵蓄甚富，與人婉款有情，恂恂自將，見者起敬。至于論當世事，辨人臧否，稽合古今同異，侃侃焉出之，有緒而不淆也。性故好學，發而爲詩文，清潤雅飭，如其爲人。尤喜接引後進，出其門者彬彬多如〔七四〕名士。當嘉靖丙辰、丁巳時，公居内艱，余亦罹先宜人之變，與今太傅、冢宰楊公及余舅督府、其〔七五〕侍王公俱守制在里，余因獲從三公者講業于楊公北墅大椿堂中。見公外温内理，不爲巉岩皦異之行，而中截然不可犯，根心出言，無纖毫矯飾，其致可欽也。謂公且宏濟于時，不且充所解詣，磨礲浸漬，登作者之域，詎謂中壽未躋，乃奄爾物化耶？悲哉！公殁之明年，其配陳孺人亦卒。子胤熊輩將以其年某月某日合葬于孟盟橋新兆，乃走使京邸，持公婿舉人楊俊士所爲公夫婦狀屬余銘之。按狀，公諱紳，字子書，别號右山。裴氏故爲河東族望〔七六〕，公系出聞喜晋公度之後。勝國時有澤民者，以功授銀符，爲達魯花赤，領平陽事，始定居于蒲。澤民子居敬，陝西行省參政。居敬子約文，奉元總管。數傳至公曾祖瓚，祖英，俱隱德不仕。父鼐，以公貴封文林郎、河南道監察御史。母張氏，封孺人。公幼警敏，能日記千百言，未總角即爲學宫〔七七〕弟子員，試輒占高等。嘉靖甲午，舉于鄉。戊戌，登進士，授行人司行人。辛丑，選授河南道監察御史，督理長蘆山東鹽課。近京多奸民，依憑城社私販。公首擒鄭尚書僕置之法，仍對仗彈尚書奪俸。比公代，遂無復私販者。乙巳，按真定。是時，虜連寇太原，公乃議增紫荆諸開〔七八〕埤塹，事竣，有白金、文綺之賜。丁未，按浙江，上《海防六事》，詔悉從其議，蓋是時海溢漸不靖矣。朝〔七九〕設都御史督軍務，而都御史者顧捕戮平民報首功。公檄臬司問狀，都御史乃大恐。公以其不克肩重任，故言〔八〇〕其事。自海寇益猖，諸建白防禦計無慮數十上，率無越公議者。戊申，丁御史公憂。辛亥，起復，升山東按察司副使，提督學校。崇實學，杜請謁，諸所獎拔悉蘊藉有養之士。乙卯，升河南布政司參政，撫守汝南。其冬，丁張孺人憂。戊午，起復，補四川布政司參政。庚申，升陝西按察使。辛酉，升河南右布政使。未越陝，即拜都察院右僉都御史，巡撫陝西。壬戌春，虜犯延綏，公聞警提旅馳赴之，遏其南下。于是，朝議謂總督公某〔八一〕不任事，擬以公代之，未果。其冬，虜復自寧夏入，公督衆迎拒，斬首虜十〔八二〕餘級，以捷聞。乃益爲内地備，簡西安等衛卒三千人，奏設參將一員，團練會城。陝當滇、蜀孔道，民苦于供億。有忻城伯某者，使蜀過陝，又恃稱貪虐。公廉得其不法狀數十奏之，且請自今勛臣出使，毋得枉道。上命著爲令，併徵忻城伯還。忻城伯懼，自殺，秦地肅然。初，公督學山東時，有一二鄉宦求庇其不肖子弟，不得則大恚〔八三〕，已乃作爲謗書，徧騰之兩都中。當丙辰時，既撼公不動，益慚憤，至是歲癸亥，屬京官考察期，復以游言中公，甚異。賴當道者稍稍知之，乃奏改公南京。公曰："吾矢勤于國，而顧憎〔八四〕此多口，命也。"遂歸卧河山舊廬，課子明經，尋繹故業，日與故友嘯咏杯酒間，若未嘗涉世者。山西巡撫，若延安楊公、南昌萬公、鄭州王公、海豐楊公、濰縣王公，先後各以公之德美疏聞于朝〔八五〕。公配陳孺人者，鄉賓瓚之女也。鄉賓公娶于杜而生孺人。幼惠朗，不妄言笑，鄉賓公奇異之，不以于〔八六〕凡子。及笄，歸公，事舅姑以孝稱。綜理閫政，既勤且儉，公用無内顧憂。孺人素碩，自公殁日益羸〔八七〕削，暗中常若與公語者，不浹歲亦殁，隆慶戊辰六月十二日也，距其生正德丙午十一月七日，得年五十有三。子男二人：胤熊，娶楊氏；胤勛，娶李氏：俱州學生。女四人，長適舉人楊俊士，其次繼之，其次適官生王益，其次適潼關衛指揮應襲陳汝孝。孫男一，令聞，聘楊氏；孫女一，幼：俱熊出。銘曰：

河東諸裴，歷葉有聞。人〔八八〕宅廣睦，緑野流芬。参政嗣興，北岡有墳。爰逮中丞，丕闡厥文。璆瑒音希，幽蘭氣薰。射策成名，乘軿問俗。頒條郡國，乃罔不肅。東上傳經，西藩推轂。亦既軒鶱，永願未卒。壑舟夜空，斯人不淑。温温者媛，同德作配。存共厥榮，殁偕厥悴。于澗之濱，豐原有隧。雙璧永歸，德音不晦。

中憲大夫都察院右僉都御史孝泉王公暨配封恭人何氏合葬墓誌銘

公諱輪，字子庸，别號孝泉，姓王氏。自其先世以造香油爲業，故州人推著姓必曰“油王氏”云。高祖太一，曾祖健，祖寅，父珪，母張氏。以公貴，父贈都察院右僉都御史，母贈恭人。公以正德丁卯二月初五日生。初，公祖歿，贈公方在遺腹，祖母嚴年僅二十餘，大〔八九〕志撫孤，百艱不替。及是生公，頭角嶄然，不類凡子，人咸謂天道有知也。公生甫逾期即失母，且多疾，祖母嚴特憐念之，身親鞠育，朝夕備極慈愛，夜宿之榻傍，晨覺必呼名諄諄詳〔九〇〕迪，年十三乃已。公稟賦既茂，而又夙陶慈誨，故自成童即有英聲閭閈間，長老咸以異人視之。嘉靖乙酉，補州學諸生。戊子，舉于鄉，時祖母嚴年八十餘矣，猶及見之。壬辰，嚴歿。癸巳，贈公復棄養。公既終喪，乃居業河汾之墟，弟子來受業者滋家〔九一〕，所養益宏邃。戊戌，登進士。己亥，授兵部武選司主事。壬寅，升職方負〔九二〕外郎。乙巳，升武選郎中。丁未，調職方。是時虜勢甚張，無歲不内訌，北邊騷動，職方之任稱難。公在兵曹以才略著聞，及調職方，毅然圖所以揚國威、折虜驕者。會曾襄愍謀逐河套中虜，復三城故迹，公自中從史〔九三〕之，俄以飛誣解職。未幾，襄愍亦被奇禍，事竟寢，至今有惜之者。己酉，復武庫郎中。庚戌，升陝西按察司副使。是秋，虜大舉寇京東，焚戮甚慘，遊騎薄于都闉。天子震怒，詔悉汰文武吏之不任者，簡材臣任之，乃改公山東按察司副使，整飭密雲兵備。次年，以擒奸功轉參政。癸丑，升都察院右僉都御史，駐守昌平。昌平之有駐守自庚戌始，及是議省之，乃移公巡撫延綏。延鎮密邇套虜，時苦侵暴，屬連歲荐飢，軍餉歷三時不給，諸戍備率頹弛。公至，則汲汲次第理之，爲之請餉，爲之條上方略，軍容改觀。在鎮且三年，虜每入寇，必遭挫衄去。督臣覈上其伐，錫金幣凡再云。丙辰，丁繼母高憂歸。是時，虜勢益披猖，廟議需邊材甚急，而公望益重。會虜圍大同右衛不解，命廷臣各舉所知戡亂才，其以公名應召者無慮二三十疏。適公服闋，而薊邊告急，乃復召公巡撫順天。公聞命疾趨，未及境則虜業自潘家口入矣。虜退，諸地方官志〔九四〕得罪，公亦蒙謫命，專〔九五〕致仕十年餘。迨隆慶丁卯，虜東西部同時内訌，西自偏關入，破石州，東則蹂灤、平，都邑震動。是時，穆宗新即位，以爲憂，詔求夙昔封疆之臣足任使者，臺臣悉以公薦。戊辰，乃起家，以原官巡撫甘肅地方。甘肅〔九六〕孤懸河外，三面羌、虜，邊備積弱，虜部帳駐莊浪、山丹間，道路阻絶。公入境，號令一新，虜聞即徙去。比期年，則烽堠明，城堡固，芻餉足，士氣振。或不時虜以數十騎窺塞垣，輒遭擒馘，河外以寧。莊浪土軍驍悍，爲虜所憚，魯氏者世統之，號曰"魯家軍"，頗驕縱，當事者務裁抑之，會其宗派中絶，遂不振。公召其宗人應繼者優撫之，激以忠義，其人感奮自效，復能成軍。公知其可用，乃疏請復其世職，莊浪至今賴之。己巳，虜東西部相結西侵，瓦刺乘勢以其衆壓甘涼入掠。公嚴督將士，晝夜職〔九七〕守，時出奇兵撓之，斬首數十級，虜歛去。在鎮以功捷蒙錫賚，至于再三。復相度阨塞，增設險固，浚壕塹，治崖洞，千里相望，屹然成河西巨障焉。時庚午，方以六載奏績，媢者毁之，有詔免公歸。歸則簡出養重，翫志墳典，尤深于《易》數，休咎必先知，間以語人，多奇中者。闢塾課子，擇賓友與之居，雖甚寒暑不少休廢。蓋盤桓東山者十餘年，諸子方烝烝向進未已，而公遽告終，實萬曆辛巳二月二十四日也，距生之日享年七十有五。始聘楊氏，先嫁而卒。娶何氏，封安人，進封宜人、恭人。淑德令儀，克配君子。事祖姑及繼姑能無愆于婦道，撫子女能訓，馭婢僕能慈，處族黨能不以貴自矜。生于正德丁丑二月初九日，卒于公卒之年三月十五日，享年六十有五。子男四：汝閣，早卒；汝閾，州學生，娶楊氏，繼娶辛氏：何恭人出。汝闇，州學生，娶杜氏；汝閭，早卒：側室宋氏出。女五，一適國子生景賓，一適官生楊俊彦，一適潼關衛指揮同知黎從政，何出；一繼室景賓，一字庠生沈廳，宋出。孫男二：道保，經保。女四，俱幼。卜葬得辛巳十二月十二日，卜兆得峨嵋原新塋，汝闔乃衰絰扶杖走都下，疏列公前後功次，乞恩恤之典。詔所司覈實，賜諭祭如例。已而，介公友陜西參政張公廷柏所爲公狀謁余邸，涕泣以銘請。按狀所言，公事業在國，表儀在鄉，余皆習知之，乃其緒教在耳者更殷然未忘也，用是不辭爲銘。銘曰：

溟渤浩渺，艨艟〔九八〕可航。盤錯所會，亦賴干將。龕變夷紛，匪才曷克？用適其時，乃罔不得。公負利器，出遘多虞。帷幄秘略，藩扞雄圖。世既見知，試亦既效。千里方馳，竟沮中道。逍遥一壑，與造物游。歛厥未究，貽祉箕裘。膴膴崇阡，蒲阪之首。我銘玄堂，陳信不朽。

封中大夫南京光禄寺卿碧泉劉公墓誌銘

封中大夫、南京光禄寺卿碧泉劉公者，大理卿小魯君一儒之父也。初，大理君自留都奏績詣闕，便道省覲，因圖丐侍養于家。公稱引大義，督使就道，已復時時貽書慰解之。居未幾，聞公訃，大理君摧毁不自任，乃忍泣陳情，上爲錫恤典如制。于是大理君以少司馬曾確庵氏所爲公狀質余爲銘。按狀，公諱大賓，字以敬，湖廣夷陵州人。自其先世皆隱德弗仕，公始習舉子業，爲宜都邑諸生。宜都者，夷陵旁近邑也，邑令素方嚴，于諸生鮮所假借，然獨雅重公，折簡延爲上客，曰："此劉孝廉，安得概以儔人遇之？"蓋公自爲諸生時，輒以行誼著，事三〔九九〕親色養備篤，執喪哀毁如禮，久之猶戚焉孺慕也。其守身逡巡若處子，擇地而蹈，非其義不以一介自緇，以故州里中目之曰"劉孝廉"，乃邑令亦因而稱之云。公績學攻苦，所爲文常屈其群輩，每督學使者至，試必優。公乃屢躓場屋，人咸爲公惜之。大理君自幼穎拔，爲郡守所器異，將薦諸督率使者，公固遜曰："孺子未學。"其高致如此。大理君己未舉進士，歷官吏曹郎，滿三載考，得封公如其官。迨晋考功大夫，值歲大計，得臧否天下吏，公貽書成〔一〇〇〕之曰："慎哉！是黜陟幽明之際也，兒念之矣。"客踵門通謁者，概謝弗敢見。有故知自千里外走幣、腆相問訊，公固辭弗入。或謂："公受之何嫌？"公笑曰："吾非謂束腆已也。"大理君自從宦于朝，嘗一迎公就養，又一病免家居，皆獲從容侍膝下。比兩官留都，距夷陵稍近，公棲遲家食，不復就也。居門〔一〇一〕無他嗜好，惟喜攻字學，問〔一〇二〕爲近體詩，取適興。與人交，務在長厚，耻言人過失。或兩争互質，或燕會譃譚，徐出數語剖析之，能使競者息，辯者服，故劉封君之名燁然聞楚中，楚中人所爲慕劉封君者，非第以其子也。生平故無疾病，動止整肅，終其身不見媠容。卒之前一日，猶晨起對客，午泛觴飲乃罷，翌日遂端坐而逝。先是，術者謂公當享遐壽，又當翛然冲舉若神仙，將其言果中耶？公素性恬淡，家居楗户距躍。有司高其行，屢致公飲于鄉，皆力辭不赴。獨至赴人緩急，則直前無所悼〔一〇三〕。村有被誣爲盗者七人，抵大辟，公發憤嘆曰："冤哉！此七農夫也。"遂挺身往白，竟釋之，七人者乃竟不知爲公德也。其陰德卓行蓋直與傳記所稱隱君子者伍，劉氏之門宜益光光〔一〇四〕大矣。公生正德己巳正月初二日，卒萬曆丙子五月初六日，享年六十有八。曾祖敏，祖永深。交〔一〇五〕漢，贈官如公所封。娶程氏，繼娶秦氏，贈、封皆淑人。子男一，即大理卿一儒。女二，適宗堯、陳廷節，俱庠生。孫男三〔一〇六〕：長戢之，以廕爲國子生，聘少師大學士江陵張公女；次襄之，聘吉安守雷君女。大理君卜兆在東山祖壠之原，葬以某年某月某日。銘曰：

培厥本，華斯蔚。匯厥淵，流斯沛。物理固然，神理罔沫。懿惟公，德則會。歛厥施，後斯泰。民有儀，邦是賴。楚南有封，恩恤汪濊。歸璞衍祥，千祀未艾。

通奉大夫四川布政使司左布政使水陽亢公墓誌銘

萬曆庚辰五月十六日，水陽亢先生卒于家，厥嗣孟禧輩走使京師，屬王翰檢祖嫡爲狀而介以請余銘，曰“先生治命也”。余先生同郡人，自始升朝，獲從先生後游詞林，淑誨景德，既深且久，銘爲〔一〇七〕可辭？按狀，先生姓亢氏，諱思謙，字子益，水陽其别號也。世爲臨汾人，出春秋宋大夫亢軫之裔。石晋時，姓已著郡中。入明，有曰復成者，爲先生高祖。復成生通。通生昇繇，貢入太學，授兖州府知事。生逢霨，則先生父也，以先生貴贈翰林院編修，元配賀贈孺人，繼鄭封太孺人。初，贈公賈鹺于閩而賀卒，乃娶鄭，鄭，閩望宗也。鄭嘗夢雲中旌幢擁偉丈夫自東而西者，正德乙亥十月十五日生先生。先生生而願〔一〇八〕異，六歲受書，一過即成誦。甫十歲，贈公歿，旅櫬嫠孤，滯閩者且十年。先生感奮力學，游閩名士聞〔一〇九〕，閩名士讓弗及也。癸巳，自閩歸，適郡邑試諸生，先生名第一，父老大驚。已而，督學使者及御史試又第一。甲午，以儒士登晋鄉書第一。丁未，賜進士二甲第一人，簡爲翰林庶吉士，屢試輒冠其曹。己酉，授編修。辛亥，使淮藩，一切饋遺謝弗納。壬子，命教中貴人書。先生嘆曰：“此輩不患無材藝，患不知大義耳。”每取漢〔一一〇〕、唐以來宦官事可爲勸戒事者反覆訓諭之，中人感動。癸丑，分校禮闈，所録多知名士。丙辰，擢河南提學副使。兩河地廣，校閱常二歲不能周，先生一歲徧諸僻邑。善品藻士，今少宗伯何啓圖與王翰檢，皆先生昔所器重，國士遇之者也。戊午，擢河南右參政，分守洛陽。是時伊庶人驕僭，大營府第，賫緣得請八萬金助工，下通郡履畝加徵趣辦。先生感〔一一一〕然曰：“歲屢凶，民困極矣！正供不足，而横加額外征，此不死、徙則盜耳。”乃密言兩臺，王驕甚，宜早裁之，且其室已逾制，弗可加，不宜重病民，無已，且生他虞。兩臺以聞，事遂寢。未幾，庶人竟以罪廢。偃師有孫家灣者，其地饒梨、棗，業已輸什一税，有希當道意議增什三〔一一二〕者，衆莫敢難，先生獨曰："是竭澤而漁也。"竟已之。分守建署會城，而洛下猶歲供數百金，往往乾没，先生悉登藉。無何，伊事起，大吏踵至，賴是不加賦而用饒。庚申蝗，四方流民競趨河洛，莩相屬于道。先生設法賑濟，全活甚衆。辛酉，擢陝西按察使，監秋試，秦中謂是榜得人。耀州民某雄于貲，與甲構，甲不勝憤，仰藥死。某覘乙與甲郤，脉〔一一三〕入而乙抵其辜。爰書既上，先生爲白乙冤，而以某抵法。是冬入覲，以身率下，郡邑吏無受餽者。渭南令新仕，未習吏，被訾且罷矣。先生惜其才，當太宰廉吏治日，具説所以然者，令不知狀，卒全令。壬戌，擢山東右布政使。宗人禄廩糾紛，每藩司出納輒號呶盈庭，先生至則井井辦集，公庭寂然。有盗晝攫大璫金，大璫怒，捕者欲誣富室取盈，東人大恐。藩臬方會鞫，先生一出詰而真盗伏，餘無所問。癸亥，擢四川左布政使。蜀地卑濕多陰雨，郡邑運米累鉅萬露集，率數月不收，米敗則責運者償，家輒破。先生躬臨庾下，至輒收之，諸僚乃更番往，于是露米盡藏，公私稱便。居無何，會有詔以灾異察外寮，中臺有不悦先生者，嗾言官以飛語中之，先生遂歸，時甲子三月也。先生既返初服，日以奉親課子爲樂，杜門謝客，足迹不投公府。丙寅，居鄭太孺人喪，哀毁甚。宅左建二祠，前祀其師曰"報知"，後祀所生曰"致享"，一蔬一果必先獻。别治小圃，列圖史，時時吟嘯其中。暇則與耆舊陳説《詩》、《書》，敦行鄉約，罷癃殘疾待先生哺者，遺孤待先生育者，窶空待先生舉火者，不獨其族乃爾。善飲，有酒德，不喜聲伎。優游林皋十七年，壽凡六十六而卒。卒之日，里黨悲悼，相與巷哭罷重〔一一四〕，其德感深也。先生雅負軼才，顧性温恭淳厚，方其取高第、昇華階，貌冲然若虚，其中常有以下人者，人以爲先生恂恂退讓君子也。迨出而臨政，車轂所至，則注措犂然可觀，其仁恕殆天性。好掩人過，治獄務求其生，迄今關、洛、魯、蜀間談先生事，不啻欲户〔一一五〕而祝之。子孫多賢，天道良不爽爾。所著《館中稿》及詩文若干卷藏於家。娶盧氏，贈孺人。繼田氏，封孺人。子男六：孟禎，庠生，娶王氏，盧出。孟禧，舉人，娶宋氏；孟祺，庠生，娶郝氏；孟禊，庠生，娶張氏，繼任氏：田出。孟禴，庠生，娶楊氏；孟禔，聘李氏：側室兩劉氏出。女五：一適庠生李喬蕃，田出；一適庠生陳經科，一幼，劉出；一許于桂馩，一許侯于齊，劉出。孫男四：以恒，庠生，孟禎出；以慎，以忱，以情，孟祺出。孫女七：一許荀兆龍，孟禧出；一許周繼芮，一許狄仲仁，一許張文相，一許阮向上，一幼，孟祺出；一許張懋誠，孟禊出。孟禧等以是年八月二十四日葬先生于九州堡之新阡，蓋先生所自爲卜吉云。銘曰：

雲幢環衛，自天降神。生賢于晋，發兆于閩。一鳴驚衆，若鳳斯翔。巍科卓起，大對洋洋。東觀納〔一一六〕書，北扉綰綬。良史龍門，才相先後。一麾治外，五踐臬藩。軺車攸歷，棠廕孔繁。政成而歸，堯山之麓。西室圖書，潯陽松菊。耆壽令終，函蒙嘉祉。錫羡輔昌，振振麟趾。佳城永閟〔一一七〕，鑱石埋詞。流光不朽，萬年考斯。

湖廣參政中峰楊公墓誌銘

公諱相，字允立，别號中峰，姓楊氏。幼莊重，不好弄，壹意問學。未弱冠，補郡庠弟子員，聲稱藉甚。以嘉靖甲子舉于鄉，明年成進士，授成安知縣。縣古趙地，其民崛强喜争。公至，則申嚴保甲，修明鄉約，法紀振肅，無所容奸。邑有盜首，歲聚徒[一一八]行劫，自山東、河南北久被其毒，前政莫敢詰。至是，公擒而戮之，民賴以寧。有西鎮卒戍東方者，還過邯鄲，其帥道死，因群作不靖，百姓誨懼，監司檄郡邑合兵擊之。公曰："此曹非素亂，以無主故拒[一一九]攘至此，請馳使諭[一二〇]以禍福，當自戢，不宜急以生變。"從之，果宵遁。隆慶丁卯，以三載考績敕拜文林郎。戊辰，擢山東道試御史，巡視十庫。尋實授本道監察御史，巡按陝西茶馬。敕法貞度，剗剔弊蠹，商民便安，馬大蕃息。辛未，巡按河西[一二一]。河南當南北之衝，無名山大川之限，民疲于送迎，而盜賊易以出没。公下車，治不激不弛，善良者舉欣欣得所休息，而猾巧輩率奔竄屏息，莫敢逞者。然且隆學校，慎疑獄，懇然盡其心力，士民大和。萬曆癸酉，巡視京營。未幾，擢山東按察司副使，整飭海右道兵備。海右故多鹽礦，四方無賴時時群集作奸利，或嘯聚島嶼中，爲居民患。公悉心撫馭，威信孚洽，海濱以無警。丁丑，擢湖廣布政司參政，分守上荆南，道偶病温[一二二]痰，冒暑涉于楚地，至則庳濕恒雨，寖不能堪。戊寅，致政歸。凡宦于楚者相與挽留，弗能得，下逮氓庶，靡不惋惜者。歸而疾遂劇，越三歲弗愈，竟卒于家。公孝廉誠敬，出自天性。父松岡公歿，公以諸生理葬事，勤協諸禮，每歲值忌日，必奠哭如初喪，乃至二十年無改，人以爲難。軍衛每審編徭役，諸武吏率條具爲文册，有司藉以終事。公在成安，承檄勘德州衛，武吏進藉，公格不用，乃悉召什伍躬閲之，登殺公明，毫無私假，一軍歡然。凡御史按部，事竣例徵罰鍰之羨以充私費。公歸自陝，乃秋毫不染，蒲人有久客秦隴者，至今詫語里閭，以爲異也。心地洞豁，遇事剛果，有風裁。嘗考成憲，酌時宜，疏言茶馬四事、理財三事，滚滚千餘言，皆關大體。行部河南，有一二不職者介恃奥援，肆無忌憚，公特疏汰斥之，吏習一變。至論成國不當追王，膠河不當勤衆，侃侃持正，尤爲時論所多。馭下嚴而有恩，吏胥自公事外無敢啓口者，至斗粟尺布可以假之民有弗用也，以故宦轍所暨，罔不畏而愛之。性不喜機巧，與人一以實心。從仕不獵聲華，一以實政。食無擇豐，衣無擇麗，終其身無媵侍，可謂淳篤君子矣。公先世家長安，元末有名義卿者始徙蒲，占籍故市里。義卿生旭祖，旭祖生伯貞，伯貞生文秀，文秀生榮，榮生銘。銘生鶴，是爲松岡公，公父也，粵有潛德，用昌其後，以公貴贈文林郎、成安知縣，加贈山東道監察御史。娶于許，再封太孺人，嘉靖庚寅五月十四日寔生公。公卒之日爲萬曆辛巳六月十九日，享年五十有二。妻任氏，再封孺人。子男二：長爕，州學生，娶范氏；次煊，萬曆丙子科舉人，初聘余女，及笄而卒，娶韓氏、王氏。女二：長適王汝闇；次字張元徵，余季子也。孫男二：遠芳，遠茂。女一，幼。爕等將以壬午九月二十七日葬公于譚家莊祖塋之次，乃銜戚撰狀拜授使者以祈余銘于京師。余辱從姻侄〔一二三〕，知公最悉，且感二子者之祈辭哀也，乃按狀而銘之。銘曰：

有嘉淳德，得全自天。少壯不渝，紉茝握荃。作宰封圻，政成卧護。乃陟中臺，丕揚憲度。于以蕃宣，東齊南楚。威愛交翔，震霆甘雨。吏民載道，愴矣攀轅。嗚呼曷歸？惟德弗諼。貞石有銘，永徵芳躅。神藏孔安，穀爾似續。

陝西行太僕寺卿少源張公墓誌銘

吾友少源張公者，蓋古之所謂狷介人也。矜尚氣節，磊落，好自信，自〔一二四〕世之詖言邪行，雖判乎與己無與，而頩然變色，若將浼之。即得之傳聞，亦掩耳不願聽，異日遇其人，望望去之，不忍視其面焉。及聞人有片善寸長，即擊節嘆賞。當其心所欽服，雖在千里，每恨不泝下風拜之。其善善惡惡若是乎分明，而不以毫髮借也，故以此見重于人，而亦以此齟齬于世。公初由館選授臺察，肅紀宣風，毅然澄清自任。南理淮鹺，北稽禁旅，咸有貞亮績，聞者憚之。于時柄臣任不才子擅權，黷貨斁法，凡諸要津華秩悉以巨賄進。公顰蹙曰："朝廷設銓衡耳目之官，所以綱紀臣上〔一二五〕，糾正邪枉者，豈權門索價異〔一二六〕耶？即若此，國將奚賴？"乃上疏頌言攻之，柄臣滋不悦，遂出公守河間。歲餘，柄臣以贓敗，諸附麗要結悉從顯斥，而凡守正淹擯士駸駸叙進。公乃升副湖憲，公論且藉籍，謂公以直言出，宜召補某〔一二七〕近。會有孅人典銓司，驕忮張權，以意爲軒輊，乃以公爲陝西行太僕卿。嗚呼！直道之難行，豈特昏曀時哉！世濁矣，方正之不容宜也。時方改轍，振枉興滯，乃一夫作使〔一二八〕，而公竟淹抑以死，悲哉！予初同公舉進士，司〔一二九〕肄業中秘，每欽公侃正，嘗竊以立儒〔一三〇〕焉。予年少長于公，公兄事予甚謹。夙昔與公期嚮者何似，而公遽至是耶！余初聞公訃而悲，念嗣子方穉，擬作誌寄之壙中，未果。乃公仲父南泰公者耄矣，冒盛暑手今民部襄垣劉公所爲公行狀，走千里求予銘。嗚呼！予之銘公豈俟請耶？乃南泰公以猶子之故用愛若此，可不謂高誼哉？按狀，公諱九功，字惟叙，別號少源，沁州在城里人，世以儒爲業。高祖溥，陝西會寧尹。曾祖顒，國子生。祖好古，貢入太學，贈監察御史。父鵬，大理寺寺丞，以公貴進階奉政大夫。母周氏，初封孺人，後以公貴進封太宜人。公幼警敏，壬子舉于鄉，明年癸丑登進士，改翰林院庶吉士。授河南道監察御史，巡視蘆溝橋，工完有銀幣之賜。巡視兩淮鹽法，疏通積滯。屬倭寇飈發，創建揚州關城，及各鹽場城，民賴無恐。諸興廢甚衆，具載《江北奏議》中。代還，復巡視京營。升河間府知府，行常平，作保甲，建義田，興學校，瀛人至今思之。升湖廣授〔一三一〕察司副使，視旅郴桂，有叛獠不靖，公剿之。升陝西行太僕寺卿，未履任卒。生嘉靖戌〔一三二〕子七月十八日，卒嘉靖乙丑十月八日，得年三十有八。配劉氏，封孺人，先公一年卒，予嘗爲誌。于〔一三三〕男一人，慶徵，側室某氏出，聘劉氏。葬地爲城西北五龍川新阡，葬期爲隆慶戊辰某月某日。銘曰：

亨否有時，直枉分之。氣遷物化，曰惟其宜。乃有通人，幻捷若神。緣時觀變，無往不伸。咨惟堅士，信心一志。當晦固艱，方明復躓。作善靡禄，天道謂何？宇宙無窮，耿氣不磨。伏牛巉巖，漳流瀰瀰。哲人藏焉，錫爾世祉。

山西按察司副使丹崖胡公墓誌銘

公諱湘，字濟之，姓胡氏，其先蜀之營川人也。六世祖諱仲遠者，仕爲河南内鄉丞，子孫遂家焉，故今爲内鄉人。高祖暹。曾祖驥。祖忠，封禮科給事中。父瑞，歷官都御史。母封淑人李氏，安慶府同知李公女也，于成化丙午九月廿二日生公。公生而後〔一三四〕楙，弱冠舉于鄉。嘉靖癸未，登進士第，授大理寺評事，轉寺副、寺正。升山東青州府知府，以母老疏請歸養。既卒喪，復守寧國府。升山西按察司副使，遂謝政歸。歸十餘年而歿，蓋嘉靖庚申十二月十六日也，得年凡七十有五云。公天性樂易，雖質任簡伉，不解爲世俗態，而用情懇到，人與之居，久無不得其歡。與人語，雖僮僕恂恂，若恐傷之。居鄉黨，未嘗有競于物。里人嘗有犯公者，公不之較，已而其人内愧，公長者，益復親。公尤嘉與後進，里少年稍知向學，即引與抗禮。今翰林院檢討李君蓘者，公外弟杏山李公子也。異李君，即以子妻之，其所以誘道之者甚至，未幾，李君果顯，人謂公知人。其居官所至，以寬見稱。爲廷評時，嘗録囚陝右，所平反無慮數十輩。時公未嗣，既而生男子四人，殆陰德報也。性善酒好客，能連日夕飲不醉。既歸田，每與客傳觴對奕，命青衣雅歌，以追逐風日之勝，陶陶如也。酒酣輒操筆爲詩，以寫其自得之趣，已乃輒棄去，其真率如此。治湍陽别業，以佚老其中。素故少病，歲時督佃僕，課藝穫，行年七十餘，策馬揖拜，不異少壯人，其術[一三五]于天者全也。公初配史氏，孺人崔氏，孺人劉氏，故大學士洛陽劉文清公之孫女，皆先公卒，無出。今配張氏，生男子一人廷俊，生員；女二人，長適生員閻蘭，次適翰林院檢討李蓘。餘側室子男三人：廷乂、廷密俱生員，廷阜幼。女四人，一適生員李成林，一適李文奎，一字知縣陳誥男某，一字簡學男某。孫男一，孫女二。廷俊等將以卒之明年某月某日祔葬公于縣城北大峪里祖塋之次，公婿翰檢君奉若翁杏山公命，狀公行屬余誌而銘之。銘曰：

嶓冢[一三六]源江，浚派載東。百川攸欱，彌遠益豐。惟公之先，自渝徂遷。代衍既昌，韍綬相聯。以肆于公，有赫繩武。朗度冰瑩，冲襟春煦。既典國平，揚于中外。民則有思，文惟不害。乃戢景熙，歸賁于園。松菊常存，桃李不言。率是壽考，亦既燕喜。延祚自先，施于孫子。鬱鬱北原，有崇者阡。我銘不爽，對于萬年。

贈中憲大夫山東按察司副使滄溟高公墓誌銘

蜀有隱君子曰滄溟高公者，行誼甚偉，教子以義方稱，今山東布政司參政文薦，公長子也。當歲辛未，余叨貳銓宰，天子方大計群吏之治，詔所司核其政績尤卓異者以名聞，禮饗之，旌以篚幣，以風天下。于時參政守湖南之長沙，聲實四方最，遂以應詔。詔下，郡國修覲事在闕庭者數千人，莫不翕然誦讚之，自以爲弗及也，余固心奇參政治行矣。已而見其人，恂恂甚都，與之言，復俶儻多大略，余奇之滋甚。乃蜀搢紳先生因稍稍談滄溟公潛德，則又益知參政之賢其有自也。初，參政方舉于鄉，而滄溟公歿，葬華陽李村之新阡。比參政取甲第，歷膴仕，凡三值國恩，加贈公爲中憲大夫、山東按察司副使。參政既與余識，乃持公内弟、前應天府尹周公俶所爲公狀徵余爲銘，蓋公歿至是凡十有八年矣，其孝思不苟，遠而有待如此。按狀，公諱鵬，字雲程，姓高氏，滄溟，其别號也。高氏故爲陝西鳳翔人，四世祖諱成者始徙于蜀，籍成都右衛，迄今子孫家焉。高祖敬祖，曾祖貴，祖政，父仕魁，母甘氏。公天性樸茂，伉直自信，慷慨有大志。幼補邑庠弟子員，篤學績文，寒暑不懈，期以表見于時，自待甚厚。會父遘疾經年，公晝夜侍湯藥，目不睫者數旬，乃至蟣虱叢生衣裓間，不顧也。父疾且革，曰："兒至孝，爾後必昌。"公悲慟，終三年，見者戚焉。是時繼祖母盧、母甘在堂，環堵蕭然，缾無儲粟，公色養承歡，心力竭瘁，無復進取念矣。成都，西南大都會，多富人，俗尚奓忲，姻黨間率乘堅策肥，啖醲醲，曳麗靡，以相夸詡。公終歲屢空，徜徉自得，視之茂〔一三七〕如也。有勸之從族閭殖生産者，則曰："吾道不在是。"每喟然自嘆不獲卒業于學，見諸子生有異質，乃一意訓督之，肄習有所，朝夕有程，蹈足吐聲，視之矩矱。嘗取古人立身顯親、志節彪炳者，時時稱説以激發其意。故參政入官從政，隨所至必馳令聞，由得于庭訓者豫也。公豪達任氣，不戚戚于生計，居暇必置酒醴，召里中父老與之歡宴笑傲，博塞投壺，酣歌竟日。闊略，眇小禮文，蕩佚世事。鄰里富侈人或呰斥之，不爲易也。性故夷坦，無畛畽，人無貴賤疏密，接之若一。日用固窘，然見人阨困，惻若在己，必毅然思以拯之。仲父爲諸生，卒無後，公爲理葬事，盡誠敬，且經紀其家口，俾無失所。姊適楊氏者，夫婦偕歿，遺孤方一歲，公取而撫育之，教訓婚配，使之成立。其居貧敦義，尤人情所難云。公生于弘治壬戌正月八日，卒于嘉靖丙辰七月二十四日，得年五十有五。配太恭人周氏，封户部主事潛庵公之女，温惠慈儉，婦道母儀，兩俱可述。子三：伯即參政文薦，己未進士，娶何氏，封恭人；仲文舉，邑庠生，娶楊氏，前宰相新都楊文忠公曾孫女。二子俱周出。季文選，側室王出。女一，適恩貢生徐元吉。孫男五：以道、以明，餘幼。孫女五：長許聘右副都御史方湖王公孫鼎，指揮應襲；次許聘張修吉，千户應襲；餘幼。銘曰：

益部之高，遷自岐下。七世而昌，公篤其祜。矯矯其風，巖巖其宇。物表璆琳，人倫儀羽。世莫我偕，得天則多。川滙斯沛，蘭茁其華。弘毗于國，悠慶自家。華陽有阡，松柏既拱。衍祚在兹，鸞章賁隴。納銘羨道，昭德惟永。

校勘記

〔一〕“降”，清稿本作“隆”，是，甲辰本亦作“隆”。

〔二〕“疾”，清稿本作“疾”，是，甲辰本亦作“疾”。

〔三〕“止”，清稿本作“正”，是，甲辰本亦作“正”。

〔四〕“侍讀”，底本卷首原目録無。

〔五〕“興”，清稿本作“典”，是，甲辰本亦作“典”。

〔六〕“宇”，清稿本作“字”，是，甲辰本亦作“字”。

〔七〕“大”，清稿本作“太”，是，甲辰本亦作“太”。

〔八〕“繫”，清稿本作“繁”，是，甲辰本亦作“繁”。

〔九〕“殊”，清稿本作“踈”，是，甲辰本亦作“踈”。

〔一〇〕“禹”，清稿本作“馬”，是，甲辰本亦作“馬”。

〔一一〕“受”，清稿本作“愛”，是，甲辰本亦作“愛”。

〔一二〕“析”，清稿本作“折”，是，甲辰本亦作“折”。

〔一三〕“皃”，清稿本作“兒”，是，甲辰本亦作“兒”。

〔一四〕“究”，清稿本作“宛”，是，甲辰本亦作“宛”。

〔一五〕“晨”，清稿本作“農”，是，甲辰本亦作“農”。

〔一六〕“動”，清稿本作“勤”，是，甲辰本亦作“勤”。

〔一七〕“遺”，清稿本作“遣”，是，甲辰本亦作“遣”。

〔一八〕“其”，清稿本作“具”，是，甲辰本亦作“具”。

〔一九〕□，底本爲一空格，甲辰本作“戚”。

〔二〇〕“理”，清稿本作“攝”，是，甲辰本亦作“攝”。

〔二一〕“武”，清稿本作“式”，是，甲辰本亦作“式”。

〔二二〕“後”，清稿本作“接”，是，甲辰本亦作“接”。

〔二三〕“目”，清稿本作“自”，是，甲辰本亦作“自”。

〔二四〕“罔”，清稿本作“岡”，是，甲辰本亦作“岡”。

〔二五〕“有”，據明萬曆刻本明焦竑《國朝獻徵録》卷十六張四維《乾庵馬公墓誌銘》當作“者”。清稿本作“者”，是，甲辰本亦作“者”。

〔二六〕“又”，據同上文當作“父”。

〔二七〕“惟”，據同上文當作“帷”。

〔二八〕“陛”，據同上文當作“陞”。

〔二九〕“餘”，據同上文當作“條”。

〔三〇〕“轍”，據同上文當作“輒”。

〔三一〕“士”，據同上文當作“壬”。

〔三二〕“歲”，據同上文當作“儀”。

〔三三〕“主”，據同上文當作“至”。

〔三四〕“哉”，據同上文當作“裁”。

〔三五〕“比”，據同上文當作“北”。

〔三六〕“子”，據同上文當作“予”。

〔三七〕“失”，據同上文當作“矢”。

〔三八〕“檖”，據同上文當作“襚”。

〔三九〕“外”，清稿本作“升”，是，甲辰本亦作“升”。

〔四〇〕□□，底本漶漫不清，清稿本作“思齋”。

〔四一〕“拏”，清稿本作“拏”，是。

〔四二〕“同”，清稿本作“伺”，是。

〔四三〕“其”，清稿本作“共”，是。

〔四四〕“謝”，清稿本作“諭”，是。

〔四五〕“夫”，清稿本作“天”，是。

〔四六〕“倖”，清稿本作“偉”，是。

〔四七〕“夊”。據明焦竑《國朝獻徵録》卷之三十九明王崇古《資政大夫兵部尚書思齋霍公冀墓表》當作“父”。清稿本作“父”，是。

〔四八〕“夊”，清稿本作“冬”，是。

〔四九〕“既”，清稿本作“僦”，是。

〔五〇〕“未”，清稿本作“永”，是。

〔五一〕“同”，清稿本作“司”，是。

〔五二〕“遊”，清稿本作“逝”，是。

〔五三〕“故”，清稿本作“政”，是。

〔五四〕“格”，清稿本作“恪”，是。

〔五五〕“十”，清稿本作“千”，是。

〔五六〕“漓”，清稿本作“涌”，是。

〔五七〕“稱者”，清稿本作“撰著”，是。

〔五八〕“斥”，清稿本作“升”，是。

〔五九〕“咸”，清稿本作“減”，是。

〔六〇〕“特”，清稿本作“時”，是。

〔六一〕“振”，清稿本作“扼”，是。

〔六二〕“其”，清稿本作“某”，是。

〔六三〕“補”，清稿本作“捕”，是。

〔六四〕“之”，清稿本作“吏”，是。

〔六五〕“慱”，清稿本作“轉”，是。

〔六六〕“抽”，清稿本作“播”，是。

〔六七〕“祇”，清稿本作“抵”，是。

〔六八〕“屢”，清稿本作“履”，是。

〔六九〕“亂”，清稿本作“辭”，是。

〔七〇〕“淵”，清稿本作“媢”，是。

〔七一〕“凡”，清稿本作“几”，是。

〔七二〕“杜”。據明焦竑《國朝獻徵録》卷六十四張四維《南京都察院右僉都御史裴公紳墓志銘》當作“極”。清稿本作“極”，是。

〔七三〕“任”，同上文作“可”。

〔七四〕“如”，據同上文當作“知”。

〔七五〕“其”，據同上文當作“兵”。

〔七六〕“族望”，同上文作“望族”。

〔七七〕“宫”，據同上文當作“官”。

〔七八〕“開”，據同上文當作“關”。

〔七九〕“朝”後，同上文有一“議”字。

〔八〇〕“言”前，同上文有一“條”字。

〔八一〕“公某”，同上文作“程公”。

〔八二〕“十”前，同上文有一“八”字。

〔八三〕“惠”，據同上文當作“恚”。

〔八四〕“憎”，據同上文當作“增”。

〔八五〕“朝”後，同上文有“不果用”三字。

〔八六〕“于”，清稿本作“予”。

〔八七〕“嬴”，清稿本作“羸”。

〔八八〕“入”，清稿本作“八”，是。

〔八九〕“大”，清稿本作“矢”，是。

〔九〇〕“詳”，疑當作“訓”。

〔九一〕“家”，清稿本作“衆”，是。

〔九二〕“負”，清稿本作“員”，是。

〔九三〕“史”，清稿本作“臾”，是。

〔九四〕“志”，清稿本作“悉”，是。

〔九五〕“専”，清稿本作“尋”，是。

〔九六〕“甘肅”，清稿本無此二字。

〔九七〕“職”，清稿本作“戰”，是。

〔九八〕“鐘”，清稿本作“艟”，是。

〔九九〕“三”，清稿本作“二”，是。

〔一〇〇〕“成”，清稿本作“戒”，是。

〔一〇一〕“門”，清稿本作“閒”，是。

〔一〇二〕“問”，清稿本作“間”，是。

〔一〇三〕“悼”，清稿本作“憚”，是。

〔一〇四〕“光光”，清稿本作“光”。

〔一〇五〕“交”，清稿本作“父”，是。

〔一〇六〕“三”，清稿本作“二”，是。

〔一〇七〕“爲”，清稿本作“烏”，是。

〔一〇八〕“願”，清稿本作“穎”，是。

〔一〇九〕“聞”，清稿本作“間”，是。

〔一一〇〕“漠”，清稿本作“漢”，是。

〔一一一〕“感”，清稿本作“慼”，是。

〔一一二〕“三”，清稿本作“二”。

〔一一三〕“脉”，清稿本作“賕”，是。

〔一一四〕“重”，清稿本作“市”，是。

〔一一五〕“户”，清稿本作“尸”，是。

〔一一六〕“納”，清稿本作“紬”，是。

〔一一七〕“閔”，清稿本作“闋”，是。

〔一一八〕“徙”，清稿本作“徒”，是。

〔一一九〕“拒”，清稿本作“抂”，是。

〔一二〇〕“論”，清稿本作“諭”，是。

〔一二一〕“西”，清稿本作“南”，是。

〔一二二〕“温”，清稿本作“濕”，是。

〔一二三〕“侄”，清稿本作“婭”，是。

〔一二四〕“自”，清稿本作“目”，是。

〔一二五〕“上”，清稿本作“工”，是。

〔一二六〕“異”，清稿本作“具”，是。

〔一二七〕“某”，清稿本作“禁”，是。

〔一二八〕“使”，清稿本作“梗”，是。

〔一二九〕“司”，清稿本作“同”，是。

〔一三〇〕“儒”，清稿本作“懦”，是。

〔一三一〕“授”，清稿本作“按”，是。

〔一三二〕"戌"，清稿本作"戊"，是。

〔一三三〕"于"，清稿本作"子"，是。

〔一三四〕"後"，清稿本作"俊"，是。

〔一三五〕"衔"，清稿本作"得"，是。

〔一三六〕"家"，清稿本作"冢"，是。

〔一三七〕"茂"，清稿本作"蔑"，是。

條麓堂集卷二十七

誌　二

贈文林郎吏科都給事中守拙王公暨配封太孺人檀氏合葬[一]墓誌銘

太原之王，代爲著姓。余同年友太僕卿王本道氏，寔太原之忻州人，沉毅守道，不苟同流俗，綽然有故家風焉。初，太僕官諫垣，會天子推建儲恩，父守拙公贈文林郎、吏科都給事中，母檀氏封太孺人，時守拙公歿已三十年餘矣。比太僕授今職，太孺人就養宦邸以卒，太僕乃卜兆忻西南五十里南張村之高原，奉公夫婦柩合葬焉，遂手自爲狀，走使蒲坂，屬余誌而銘之。余覽狀，則龎然以興，諗王氏慶澤所原，蓋明德遠矣。按狀，公諱鎧，字文濟，别號守拙。世家太原，勝國時徙大同，其遷于忻，則自六世祖源始。源生清，舉人，歷任浙江衢州府同知。清生綱，壽官。綱生讓，由歲貢兩任知縣，終都司副斷事。讓生堯臣，舉人，凡三任知縣。綱，公高祖；讓，曾祖；堯臣，祖也。父聚奎，以諸生入貲爲河南都司斷事。母楊氏。公生而清穎，天性孝讓。比知學，即刻苦自勵，夜分不寐，深造實踐，慨然以遠大自期。嘗曰："身修而後萬物可理，督責話言皆末也。"居嘗悲憫時事，究心于經濟，欲以范文正之義田爲睦族法，吕氏之鄉約爲善俗法，張横渠井田之議爲治世法，俱畫有成算，較然可行。無何，以疾卒。初，公善唐舉、許負之術，每引鏡自照，輒嘆曰："吾有志當世，恐年涉三十七八時，不及措手爾。"至是果不爽云。公循謹有禮，與物無競，殁之日，州里老穉無不嘆息泣下，久之益見思。配太孺人檀氏者，同郡處士香女也。處士娶于劉，有女德，是生太孺人，寔克肖之。年十八，歸公。公遊學四方，有大父母、父母在堂，太孺人謹事之，以孝聞。性勤儉，夙有瘤疾，少間即起治事。布衣蔬食，不喜纂組。公殁，室益窶。太孺人上孝養老親，歲時得佳果新菜，必先獻之；下誨育諸孤，勤勤懇懇，俾無忘公遺訓。故太僕問學夙成，敷猷展采，卒能究竟公志而休有譽聞，則慈教然也。公生于弘治壬戌六月三十日，卒于嘉靖戊戌五月初八日，得年三十有七。太孺人生于弘治甲子正月二十二日，卒于隆慶辛未九月廿一日，得年六十有九。子男三人：伯治，即太僕，由癸丑進士歷任今官，娶張氏，卒，贈孺人，繼傅氏；仲浩，早卒；季洛，衣巾生，娶彭氏。女一人，適庠生楊思芳。孫男五：茂松，早卒；茂材，娶姜氏；茂柏，聘趙氏：治出。茂梧，茂櫝，洛出。孫女一，字寧化衛應襲潘潤，治出。曾孫女一，茂材出。銘曰：

唯忻有王，系出太原。儒行世修，載德則蕃。温温恭人，潛心理窟。居衆能謙，在隱不忽。既弘厥志，乃不永年。芳馨未沬，襲于遺編。貞媛孑孑，矢心皎日。茹荼字孤，用競厥室。宣勞于國，貤慶于家。神相有徵，天道靡差。膴膴南岡，有崇者阡。我銘不愧，鐫在重泉。

南京刑部廣西司郎中〔二〕石溪陳公暨配朱宜人合葬墓誌銘

嘉靖乙丑，余分校禮闈士，得今宫諭陳君公望爲舉首，則莆秋官大夫石溪先生子也。先生以經學起家，兩魁賢書，而公望修其業以顯，若合左券，奕世科名之盛，海内所未有焉。然先生謝事早，人以不得究所施爲先生憾。公望既貴，再值大慶，還先生官，已復晋秩朝列大夫，業足以顯先生，而先生卒。卒之日，天子念公望經幄勞，特推恩命有司爲先生致祭、起冢如法。而先生配朱宜人者，先先生十年卒。至是，公望欲並啓其窼，與先生合，則介書余請銘。公望初第時，余獲覯先生子舍中，恂恂古質，一見知其長者，心甚誼之，故兹于公望之請不辭。按狀，先生諱言，字宜昌，别號石溪。其徙居莆，自唐清遠令公樞始。宋有尚書公仁璧、僕射公靖，並爲名臣。明興，則参政公觀以文學受知高皇帝，嘗召備顧問，未及大用卒。觀生鄉進士熊，熊三傳爲淼。淼生愧〔三〕峰公宣，則先生父也。母爲黄孺人。先生少顯精力學，文譽藉甚。初試有司不利，氣嶽嶽不少挫，嚮往益堅。家故貧，嘗授徒連州。州帥與先生善，有持重賄浼先生白事者，先生叱止之，曰："貧，吾分也。吾不能以此自衊，敢用衊人?"其志操如此。嘉靖丙午，魁省試。明年丁未，再魁南宫，遂成進士。大宗伯泰和歐文莊公雅重之，請于銓曹，以先生爲邑令。先生治泰和，務伉直，行一意，有所興除，不爲豪右骩法，尤耻伺上官指巧爲迎合。撫臺某獵賄所部，陰屬公爲購書。先生陽若弗喻也者，而束書露饋之。某大恚，謀螫先生。先生因引疾謝不任，請就教職，得浙之湖州。湖，胡安定公故授徒處也。先生至則申約束，日切劘諸弟子。諸弟子執策請業，前席爲滿。間有跅弛不檢者，輒跽之堂下誰讓之，衆肅然敬憚焉。已稍遷國子博士，積歲不調。會肅皇帝欲爲李都尉立傅，政府欲私某子甲，太宰建安李公不從，竟疏先生名以上，於是先生得擢禮部儀制司主事，傅李君。異時，都尉率貴，倨驕其師，先生獨抗顔自尊重，務示都尉以禮，時論以此高之。越明年，太宰李公以讒被譴，政府修宿憾，批根及先生，謫倅郴州。郴故僻，公處之怡然，無幾微見顔色，而職事一切辦治，暇則進諸士講藝，一如在湖州時。會其年與事省闈，得今武陵陳中允等六人，皆知名士，而郴士曾君選輩亦斌斌相繼起，人多先生之鑒拔焉。已擢知泰州，值島夷訌江淮間，幕府請餉甚急。先生周爰調劑，下不殫民力，而軍興亦給。州有疑獄，所淹繫甚衆，先生訊，立出之，衆歡感若更生。尋轉南刑部員外郎，晋郎中，蓋駸駸達矣，竟爲憾者所中，用守泰州事坐謗免歸。歸三年，而公望登第，先生喜曰："吾志有托矣!"因營别墅一區，名其室曰"怡老堂"，時卧起吟咏其中，泊如也，蓋優游十五年而卒。其卒也，正衣冠，應對賓客如常，一言不及于亂，人以爲先生素養之徵。先生性坦率，於人無所德怨，亦不以德怨望人，而内行尤篤。母黄孺人卒，諸同産纍纍，先生窮年講肄，盡以所得資諸孤，費無所私，仕則又割奉予之者數矣。晚而林居，稍稍葺先壟，拓祀田，叙次家乘若干卷，曰："以此示子孫，令無忘吾孝悌敦睦之行也。"嗟乎！先生本用經術顯，不習爲吏，以故仕於世多齟齬。然其用乃在人倫、風教之間，視卑卑施于名實末矣，要以公望日執經侍人主，紹明先生之家學，則先生未可謂不遇世也。先生受室古田尉受敷女，爲朱宜人。宜人始歸先生時，值姑既歿，家落甚至，不難脱簪珥以佐朝夕。先生既仕，宜人齎用一無所加，即屢起屢躓，宜人亦不以其故自貶，斯可以觀宜人已。其它懿行具許太史誌中，兹不具論。先生生正德丁卯七月三十日，卒萬曆丁丑七月二十七日，得年七十有一。宜人生正德乙巳閏九月十一日，卒隆慶戊辰七月十三日，得年六十。子男二：長經邦，即公望，左春坊左諭德，宜人出，娶林氏，封孺人；次經學，側室何氏出，聘蕭氏。女五：長適庠生黄必輔，早卒；次適庠生吴臯：皆宜人出。次適庠生余澄，次許李治，次許方應僖，皆何出。孫男一，翰佐，聘方氏；孫女二，長適林升，次許鄭淞：皆公望出。其合葬在某山之原。銘曰：

人亦有言，寸長尺短。枘鑿難投，瑕瑜不掩。於惟先生，含華咀實。孔門文學，漢庭經術。蘇湖安定，國子陽城。生平宦迹，太半傳經。白首爲郎，孰云膴仕？考槃自怡，象賢有子。後禄方將，長算遽詘。帝錫愍恩，寵存逮殁。誰其祔之，曰惟淑媛。隧而相見，德音罔愆。封斯樹斯，納斯銘石。垂千百年，永奠玄宅。

封承德郎户部主事樂圃楊公暨配贈安人韓氏馮氏孫氏合葬墓誌銘

公諱鸞，字時禎，别號樂圃，山東登州府寧海州文登縣人也。祖興，于永樂二年隸籍彭城衛，遂家京師。祖能，父逵。母趙氏，于弘治庚戌十一月初九日生公。惇樸不華，天性孝友。幼失父，每以不逮養爲痛。事孀母曲盡色養，能得其歡心。撫弟鳳，爲之授室立業，庭内無間言。性故侃直，好與人之善良者游，遇險詖人，必規之以正，甚爲姻黨所憚。然至于賙急恤困，則又必盡力之所能及而後已。獨不喜佛老，曰："善自人所當爲，使爲福田修行，利之爾。"其達觀如此。尤善教子，長子運使君質敏，授以儒業；次子有心計，則命之服賈。故儒以甲第起家，嗜[四]三品，而賈以勤勵殖其業，鄉人榮之。晚年，謝人事，治圃明農，時吟咏以寄思。方運使君任户部主事時，以三載績最敕封公承德郎，如其子官。迨運使君任兩淮，公幾耄壽矣，形神康泰，猶嘗奉養于宦所，歸家甫三月，無疾而卒，時隆慶丁卯九月初八日也，得年七十有八。元配韓氏，贈安人，秉儉與勤，克閑婦道，生于弘治乙卯九月十三日，卒于嘉靖甲午二月十七日，得年四十。繼馮氏，未幾卒。繼孫氏，有女德，撫二子如同出，生于弘治辛酉九月二十三日，卒于嘉靖辛酉閏五月二十二日，得年六十有一。公子男二人：長君璽，登嘉靖癸丑進士，任兩淮都轉運使，娶徐氏，繼方氏、王氏，韓出；次君璧，娶李氏，繼梁氏，孫出。孫男五：從詩，早卒；從書，順天府學生，娶張氏；從履，娶陳氏；從儉、從約，俱幼。孫女一，御露。曾孫男一，惟屏。曾孫女二。公既殁，運使君擇以是年十月十有三日啓韓安人暨馮氏、孫氏竁，合葬公于城南疙疸莊祖塋之次，乃持鳳陽府同知田君汝耕所爲公夫婦狀，屬其同年友史維氏銘之。銘曰：

惟躬壽康，惟子孫蕃昌。作善會祥，天道孔章。兹惟玄堂，既固且臧，千斯年未央。

奉政大夫陝西臨洮府同知歷山馮公墓誌銘

歷山馮公者，諱舜田，字歷夫，其先河南龍門鎮人也。十世祖諱俊者，避宋、金之亂始徙蒲。其子惠爲金萬户招討使，四傳及公高祖諱祥者，以有道稱。曾祖盛，景泰庚午舉人，秀府紀善。祖從政，成化丙午舉人，河南汲縣知縣。父紹，鳳陽儒學訓導。母王氏，以弘治甲子十一月三十日生公。公生有茂質，祖汲縣公愛異之。甫弱冠，補郡庠弟子員。甲午，登山西鄉試上第。甲辰春，授河南汝陽縣知縣。丁外艱。服闋，改授山東日照縣知縣，升臨洮府同知以卒。公才器俊拔，倜儻有大志。初學舉子業，即能爲驚人語，大爲時輩所推。長益矻矻不倦，耽心藝林，期大觀遠覽以自奮其奇，故含毫所至，無不綜貫經史，兼獵百氏，雲蒸霞蔚，頃刻萬端。雖制科式程遵其趨步，而委蛇闔闢以泝洄于規矩之中者，汪汪自如也。視學使者若西坡劉公、中川陳公、漫山曹公亟加奬許，待以異等，一時文譽赫然著聞，從學之士有不遠千里至者。公教人雖脱去凡陋，不事雕鎪，然亦必隨其才質之宜示以階級，觀所謂《白坡私訓》者可考也。其制政有局幹，不耐爲俗吏態。初令汝陽，未數月以制歸，其民至今思之。比令日照，仁其民，一如汝陽者。日照，齊之東偏，海濱廣斥，人鮮生業。公殫心圖之，省刑役，薄徵歛，導樹藝，立保甲，于是流民復業者三千户，荒田墾者四萬餘頃，桴鼓不鳴，而四境訢訢然治矣。又建奎山書院于邑之西南，擇邑子弟之俊秀者，以歲時居業其中。又教民以瓦棺易火葬，俗爲一變焉。公守己甚嚴，居官凡十五年，歷三任，家無羨蓄。其任臨洮也，主督軍餉于蘭州，每歲出納以億萬計，公一以廉正涖之，盡剔納户、委吏之奸，軍國稱便。嘗承委覈甘肅儲峙，有巨猾夜以兼金饋之，公不受，卒論如法。諸所閲實甚衆，時謂諸子曰："若幸自立，吾不能以墨佐若也。"其斷獄又以平反爲主，多所全活，如山東李仙桂、扶風馬大海，咸繪像祠之。其制行純恪端雅，事親孝，待弟友，處姻黨睦，與朋友篤，布衣蔬食，終其身不貳焉。丙辰二月十七日，以疾卒于靖虜衛之公署，距其生得壽五十有三。公凡五娶，初配王氏，繼王氏、李氏、薛氏、翟氏。子男三人：溓，奉祀生員，娶張氏，繼范氏；洛，州學生，娶楊氏；洮，早卒。女一人，適劉衍枝。孫男二：嗣科，聘王氏，溓出；嗣第，幼，洛出。孫女一，幼。公初配王氏，余母之從姊妹也。余幼往來外家，每覯公，心竊偉之。後余表舅草窗景公謂余曰："某與馮公曾同落秋試，馮君喟然曰：'古人稱不朽者三，丈夫當有取焉，顧此區區者足念哉？'"余聞而益偉之。今觀公之自立班班者，誠有味乎其言也。公所著有《蒲州新志》、《馮氏家乘》、《西行詩草》、《白坡私訓》及文集若干卷，藏于家。公之季弟澤甫者，公教以舉子業，與余同舉于鄉，復同舉進士，其爲余道公行甚習。今歲戊午，子溓輩諏于某月某日將葬公程胡莊司訓公新塋兆次，子洛爲狀以索銘于余。公，余素所畏也，按狀又與澤甫之言合，余宜銘公。銘曰：

熙代崇文興庶職，引規布矩示標式。士執尺觚轉沿襲，劖奇削異束繩墨。吁嗟惟公擅孤識，商彝周鼎恣遊息。吮醲剥華窮探測，博收廣運賈餘力。褒衣緩帶行翕習，蛟騫兕吼群形匿。從容尺寸靡差忒，褰裳往就津涘惑。位不酬才行道晝，豐積寡受後必殖，我銘玄堂歲千億。

封奉政大夫河間府同知湖莊任公墓誌銘

公諱景玉，字彦輝，别號湖莊，蒲之信昌里人也。公叔子子中，今爲山東布政司參議。信昌在郡城東北四十里，水土茂美，俗安耕織，百年亡弦誦聲。公故有識量，及參議君生，質甚穎，公乃遣入郡城從師學。里人姍焉，公供督益力。嘉靖壬子，參議君遂以《周易》領鄉薦。山右列郡稱文學科第以蒲爲首，然往往不出郡廛十餘里中，諸鄉社去城遠者至百餘里，士成名者蓋鮮，即名成宦亦鮮達，其褎然紆金紫、位方岳則自參議君始也。故今諸鄉社士游郡庠者彬彬然，視曩時不啻三倍，咸自公啓之。公既歿，參議君自上谷奔歸，擇于某年某月某日葬公新趙村之東新阡，乃匍匐手公狀，屬其友人天官氏維誌而銘焉，禮也。按狀，公姓任氏，先世臨晋綏化鄉人，洪武初高祖直始籍于蒲。曾祖恭，祖榮，父安，母某氏。公生而慷慨，矜氣節，乃中懷坦然，始終不與物忤。姻黨有訟者，質之公，一言即兩釋，退無異議，其侃正足賴也。力勤，善治生，中歲殖田産甚夥。比參議君貴，初敕封公文林郎、平谷知縣，尋誥封公奉政大夫、河間府同知，凡再受貤典，視其德，澹素謙抑，不異在寒素時。而樂善好客，扶貧濟弱，唯其力所及則爲之，絶不爲蓄貯計云。公恬逸自適，參議君宰平谷時，嘗一至宦邸。後參議君位益高，且所歷多邊地，公優游里居，不復肯出。素少疾病，臨歿，猶健步田野間如常時，歸呼諸子，囑節飲慎交，遂端坐瞑目而逝，三日色不變，見者異之。公生成化丁未三月五日，卒隆慶辛未十月廿一日，得壽八十有五。配趙氏；繼配趙氏，封孺人，加封宜人。子男五人：勝，娶郭氏；旺，娶薛氏：先配趙氏出。相，娶馮氏；

彬，即子中，娶何氏，封宜人；官，娶寇氏：繼配趙宜人出。女五人，閆宗極、張孟暘、王棟、廉進科、李應甲，其婿也。孫男十五：昆，娶趙氏，勝出。舜辰，娶賈氏；拱辰，聘陳氏：俱旺出。湯辰，娶趙氏；武辰，聘趙氏；三僮：俱相出。翰辰，娶展氏；夢辰，聘馮氏；諫辰，覲辰，仰辰，侍辰：俱彬出。鑾子，早殤；書僮，聘張氏；新僮：俱官出。孫女三：一適王仲金，一幼，俱相出；一適生員李溥，彬出。曾孫男二：曰穩子，曰尚表。曾孫女三：曰麦兒，曰果兒，曰雪兒。銘曰：

東原鬱鬱，仁厚之里。淳德是居，葆貞胤祉。曰貞惟何？集善在躬。太樸未斲，春陽正融。曰祉惟何，昌在來裔。桂籍起家，瓜瓞衍世。有膴斯域，卜兆孔新。公神歸焉，萬祀永寧。

徵仕郎中書舍人止一王公墓誌銘

公諱珂，字仲鳴，别號止一齋，前魯山教諭，贈徵仕郎、中書舍人敬齋公之季子也。年四十五，以嘉靖己丑二月十六日卒于京師，歸櫬于蒲，葬于花園村，袝敬齋公兆次。後二十八年爲嘉靖乙卯，公配馮孺人卒，次年十一月遂合葬焉。公，余先母王孺人之季父也，于余爲外叔祖。初，公之葬也未有銘，至是舅氏以狀徵銘于維。維屬在諸孫，且稔聞叔祖德美，因不敢以不敏辭。按狀，蒲王氏蓋自滎河遷云。王氏在隋唐間於河東最爲著姓，滎河其裔也。公始祖諱仲文者始徙蒲，生子彦純，傳公高祖秉信、曾祖景嚴、祖榮，歷世載德，及公父馨，遂以儒學起家，贈中書舍人，敬齋公也。母贈孺人張氏，有壸德，以成化乙巳七月十五日生公。公幼寡啼笑，慎威儀，静即沉沉冥坐，若有思者。比受學，日誦百千言，嚮往甚精悍。甫弱冠，即沉酣經籍，獵及百家子史之言。性至孝愛而謹禮，食飲蚤晏、出入疾病、進退唯諾悉中節文，昕夕不能離顔色。贈公初任鄧庠，繼遷魯山，公悉隨焉。迨歸，補蒲庠弟子員，聲藉日益甚。時諫大夫慶陽吕公以言事謫貳蒲，雅敬重公，延爲其猶子今京兆公顯、子襄陽公顒友，相與淬礪，卒皆有聞于時。是時，贈公亦辭官里居。公雖發憤志學，乃心罔不在父母，與諸兄孝養隆至，晨昏省覲而後就學。其充養益深，專心濂洛，日與《易通》、《太極圖》出入爲伍。久之有所得，乃言曰："誠，吾身也。反而歸之，吾性也。博而約之，吾本然之天衷也。窮而至之，聲臭泯然，吾元化之混沌也，故曰無極而太極也。自是而陰陽而五行，吾形色之造端也。通貫本末，周流造化，誠其萬化祖乎？生民初乎？吾身吾性之終始也。"語意與《圖說》相表裏，徵以子思之論，則周原本造化以通其德，公總攬進修而會諸誠，其天人之辨與！嗚呼！微矣。正德己卯，舉于鄉。辛巳，卒業成均。會毅皇帝厭代，今帝踐天子位，詔史館纂修先朝實録，百執事所需，厥惟俊茂，命大臣慎選以充，公遂首膺薦爲試中書舍人，與史事。明年壬午，贈公卒，公大慟奔歸。張孺人亦復羞病，公痛往愛日，孝益嚴。癸未，孺人卒，治喪葬悉如禮。時高陵吕太史判解州。吕素講性命，因肅公與語，懸然契解，終日莫逆焉，遂内交。丙戌，登進士，以前史館勛授中書舍人，典誥敕。時天子勵意唐虞，日御經筵，諏治理，輔臣祇惟聖學之重，恪選吉人共事左右，公寔與焉，贈公及張孺人之恩命在是時也。公居官清慎，雖位望華顯而自奉甚廉，雖資譽日隆而約身益卑，遇親故特有禮。他如視鄧友之疾而歸其喪，解州人王氏之厄而却其獻，當大臣抱不測之譴而祖其行，諸皆盛德事。勤于官守，隙即事于學，無晝夜，四方士多從游者。又感養不逮親，遇歲時、生忌及諸俸入、恩賚，輒設奠慟哭焉。嘗欲疏陳得失以報遭際，稿具矣，會疾，未上而卒。公惠和，外示藹藹可親，其中毅然，不爲非義撼動。性澹素，樂成人之善。人有藏險習紛，斥遠必力。步履有矩矱，寒暑雷風，尺寸不忒，其儼然衿〔五〕莊之色，雖千萬人可貌焉。事諸兄，愛敬以終始。與人有恩義，賑困窮不計有無。公既歿，里人温清者貧甚，售産得金，持詣公主前拜謝而去，曰："王公數賙我，不爲券，乃其恩何可忘？若他負，雖日哄我，顧吾力不支爾。"其盛德感人類如是也。其學洽聞約取，居敬存誠，參伍神明，尚友千古，至于文辭、書法，亦皆端靖離俗，可謂德藝洵美、卓爾不群者矣。狀云，公始卒蓋皆有異徵云。初張孺人方身公，則夢音樂、幢蓋導捧一男子至，其男子衣冠儒也，貌瑩瑩如玉，有神介之曰："都帝詒汝。"警而語贈公，贈公曰："此大吉祥。"故公之生也，贈公異焉。及公將歿，吕京兆公時爲比部郎，則又夢公擁騶從，道宣武門而去，顧吕曰："吾兹有稷山之命，行蒞之矣。"嗚呼！豈不異哉？吾意天生哲人，必賦以特異之氣，則夫作爲逌逌，固然與尋常不同，其來去聚散，靈變恍惚，要有不可測者，觀于公可見也。公恒曰："王氏自祖父積德百年，天鑒悠矣，今之盛寔惟申錫，其信然與？"公所著詩文凡若干篇，併語録載家乘，《絳州志》刻于絳。配馮孺人，内行甚備，公禮之如賓，别有銘。子男二人：長崇雅，己酉科山西解元，有道而甚文，公未究之緒將益光大未已也，娶楊氏；仲崇勛，居商能家，娶趙氏，繼聘傅氏。女一人，聘崔登雲，先卒。余先母王孺人好稱述外家事訓勵諸子，嘗曰："季父事父母，先意承志，惟恐稍傷其心。見人有患楚事，若在身者。愛諸兄弟之子，一如己生，蓋古人也。始兄弟以家指滋衆，業已析産矣。時祖父母猶俱存，季父曰：'其如甘旨何？'又有二三兄同，遂復合爨，終祖父母之身。"銘曰：

巖巖昆巘，膏玟是滋。燁燁芝英，靈囿萼之。有赫降哲，世德攸基。匯粹涵貞，玄羹未漓。弱慧長通，有執斯弘。蹈蹤經轍，游神藝叢。顓斯探驪，下彼雕蟲。惟業之修，惟德之茂。立愛曰親，因心則友。内外孚仁，暗明一守。有衍厥藏，亦孔之明。載驤載躍，于邦于京。執緗石渠，侍對天章。篤慶方流，未浚攸止。渟曜胤祥，胥維孫子。膴膴崇阡，氣亦完只。有銘在石，考于千祀。

封修職郎國子監助教原泉任公暨配孺人李氏合葬墓誌銘

南康府太守任君汝專將合葬其父母，乃手自爲狀匐匍而徵銘于余。先是，太守任國子助教之三年，以德誼爲六館最，上狀吏部，在令甲當給敕進階。太守上疏以情，陳詞甚懇，天子感焉，乃頒敕移封其父爲修職郎、國子監助教。于時原泉公方禄養京邸，鶴髮蒼顔，錦衣束帶，拜受恩闕下，見者艷之，而且謂天道有知也。公幼蓋嘗攻舉子業，有成緒矣，乃不獲究其志，棄而服賈，士友惜焉。比太守君弱冠領鄉薦，咸訢訢謂屈伸乘除之應，至是而公復身都其榮焉，孰謂天難必哉？公居鄉稱長者，而太守君恂恂謹厚，秩方面，視其德不異塾庠時。余既雅重公父子，乃諾太守之請，誌其世而銘之。按狀，公諱光溥，字某，原泉，其别號也。先世爲臨晋縣令東里人，元至正間有敬之者，爲河東驛丞，占籍焉，是爲蒲之始祖。公高祖彦中，曾祖宣，祖恩。父敏，鄉賓。母楊氏。公生而秀慧，有立志，幼治《周易》，日夜孜孜，用心甚苦，以家累不獲卒業，然志在是也。故雖挾貲遠遊，所至必以篇簡自隨，遇先賢嘉言善行則手録之，久久成帙，題之曰《日用録》，蓋若昔人《自警編》意。其爲人謙抑謹畏，表裹若一。居家孝友，尤嚴事鬼神，享祀誠敬。太守自知學讀書，公教之悉有條貫，誨督嚴密，故成名甚早。比太守服有官守，自國學升揚州府同知，歷今職，公悉隨之，諄諄以謹操持、重民命爲訓，故太守所至以清慎見稱，夫有所受之也。配孺人李氏者，處士迪女，温厚而慈，具有婦德，以孝奉其翁姑，以順睦其妯娌，以勤儉相其夫，以嚴正訓其子女，足與公稱儷美云。公生弘治辛酉正月十一日，卒隆慶壬申八月五日，享年七十有二。孺人生弘治戊午三月十三日，卒嘉靖乙卯十二月十三日，享年五十有八。子男一人，賢，即太守，娶孫氏，繼吴氏。女四人：長適隴州知州楊良材，次適沈應泰，次適山東道御史楊相，皆孺人出；其季字薛茂仁，公繼配張氏出也。孫男二：長康，聘李鴻紳女；次慶，聘舉人楊德燿女。孫女一，字太學生馮福慶。銘曰：

有其匯之，浚靡不通。有其積之，享靡不豐。惟公夫婦，居德攸同。敷膏韜曜，不顯于躬。施及嗣人，榮禄具膺。物情允穆，神理可徵。有崇者阡，雙璧是封。萬年孔固，銘在玄宫。

文林郎陝西鞏昌府禮縣知縣雲岩張公墓誌銘

禮縣令雲岩張公既卒之明年，其子進士雲翺將以某月日葬公某地，乃介余同年友河南按察司僉事登山劉公狀公世行，走使京邸以徵銘于余。余自爲諸生與公交，迄今三紀矣。公器度凝遠，豪邁自負，睥睨流輩中，謂功名可立致，其一時同學士亦多讓之，乃竟不偶有司，歛是聲實施于哲嗣，將不謂天道哉？公之自禮歸也，余方山居，公過蒲，訪余廬城中而去，比余聞而追公，不及也。余時欲東遊傅岩，陟吴山，禮泰伯祠宇，遵鳴條陌而北，尋巫咸氏故居，擬拉公偕往焉，俄被徵命赴都，不及行。已乃聞公訃，生死交情，不及一訣别，心衋然念之，故于進士君之情〔六〕不辭。按狀，公諱良貴，字幼修，雲岩，其别號也。張氏世爲安邑著族，公曾祖榮，受《易》文清薛先生之門。祖琢。父訥，封奉直大夫；母白氏，封宜人：以兄南京户部員外郎條岩公良知貴受貤典也。公少穎敏，攻苦問學，志趣甚鋭，每督學使者及諸監司校藝，輒置之高等。凡八試于鄉不第，貢入太學，人咸以科第遺才惜之。辛未春，授陜西禮縣令。地僻而墝，百務悉懈弛，乃極力興舉之，比期年，邑事駸駸改觀，豪黠靡敢撓法，民訟用簡。癸酉，公有疾，致政歸。其秋，雲翺舉于鄉，明年登進士，授山東掖縣尹，人咸謂公未竟之施于是乎在。未幾，公竟以前疾而卒，萬曆甲戌十二月二日也，距其生正德丙子三月十二日，得壽五十有九。公素以名節自勵，于人無詭隨，于物不輕取與。其事親孝，執喪以哀毁稱，處兄弟友愛篤至。直而不激，矜而不争，迹其終始，可列于君子之林也已。公配馬氏，有閫德。生子男一，進士雲翺，娶賀氏，繼李氏。孫男二：家麐，家禎。孫女三，俱幼。銘曰：

安邑族望，于今惟張。逌公昆弟，丕闡其光。伯氏峨峨，天逵高驤。曰叔曰季，接武簪裳。公奮其間，競爽珪璋。匯浸含芳，再世而昌。方興未央，鬱鬱玄堂。哲人永藏，有銘不忘。

封奉議大夫水亭王公墓誌銘

王氏爲世著姓，凡海内郡國，無論遠邇靡不有系派焉。然惟居太原者爲族望，漢、晋而下，聞人偉士燁然稱史籍者，亦惟太原視諸郡國最蕃，蓋于今爲烈云。歲己酉，余應秋賦太原，獲與今行省右丞王明輔氏同舉于鄉。于時明輔未弱冠，聲稱藉甚，聞之太原人，咸謂其大人水亭公善訓使然。比明輔參知陜藩，公年七帙矣，余以文爲公壽。後三年，公殁，明輔乃馳使燕京，齎前守臨洮東岩唐君頤所爲公狀，屬余誌而銘之。按狀，公諱尚智，字哲夫，先世交城人也。其徙居陽曲，寔自六世祖大用始。曾祖延，祖琚，父鼎，母梁氏。公幼負奇氣，嘗學舉業，一試補諸生不遂，即毅然棄去，入貲爲按察司承差。嘉靖戊戌，謁選，授順天府義豐驛丞。地衝而近都，久爲猾窟，公至，則悉以法綱紀之。猾大懟，遂構公大察，已又構公東廠，皆見格，猾乃解去。

肅皇帝南狩，巡撫張公檄公同永平薛推官除館舍、司供頓。薛不勝懼，竄避民舍中，公獨力應之，迄駕旋，事稱辦，張公下檄奬之，有曰才堪重委，志不同人，蓋奇之也。時有胡總督者，方貴幸，諸求附麗者唯恐不得。胡簡公自隨，公詭以它故辭去。俄而胡敗，東人莫不賢智公。壬寅，升真定府豐盈倉大使。甲辰，秩滿，改直隸北峽關巡檢。公局幹甚優，歷任皆末秩，所至不勞而理，居多暇則闢塾延師，汲汲以課子爲事。明輔質賦警穎，且南北師友多雋才，故其學夙成。戊申，試補郡弟子員高等。公聞之，即投紱歸。己酉，明輔舉于鄉。庚戌，登進士，揚歷南北，褎然爲當代名卿。今太原人言善教子者，必曰王公云。公襟度夷暢，與物無忤，當其意氣投洽，雖少賤即成斷金。好義樂施，不問貲産。太原嘗大祲，人多轉死，公出粟賑之，且瘞旅櫬之無歸者。虜屢闖太原，巡撫萬公下檄所司修會城樓櫓。時公帑鮮羨蓄，公首入五十金佐官費，太原人遂競出所有。萬公義之，工竣，聞于朝，詔有司以羊酒勞公，表其宅舍。太原守臣慕公義，延賓鄉飲，士論宜之。公性喜賓客，座上常滿，不即携壺榼過諸丈人，故交遊遍閭閈，歲時佳勝，必宴遊諸别墅中，覽秀濯清，自謂不減南中焉。公生弘治戊午十一月十九日，卒隆慶庚午六月一日，得壽七十有三。明輔同知大名府時，奏績最，誥封公奉議大夫。公初配郝氏，贈宜人；繼米氏，封宜人。子男二人：道行，四川布政使，即明輔，娶楊氏，封宜人，米宜人出；道明，太學生，娶陳氏，繼馬氏，側室汪出。女一，適生員張紹祖，側室蔡出。孫男一，育才，府學生。曾孫男一、女一，俱幼。葬域爲城東新都村之原，葬期爲卒之年十二月九日。銘曰：

惟汾匯精，汪汪其度。播潤伊邇，含滋則富。蓄極而通，浩派東注。宏施具達，穰祉斯聚。里閈歸仁，林園寄趣。黄髮徜徉，素心靡慕。哲範既往，徽風可遡。玄堂有銘，萬年孔固。

宗室奉國將軍月泉墓誌銘

奉國將軍月泉者，名聰瀫，高皇帝五世孫也。高祖爲代簡王，曾祖爲襄垣恭簡王，祖爲鎮國將軍精一齋，父爲輔國將軍静軒。國典，凡宗室子既生，該王府具奏，天子命宗人府製名，編之玉牒，所以明系惇親，禮至隆也。宗室崇重賜名，自恭簡始封於蒲，世以行行，在髫年即復各有别號，踵習既久，視别號若名焉，語其名，雖叔伯昆季弗相諳也，故將軍稱月泉云。静軒凡五子，將軍居其季。其四兄曰清泉，曰雙泉，曰寒泉，曰石泉，各讀書善詩，好從縉紳大夫游，人稱“四泉”焉。將軍篤信好禮，有諸兄風。静軒既殁，將軍時尚稚，母荆夫人在堂，左右服訓甚適其心，朝夕承養不違其色。荆夫人憐其孝謹，嘗稱曰：“此兒後必昌家。”于時宗室禄入豐衍，諸王孫競爲奓忲，以聲色服馬自娱。將軍獨退然若素士，綜紀内外，不妄用一錢。及見老弱疲癃與有婚喪者，賑賉援濟，唯其力不恤也。邇時縣官不足，諸宗室禄益殺，匱者不能供俯仰，而將軍獨沛然有贏餘，人謂荆夫人於是知子矣。將軍雖制用甚廉，而臨財能讓，諸稱貸人有不能償者，輒棄其券。初析産，有祖業蓮塘一區，當以半付將軍，推以予兄。嘗卜塋域，以價估付田主，乃其人内損銖兩以賺其衆，衆弗忍，遂大哄。將軍聞，召語之曰：“金緣吾謬少耳，毋庸争也。”因訊，給其數。當是時，微將軍，田人幾有死者，蒲人大義之。待族黨有施惠，馭僮僕以恩。居暇常延文雅客，彈棊清飲，浩談亹亹，終歲晏如也。配王氏，湖廣荆州府經歷惺庵公之女，誥封淑人，繼傅氏，亦先將軍卒，俱有内則。子三人：伯俊宋，配丁氏；仲俊橇，嗣寒泉後，配王氏；季俊柒：俱封鎮國中尉。女一人，封雲莊鄉君，歸李邦彦，封承務郎。將軍生弘治乙丑七月二日，卒嘉靖乙卯十二月十三日，得壽五十有一。卒之明年，中尉兄弟將於十二月二十一日葬將軍王莊新阡，持將軍猶子秋溪俊槲所爲狀請銘于余。余爲童子習句讀時，與中尉兄弟同師，在諸童中最契，且日往來道將軍之門，其習聞將軍之休舊矣，凡狀所云云實然，是宜銘。銘曰：

居貴思謙，履盈不渝。芰夷外華，受此中腴。猗維人兮，與古爲徒。

封朝列大夫松軒南公暨配肥城郡君合葬墓誌銘

友人南君士薰將合葬其父母于條山原之新阡，乃介其姊丈鳳陽府通判陳君爲狀以請銘于余。南君父曰朝列大夫松軒公，母曰肥城郡君。松軒公先郡君十有四年而歿，郡君罹坤變，迄今亦且七閏，士薰朝夕皇皇，深惟吉地之卜，歷久而始克合葬焉，蓋其慎也。余自志學獲與士薰游，出入同館舍。士薰韵度典秀，操履甚清約，不類國戚家子，見者咸謂本于其父母内訓則然。公與郡君德美，余故稔聞之，凡陳君所述悉不誣，乃次第其語爲誌而系之以銘。誌曰：南氏其先爲平陽之臨汾人，公曾祖諱茂，當國初時選戍于蒲，遂爲蒲人。祖晟，父忠，母某氏。公諱九貢，字賦之。幼凝重，不輒與群兒嬉戲。比長，選尚郡君，誥封朝列大夫。是時國戚方貴重，公益持之以謙，恂恂謹飭，游情詩書間，絶無態色驕氣。事母夫人以孝聞，好義樂施，不貴苟得。常宵行，于道得遺金，坐以待其主旦至歸焉，蒲人甚多之。好登眺山水，時形諸繪事，率穠至有精采，蓋其趣寄夷曠若此。至于治家教子，其勤儉嚴慈悉有尺寸云。郡君，鎮國將軍成錠仲女，襄垣王之孫女，高皇帝五世孫也。母羅氏，其生也寔感異夢。莊肅柔順，鎮國鍾愛之。及笄，誥封肥城郡君，歸于南。恪執婦禮，不以貴驕其夫家，事姑誠孝備至，食飲必親治乃進。至于女紅紃組，亦皆精絶。處姻黨和，御臧獲恩，凡女德咸備。當郡君初歸時，南氏故饒，宗人禄給又豐且時，郡君性喜施，遇歲祲，炊食以餉饑者，多所全濟。及大夫殁，諸子幼，遭家中窶，郡君備歷艱楚，無不豫色，卒教訓子有成業，可謂賢矣。公生弘治甲寅十一月十七日，卒嘉靖壬寅十一月二十五日，得年四十有九。郡君生弘治甲子三月二十一日，卒嘉靖乙卯十二月十三日，得年五十有二。子男四人：風，即士薰，今更名金，州學生，娶王氏；次某，娶某氏；次某某。女六人，長適鳳陽府通判陳永直，次適國子監博士孟汝蒞，三適宋彦隆，四適州學生苟策，五適總旗蘇濟，六殤。孫男一，有慶，習舉子業；孫女一，適李統：俱金出。銘曰：

惟德之恒，惟義之貞。豐否攸寧，交愛相成。粤惟哲人之行，惠終令名。膴彼條原，有鬱佳城。雙璧完歸，永保爾後生。

泰州同知愛山賈君暨配郭氏白氏合葬墓誌銘

君諱鶴齡，字仁夫，别號愛山，世爲河東臨晋縣人。高祖珍，曾祖茂。祖表，由邑庠貢入太學，仕爲宿州判官。父蘭，號嶷南，多積而能散，閭黨歸其德。母王氏。君之將誕也，母夢白鶴自空而下，故命之曰鶴以志異也。幼穎慧，成童知學，即晝夜自淬勵不倦。補邑庠弟子員，志趣甚遠。會嶷南公以家政之夥不禁勞瘁，以君雅有心計，命之綜理，因入貲爲國子生。君理家務十餘年，貲産滋殖，好義樂施，爲能恢廓嶷南公之業而衍其仁澤。其待族黨尤睦，有田爲之耕，無田授之貲，幼而敏者教之塾，人尤以是多之。天性孝友，嘗曰："吾不能竭力供子職，資父母之養以養父母，敢不敬乎？"乃于温凊定省之節懇懇致詳焉。母有羸疾，君百方延療，遇晋陽蕭醫士者藥有驗，遂葺屋居之，給田養之，蕭因終身依君不去。友愛二弟，爲之延師取友，訓迪甚力，故昆季咸有聲邑中。君筮仕爲鴻臚寺序班，能于職，升本寺主簿。遇穆廟覃登極恩，贈其親如己官。奏績得上考，升深州判官。深地下，故多水患，監司廉君才，令專理之。君以舊堤卑薄不能任衝激，乃增築重堤以捍之，疏支河以派分其勢，水患頓息。升泰州同知，甫一載，卒于官。君有幹局，兩任劇州，皆以清勤見稱。其爲人豁達樂易，與人交，出肺肝相示，無纖介隱。殁之日，邑人聞者多嘆息泣下，無論識不識也。性敏多通，凡釋道醫卜諸書類涉獵之，獨于地理家最精。君生正德庚辰正月十四日，卒隆慶壬申七月念三日，得壽五十有三。配郭氏，前濟源尹士奇女，生正德戊寅四月一日，卒嘉靖丙申三月十六日，得年一十有九。繼配白氏，有婦德，鄉耆景春女，生正德己卯三月六日，卒嘉靖丁巳十二月十七日，得年三十有九。子男二人：瑚，邑庠生，先卒，娶謝氏，太學生詰女；璉，邑庠生，娶楊氏，慶陽府通判時芳女。孫男二：勛，瑚出；煦，璉出。孫女三，一字楊某，二幼，俱璉出。璉將以萬曆癸酉葬君和村新塋，遷郭氏、白氏二柩合祔焉，乃介姻友張君治化以狀蕲余銘。銘曰：

二嶷之原，泉甘土腴。君代是居，醇德靡渝。世澤弘敷，穆穆里閭。仕匪禄之徇，榮是簪裾。蘭茁盈區，惟慶之餘。玄堂考德，貞石不誣。

山東齊河縣主簿忠齋劉公墓誌銘

忠齋劉公簿齊河，兢兢守官憲，以吏幹爲監司所才，檄視太和税，入倍贏；檄督德州餉，課辦稱最。于是漕司空檄公西取諸閘版具，次衛源，以疾卒。惟時伯子從仁方應恩貢入太學，以文行稱于六館，余延之家塾教諸子。聞公訃，從仁即毁踊西奔，乃懇懇以公之誌銘見屬。既抵解，治葬有日，以狀來申前請。余獲交于公二紀餘矣，公故丈人行，乃情藴樂易，一見使人可親。頃公謁選，見我燕京寓舍，其容色、風度宛與二紀前時不殊，私念公且遐壽，不意遽至此也，乃愴焉誌而銘之，以貽伯子。按狀，公諱登庸，字士揚，忠齋，其别號云。世爲解之字民坊人。曾祖某。祖水龍。父節，王府典膳。母扆氏。公兄弟凡四人，公其仲也。公幼聰慧，業儒治《書經》，補州學弟子員。涇野吕先生謫倅解梁，立書院，簡解士之俊者，與之講析經傳，公與焉。久之，援例入國學。天性孝友，事父母養致敬，喪致哀，爲宗族、鄉黨所稱。兄弟怡怡，終始無間。伯兄官鄠杜，罹危疢，公携醫星夜往視，御以歸里，人義之。他如伯父某無嗣，則養伯母如其母。燠咐從兄之貧者，没爲收葬之。聯綴遠族，歲時合祝而通其慶吊，皆孝友所推也。氣度寬裕，不與物較尺寸，而獨慎于取友，不妄交。居常訓子侄曰："吾世以耕讀爲業，若輩須努力爲好人，毋爲族里所訾。"常以邵堯夫《孝弟吟》及普明兄弟同居，併婁師德、丙吉諸厚德事大書于壁，使朝夕省觀，有所感興。中歲頗以場圃自適，蒔蔬殖花，以彈琴讀書其中。暇則治諸方藥，用濟貧病之不能自資者，其致足稱也。公生于正德丁卯二月二十七日，卒于隆慶庚午四月二十二日，得年六十有四。配吕氏，繼暢氏。子男四人。伯從仁，恩貢生，娶李氏，吕出。仲體仁，州庠生，娶史氏；叔行仁，娶王氏；季得仁；女一人，字照磨閻應時子埍：俱暢出。孫男四：某某，從仁出；某某，體仁出。孫女一，適庠生孫緒。銘曰：

於惟公，睟厥容。入孝友，出信恭。政小試，道有終。嗣振振，餘慶鍾。條之麓，氣鬱葱。安且吉，啓玄宫。萬斯年，永無窮。

山西潞安府儒學教授前山東沂水縣知縣鳳岡孫公墓誌銘

鳳岡孫公既葬之明年，其季子太原府推官化龍以狀來，徵余爲誌銘，將以追而納諸羨道。化龍，余前丁卯典試順天時所舉士也，既敏而雅，余一見異之，詢知爲儒家子，將謂訓習則然，兹覽狀述，則又知世澤渟藴久矣，宜其達也。按狀，公諱光祖，字紹先，别號鳳岡，世爲真定之獲鹿人。曾祖茂，山東即墨縣主簿。祖璨，浙江紹興府照磨。父謙，晋府典膳。母蕭氏。公生而穎敏，弱冠補邑庠弟子員，篤志力學，終始不懈，遂以文學著聲庠序中。方少司馬永康王公以兵憲駐鹿邑時，妙簡俊異，朝夕與談經史，公與焉。然困于數奇，累舉竟不第。嘉靖庚戌，貢入太學。甲子，選授山東沂水知縣。沂土埆賦重，民多亡入它邑。公設法招徠之，歲中復業者相繼。均傜役，慎刑罰，民甚宜之。然性故勁直自遂，不能作世俗俯仰態，邑利弊當興除者，輒毅然任之；其諸監司隸人以事至邑者，又數以法繩其肆。由是監司滋不悦，明年遂罷邑事。又明年，改山西潞安府學教授。持身立教，諸生復甚宜焉。居二載，告歸，放情山水，以琴書自娱，絶不爲子孫産業計。隆慶己巳七月十六日以疾卒，距其生弘治乙丑三月十三日，得年六十五歲。配趙氏，生子男四：應龍，乙卯武舉，娶姜氏；從龍，武生，娶高氏；攀龍，庠生，娶高氏；其季則化龍也，登戊辰進士，授山西太原府推官，娶崔氏。女二，長適庠生周九思，次適知印王無私。孫男七：修業，娶姜氏；纘業，娶胡氏；衍業，娶杜氏；廣業、新業、振業，俱幼，一在襁褓。孫女十一，長適高嘉瑞，次適胡蛟，次適傅訓，餘未字。公平生方介，不苟合，與人無城府，不爲飾言，性不宿怨。邑人聶姓者，嘗與公有郤，會以誣繫獄，公爲白其冤。其教子嚴而有法，故諸子皆克肖。公既殁，應龍等以其年十一月十五日葬公邑西北奇山之陽祖塋。銘曰：

曷績厥學，乃究未洪。亦裕厥修，乃享未豐。譬彼澄淵，匯極則通。餘慶載鍾，博碩顯融。萬年考德，銘在玄宫。

永壽縣教諭西郭崔公墓誌銘

西郭崔公者，諱朝佐，字某，其先屯留之崔明岡里人也。六世祖諱彦美者，當國朝洪武初爲潞郡掾，因占潞籍，迄今子孫家焉。彦美生仕岩，公高祖也。曾祖曰景春，祖曰鎮。父曰友能，以耆壽得官，配韓氏，繼配路氏。公，路出也。幼警異，伉伉自負，不與群兒類。家故力田，公則以明經自奮，弱冠爲郡諸生，專精《易》學，旁貫諸子史，切劘師友，日孳孳無替夕，是用沉涵浩博，邃有所詣，一時學者争師事之焉。嘉靖丁酉，有司上歲計，貢入禮部。戊戌春遂謁選，授山東陵縣訓導，以母老爲禄仕也。而路孺人憚道里，雅不欲行。公乃單車之任，留妻子侍養于家，時寄俸給供菽水。每歲時佳勝寮友宴集，輒憶母而泣，陵尹沈君以“終身慕”稱之。庚子，丁路孺人憂，哀毁有加，而葬祭以禮。既襄事，乃率鄉人修《藍田吕氏鄉約》，崇儉禁靡，恤窮濟匱，于是習俗一變，環所居雍容如也。服闋，補直隸慶雲縣訓導。丁未，升陝西永壽縣教諭。公凡教三邑，所至必陳條式，明嚮導，崇奬德行，嚴督課業，以成就人才爲己任。每謂“士須自重，庶他日可以有爲”，故常以節義爲訓，首約士不干有司，諸被其教者咸有所興焉。在永壽凡幾年，會仲子宗舜殤殁，慨然請老而歸。視學使者嘉其節，固留不可，因移檄原籍旌之。公幼志于學，長益肆力不懈，砥躬礪行，靡有愆言，勤儉仁姻〔七〕，始終一節，其可謂惇篤尚行之君子矣。深造大積，不既厥用，而流慶衍訓，遺于後人，乃伯子宗堯癸丑登進士第，人咸謂爲公未究之澤云。公生于成化丙午七月廿七日，卒于嘉靖辛酉四月初九日，得壽七十有五。初配王氏，事姑以孝聞，婉嫕惠和，婦道母儀，兩適其可。生于成化某年某月某日，卒于嘉靖丙戌某月某日，得年若干。繼原氏。子男三人：長宗堯，任潼川州知州，先公十二日卒于官，娶張氏，繼李氏、韓氏；次宗孔，郡庠生，娶李氏。女三人，長適庠生張某，次適原堂，次適某。孫男二人紹勛、繩勛，孫女二人，皆宗堯出。公卒之歲，宗孔卜以九月九日葬公村西祖塋之次，介公弟大名府貳守大德狀公行屬銘于維。貳守故受業先生之門，及公伯子潼川君與維皆癸丑同榜士也。潼川君既登第，以直道忤北軍貴人，坎壈而歿，蓋得于公節義之教者，故維將銘公，念潼川君而惻然也。銘曰：

引繩蹈軌，瞻容卬止，孰民之不化而正斯士？熙熙春陽，幽蘭布芳，奚遠之不懷而仁斯鄉？鳳戢修羽，靡宣厥美。翽翽章華，振于孫子。丕顯其光，載篤其慶叶。萬年考德，銘在玄堂。

校勘記

〔一〕“合葬”，底本卷首原目録無。

〔二〕“南京刑部廣西司郎中”，底本卷首原目録作“南京刑部郎中”。

〔三〕“愧”，據（明）焦竑《國朝獻徵録》卷四十九王家屏《南京刑部廣西司郎中陳公言墓志銘》當作“槐”。

〔四〕“喈”，清稿本作“階”，是。

〔五〕“衿”，清稿本作“矜”，是。

〔六〕“情”，甲辰本作“請”，是。

〔七〕“姻”，據文意似有误，待考。

條麓堂集卷二十八

誌　三

湛泉王公墓誌銘代作

嘉靖甲子十一月壬戌，吾友前吏部文選司郎中鄉寧王公卒于家，距其生正德戊辰七月辛丑，得年才五十七爾。初公爲文選郎也，善善惡惡，上恬絀倖，務存國家憲章，以直行已志。嘗撮銓部之務其要且重者，條上四事，將舉數十年沿習訛陋芟刈掃除之，意至鋭也。會權貴人有以私干者，公上疏頌言其事，幾陷于危法，賴天子聖明，得解職去。公既去，權貴人勢益張，銓曹滋不得盡行其職者且二十年乃已，故海内士無不喁喁思念公者，而公今乃不起耶，悲哉！余與公游最久，相知爲深。公志趣高邁，耿介自信，當其心之所是，毅然必遂，不可怵以利害。苟義有弗安，即若攢芒在身，須臾弗寧處也。襟期有所契會，即其人在千里，必通好焉。使所遇非其所與，雖經日侍側，言色終亦不在其人。以是獲時之令名，然亦以此不達于世，其大致然也。公諱與齡，字受甫，别號湛泉，世山西鄉寧人。曾祖睿。祖文封，彰德府通判。父爵，薊州知州，以公貴封吏部稽勛司員外郎。母李氏，封宜人。公幼嘗受學少宗伯後渠崔先生之門。嘉靖戊子，舉于鄉。己丑，與兄培齡同登進士。授蘇州府推官，平反有聲。升户部湖廣司主事，調吏部驗封，歷稽勛員外郎，告歸侍，遂丁父憂。起復，補稽勛員外郎，會崔先生卒，乃上疏送母，旋治先生喪事。還朝，晋文選郎中，無何歸，時嘉靖癸卯秋也。方公之歸，海内士無問識不識，率望旦夕起公，而所忤權貴人當柄久，竟不果起。公居鄉，深自韜匿，足迹絶不及公府，闢軒儲書，藝圃蒔蔬，浩然若未嘗攖世慮者。事母宜人備極色養，篤厚天倫，拯恤困乏，家庭、宗族、鄉黨之間訢訢如也。臨汾西磐張公每以公之忠清諒直勉鄉之髦士。三原溪田馬公爲《平陽四賢吟》，列公于恭介陶公、忠定韓公及西磐公之間，其爲前輩所推許如此。公配高氏，封宜人。子男二人：整，邑學生；敕，早卒。孫女二人。公既殁，整以公遺命，走使持公門人西安府同知李愚所爲狀求余銘。余故深知公者，不虞公之遽至此也，乃哭諸寢門之外而銘之。銘曰：

直道任心，矢忠徇國。蟬蜕囂埃，介然不惑。雖身之抑，而志可則。彼汾一曲，清流湜湜。静言觀魚，不用九罭。祥麟所遊，山澤生色。君子攸止，習俗承德。徽儀云亡，清風不熄。我銘在斯，過者其式。

代府典膳守庵張公暨配孺人曲氏合葬墓誌銘

守庵張公者諱轍，字宗道，有道人也。始余從遊臨川皆所陳先生之門，居業河東書院，獲識公之元子子翔，納交焉，因得拜公于堂。余初見子翔矩步規言，矯矯然若雲鶴之處群也，乃其氣夷然，無矜飾，異之。已而覿公，方毅閎深，淵淵莫測其際，類傳記所稱隱君子者，益以知子翔之篤行有自也。比往來公家，益熟習，見公之行事而聆其論議。公執義甚堅，遵所知以爲行，與人無僞言。其教子甚嚴，當余識公時，子翔蓋已三十餘，偉自表立，卓然有聲山右矣，而公訓之義方，如嚴師之臨嬰孺，其威儀出入未嘗不肅也，隨事規誨未嘗不切也。雖余見公，公未嘗不降顔温接，然每及公門，心凛然如近師保焉，其方毅可憚也。後余與子翔先後領鄉薦，不及拜公者且十年。今歲戊午，公以疾卒于正寢。卒之越月，子翔衰絰走百里，手公及公配孺人曲氏之行實，慟哭而徵銘于余。夫公之有道，宜銘。余爲通家子，知公悉，余宜銘公。因不敢辭，銘併誌其世。按，張氏先居猗氏，國初時，公五世祖從者始徙安邑之聖惠鎮，即今運城，是爲始祖。從生公高祖斌，當文皇北狩時，代兄戍濱，百死而歸，運人至今稱焉。曾祖祐，封監察御史，加贈通議大夫、太常寺卿。祖珣，父華，母王氏。張氏世有隱德陰施，至公益篤。公性純孝，器宇凝重，幼以庭訓事儒業，有成績矣，父亡，遂奪志。事母及繼祖母王氏，視食朝夕，寒暑必謹。叔父諱獲者業儒，公以父禮事之。獲貢入京，道良鄉而卒。公奔赴，負其櫬以歸，歸而恤其孤寡。叔母石氏無養，則以己田資之。其女四人，則爲備禮歸之。比石氏卒，則又悉以奩篚散其女，而獨治其喪，葬之祔之，可謂篤厚于人倫者也。性好讀書，每涉閱典籍，必欲終卷，故多見聞古今事物，尤邃於奇門遁書。嘗曰："是書有資于日用甚切，不可以術廢也。"工書法，論字體點畫輕重之義，曲中肯綮。嘗有述曰："吾孤，不能拓先産，然守業未敢墜。吾無卓行，然守身無大過。吾無勢分加人，然守法，人亦無侮予者。唯教子頗有成，吾平生所自守者唯此耳。"因號其庵曰"守庵"，其自信之篤如此。曲孺人，太學生閶之女，鎮江府同知巘之孫，慶府長史新之曾孫也。曲爲河東著姓，孺人母張氏者，都御史張公岫之女也，閫範甚修，教子女有法。孺人幼聰慧，閑于母教，有淑静之德，女紅、中饋，精絶冠一時。年十六，歸于公，相敬禮如賓，奉姑及繼祖姑孝謹無怠。公寡兄弟，獨一妹，公母王孺人鍾愛之。孺人承姑意，奉之惟謹，凡置簪珥、衣服必畢陳姑所，俟小姑取然後收其餘，于是大得王孺人之歡心。後王孺人老而患癱，不能步履，孺人依侍不離頃刻，疾痛痒痾，先意承志，鄉黨稱孝焉。公生于成化乙巳五月十七日，卒于嘉靖戊午閏七月二十三日，得壽七十有三。初援例爲代府典膳，以母老不就役，終養于家。孺人生于弘治庚午十月十四日，卒于嘉靖戊戌二月二十八日，得壽五十。子男二人：長集，壬子科舉人，娶某氏，繼石氏，余友子翔也；次渠，安邑縣學生，娶劉氏。孫女一，瑩姐，子翔出，字常氏。葬地在城西姚暹渠北岸敕建祖塋之次，葬期爲今歲戊午十一月十一日。銘曰：

張氏之昌，寔始太常。惟公似之，惟德之行。展矣淑人，葆和靈族。天作之合，允也雙玉。承烈爾前，衍休爾後。碩人振穎，國華攸茂。支龍之原，承帝之兆。水浴瑶華，山翔朱鳥。青烏告祥，日月叶吉。于萬斯年，永安玄室。

儒官王公世周暨配孺人張氏合葬墓誌銘

儒官王公世周、張孺人者，余之妻祖父母也。公諱冕，有道而早卒，遺孤二人，其伯，余之妻父也。初公歿，二子藐焉始齠，公既鮮兄弟，且家無應門之僕，而公之母姬孺人在堂，張孺人奉姑撫孤，誓志不二。時有匪人覸其弱者，曰：“吾令若貨而産，吾且貨若。”螁轢百端，孺人卒不爲動。命伯子服賈，曰：“孤而無助，將門户是賴。”授仲子以儒業，曰：“良人有志而未成，其負荷在是也。”比長，俱爲授室。後伯子克拓前産，而仲子以明經爲諸生，卒立厥家云。余妻幼失母，孺人憐而鞠之，恩愛懇至。迨將笄，爲之篚婿，諏之仲子，而以歸余，余因得諗孺人之淑懿。孺人天性慈孝，而中有矩矱，隱然丈夫之度。理事有執，當其意慮既定，雖衆議叢沓，略不摇惑，故克有成績。其治家精敏，庭宇楚楚，閫内無譁，而凡祭祀、賓客必極豐腆，其自奉又以儉素，蓋班班可稱也。嘉靖乙卯，蒲地大震，孺人及仲子俱遇變卒，貞行未旌，嗣孫未立，砥礪終身，旋罹異數，嗚呼！其可痛也夫。先是公歿，葬程胡原祖塋。今歲戊午，妻父營新域祖塋之北，擇三月二十四日遷公柩及孺人合窆焉，余遂爲志其世而係之以銘。其世曰王氏，自宋元爲河中人。諱思明者，國初占籍蒲大通厢。公曾祖仲爵。祖琰，福建興化府經歷。父縉，有耆德，爲鄉飲賓。母姬氏。孺人父越，母王氏。公生于成化戊申七月三十日卯時，卒于正德丙子四月二十二日戌時，得年二十有九。初爲學生，後授儒官。孺人生于弘治己酉八月十七日子時，卒嘉靖乙卯十二月十三日子時，得壽六十有七。子男二人：恩，娶馮氏，繼崔氏、楊氏、楊氏、張氏；志，州學生，娶張氏，繼趙氏。孫女二人，長即余妻，其幼者方二歲。蓋公歿三十餘年，而余始爲公之孫婿，又十年而孺人歿，故余之述孺人也獨詳。其銘曰：

夫義而方，婦順而莊，儀休昔哲也。春華未榮，秋飈驟驚，中道而殂也。矢志從一，陳情皎日，《柏舟》競烈也。有姑而老，有子而抱，形影維孑也。姑耋且康，子壯既昌，九京是悦也。玄首載縞，百年永保，與子同穴也。有膴北原，負艮抱坤，生氣之結也。雙瓊永妥，百福是荷，來祉斯擷也。我銘貞石，納之幽宅，萬載以爲揭也。

儒官東泉王公暨配孺人馮氏崔氏楊氏楊氏合葬墓誌銘

公諱恩，字希榮，别號東泉，世爲蒲之大通厢人。高祖仲爵。曾祖琰，福建興化府經歷。祖縉，鄉賓。父冕，儒官。母張氏。公生正德己巳十二月二十一日，卒嘉靖己未十二月四日，得年五十有一。馮孺人者，公元配也，父滄，母張氏。生正德癸酉三月十五日，卒嘉靖癸巳二月十四日，得年二十有一。公幼失怙，拮据立門户，遊貨南北，足迹半天下。初歲業嘗中耗，厲志經營，用能復殖其産，尤慎于出納，終其身未嘗有錙銖濫費，蓋天性然也。事母至孝，與人有情愛，故聞公歿，姻識、閭黨無不嗟悼焉。公初配馮孺人，淑慎莊肅，是生一女，適左春坊諭德張四維，封宜人。繼凡一娶于崔，再娶于楊，間有所出，皆不育，又皆先公歿。最後娶張氏，當公歿時，有一子一女，未幾亦皆夭。張孺人年甚少，泣涕守柩，門扃甚肅，蒲人咸高其義而悲之。今歲隆慶戊辰，公歿且十載矣，婿張四維始獲請告歸，爲公治殯事，卜于十二月乙酉葬公于峨嵋原程胡莊祖塋，啓馮孺人及崔氏、二楊氏之窆而遷祔焉。初公之葬其父母及其弟東溪君也，則卜兆祖塋北，立新域，至是仍遷之祖塋，併公壙悉甃之。王氏故河中茂族，塋建自勝國時，冢纍纍甚衆，乃今子姓彫戳，群從中遂無可立後者，蒸嘗之托，俟異日擇能任者議之。公初撫一子曰成，今與張孺人相依爲命者也。銘曰：

惟王族，殷以蕃。百斯年，河之間。丁中否，支用單。嗟惟公，德則豐。配惟淑，夙愍凶。後宜昌，遘斯窮。相北原，膴厥土。次昆季，從宗祖。固斯藏，永終古。公有女，女有孫。考于世，澤則存。徵玄石，婿之文。

毅齋沈公暨配孺人張氏合葬墓誌銘

毅齋公者，姓沈氏，名廷珍，字邦良，余祖姑丈也。初葬蒲姚温村祖塋，嘉靖辛卯遷蒲程胡莊新阡，少參方山劉公爲之銘誌。迄乙卯，余祖姑卒，將合祔焉，值地變不果。越二歲戊午，余舅憲副鑑川王公同余父相表伯江諏地祖塋之西條山之麓，涓期閏七月二十一日，奉公夫婦合葬焉。公歿至是幾五十年，凡三葬而始克定兆，堂孫舉人應坤狀其世行，屬内孫張四維撰銘于墓。按沈氏，其先河中永樂鎮人也。勝國時，諱孝先者仕爲參軍提領，避亂猗氏。明興，子恭道遂占籍焉。恭道子政，仍還蒲，迄今沈氏爲兩地著姓云。公曾祖浩、祖鑑，俱隱德。父明，字彦章，補猗氏弟子員，受學文清薛先生之門，造詣甚正。配王氏，于成化戊子六月二十七日生公。公幼有至性，四歲失怙，事母以篤孝稱，事諸兄克恭弟道。伯兄元祥學有聲，悉心供事，冀成父志。元祥中道殞，公痛甚，撫其遺孤，不啻所生。與人交誠篤，不激詭，人無不愛且敬者。幼知學，進取甚鋭，後以家務服賈，所欲不存也。故南帆揚越，西歷關隴，乘時廢居，用能拓産殖家。而所至必携小學[一]《通鑑》，時誦習之，遇事輒有援證。工楷書，喜爲近體詩，盈于囊篋，其嗜好然也。歲癸酉九月二十七日卒于廣陵，距其生得年四十有六。配張氏，余祖姑也。初，余曾祖孟儒府君有二女一男，男即余祖守正公，及季祖姑歸薛氏者，俱早亡，余皆不及見，而獨獲見祖姑。祖姑温淑貞樸，得于天性，而余曾祖母雷孺人孀居，治家教子女甚嚴，故祖姑之婦道、母儀綽有矩矱，孝姑，和妯娌，育臧獲，上下愛戴焉。孀居四十餘年，躬服儉素，謝絶鉛華，紉澣茹糗，綜理詳密，用能不廢毅齋公之家而成立其孤。晚歲耳目聰明，神志清爽，七十餘猶手自纂繡以教諸孫女紅。余幼往來祖姑家，未嘗見其疾言愠色，可謂貞静以全天倪者已。祖姑生成化丙申三月初一日，卒嘉靖乙卯十月三十日，得壽八十。子男二人：長江，娶王氏，封刑部主事素庵公之女，余母之伯姊也；次泗，早卒，冥婚劉氏，贈兵部主事虚齋公之女。女二人，長適吴穟，次適郭弘毅。孫女一人，適太學生張志道。外孫男二人：吴周，郭積。曾外孫男二人：張嘉藴、嘉猷。子姓侁侁然盛矣，而嗣孫未立，吁！可傷也。銘曰：

儒行商名，湖海之英。式訓宜家，彤管之華。伉兹雙秀，宜爾蕃茂。豈豐于躬，而嗇于後？條山之阯，負丁抱癸。衍慶鍾祥，自今伊始。

儒官晋峰張公墓誌銘

公諱治化，字子升，别號晋峰，姓張氏。先世自唐宋時居州東三十里條山下李店莊，以榨油世其業。勝國時，諱仕廉者徙居州古城大通厢，國初遂占籍焉，迄今二百餘年，子孫族居其所不易，故州人稱故家者必曰“油張氏”云。公高祖瑍，曾祖紳，祖懷，父邦畿。母趙氏，以正德甲戌正月二十一日生公。幼負奇氣，弱冠游群庠，習舉子業，喜爲不經人道語，諸當道有識奇者間能稱之，然用是亦不能合有司幅度，竟不偶再。世業儒，生計甚薄，而公事親最孝，至貨常産供甘旨以承晨夕歡，雖終歲屢空，意晏如也。性方正，有威重，意致殷懇，善啓誘後學。臨晋賈氏者，延公爲塾師。賈故以力田致饒，貲雄數邑，諸子習公教，皆循循儒者，以行義稱于鄉，今其家奕奕起爲儒門矣。公與人無城府，語即吐心，久與居，則情款益篤。處宗族、鄉黨，一以直諒，無論親疏、賢不肖，咸無間言者。余蚤與公相知，迨附姻聯末，益投契分。昔歲公薄遊京國，爲余留訓諸子焉。邇歲里居，因與公周旋不置。公風儀疏宕，世故不以入其懷，其神氣毅然，即壯夫有不逮者。日余寓山房，公以札諗云：“偶滯下，豈有良餌爲已此疢耶?”余意暑月常疾耳，其夕回舍，將訊之，則聞公歿，時萬曆甲戌七月十五日也。悲哉！悲哉！晨寓札于余時，其語意、筆迹與平時無異，豈自知其夕不起耶?公家世多壽，而公賦質且厚，即弗期頤，乃耄耋可希也，顧得年僅六十有一而止耶?嗟嗟！人之生世可概見也已。公配龍氏，生子男二人：長簡，娶王氏；次策。女一人，適楊良知。公葬有日，余乃誌公世行，鑱諸羨道之石，用識久遠。葬域在峨嵋東南原大澗之陽，公葬二親所經營新阡也。銘曰：

胡材之良而遇則邅?胡氣之厖而壽罔延?惟身之否，乃終窶艱。惟心之亨，乃恒泰然。造物豈偏，可問者天。有膴崇阡，公神歸焉。昭德在石，不愧永年。

壽官郇岡沈公墓誌銘

隆慶壬申十一月十一日，表伯郇岡公卒，距其生弘治甲寅八月某日，得年七十有九，此在人間世稱上壽矣，然有可悲者。初，余祖姑歸沈氏，生二子，而公爲長，其季未室而亡。公淳固敦龐，亦既永于年矣，乃復竟鮮胤嗣。傷哉！天道真不可知也。公從子應豐者早孤，公撫育成立，與同居處。應豐亦曲盡孝敬，不啻父子。然當公疾篤時，應豐適自遠歸，居其喪，余舅宫保鑑川公暨家大人爲之經紀其後事甚備。葬有日，余乃誌公世行，納諸羡道，用存之不朽云。公諱江，字東潮，姓沈氏。沈氏故爲河中永樂人，公八世祖諱孝先者，仕元爲參軍提領，徙猗氏，子恭道遂占籍焉。恭道子有曰政者，還蒲居，籍仍係猗氏。猗氏，古郇墟，故公號郇岡，志不忘也。高祖浩，曾祖鑑。祖明，猗庠生。父廷珍，號毅齋。母張氏，余祖姑也。公天性夷曠，雖牽車服賈，不切切然計羸縮。當年盛志鋭，携巨貲遊關隴、揚越間，往往牟大利輒散去，不復訾省。末年生理漸耗，或終歲屢空，晏然居之，亦未嘗一日戚戚于懷，殆古之所謂能保其天倪者。性敏，多記憶，弱冠失怙，不得終志于學，而好涉閲，舟車所至，必携短帙自隨，爲能多通于方技小説家之言，其算數有聲于廛井間。然人所亟稱者，則《周易》課占，言禍福無不立應，由其衷宇寧定，不爲物擾，能與鬼神通爾。蒲俗，婚媾論門輩，公最能道其詳，若遠若近，子姓族系，旁通博衍，歷歷卮分而階列之。且好稱述郡中前輩事實，及異時風俗厚道，亹亹可聽。故余每聞公言，輒慨嘆思慕，雖累日若不足也。公配王氏，贈太子太保、兵部尚書素庵公之女，先妣淑人之伯姊也，先公十年卒，閫行周善，具見舅氏鑑川公誌中。繼某氏。女一人，適國子生張志道。外孫男三人：嘉藴，州學生；嘉猷，嘉言。葬之域爲條山東麓新阡，葬之期爲萬曆癸酉二月二十一日。銘曰：

吁嗟伯翁，身今是居，而心與古爲徒。賈惟其業，而不與利謀。豐殖若虚，終窶自如。明絜物策，而幽發神樞。既壽且康，優游化區，胡靈根之厚而芳廕未敷？中條之陰，厥壤孔腴。玄堂永寧。萬祀不渝。

義官南橋韓公暨配薛孺人合葬墓誌銘

友人韓君伯通將合葬其父母南橋君、薛孺人，新兆既卜，乃手狀行實徵余銘于千里。余覽狀則泫然而悲，不知涕之無從也。嗟乎！立孤之難劇于死節，在昔烈丈夫謂且然矣，矧以閨閣之孱姿，遭不天之愍會，而能矢信于中，植義于後，是雖其身之子弱而能立猶足難焉，而况育子姓以竟厥志者乎？可不謂烈與？伯通者，蓋南橋公之嗣子也。南橋公殁既數歲，而伯通始生，薛孺人取而鞠之，備歷荼苦，廿年餘矣，既有成績，而養不待焉，兹可不悲與？余爲弟子員也，則與伯通友，因諗孺人之詳，而亦概公之爲人，故將銘公夫婦而重之以悲。按狀，公諱玻，字惟器，南橋，其别號也。先世揚州之寶應人。始祖曰傑，當高皇帝時，以功授蒲州守禦千户。傳公高祖旭、曾祖鑑，升蘭州衛指揮僉事。鑑子深，復守禦蒲州，故迄今爲蒲州人。祖澤，鑑次子也，以蒲庠弟子員授儒官。父霦，有淳德，州人稱誠齋公。母郭氏，生公兄弟凡五人，公其長也。公天性孝友，爲父母所鍾愛，爲諸弟所嚴敬。雅嗜潔静，而尤好觀古今史籍，故雖牽車服賈，能以心計阜通貨賄而擅其贏，然必以義施，以廉受，其儕輩信且懷之。賈遊所至，北歷甘凉、瓜鄯、姑臧之境，南涉江淮，旅中疑取决焉，争取正焉，退無復私語。性凝重，不阿人，有嫽嫺傾狡者，輒面折不能忍，而急困拯窮，若在己焉。嘗入粟實邊，授義官。嘉靖某年五月二十一日卒于淮安旅邸，距其生弘治戊申正月三日，壽凡若干歲。配薛孺人，生員薛公錦之仲女也。母李氏，以弘治戊申十二月一日生孺人。丰度淑閑，莊凝縝栗，相夫子以宜于家，事舅姑巨細必敬。誠齋公夫婦内範孔嚴，諸子婦鮮當意，饔飧、組紃，凡出孺人手者無所疵焉。處妯娌睦，馭臧獲恩。初，南橋公訃聞，孺人慟垂絶，確以撫遺女、事翁姑自誓。母黨有欲奪其志者，百方終不易也。迨伯通生，遂鞠育之，慈惻勤瘁，靡夙靡夜。甫垂髫，即令從塾師。于時伯通之外舅李公者善教人，出其門者率有顯效。孺人聞之，遂手伯通涕泣詣李公教焉。伯通幼穎拔，祇奉外内之訓，專精淬礪，聲名奕奕起。比爲弟子員，卓然有逸氣，遂與余輩二三同志共學南亭，離經考業，朝夕亹亹。孺人時更僮詷之，已則大悦，其供饋之需、器用之備，歲且再易，未有厭焉。嘉靖壬子，伯通舉于鄉，孺人且喜且泣，若曰："吾有以復汝父于地下矣！"先是，姻黨多謂嫠室寡給，子宜從賈者，至是乃皆服孺人之知子也。嘉靖乙卯十二月十三日，秦晋地大震，孺人遂逝，距其生得壽六十有八。孺人初生二男，皆不育。嗣子一人，楫，即伯通，舉人，博文而有奇思，將以丕顯于時，以衍公與孺人之隱烈者未究也。娶傅氏，引禮舍人弘毅之女。繼娶祁氏，兖州府同知天叙之女。女一人，適胡邦靖。初，公之旅殁也，公弟瓚自蒲馳赴淮，扶其櫬以歸，至己酉七月，葬韓陽祖塋之次。迨孺人殁，伯通方赴試南宫，聞變奔歸，更棺而殮之，權殯東宅。越五載，爲今歲庚申，宅兆既定，日月叶吉，遂遷公柩新域，啓孺人之殯，奉而合祔焉，禮也。銘曰：

韓系自周，氏于大邦。代析而蕃，有育淮江。矯矯人雄，荷戈從龍。奠是世勛，于河之東。錫胤載烈，惟德之揭。修轊經塗，中道而絶。婉婉淑人，矢心皦日。抱哺其嬰，茹荼若蜜。能言而教，任冠而室。嘗禴有承，我心斯畢。既孚而羽，橫翔天路。神道可徵，中閫作度。立孤寔難，矧亢其宗。我銘玄宅，侈于管彤。

處士李公仲節暨配孺人張氏墓誌銘

李處士公之逝也久矣，葬未有銘。洎嘉靖三十二年，其配孺人張氏卒，子邦憲輩將以某月某日啓處士公之壙而合葬焉，乃走狀張子以墓銘請。公之冢孫女，張子之仲弟婦也，屬在姻戚，不容以固陋辭。按狀，公諱季，字仲節，世爲蒲之大通里人。曾祖福，祖剛。考恭，妣張氏，寔于成化甲午三月二十六日生公。公生而醇厚，雅尚樸實，孝愛慈良，出於天性。妣張孺人早卒，公方幼稚，即哀毁不能自存。年益長，父命商于兖豫之間，劑量盈縮，善與時輕重，其産遂饒。事父暨繼母張孺人悉得其歡心，靡有間言。其後父母殁，有叔父母者，有子而不能家，公養之如父母，孝敬委曲，百端而不得其欲，蓋叔父母溺愛而私，不尤其子不才，而謂猶子之養當然也，故每事必拗捩之，囂呶之，人咸不能堪。公曰："叔父母無他，此内忿其子之不贍耳。"遂以所有盡付之。鄉鄰有議之者，公曰："吾子而才也，奚有於此？如不才，此亦奚濟？"至今人稱其德量云。配孺人張氏，明教厢處士俸之女也。柔惠而慈，其事處士公也，敬戒必至，終身有禮。事舅姑則又勤孝篤誠，飲食必潔，晨昏必省。處士公遠商，家或不給，每出奩具以奉甘旨，于是舅姑亟稱之曰賢，蓋得于張氏之家教者爲多也。余不及見處士公，而及見孺人。孺人識度弘闊，遇事綽有條理，議論崑崑然端正，不爲依隨。其治家也，嚴而有恩，諸子婦咸憚之，中庭無譁。撫諸孫恩愛甚至。始余弟之議婚也，孺人之家方殷盛，里俗，率視人家之豐約以爲姻婭。孺人曰："嫁女擇婿耳，多貲何爲？"此其識見顧不甚偉也哉？蒲土當秦晋水陸之衝，賦役繁重，即丈夫之惧暗者弗能支也。孺人於諸子遠遊，以一婦人而周旋其門户，人莫能欺焉，莫能侵漁焉，幼婦童孫，前後恃之。且資識明敏，鞠育既衆，遂諳于醫理，凡中外幼穉有病，咸請孺人視之，多有異效。他如飲食醯醢、纂組絲枲亦皆精到，于所謂婦德者，孺人無不備之。余得於目睹，心竊羡焉。客冬，余别孺人于家時尚無恙也，歷夏秋而聞孺人之病，入冬而遂聞孺人之訃。嗚呼！悲哉。孺人氣厚而體實，自幼未嘗事藥餌，年雖高，其氣尚未衰也。此宜其耄期未艾，而遽若此。嗚呼！真可悲矣。子三人：長邦憲，娶高氏；次邦寧，娶王氏；次邦富，娶衛氏。女一，適張邦吉。孫男四：子華，邦憲出，子芳、子茂、子蕃，邦富出，俱幼。孫女二，一適余弟生員四端，一聘薛朝紳。孺人生于成化辛丑十一月十五日，距其卒，得壽七十有三。處士公卒嘉靖丙申二月二十四日，距其生，得壽六十有三。公卒後八年，而余弟婚于李氏，又十年而孺人亡，故張子之知孺人也詳。銘曰：

蒲有李氏，肇自宋元。篤生哲人，矯翰雲騫。婉婉淑女，作配君子。静好相成，德音不已。乃既有子，亦既有孫。庭闈奕奕，相映玫琨。惟山之陽，惟澗之左。雙璧永藏，萬年孔妥。

處士東山范公暨配孺人王氏柴氏墓誌銘

公諱世逵，字希哲，别號東山，蒲之豐樂里人也。先世居城東文學莊，至公高祖榮，始遷白坡下北閻郭之地，族姓蕃衍，至今稱“閻郭范氏”云。曾祖斌，祖清，父鸞，母甯氏。公家世以農商爲業，公幼服賈四方，綽有心計，倜儻負大志，視行輩逐逐然競錐刀之末者不屑也。令甲，榷淮浙鹺利以佐國計，凡商人占淮浙鹽者，悉令輸粟甘肅、寧夏等邊，給通關領引而守支于淮浙，謂之飛輓。然自開中以及支給曠日延久，且出入戎馬，間有烽堠之警，而鹽利又時有朓朒，是以商人不樂與官爲市。公獨曰："此可居也。"遂歷關隴，度皋蘭，往來張掖、酒泉、姑臧之境，察道里險易，計儲偫蓄散盈縮，以時廢居而低昂其趨舍，每發必奇中，往往牟大利。然又必循理守法，如其非分非義，不以一毫苟取于人。于是都御史陳公撫河西，甚加禮遇，而諸將軍官咸樂與之納交。商中凡有校不以讞官，公一言即忻然兩解，其信義之孚人者明也。久而貲益巨，占良田數百畝，積緡錢以萬計。性雅素，不爲衣服、輿馬之飾，而恤匱拯急，如恐弗及。三原人陳海者貧而坐法，公憐其旅困，爲之出貲贖罪，海德之。未幾，忽竊公之重貲亡去，人皆尤之，公曰："此人吾與之恩厚，偶利迷爾，稍寤當自來。"已而果然，于是衆大服之。嗟乎！此豈與尋常者論尺寸哉？嘉靖丁巳九月八日以疾卒于旅，距其生弘治戊午九月九日，得壽六十。公初配王氏，孝敬勤儉，内外無間言。生弘治己未正月二十七日，卒嘉靖乙未三月七日，得年三十有七。繼配柴氏，嚴正有則，育諸子如己出。生正德壬申二月二日，卒嘉靖戊午正月二十五日，得壽四十有七。子男二人：良志，吏部聽選官，娶齊氏，繼衛氏、周氏；次良吉，省祭官，娶任氏、何氏。女二人，一適國子生甯仲智，一適臨洮府同知歷山馮公子濂。孫男一，守謙；孫女一，字余弟四象：良吉出。王孺人先葬祖塋，良志等爲公卜新兆峨嵋之麓，擇今歲戊午某月某日奉公及柴孺人柩，併啓王孺人柩合葬焉，禮也，謂公之履歷不可無誌，乃屬余誌而銘之。銘曰：

矢義靡遷，風被閭廛，猗惟公之哲兮，仲方是肩。貨賄阜通，化瘠爲豐，猗惟公之猷兮，卓鄭争雄。順正是止，相爾終始，猗惟公之配兮，後先齊美。負坂之岡，河流湯湯。爰啓玄堂，我銘載揚。于德有光，萬年不忘。

嵋岡王君墓誌銘

萬曆癸酉十月一日，嵋岡王君卒，距其生嘉靖乙丑八月十五日，得年僅四十有五。其從子三益方卒業太學，聞君訃則奔歸持其喪。三益者，君仲兄誨子也。誨久賈于外，三益方九歲，即失母，君憐而子育之。知學爲之闢塾延師，既冠則爲之授室，鞠撫甚至。三益亦以父事君，不啻所生也。當君疾篤，泣語其伯姊云："吾不起，必以三益嗣，俾承吾業，奉吾妻。吾妻方娠，幸男也，則異日以吾産中分之。"言訖而殁。三益既歸，皇皇營葬事，周爰卜兆，得地于蒼龍谷西北王莊之原，安厝有日，乃持君妹丈庠友史君載誼所爲君狀，匍匍徵銘于余。君倜儻不羈，好從賢士大夫游，郡縉紳先生多與君交者。余妻，亦君兄弟行也，以姻婭故，顧特與余篤。余見君神宇壯毅，不虞其中歲逝也，聞三益之請則惻然，遂不辭而銘之。按狀，君諱從詁，字允正，别號嵋岡，世爲蒲之大通厢人。曾祖彪，祖清。父容，太學生，有淳德，人稱爲"省躬公"。母張氏。君幼而警慧，父母特鍾愛之。天性孝友，方省躬公夫婦之違養也，君年甚少，比長，常痛恨，歲時享祀必竭誠盡物以爲常。君諸昆季俱從仲父服賈滄冀，率數歲一視家，一切家政，君皆獨力任之。蒲俗，姻黨禮問往來頗繁，而徭賦視他郡邑爲劇，君族既夥，又以貲力雄閭右，官私諸務最爲叢雜。君幹濟優裕，率不勞而事舉，内外小大無不悦之。州東五姓湖壖，有祖遺田一區，百餘年茀穢不治，君以其餘力墾闢之，畫町疃，分阡陌，末年歲入至五倍其初，蓋又能重本業如此。君儀狀甚偉，美髯豐頤，方腹修幹，而性好佳馬，每汲汲求之，百金不吝，厩恒有名畜焉。嘗北視諸昆季，過燕趙郡國，市人無不聚觀之者。善飲好客，酒酣輒巨觥縱横，趣致益跌宕，有古豪達風。然好義負氣，遇人急困則賙之，不復計纖細利。至于意有不合，即頩然見之辭色，不能屈也。歿之歲，其春嘗墮馬傷甚，余往唁焉，則曰："禄命家謂我今兹歲行不吉，遘斯患其殆免夫?"余寬之曰："免矣。"乃竟不免，信命哉！信命哉！君初配羅氏，生于嘉靖戊戌七月二十日，卒于嘉靖乙卯十二月十三日，得年一十有八。繼張氏，凡生四子，俱不育，今有娠。女三人，一適庠生何汝中，封監察御史尚仁子，二幼。銘曰：

心惟義矣而迹則廛，業惟賈矣而本則先。度胡其宏而胤靡延，氣胡其充而不永年？匪命固然，其孰使然？

處士東溪徐公暨配張孺人合葬〔二〕墓誌銘

初，東溪公歿，子經爲卜兆條山之陰葬焉，于時未有銘，蓋有待也。不數歲，經罹地震之變，張孺人晝夜哭，未期心傷死，迄今歲辛酉六稔矣。子綸擇于四月某日合葬孺人公竁，乃徵銘于維。嗚呼！吾又何忍銘公也？自維爲諸生，與公子經遊，于時公方壯健，意氣忼慨，其諸稱論甚跌宕，因得以闚其中之所藏。公潔方好義人也，早歲失恃，事繼母以孝稱。長而善治産，貿遷南北，往來秦豫、吴會之境者歲必再，以故其業滋豐。公祗奉諸父，雖牟羨至不訾，而終始無它腸，居貨四十餘年，未嘗陰以錙銖自封殖。比與諸父析産，緡錢且益耗，其贏無幾，而公又乏私蓄，遂大困，然公未嘗有怨恨也，鄉人義焉。方未析産時，公嘗挾貲南泛，遌寇江中，諸賈人遭剽劇，公適有天幸免焉。于是家衆滋生心有端矣，或導公托寇稍掩其貲者，公曰："若然，則吾寇也。"竟不爲毫髮欺。公季父山泉公嘗爲予亟稱如此。子經幼開敏，公教以義方，爲之延師授業，故經弱冠遊郡庠，予甚敬之，乃不究厥施，横罹大變而死，豈非命哉？張孺人慈惠而能家，公旅遊，率在外久，而孺人修中饋，畢婚嫁，綜藝穜，交姻黨，無所紕漏，門户肅如也。經歿，哭之慟，曰："吾兒孝子也，寧棄我?”比病困，猶懵懵如夢語，曰：“經來！經來！”嗚呼！兹可謂至悲也。昔予往來公門，屬公家方盛，既拜公聆言論，亦時獲謁孺人于堂。然經與維契特篤，公宅東有精舍，維歲居其中者半焉，不知其非家也。曾未十年，而公父子夫婦相繼殞謝，念昔遊殆異世云。故維惜經之志不就，而深有慟于公也，而又不能不爲公銘。按狀，公諱昂，字時望，元賢徐伯珠後裔。始祖徐得，洪武中占籍蒲永豐厢。高祖珍，曾祖通，祖鎰，父憲，母師氏。公生弘治戊午九月十三日，卒嘉靖癸丑六月初八日，得年五十有六。孺人，處士義之女，生正德戊辰二月初八日，卒嘉靖丙辰八月十六日，得年四十有九。子男二人：經，州庠生，娶張氏，繼李氏，卒；綸，娶沈氏。女一人，適洪繼芳。孫男女凡幾人，綸出。綸能幹蠱，產裕于公存時。銘曰：

噫嘻！惟公造産自躬而不處其盈，甹秀于子而不享其成。將人作盭，曾天靡平？惟中條之曲，有鬱佳城，永歸雙璧，既固且寧。

處士山泉徐公暨配王孺人合葬墓誌銘

公諱杲，字宗陽，姓徐氏，别號山泉，相傳爲徐萬户後裔。元時有伯珠者，以員外稱，爲河中太守。高祖得，當洪武初占籍蒲之永豐厢。曾祖珍，祖通。父鎰，以齒德爲鄉飲賓。母張氏，生四子，公其季也。公天性孝友，爲父母所鍾愛，恂恂承志，未嘗有違言。家世業商，父母慮其不任跋涉，公毅然以四方事自奮，乃遊金陵，泝吴越，西走隴、益，居貨岐山、池陽之域，雍、凉諸郡，稍稍遍歷焉。廢居通滯，能瞷時之高下而牟其贏利，用能豐殖厥産，以慰其父母之心。公雖業算緡，然心實博愛好義，與人交敦重信義，不争尺寸利。其周急恤病，洽于姻黨，凡有喪不能舉者助之葬，有所貫而不能償者折其券，故終其身與人無忤，有餘愛焉。性喜儒術，常禮重儒者。余亡友中軒生經者，公之諸孫也。中軒生業儒而有至行，公愛之甚于孫。中軒生之事公，尤極孝敬。公嘗病瘍，中軒生憂于色，選醫諏方，手自製煆藥餌，朝夕依侍不去側，既而病良已。余恒見其祖孫間訢訢如也。配王氏，鄉賓世獻女，婦道甚修，有聲閭巷間，先公卒。繼配楊氏，亦名家女。公生於弘治戊午十二月八日，卒於嘉靖乙卯十二月十三日，得年五十有八。王孺人生於弘治辛酉七月十日，卒於嘉靖壬午五月二十一日，得年二十有二。子男一人，禋，王出，娶孟氏。女三〔三〕人，長適王友諒，次適丁成身，楊出。孫男五：約、綬、統俱蚤夭；綱，州庠生，娶雷氏；紀，娶陳氏。孫女一，適兵部武選司員外郎王承休。余昔因中軒生識公，雅重公長者。初，公歿，余時自史局丁先妣艱里居，禋謀葬公，徵余爲銘誌，迄今二紀餘矣，禋乃始克襄公葬事，介武選執余原稿來，以鑱石請。余覽之惘然，追念今昔，因爲續增其子姓之當志者貽之。其銘曰：

家以恩聯，鄉以義親。居貨不黷，秉德是珍。牽車承志，南北其軌。人孚其心，異區均美。樸貌長裾，踉踉若儒。施于孫子，惟善之趨。公歸胡鄉，有封若堂。千年永固，世載其祥。

叔父竹川府君暨配孺人李氏左氏合葬墓誌銘

叔父諱遐齡，字伯鶴，竹川，其別號也。遇例授太醫院吏目。以正德乙亥二月初二日生，萬曆庚辰九月二十二日卒，享壽六十有六。叔父之卒也，維方參與政樞，偕仲弟後府都事四端、叔父冢子國子生四輔咸在都，大人以書來訃，且以速葬告，維未能行，乃命二弟星馳西旋視殯事，因含涕爲銘誌付之，俾刻之羨道之石，用徵于永世云。按，張氏之先世居解鹺池之南，有諱思誠者，自勝國時徙蒲。明興，其子友直遂占籍通化坊。傳仲亨、克亮、秀、寧，七葉而及大父贈少傅首陽府君誼，配大母贈一品夫人解氏，是生二子，大人封柱國、少傅嵋川公及叔父也。叔父生始逾期，而大父棄養，大母解撫之極慈，不欲勞以學，兼不欲其服賈遠遊，年且弱冠，未嘗一日離左右也，迨有室，始商游吴越間。于時年幼氣鋭，既連不獲牟大利，乃南歷五嶺，抵番禺，往來豫章、建業諸大都會，凡六七年，而貲益耗，窘而歸，則大母已没世矣。初，大父病篤，指叔父謂宗戚曰："此兒異日憶父，與談夢何異?"時大人年十餘，慟之。後大母嘗嬰危疾，謂大人曰："吾死不恨，所慮爾弟不能自立耳。"大人每念父母言，輒嘘唏不自禁，故待叔父極友愛，而叔父亦事兄最謹。叔父性坦率，無城府，意有所咈，輒勃然形于詞色，俄而釋去，故平生無宿怨。雖幼事貿遷，而視財利甚輕，不屑屑較錙銖，□□[四]與行化，歷久不忘，德其寬厚，無論所與也。比大人以故市莊爲叔父業，每歲夏秋，叔父常居莊視耕穫，故市人多樂就之者。莊南王官谷東崖有高寺一區，未審創自何時，規制宏鉅，然歲久僧竄，卧佛像榛莽間，攲棟相與撑拒，不任頹檐壞壁甚矣。叔父過之惋惜，乃鳩匠飭材，不靳數百金之費，一舉而新之，雄偉靚麗，加于初制。已復繕器具，墾田畝，稍稍招還僧徒，爲東山增一名勝云。叔父生平少疾，偶以撲跌小眚，宛轉患風眩，久之遂成心恙，歲餘矣。卒之前旬中日，忽神情清朗，若沉痾頓祛者，大人方深幸之，乃一夕疾作，遂不起，悲哉！叔父初配孺人李氏，處士鳳朝之女，生于正德丁丑十一月二十一日，卒于嘉靖戊戌七月十八日，得年二十有二，淑德，無出。繼左氏，處士錡之女，生于嘉靖丙戌十二月十九日，卒于隆慶庚午十一月十八日，得年四十有五，壼儀甚修，能持其家。生三子：四輔，國子生；四極，四德。又側室出一子四仲。繼梁氏，生二子：四科，四始。女四。孫男二：才徵、文徵，四輔出。初，左孺人歿，業已營壙祔殯首陽新兆之次，至是啓壙，奉叔父并遷李孺人柩合葬焉。侄子四維謹誌其生卒、世行如左，而系之以銘。銘曰：

惟叔考，祖所憐。坦不陂，義問宣。兄弟宜，胤緒延。越雙淑，克媲賢。原膴膴，崇者阡。神永藏，衍慶綿。銘貞石，千萬年。

明威將軍龍虎衛指揮僉事三弟子淑墓誌銘

嗚呼！天之降割我家何若是慘耶？昨歲癸未季春，先少師公棄諸孤，于時余叨總揆寓都，去親舍二千里而遥，二弟、五弟咸染疫懵卧不能興，惟三弟夙夜吾親左右，襲含殯殮，盡志盡物，靡不致其誠信，余兄弟終天靡極之慟無分遠邇，然所無憾于附棺者，則三弟是賴耳。先少師違養之七日而五弟歿，越三月而繼妣胡氏隨逝，迨甲申初改歲而三弟復不禄矣，蓋未匝一期，而愍凶四罹焉。嗚呼！天之降割我家何若是酷耶？悲哉！慟哉！余與二弟，既以仲春爲先考妣安厝敕建新塋，遂涓期季秋啓三弟殯而祔葬于兆次焉。余傷弟拮据成家，未享一日之逸，又不忍其生平之善行泯泯也，乃抆淚誌而銘之。弟諱四教，字子淑，别號歷磐。張氏先世解梁人，勝國時諱思誠者，自鹽澤之南陂遷蒲，是爲蒲之始祖。子友直遂占籍通化坊，傳仲亨、克亮以及高祖彦實府君琇〔五〕、曾祖孟儒府君寧。祖守正府君誼，生先考誥封少師兼太子太師、吏部尚書、中極殿大學士峒川府君允齡。曾祖、祖咸誥贈如先考封云。先妣累封一品夫人王氏。弟生而豐頤廣腹，體格整厚，神氣充溢，眉目間迥與凡兒異。性和易可親，不惟親長愛憐之，即童儕亦樂與之遊，終日無諠競。年僅十六，即服賈遠遊，歷汴泗，涉江淮，南及姑蘇、吴興之境，諸所經紀廢居咸出人意表。其器度凝重，絶無少年子矜溢態，旅中無少長咸加敬愛，一泉馮公遂許以女字之。弟幼年飲酒不能涓勺，至是尊長有强之飲者，不敢辭，衆譁然謂其能飲，觥籌交錯，終席不爲苦。自是後凡有飲宴，輒以善飲詘其一座中，斯亦□[六]矣。已而從先君居業滄、瀛間，識量益宏達，綜計精確，不屑屑較錙銖，每牟羡于人所不取。尤精《九章算術》，凡方田、粟布、勾股、商分等法，廛中有白首不得肯綮者，弟皆按籍妙解，不由師授。旅黨或財賄分合糾紛難叙者，率請弟爲决，莫不犁然兩解，彼此稱平焉。癸丑，余登第後，迎先君養京邸，遂悉以生計付弟。是時家用益浩穰，中更家鄉地變，滄鹾復壅滯，弟極力周旋，用能不至困乏，啓給中外，以慰先君之心。然滄、蒲相去千餘里，利鞅所羈，率數歲不獲一歸，弟壯未嗣，余諗之先君，乃移弟孥天津以居，時嘉靖己未歲也。弟治業滋久，諳于東方鹾利源委，分布調度，具有操縱，末年業用大裕，不啻十倍其初。乃其襟度曠達，樂施好義，當其意氣所激，即揮置千金不顧，視旅中齪齪計刀錐者不侔也。每歲時候余都中，談及所有事，其言度材任人、相時應機之略井井然，咸有當于政理，余甚惜以弟之才具而終身廛井間也。會有工部例，乃入貲授龍虎衛指揮僉事。弟雅有離俗高致，頗留心鍊氣養神之術，時從方外人遊。嘗告余曰："人之生世，貴適其性情，日逐逐市闤中何爲者？弟將西歸鄉園奉親，暇則拉朋舊縱情山水間，一洗胸中俗累，豈不快與！"余時有意丐閒，聞之不覺喟然太息。萬曆辛巳，弟遂携孥歸，蓋自己未至是二十餘年，子女皆東産，遂皆作東人音云。親舊聞弟歸，喜相慶慰，往來宴會，蓋終歲不絶。乃爲子女理婚嫁，尋奉先君命更繕宅第，甫畢工，而先君棄養矣，悲慟勤勞，見者感動。余之聞先訃奔歸也，中途患腋癰，比抵舍，尫瘠失形，氣息僅屬。弟憂形于色，朝夕扶慰甚至。方相與總總治先人葬事，惟日不足，嗚呼！詎意弟竟不及期而先逝耶？悲哉！悲哉！弟秉受素壯，自幼寡疾病，四旬後常感時疾，勞復至再，元氣雖虧損不復，然精健猶視余倍之。商遊既倦，擬歸息于家，乃變故相仍，益鞅掌，牽世累。性謙謹好禮，不欲有疏節于鄉，故吉凶慶吊，遠近皆躬致之，由是心與身兩不自適，神用漸耗。入冬，余見弟色不澤，慮之，强之省事，而弟心不能已也。歲暮，弟卧疾經旬，初甚困，有瘳矣，會舉五弟喪，欲出送，衆强止之，則撫榻大哭，疾遂革。嗚呼！果命也耶？果非命也耶？以弟之孝友仁恕，積德不懈，而竟止是耶？數月來，弟每與余商確，先人既殁，所欲爲將來門户計宏達周至，并其意向諸所規建磊磊，皆閎鉅，其志趣軒舉，絶無偷語，不似臨末景人，而咄啐至此，故懵懵謂弟未可死，幾欲問天而靡從也，悲哉！弟生嘉靖庚寅十一月初十日，卒萬曆甲申正月五日，得壽五十有五。配馮氏。子男一人，善徵，娶辛氏。女一人，適郡庠生郭里。葬之日爲九月十七。銘曰：

冲思耽玄堅，束于世緣。牽車窮年，成功未息肩。德則多而福應則鮮，受則厚而算則弗延。難詰者天，孰測其然。爰闢重泉，從考新阡。永世有辭，貞石是鎸。

太學生五弟子易墓誌銘

嗚呼！先妣贈一品夫人凡生七男子，悉自乳，弟行在五，自余至弟，每間歲一生，前後僅十年耳。于時遭家中否，先妣隻身操井臼，上奉孀姑，下提携捧負諸稚，鞠哺訓育，浣故緝敝，每質明興，中夜寢，以爲常。七子中，其最少二人早殤。及五人者皆壯有室，家日嚮裕，而先妣不待養，乃余兄弟終身永恨。然幸先考封少師府君在堂，爲子若孫依恃耳。比四弟不禄，先少師哭之慟。今春蒲郡大疫，闔室染焉，先少師遂棄諸孤，越七日，弟隨逝。嗚呼！悲哉！慟哉！家門之禍尚忍言哉！先妣夫人拮据育諸子，今惟余在長三人在耳。歲律且易，奉敕建先少師塋兆未竣，卜以十二月二十五日先治弟殯，余乃爲誌其墓中之石，用徵久遠。感憶今昔，不覺心神之摧越也，悲哉！弟諱四象，字子易，號松磐。張氏先世蓋居解梁鹽澤之南，其徙而之蒲則自八世祖思誠始。傳友直、仲亨、克亮，以及高祖彦實府君諱琇〔七〕、曾祖孟儒府君諱寧、祖守正府君諱誼、先考峒川府君諱允齡，自曾祖而下三世皆誥封少師兼太子太師、吏部尚書、中極殿大學士，先妣王氏贈一品夫人。弟生而穎茂，言動嬉笑咸機警，與常兒異，授之章句，輒能誦且强記。時先考方服勤四方，余兄弟咸在塾，先妣稍稍以家務付弟理，即釐然有條緒，不啻若成人者，遂令輟學業治生計焉。比弟年益長，家務益浩穰，弟心時時在舉子業，迄不得專精攻治。嘗爲弟子員，尋援例卒業成均，心欿然以爲恨也。性喜博涉，凡百家言一見即能語其大意。好爲楷書，方正遒媚，得二沈餘韵。間操觚爲詩，頗能自道其胸中意出。且遇事多能，不由于學。素未治田業，及先少師建孟盟莊，弟調度耕菑〔八〕，斟量甽畝，即老農圃有不逮者。至于禾稼之豐瘠，果蔬之登耗，類能逆睹而預計之，比穫，不失升勺。尤善奕，蓋得之天性。其襟度夷曠，飲酒至斗餘不亂，當其意興所至，觥籌交錯，或至夜分，衆酩酊不支，而獨高談自如。樂易，無崖岸，所與交游最廣，友誼最篤，人有不給，或偶值意外困阨，惻然赴而賑之，惟其力不計也。春初，弟貽書於余，謂將以先少師壽誕後北來候余，余闢館徯之。俄而，聞先君訃，且聞弟病，及家人得弟凶問，以余毁頓故秘不聞也，歸及湖城，始聞之。嗚呼！慟哉。弟氣禀素壯，且少余十年，余年來自覺早衰，方賴弟顧余餘齒，而弟乃遽至是耶？悲哉！弟生于嘉靖乙未十一月二十日，卒于萬曆癸未三月二十九日，享年四十有九。初聘王氏，生于嘉靖癸卯十一月初七日，卒于嘉靖乙卯十二月十三日，得年一十有三。娶范氏，生于嘉靖丙午十二月二十九日，卒于萬曆丁丑正月二十五日，得年三十有二。繼娶景氏。子男一，麟徵。女一。初范氏殁，葬祖塋，弟爲治壙甚精。兹以時月之吉啓壙合葬，併迎王氏柩自王塋來祔焉，禮也。銘曰：

賦之慧也充其量，何藝不研？受之龎也善其養，何算不延？胡造物者顧靳其後不究其先？曠達世緣，德施澶漫。從考而還，祔祖斯阡。既安永堅，于千萬年。

校勘記

〔一〕"學"，疑當作"字"。清《海山仙館叢書》本宋尤袤《遂初堂書目·編年類》："川本小字《通鑑》，川本大字《通鑑》。"

〔二〕"合葬"，底本卷首原目録無。

〔三〕"三"，疑當作"二"。

〔四〕□□，底本漶漫不清，據清稿本當作"諸所"。

〔五〕"琇"，當作"秀"。本書卷三十四《張文毅公行狀》："秀字彦實，是爲公高祖，生孟儒公。"

〔六〕□，底本漶漫不清，據清稿本當作"異"。

〔七〕"琇"，當作"秀"。

〔八〕"菑"，甲辰本作"蓄"。

條麓堂集卷二十九

誌　四

西河恭定王妃墓誌銘

妃姓楊氏，平陽之襄陵人也，父節，母祁氏。初，妃之將誕也，蓋有異兆云。既生，淑慎静貞，不與凡女類。及笄，選配西河恭定王爲繼妃。時王妣葉太夫人有母訓，命王冕而親迎，以隆大禮，天子乃遣世臣持節授册封，一時稱盛焉。妃既正顯號，享豐禄，惟儉惟勤，不改其素。媵御僮侍，畏而知恩；爲婦爲母，卓有壼範。恭定父子悉以孝行膺欽奬，有令名于宗室間，則妃之内助、慈訓概足稱也。妃生于弘治丙辰正月十九日，薨于隆慶壬申十二月九日，享年七十有七。生子男一人，表相，即今王，初配王氏，封夫人，卒；繼王氏，封妃。孫男五：知燧，封王長子，聘張氏；知鉷，娶劉氏；知鬓，娶周氏；知烰，聘高氏；知傑：俱封鎮國將軍，妻皆封夫人。孫女三：長隆化縣主，適儀賓侯炳；次渠江縣主，適儀賓李薰；次武陵縣主，字儀賓師鯉。曾孫男六：新堮，新鋈，新坯，新墶，鉷子；餘二幼，未賜名，鬓子。曾孫女二，亮寨縣君適儀賓張邦治，碭山縣君幼。妃既薨之次年癸酉，今天子改元萬曆，聞妃訃，命所司賜祭葬如制。今王祗奉欽命，卜吉四月二十一日，啓恭定王壙而合祔焉，禮也。乃先走使蒲坂，持前太史、四川右轄余師水陽亢公狀，徵余爲銘。河東諸郡同姓王，自晋、代二藩析者無慮六七國，其世濟懿美、享國最長久者莫如西河。迨今王樂善好賢，崇德廣譽，慶祚爲益悠矣。余固習知其世訓有異人者，兹睹妃之内則，乃又慨然興敬焉。夫王國孫子自古多驕佚，鮮循軌度，豈其居養固然哉？無亦其父母所以訓育之者不西河若也。銘曰：

公族麟趾，風始周南。千年嗣美，西河徽音。《樛木》歸仁，瓜瓞衍蕃。黄髪偕老，閲及雲仍。惟德之光，惟胤之昌。河山鬱崒，永固玄堂。

封一品太夫人王母張氏墓誌銘

誥封一品張太夫人者，贈光禄大夫、太子太保、吏部尚書王公諱承祖之配，太子太保、吏部尚書國光之繼母也。贈公初娶于原，生太宰昆仲而歿，張太夫人繼之，其撫太宰昆仲也最慈，太宰之孝事太夫人，蓋行年七十而猶孺慕焉。太宰既致政，奉膝下歡，凡再逾年而太夫人歿。天子念太宰忠勞，詔禮官頒祭葬如制。越明年，安厝有期矣，太宰乃命其仲胤舉人兆河持劉參知東星所爲太夫人狀，自陽城走蒲，徵余爲銘。余猥辱太宰知，獲從游且三十年。先是，太宰佐銀臺，嘗予告省母，余爲叙其行，其知太夫人淑懿舊矣。兹余方在大戚，屏鉛槧，顧念太宰不匱之孝思，弗忍拒也，遂勉强述而銘之。按狀，太夫人，陽城之龍泉里人，父紀，母延氏。生而端静沉默，服習女訓，爲族黨所稱。當太宰昆仲失恃時，贈公母李夫人憐孫弱穉，爲慎簡女士之温惠者，故太夫人歸于王。李夫人性嚴重不可犯，太夫人承順顔色，周旋朝夕，遂大得其歡心。勤敏精幹，持家甚力，織紝滫瀡，井臼澣濯，無不躬親之者。贈公旅遊南北，或終歲不歸，一切家政咸太夫人綜畫，閨以内井井也。撫育太宰昆仲，愛而能訓。太宰知學，太大〔一〕人喜其穎脱，米鹽供具，春秋周贍，殆過于所生。平生無疾言，婢妾有過，多含容之，蓋天性然也。太宰初爲吏部郎，奏績，封母太安人。及爲户部侍郎，封太淑人。進尚書，封太夫人。及正位端揆，乃進今封。前後凡四受恩貤，康寧耋壽，庭幃全福，人間世殆罕儷云。太夫人生弘治辛酉十月十二日，卒萬曆甲申八月初四日，享年八十有四。子四人：長重光，娶竇氏，繼楊氏。次即太宰公，娶張氏，贈一品夫人；繼衛氏，封一品夫人。次奎光，娶張氏。次近光，娶楊氏。女四人，一適庠生李雲鶴，一適延登洲，一適李騰鶴，一適典史樊學詩。奎光暨三女爲太夫人出，其近光暨女之適樊者，側室出也。孫男九：堯山；堯日；兆渠，官生；兆河，舉人；兆星，庠生；兆雲，監生；兆官、兆民，庠生；兆行。孫女十，曾孫男女各八，玄孫女一。銘曰：

一膜隔恩，振古興惻。慈淑唯母，寔標女則。鞠哀均恃，訓賢楨國。板輿逐子，禄養以色。翟服章身，鸞文表德。閱曾暨玄，令[二]貽孔適。帝命秩宗，恩覃玄域。生順没榮，天道靡忒。永世有徵，堅珉是勒。

封恭人賈氏墓誌銘

誥封恭人賈氏者，前巡撫順天、都察院右僉都御史三山温公景葵配也。三山公以才見任于時，先後踐歷率盤錯人所憚避者，乃公毅然受事，盡瘁在公，汲汲然不遑其家之恤者，則以有恭人在也。恭人跋涉南北，從夫子難險中，拮据求濟，汲汲然亦不遑其身之恤，故三山公所至著殊異勛，爲時名卿，可不謂内助與？嘉靖乙丑，三山公理畿左，既事有績矣，而公則已病。于是督臣代以請告，天子予之。居無何，公疾有瘳，而恭人逝矣，其服勤可念也。三山公將以其歲冬仲葬恭人大同府城東牛家莊祖塋之次，乃自爲狀，走使京邸，屬史維爲之銘焉。按狀，恭人，大同縣南關厢人也。父鍾，代府引禮官，母李氏。乃正德辛未十一月十一日恭人以生，後十有四年爲嘉靖甲申，而恭人歸于温氏。迨丙午，以三山公宰長干三年課最恩先封孺人。甲寅，又以三山公侍御課最恩改授敕命。壬戌，三山公又奏兵憲右北平績，遂膺誥命，進今封。迄今歲丙寅八月七日，而恭人以卒，得年蓋五十有六云。恭人温惠端默，出自天性；孝敬勤儉，終始一節。外呐呐如不能言，而中井然有辨，凡纂紃、滫瀡、箕帚之職，朝夕甚辦，乃壺中竟日不聞笑語聲。其姑太恭人深器之，亟稱其能。蚤歲，家故弗饒于財，房奩獨薄，絶無歆羡意。晚年，視曩昔稱裕矣，然亦粒米寸絲罔敢輕棄，常服三澣，不尚紅紫，曰："吾弗忍暴天物也。"至于歲時賓祭，則又盡志盡物，即稍有不致豐潔，必疚然在心，久不能釋。其與人雅重然諾，至于報施，必從其厚。待諸叔伯孫子無異所生，雖疏遠有急必周，雖微賤爲禮必答，食有餕必給之，婢妾尤必親爲之宰，其純厚類若此也。與三山公處四十餘年，備歷諸艱，所以贊襄而慰安者無所不至。子男二人：曰習易，早卒；曰習傳，娶趙氏。恭人凡前後男女十七娠，多不育，因爲三山公置妾劉氏，縉紳間尤以此重之。銘曰：

天賚名德，作翰于國。乃詒淑佐，俾罔内之恤，惟爾德之殖。温惠自飭，安儉居勤，越初終靡忒。肆夫子桓桓在公，宣力有赫，其庸相惟爾職。亦既熾昌，如農斯穡，偕老豈不臧，胡還之亟？惟淑行之多，未償其食。畜慶流禎，爾子孫是翼。

封宜人蔡氏墓誌銘

誥封蔡宜人者，督府前溪張公之元配也。嘉靖己未，天子深惟北門之重，念寇之未戢，簡于封疆之臣其壯猷足以威遠殿邇有明效者，遂敕督府總雲中、上谷之師，建幕陽和，宜人從焉。其冬，虜入犯洪、蔚，勢張甚，乃督府提孤軍以走之。于是宜人病，次歲寢堂東北陬有星隕如炬，宜人遂卒，庚申正月廿二日也，距其生正德癸酉，得年才四十八爾。越四月，督府命其子啓蕃扶櫬還洛陽，葬有日，走使京師，函憲副王西石氏所爲狀，俾其門下士張生四維誌而銘之。誌曰：張與蔡，蓋洛陽之著姓云。宜人父曰處士公諱某，母某氏。宜人之生也，處士公則聞門外若有鼓吹、騶從聲，心異焉。比長，果不類凡育，凝静寡言笑，巧慧警悟，一切剪製縷結出其手即絶人。處士公益異之，曰："兒必貴。"爲之卜婿。一日見督府，則大奇之，曰："郎君異日者必貴。"乃嘉靖辛卯，宜人來歸于張。歸而諳婦職，執勤夙夜，得姑舅之歡心。督府時爲弟子員，有偉聲于洛中，宜人益復勸相，不憚以其簪珥供鉛槧費，同行者或誚之，弗恤也。歲丁酉，督府舉于鄉。明年戊戌，登進士。某歲，以户部主事考績最推恩，封宜人爲孺人。乙巳，督府進員外郎，會九廟成覃恩，加封今號。蓋督府登第甫八年，而宜人兩被恩，洛人由是異處士公之先見有徵也。比督府歷藩臬，撫畿輔，尋授節鉞，駸駸尊顯矣，宜人猶持儉朴如初，衣必澣濯，寸絲粒米不妄費，然至賙急恤困，若將不及焉，其天性然也。事督府幾三十年，相敬如一日，訓子女有成式，撫諸庶若己出。其令德種種宜壽也，乃不果壽，命哉！子男二人：長即啓蕃，業明經，有聞，娶許氏，工部員外郎詩女；次啓佑，幼，側出。女四人：一適茌平尹蔡承舉子檀，一適太學生孫禖子光遠，俱庠生；一字學憲吴三樂子本，一字符卿劉得之子志。孫女一人，蕃出，幼。銘曰：

崧高嵲嵲，贊運生傑。于以相之，誕惟淑哲。夫子靖共，承以匪懈。中壼穆矣，曰靡内戒。夫子清修，儉不失故。毗爾冰蘗，清我荆布。赫赫夫子，惟邦之翰。建旄秉鉞，軼駕范韓。惟帝念功，延賞于室。翟冠玉瑱，鸞文有熠。既昌而躬，載熾而後。來祉方新，胡靳斯壽？周郊膴膴，有崇者阡。我銘不爽，對于萬年。

封宜人張氏墓誌銘

誥封晋宜人者，户部員外郎厚齋公朝臣之配，而陝西按察司副使應槐母也。初，副使弱冠取高第，典文銓，致位列卿，年方三十所，于時才名燁然照搢紳矣，顧其中循循甚虚。余時獲與副使游，竊意其蚤達而練，非獨其質美則然，必其所以成之者有素爾。及後見厚齋公，貌莊而氣和，其所藴負甚邃，則知副使之賢蓋得之庭訓。兹復睹厚齋公所爲宜人狀云云者，益知副使所以特異于人，爲慈誨之所孚化遠矣。按狀，晋與張皆洪洞著姓。宜人父巡，母龎氏，以正德癸酉五月十四日生宜人。自初有識，言動即與諸女不類。宜人祖半山翁滿者，雅有人倫之鑒，則甚奇宜人，謂必昌大人宗，不欲配凡子。當其時，厚齋公父元城丞諱偉者，方以儒起家，亦奇異其子，爲妙選良配，故宜人歸于晋焉。厚齋公少失恃，祖母宋撫之極慈。宜人承事宋及繼姑樊，咸得歡心。會邑大疫，厚齋公與其二弟及樊俱染焉，孺人煮粥、藥奉病所，朝夕必徧，再閲月，病者皆起，宜人竟無恙。比生副使，洪洞人謂天道有知也。厚齋公庚子舉於鄉，已屢上春官不第，宜人所以慰奉甚至。比守和郡，擢司農大夫，宜人躬秉勤儉佐之，厚齋公得以一意在公，不恤其私，所至以清幹稱。宜人教副使兄弟，愛而能勞，具有規度，故副使蚤年穎脱，而諸子奕奕咸克紹其家聲，曩時半山翁“昌大人宗”之鑒信有徵也。宜人性不喜華侈，自奉甚約，始終一節。其御臧獲有恩，治家極節縮，而好施予諸貧乏者。萬曆甲戌閏十二月一日以疾卒，距其生得壽六十有二。初以副使貴封安人，及厚齋公官司農，會天子登極覃恩，受今封。凡生子男五人：長即副使應槐，前吏部郎中、太常寺少卿，娶鄭氏，封安人；次應龍，散官，娶韓氏；次應兆，國子生，娶衛氏，繼李氏；次應庚，邑庠生，娶南氏；次應麟，邑庠生，娶韓氏。女一人，適劉承光。孫男八：承寵，邑庠生，娶李氏；承賜，娶張氏；承聘，邑庠生，聘徐氏；承忠，聘陳氏；承訓，聘高氏；承薦，聘趙氏；承誥，承眷。孫女三，一字商希稷，二幼。曾孫男二：淑元，淑愷。副使兄弟爲宜人卜兆於龍泉鄉祖塋之次，葬且有日，乃以厚齋公狀來，囑余爲銘誌。凡狀所述宜人德美甚具，兹不悉著，著其大都云。銘曰：

降娉自天，惟淑德之茂。夫曰令妻，子曰賢母。亦既亢厥宗，受祉孔厚。彼汾一曲，厥壤惟阜。刻銘玄宫，永有辭于後。

栗太孺人墓誌銘

栗太孺人者，上黨兵馬指揮崔公鎮之女、義官栗公鎬之子婦、指揮公淮之配也。維與孺人季子曰繼祖者，同以己酉舉于鄉，相得蓋歡然。歲甲寅，繼祖之兄繼文衰服斬焉，見我于長安之寓，蹙而言曰："某不幸，先母亡矣。先母之撫我兄弟也慈甚，予兄弟之遠違也，未嘗不日夜思，然謂母之康厚弗憂也。乃今一旦丁于大故，予寔隕然，莫知予心。念予弟與子同年而雅相好，願子銘吾母。"維聞則甚戚之，然未敢承也。居無何，繼文兄弟使者自上黨來，手太孺人之狀以請，維因不敢辭。按狀，栗與崔俱潞安望姓。孺人之母曰陳氏，與兵馬公俱治家有法。孺人生，既德美，又服習訓則，女紅外讀《古孝經》、《列女傳》，通其義焉。迨歸指揮公，適舅義官公與姑高孺人相繼病，孺人膳必親，藥必嘗，左右指揮公甚至。高不起，事義官公又二十年，虔敬有加。指揮公性嚴毅，莫可犯，孺人以順正輔之，共祭祀，仁賓客，睦妯娌，馭臧獲，賙困乏，諸皆可稱。其綜理家政，井井秩序。嘗曰："富生侈，侈必敗。"故簡朴自持，終始不改。栗氏素裕于財，暨指揮公以心計貨遊于江湖，孺人以恪儉經紀于閫内，益以貲雄于鄉閭云。教子女各有矩矱，故子皆偉于自立，女適人皆爲良婦人，有令聲。孺人以弘治甲寅七月初一日生，以嘉靖甲寅二月二十八日卒，得年六十一，壽矣，視德爲儉。子男三人：繼文，陵川王府儀賓，配湘鄉郡君；繼禮，娶郭氏；繼祖，舉人，博學而能文，鬱有時望，將以振揚光大于時，以丕闡太孺人之潛德者可立待也，余以同年，故知之詳，娶李氏。女二人，一配稷山王府輔國將軍胤梳，一配清源王長子胤杒。孫男八：永壽，永年，永慶，永光，永亨，永庚，永新，永馨。孫女七，俱幼。繼文兄弟請于指揮公，卜以某年某月某日葬於秦村之原。銘曰：

惟家之穀，惟婦之淑。蕃胤衍祥，厥繇母良。都矣孺人，媲德孔倫。承祐有嚴，培祉曰仁。奕奕蘭華，騰芳㚖嘉。門楣赫郁，焕發其芽。蹈彝之劭，膺禄之茂。恩賁匪遐，靳此中壽。有膴者原，有崇者阡。妥珍源休，自今萬年。

封劉孺人墓誌銘

劉孺人者，今湖廣提刑沁陽張大夫之元配也。大夫先任侍御史之三年，天子嘉其諒直，因推恩孺人，錫之敕命，以彰内助效，時嘉靖戊午冬也。後六年甲子正月八日而孺人卒于家，年僅三十有九。于時大夫方駐節郴陽，去沁四千里而遥，聞其訃悲焉，乃述孺人世行，走使燕京，屬史維誌而銘之。初，歲癸丑，天子既賜禮部所貢士第，復於中遴二十有八人，俾讀中秘書。于是吾晋在選者二人，則大夫與維也。二人者既合志而同業，其出入朝夕必共來往二家，二人忘其賓主也。維見大夫之庭户肅，僮侍馴，堂以内寂若無人，主人欲食賓，輒咄嗟而辦，滫瀡精至，心甚能孺人，數爲余妻道之，謂大夫之得匹也。嗟嗟！乃今遽至爾耶！余既諳孺人賢，凡狀所云云悉信，閲之則益悲，因撮其語銘之，俾永有考焉。按狀，孺人其先蓋鳳陽亳州人。始祖諱贇者有戎功，高帝時位特進，其後以廕資授潞州千户，屯磁州。迨孺人高祖鶴，升沁州衛指揮僉事，屯鶏澤，迄今子孫籍焉。曾祖承貴，前職。祖錦。父純，儒學生，入貲授指揮，配甘氏，于嘉靖丙戌十二月十四日生孺人。孺人方五歲失母，育于祖母程，静順寡言，不與諸姊較。及笄，每歲時嘗祀輒念母，泣涕不食飲，程大賢之，謂指揮公勿以女予凡子。于時大夫方志學，嶄然見頭角矣。大夫考曰大理少卿漳源公，母曰敕封周太孺人者，亦已奇異其子，擇淑配，故自鶏澤抵沁，相去且四百里，而孺人歸于張焉。孺人恬素肅雍，克敬克戒，舅姑安其孝謹，妯娌宜其温恭，親黨稱其篤惠，而益以勤敏，相其夫君。每鶏鳴燃燭，侍大夫誦讀，不以寒暑替。壬子，大夫舉于鄉。明年，登進士，選翰林院庶吉士。乙卯，授河南道監察御史。辛酉，以言事忤權貴人，升河間府知府。孺人前後從大夫于京，至是從河間，綜範縝整，門外内密然，大夫用無内顧憂。癸亥，大夫升湖廣提刑按察司副使，奉專命督郴桂兵備，遂單車蒞任，留孺人侍太孺人養于家。孺人體故癯，中歲以誕育蕃且多不舉，益羸毁，故不永于壽云。然篤于婦道，事太孺人，雖一葅一羹必躬奉之。病既甚，猶力病視事，不欲以身故貽太孺人憂。既子女屢失，乃爲大夫置媵侍，撫視款款，有古淑女風焉。大夫有子一人曰慶徵者，孺人遺也，宣淑襲祉，將于是乎在。銘曰：

世禄生侈，鮮惟由禮，物情固爾。婉婉吉人，秉哲高門。惟德之行，棄華存素。静言安步，不愆于度。惠且有嚴，肅雍庭檐。小大以恬，是相夫子。秉憲陳紀，爲天子使。有煒鸞文，翟茀如雲。榮問在身，方駕修轂。中涂脱輻，奄然不淑。夫子揭揭，相惟爾烈。胡遺之孑，羨門且扃。不掩其馨，徵在斯銘。

封孺人李氏墓誌銘代作

敕封李太孺人者，前侍御、今山東提刑申大夫佐之母也。大夫按部東土，奉太孺人禄養焉。逾期而太孺人卒于宦所，大夫扶舉歸廣平，將以今歲丙寅某月某日合袝于厥考贈公之兆，乃走使京邸，持山西按察司副使張君學顔所爲狀，徵銘于余。余前歲待罪廣平，獲從其賢士大夫游，因以諗其風美與夫鉅人哲媛卓然爲邦之選者，若李太孺人之淑懿，蓋數數聞之，凡狀所稱述不誣也。初，贈公娶于魏而無子，遂再室李氏。贈公母李孺人見而悦之，曰："婦惠且孝，異日必昌吾後。"已而太孺人果娠大夫，感異夢焉。大夫方在襁褓而公歿，李孺人亦已垂老至。申故鉅鹿宦族，然以清白業其世，窶[三]空儋石，自公在則然矣。當是時，人咸謂太孺人不堪。太孺人矢死靡它志，涕泣績紡，以事親訓孤，晝夜矻矻，拮据萬狀，故姑獲以恬頤壽終，而子嶄然致通顯，可不謂難與！方大夫從學，自有知至成德，節以繼志、慎交爲勗。比大夫從政，凡三任皆法官，又節以平反、欽恤爲戒。故大夫爲士則連取上第，爲吏雖振揚風紀而所至稱平焉，其得于内教深也。贈公生于成化丁酉某月某日，卒于嘉靖丁亥某月某日，得年五十有一。魏孺人生成化丙申某月某日，卒于嘉靖丙申某月某日，得年六十有一。太孺人生弘治己未九月二十一日，卒于嘉靖乙丑二月二日，得年六十有七。蓋公歿至是四十年，魏孺人亦已歿三十餘年矣，狀以合袝太孺人請銘，故不詳公與魏孺人行，余因系申之世而爲太孺人銘其世曰：申之先，蓋山西屯留人，後徙絳。國初，諱庸者游宦東土，道廣平，樂焉，遂爲永年人。公高祖達，汝寧知府。曾祖寧，以賢良方正徵，不就。祖廣，靈壁主簿，以子綸貴贈兵部員外郎。父紀，母李氏。公諱成，字克紹，敕贈文林郎、岳州府推官。配魏氏，贈孺人；李氏，即太孺人。子男一人，大夫佐也，太孺人出，娶劉氏，繼娶蘇氏。女二人，適張松、鄭傑，魏孺人出。孫男一，珩，聘王氏。孫女四，適王文耀、張承祚、張采，俱庠生，一字張三才。其銘曰：

侈于死節，立孤之艱。古烈丈夫，且謂其然。矧伊淑女，司惟筐筥。中道不天，誓心自許。尊嫜在堂，崦嵫景急。遺孤在抱，呱呱而泣。三世一息，四壁隻影。餐蓼忘辛，茹冰匪冷。遺經可教，畫地以傳。振芳奕代，受祉于天。姑既爾殯，子寔爾成。百年無愧，歸報九京。明山之陽，川原膴膴。有崇者阡，貞烈之宇。匯靈儲慶，貽于嗣人。萬年考德，徵此堅珉。

沈母范孺人墓誌銘

范孺人者，處士東原沈公諱滂之配，陝西鞏昌府同知厚夫母也。以萬曆癸酉十二月二十九日卒，距其生正德丙寅十月二十七日，得壽六十有八。先是，孺人隨厚夫養宦邸，是冬，厚夫自涿郡守遷貳鞏昌，奉孺人過里，爲一孫完姻事，愉愉如也。未幾而孺人殁，于是，東原公棄養凡二十有七年矣。厚夫卜以甲戌某月某日奉孺人柩合祔東原公之竁，乃自爲狀，泣涕而徵銘于余。初，余祖姑適沈氏，于孺人爲伯姑，余伯姨又爲孺人堂嫂。沈氏族大而聚居，余少時往來祖姑、伯姨家，見聞孺人之淑懿甚習。余弟四術獲爲孺人婿，孺人長孫懋者復室余猶子。余既雅欽重孺人，聯之以世好，則所以章顯閫德用徵于悠久者，誼不可得辭也。按狀，孺人姓范氏，父喬柯，母李氏。孺人在襁褓而孤，隨母育于繼父張大輝。及笄，歸東原公，貞静寡言，勤苦自勵。是時，姑丁孺人在堂。丁治家嚴整，孀居且三十年，屬家中否，孺人黽勉有無以供朝夕，爲能得其歡心。東原公服賈于外，率數年一歸。孺人持家儉素，蔬食浣衣，雖寸帛尺楮莫肯遺棄，至于祭享、賓燕則務爲豐腆。見人困阨則恤之，至脱簪珥。由是内外稱之曰賢。初，東原公以祖、父俱業儒，奪于家計，不獲事鉛槧，嘗自以爲恨。厚夫生有異質，弱不好弄，孺人喜曰："是可以承夫志矣。”乃遣束書就學，督課甚至，故厚夫年未弱冠領鄉薦，内訓使然也。孺人性慈惠，撫孤侄若孫，爲之婚嫁，不異己出。猶子覲生而失母，則取而乳哺之。處姻族咸有恩禮，御臧獲尤能加意體念，各得其情。厚夫宦游一紀餘，前後凡五任，孺人皆從養，能隨事訓誨，歷歷皆官箴要語，厚夫祗奉之，故所至著稱。孺人晚年尤崇奉鬼神，晨夕則焚香致祝，雖一蔬一果必薦而後用焉。生子男一人，應坤，即厚夫，娶王氏，繼楊氏、張氏。女二人：一適杜希晦；一早卒，冥配余亡弟四術。孫男七：懋，楊出，娶張氏，余猶子；懇，娶范氏；慤，聘陳氏；憼，聘羅氏；應、德、意，俱幼。銘曰：

惟家之阜，相惟淑婦。惟胤之昌，粤由母良。婉婉孺人，德音不陂。媲美發祥，厥懿孔多。既亢厥宗，益衍厥緒。禄養允康，休有譽處。中條之麓，有封若屋。雙璞完歸，萬葉集福。

女轉壙銘

鳳磐張子某第二女曰轉姐，生而髮垂額角，眉目如畫。性慧悟，解人意，而復静重寡言，心甚憐念之，謂其異禀，不與凡兒類也。年十歲，忽遘風痼之疾，百醫滋不效，竟以殤死。時余方從宦在都，棺殮之，權厝僧寺。既逾歲，余再謁告還里，屬友人雒氏有其兄之喪，遂附女柩以歸，葬于蒲風陵鄉祖阡。女生嘉靖壬戌十二月三日，殁于隆慶辛未三月一日，其葬于蒲爲壬申十一月二十四日。銘曰：

生孰使之？惠且靈。没孰趣之？曾不暫停。婉孌念爾心靡寧，歸從祖妣兮固玄扃。

附　録

敕建張氏澗南新塋后土志

維歲在昭陽協洽，天子命工部屯田清吏司主事四明沈一中，爲先考誥封光禄大夫、柱國、少師兼太子太師、吏部尚書、中極殿大學士嵋川府君營葬事。孝男四維等祗奉命使，周爰擇兆，得地于澗南祖塋之東南，相去僅里許。龍山自中條筆架峰發脉，循蒼龍谷迤邐而來，騰躍蟠護，逆水右環，土壤豐腴，體格正大，負壬抱丙，堪輿告吉，乃蠲辰寒露後二日啓土建域，以丕承天子之赫顯休命。夫靈皋奥區，含淑鍾秀，必有明神主之，乃即墓左封丘爲位，恭祠本塋司土之神。伏願明神靈承帝貺，申錫天庥，翕集禎祥，屏除妖孽，以保衛玄宫，垂洪佑于千萬年，永永無極。謹勒貞石，納之封中，使後之子孫世載陰隲，寅享弗替云。

大明萬曆十一年八月二十四日，光禄大夫、柱國、少師兼太子太師、吏部尚書、中極殿大學士孝男四維謹志

張氏族葬新塋后土志

張氏祖塋，在蒲州大澗里之南風陵鄉。始祖履道府君當勝國末自解徙蒲，寔始卜地焉。四世祖克亮府君就其南稍拓之，二百年于兹聚族以葬，纍纍然相望，幾無隙地。先考誥封少師、大學士嵋川府君，既爲祖妣治新阡于祖塋之東，復卜地巽隅爲族葬計。會敕建先考塋兆，巽隅之田適在周堧以内，有難建域。今歲乙酉，余既終禫思，惟先志所當恪奉有終，乃改諏吉壤于祖塋之艮隅，爽塏宏廓，卜人告得兆。于是，族衆惟從叔允福屬最尊，

齒最長，僉議擬建以爲新塋祖，其餘在昆弟子姓，俾各以班祔如初。乃筮閏九月十有八日建表立向，爰立后土神宇于塋之中，謹率族衆刲牲陳祀，瘗而封之。仰藉神庥，俾陰沴全消，諸祥畢集，以永衍我張氏二百年來宗系及于無窮。

皇明萬曆十三年十月五日光禄大夫、柱國、少師兼太子太師、吏部尚書、中極殿大學士鳳磐張四維謹志

先考妣嵋川府君王夫人合葬壙記

嘉靖三十四年十二月十三日，先妣贈一品夫人王氏卒，不孝男四維輩奉先考命卜葬于澗南祖塋東隅祖考妣新阡之次，邇來二十有九年矣。維藉先澤叨三事，追惟先妣劬勞勤瘁，不獲享一日之養，歲時瞻慕切怛靡極，乃所植墳柏已蔚然森竦成林矣。萬曆十一年三月二十三日，先考封少師嵋川府君復棄諸孤。天子念不孝維輔理微勞，頒恤孔渥，命工部遣官以一品制營葬，命禮部遣官頒諭祀六壇，父母並祭。令甲，文官葬式惟一品爲極隆，父母受一品封者祭二壇，其加壇、並祭則我皇禮下體臣之特恩，非常典也。其年六月二十四日，禮部主客司員外郎張志捧綸音來祭，其詞曰："惟爾積德在躬，鄉評推重。爰有良配，一德相承。篤啓哲賢，股肱帝室。眷此疑丞之績，寔由訓育之勤。先後淪亡，良深憫惻。特偕賜祭，載飭幽塋。靈爽如存，歆承殊渥。"八月二十四日，工部屯田司主事沈一中奉明命來營葬。去舊塋東南百餘步有地一區，面勢明敞，土脉豐腴，地理家咸以吉告。不孝孤輩乃祗從沈君後啓土營兆，冀以顯承異寵，幽奠先靈。玄室既成，諏筮明年春二月十三日治先考府君之殯，乃啓先妣夫人之壙，奉柩合葬焉。命使周旋，湛恩賁赫，不孝怙恃之慟存于風木者，固終天其罔極，主上覆燾之澤漏于泉壤者，實曠代之希遘也。嗚呼！悲哉。先考生正德元年四月初四日，距卒之歲，享年

七十有八。先妣生正德元年九月二十六日，距卒之歲，享年五十。先考卒之年七月初三日，繼母胡孺人亦卒，距其生正德九年二月初七日，享年七十。既奉安先考妣之柩，亦奉胡母柩祔焉。先考妣茂德懿行，具載申相國、楊襄毅誌中，兹不備述，特記其生卒時日併合葬之期如此，用徵于永世云。

校勘記

〔一〕"大"，清稿本作"夫"，是。

〔二〕"令"，清稿本作"含"，是。

〔三〕"窶"，疑當作"屢"。

條麓堂集卷三十

行　狀

太子少保兵部尚書兼都察院右都御史總督陝西三邊軍務南澗楊公行狀

公諱守禮，字秉節，別號南澗，其先山西霍州人也。高祖敬先者，國初徙籍保安，故又爲保安人。曾祖謙。祖瓘，仕爲陝西蒲城縣丞，道蒲，因家焉，以迄于今。父通，仕至陝西鞏昌府通判。公爲右副都御史時，蒙恩贈二代如其官，嫡母高氏贈淑人，生母李氏封太淑人云。公生而聰警，書目輒成誦。年十五，補郡庠生。正德庚午，以《書經》薦于鄉。明年，登進士，授户部山東司主事。三年，擢員外郎。會洺、魏盜起，當道者議專設才官剿之，朝議謂公才，因升河南按察司僉事，兵備大名等府。公于是設捕格，嚴賞罰，甫期歲，遠邇肅清，桴無夜警，民甚慶賴之。適鞏昌公棄養，遂以憂去。服闋，補湖廣按察司僉事。振紀釐繆，不怵權勢，居二載，燁然有聲藩臬中。時巨盜邢文憲者藪聚百餘，横行湖、湘間，勢張甚，諸司噤莫敢詰。撫按官會請增設撫治憲官一員，俾才者任之，朝議謂公才，因升本司副使，駐荆州。公至，則問民疾苦，舉廢滯，凡興作種種，絶不語及盜事，諸賊子益自安。迨方略既已陰具，刻期四發，澤薙草搜，一日俱獲，靡有稽誅者焉。撫按聞其功，天子降敕嘉獎，且出内帑銀幣賚之。三年，政大和。會以他事失當道者意，因中以瑣罪，落職爲四川叙州府通判。華陽饑，都御史唐公疏公知成都府。公立法賑恤，民賴以全，人擬富鄭公青州之政云。升四川按察司副使，兵備建昌。未幾，遷陝西按察使。公在建昌有恩，比代去，雖七種蠻夷亦皆泣涕送之。至陝，益以精敏爲政，案無留牘，囚靡滯獄，中外翕然，風稜四達。次年，升山東右布政使，復轉左，尋升都察院右副都御史，巡撫四川。于時四川蠻寨爲梗，帝命守臣會兵討之。久之，天子遲其功，因命公往。公即輕車入蜀，躬歷營寨，相機宜，分撫剿，未三月，遂剪元凶，蕩巢穴。因隨山刊木，夷險守要，松茂之路，大通川南數十年肘腋之患，一旦滌而去之。議賞間，遇藩司官素隙公者奏迴避，且誣以事，公回籍。比事白，藩司官左降，公亦落職爲河南左參政焉。由參政升浙江按察使、四川右布政使，轉山東左，而巡撫寧夏之命下矣。寧夏三面控虜，最爲要邊，而關隘多圮廢者，鳴鏑、牧馬日聞見于圉中，邊人罷耕牧，士且狎之。公至，則振威武，革貪蠹，浚城隍，增墩戍。于是築鎮遠等關，崇赤木、打磑等口，罷平虜之守備而所之，更臨山之堡而墩之，通虜之路益稀，士心知奮，歲中獲功者再，捕首虜數百級焉，虜于是不復犯寧夏。天子嘉之，錫以銀幣。尋加兵部尚書、都察院右都御史，以三邊總督任之。先是，總督缺，天子必擇在廷之臣可任者以往，其巡撫任寔自公始。公總督凡三年，經緯險易，劑量遠近，調度兵食，各中肯綮。初至，即條邊防數十事，且曰："馭狄之要不在於戰，而在于守；任事之臣不貴于多，而貴于專。"天子嘉納焉。又簡用將佐悉盡其才，撫恤士衆人得其心，故間諜周，烽火明，器械備，士馬練，虜不敢時入，入又輒敗去，三邊益用無警。平時總督駐固原，秋月則移鎮花馬池，以三邊調應道里均也，及冬，解嚴而還，謂之"防秋"，故邊氓率以總督之出而愁虜焉。公凡再駐花馬，羽報甚少，輕裘緩帶，出入徼堠間，而旌旗曼衍，鉦鼓聲震野，邊城頗生色焉，故公之出入，民莫不遮道歡呼，忘曩之憂苦也。前後凡各鎮斬獲首虜千餘級，降敕奬諭者五，每敕降輒有銀幣之賜，最後以累功加太子少保。會李淑人卒，公遂扶柩歸，天子命吏治其墳，遣官諭祭，蒲人榮之，時嘉靖甲辰歲也。後十二年爲嘉靖乙卯，公卒于家。公天性沉毅，有局量，應事初若不經心者，而卒不爽錙銖，故所至有功。其襟度坦豁，不屑屑事形迹，故所至人傾心焉。其議論慷慨，務大節，聽其言磊磊軒舉，足以破人之拘礙。遇事之不可與人之不當意者，必不能屈意徇之，故屢躓而後起焉。生平俸餘積二十[一]餘金，立義約以贍族，命子孫世守之。家居十餘年，處姻友内外終始歡洽，足迹絶不及公府。州南十里條山之陰有山曰東磐，泉石佳勝，公覽而悦之，曰："是將休我。"乃誅茅葺屋，鑿池疏圃，以偃息吟嘯于中，怡然窮年，若未嘗涉世者。著《九友集》以見志，有句云"四時佳景無非物，千載清修只在人"，其風致可想也。居山，或數月一視家，不數日輒復去。每賓至，必劇談痛飲傾倒而後别。時爲樂府詞，冷然有格韵，殊可喜。家事付諸子輩，絶不商有無。語及當世事，井井曉析，使人忘倦焉。乙卯十二月十三日，秦晋地大震，人死者十六七，蒲郡不逞子乘之，公然肆劫掠，日轉熾，甚者裂繒爲號，聚至百十，人洶洶若寄虎口。公召諸守禦官，示以方略，令一發，不逾時奸黨駭散，遂無事，蒲人所以戴屋炊爨、藏死聚生以有今日者，公之力也。嗚呼！偉矣。居無何，公亦尋逝，蒲人哭之傷心。先是，公居閒，忽拈筆叙生平履歷甚周，且惓惓焉述君親恩隆重，欲報罔極之意，顧命兒子輩識之，人莫測其意。未幾變作，而公往矣。嗚呼！其可異也。有文集若干卷、奏議若干卷、詞一卷藏于家。公生於成化甲辰七月一日，卒于嘉靖乙卯十二月二十八日，得壽七十有二。配姚氏，贈淑人。繼王氏，封淑人。子三人：曰尹，太學生，公兄子嗣公者，娶解氏。曰户，庠生，娶張氏；曰凡，庠生，娶馮氏：

俱側室鄭氏出。尹、户俱先公卒。女四：一適太學生馮昭，鄭出。一適裴大參子應熊，二幼，俱王出。公有懿德在身，茂勛在國，諸所表建宜垂不朽。子凡慮其久而湮没，欲匄大人君子立言之筆，銘之貞石，賁於玄壤，永有辭于世世，以維鄉里後進，托述顛末。自惟蹇昧，無能窺公涯涘，且晚生謏聞，多所遺失，姑盡心之所知掇緝如此。極知蕪淺，不足纂叙什三，然義則慤實，要惟陳之祝史而無愧云爾。謹狀。

光禄大夫柱國少師兼太子太師吏部尚書贈太傅謚襄毅虞坡楊公行狀

曾祖諶，累贈光禄大夫、柱國、少師兼太子太師、吏部尚書。曾祖妣張氏，累贈一品夫人。祖選，初贈文林郎、陜西扶風縣知縣，加贈通議大夫、兵部左侍郎，累贈光禄大夫、柱國、少師兼太子太師、吏部尚書。祖妣趙氏，初贈孺人，加贈淑人；李氏，初封太孺人，加封太淑人：俱累贈一品夫人。父瞻，四川按察司僉事，封通議大夫、兵部左侍郎，累贈光禄大夫、柱國、少師兼太子太師、吏部尚書。妣田氏，初封孺人，加封宜人、淑人，累贈一品夫人。公諱博，字惟約，别號虞坡，姓楊氏，系出弘農之華陰。國初，有善甫者始徙蒲，遂爲蒲人，六傳而至公曾祖諶。諶子選，是爲留耕翁，以積德稱于鄉。選子瞻，是爲舜原翁，公父也，舉正德己卯鄉試，仕至四川按察司僉事。配田氏，以正德己巳五月二十四日生公。公生而穎敏，讀書能五行俱下，髫歲即徧誦五經。年十三，督學使者莆田周公宣一見而奇之，許以國器。十七，舉于鄉，時嘉靖乙酉也。己丑，登進士，授陜西盩厔知縣，有才能聲，調長安。長安附在省會，法刓而蠹積，素號難理。公勾剟奸狡，無能匿毫髮，諸舞文胥史咸惴惴易慮。居三載，道不拾遺，以廉介著聞于時，唐文襄公龍、王襄敏公堯封前後有事西土，皆薦其治行第一。癸巳，欽取詣闕，以年未三十升兵部武庫司主事。明年，奉敕選寧夏軍。戊戌，升武選司署員外郎，尋實授，升職方司郎中。會肅皇帝南狩承天，起大學士翟文懿公鑾爲行邊使，大賫將士。文懿薦公參幕府。初至宣大，時軍府新變後，人情洶洶，賫金不繼，司餉者擬殺其額，文懿公難之。公曰："公奉璽書，得便宜從事。聞鎮庫有羨鏹，盍徵之以廣上澤？"三軍大悦。至肅州，屬番數百人遮道邀賞，靳之不可，予之恐來者滋衆。公請文懿坐堂上，嚴儀衛，列諸番跪轅門詰責之，以相公奉天子詔勞問，若等法當傾巢遠迎，而逡巡漫涣乃爾。諸夷慴服，莫敢仰視，久乃釋之，按其先後至予賫有差。諸夷落未至者聞之悔，不敢復來見。是行也，東抵遼陽，西及張掖，車轍所經且萬里，公悉紀其山川形勢、地利險易、士卒勇怯，與夫土俗民情、利害欲惡之端，咸得肯綮。文懿還闕，薦公任大用。天子嘉之，賜以白金、文幣。時虜勢方熾，其酋吉囊俺答以兵威脅屬迤北諸部，衆至十餘萬，九邊無歲不遭侵軼，而山西被害最酷，羽書或日夜十數至。肅皇帝以膺懲責本兵，惟公所規畫能當上指，施行之，輒得算，肅皇帝以是知公。安南久不庭，詔群臣議行天討，日中不决。公奮臂揖諸公，指陳機宜所在，衆遂以其議上。比安南獻土請吏，公謂小醜以不恭煩王師，既服，當許自新，毋利其土地，庶足以服遠人心，亡後患，隨上善後六事，上悉從之。公在職方且八年，諸所贊畫龕定甚衆，是皆其大者。它如修諸邊險阨，簡練京營卒，格太監麥福濫增勇士之請，暴總督胡守中詐首虜、伐塞木之罪，大爲時論所推。癸卯，升山東提學副使，凡校士藝類于次旦[二]甲乙之，人服其敏。乙巳，升山東糧儲參政。東土錢穀久爲奸吏窟，諸猾胥率于出納間恣擄冒，至不可究詰。公乃爲循環格曆，以十年爲率，凡錢穀徵輸，悉注其月日及賫運人姓名，一覽其完負具見，宿猾無所措手，積弊頓清。丙午，升都察院右僉都御史，巡撫甘肅。初，罕東等衛屬番爲土魯番所逼，入處肅州，久之夷落滋衆，往往與居民相戕殺。公曰：“此地方剥膚害也。”于是具牛酒，召諸番酋犒之，且語之曰：“若輩初來此寄頓耳，故無室居，無田耕，無城郭障，蓋計且亟歸也。今長子孫矣，既不能歸，何不爲久遠計?”酋曰：“爲計奈何?”公曰：“吾欲城堡爾居，渠壩爾田，釜鉏粟豆相爾窮爾恤，孰與諸攘攘在此，朝夕苦不給也。”諸酋咸稽顙曰：“善，唯公命。”公乃檄副使王儀築白城、威虜、金塔等凡七城，重門巨障，水草豐美，諸酋咸率其部落競去，男婦凡三千四百有奇，離塞遠者至五六百里，肅境一清。自亦不剌屯西海，北虜歲往掠之，甘凉道梗。公擇阨要創墩堡，設兵守哨，行旅便之。凉土沃，乃屯田久廢，公擬興之，召父老問故，咸曰：“甘境三面臨虜，墾田苦蹂踐，且水渠通淤不時，而荒田免科令多不信，即一丁受屯田，闔室悉罹追呼之擾，故官司屢招佃，人無敢應耳。”公乃請于朝，凡荒田新開者永不科，舊田抛荒者十年外科，詔報如擬，著爲令。公遂鑿龍首等渠，伐石穿洞，委曲達水田所，凡開荒田萬餘頃，水田且二百頃餘。貸牛種予屯丁，人争應佃，乃限丁二十畝，河西遂無閑田，頗稱饒富。公又爲之興文教，奏以巡按御史督學政，如遼東例，四郡人文至今遂彬彬有聞。公簡練甲士，嚴明烽燧，平居常若虜至，虜不得輒近塞。嘗一大舉入，將士奮鋭拒之，斬首虜百四十餘級，獲錙重萬計，天子賜詔嘉奬，進右副都御史，賚以金綺。庚戌，丁母田夫人憂，詔以邊功特予祭葬。西人懷公恩，擁道挽車泣，迄今家爲尸祝，窮陬孤戍無間焉。方公之在肅也，咸寧侯仇鸞者寔總兵鎮其地，凶悖貪狡，大爲地方害。公會總督曾襄愍銑疏發其奸，鸞被檻車徵，下詔獄。時襄愍議驅河套虜出，修東勝及受降三城，並河爲塞。鸞乃極詆其非計且生事，冀以自解。初，襄愍復侵疆議，故相貴溪夏公言寔主之。至是夏罷，政府歸分宜嚴相者，故與夏有郤，授指刑官文致曾、夏獄，坐交結近侍律，先後戮于市。已，鸞暴起爲大將軍，凶焰甚熾，時時欲洩憾于公。天子察其情，竟不聽。未幾，鸞殛死，天子乃召公爲兵部右侍郎，時壬子冬也。癸丑，轉左，奉敕兼僉都御史，經略薊、保二鎮，諸所措置凡上三十餘疏。其大者，若潮河川爲虜出入孔道，其地受塞外諸水，匯流入中國，水濁而悍，激蕩巖壑，平漫無際，板築、挑浚俱難爲力。公乃相水勢，避其衝射，宛轉建巨墩，基以堅石，聯絡相望，矢石、火銃相及也，自後虜遂不復取道潮河。事竣歸，天子命公提督京城九門。自庚戌虜薄近圻後，都城無歲不戒嚴，涉秋即分兵夫守睥睨，郊民皇皇，遽徙其帑避虜，奸盜乘之，中外恇擾。公曰："寇至尚須鎮静，奈何無事自撓亂若此?"遂罷一切守門令，而日督兵將入團營練之，都民大歡。其冬，詔公以原官總督薊、遼、保定軍務。公以薊、保近輔，與遼東異，禦虜當先遏閼，次斬獲，遂極力爲修守計。其冬，東、西虜糾衆薄古北，號二十萬，戈甲之聲連亘百餘里。公擐甲登塞障，督將士協力防禦。虜擁衆奪墻，凡三四攻不克，乃併力攻孤山砦，驅其衆蟻附緣垣，萬矢注射，一虜攀堞上，我兵截其腕，諸緣垣虜悉震墮，虜氣遂阻。是時赤白囊交馳至，肅皇帝日旰不食，遣親軍使者詗諸軍戰守狀。使者見公露行，立矢石間，晝夜甲不解，及將士勞苦狀，具述以聞。肅皇帝慰悦，賜公大紅獬豸衣一襲，發帑金萬兩犒將士。公乃申明天子恩德，諸將士莫不感奮，勇氣百倍。虜守墻下凡八日，火竟夕燭天，突冲左右無慮數十次，爲矢石、火銃所傷者無算，乃引退三舍地，徘徊不即去。公募死士，持火器夜入其營驚之，竟夕四五發。虜衆相蹂躪衝搏，天明始定，遂倉皇而散。天子嘉公功，進都察院右都御史，兼侍郎，廕一子錦衣衛千户。明年，虜以萬騎入馬蘭谷，公督大將周益昌擊走之，獲其酋打來孫，事聞，有白金、文綺之賜。未幾，天子召公入爲兵部尚書，尋加太子少保。故相分宜公有子曰世蕃者，狡黠險賊，欲利無厭，文武小大吏納賄，伺其門如市。吏、兵二部爲所撓，久不獲舉其職。公視事，所司以故事請，公唶曰："天子命我總邦政，若爾則權門司庫吏耳！"一切格不行，凡黜陟將吏咸咨之閫外大臣，令自爲地方擇人。分宜父子滋不悦，士有憂國心者視公爲砥柱。丙辰，丁父憂。戊午，肅皇帝復召公爲兵部尚書。值虜寇大同，圍右衛城，連月不解，督臣以玩寇納侮下獄，廷議置代未决。上曰："右衛圍急，其令博往，事寧回部。"先是，奉本兵命，以未終禫擬疏辭，俄聞後命，遂墨縗而往，乃以疏慰曰："皇上幸寬西顧憂，臣誓滅此賊，以攄國憤。"上嘉答之，因賜白金、文綺。虜諜公出關，即夕悉衆出塞去。公以右衛久在圍城中，樵采路絶，士煮革而食，忍死固守，無二志，乃優加恤獎，疏褒其守帥尚表，並陳善後十事。遂經略大同，修守要害，測虜情，預戰守，凡上一二十疏，上悉親爲裁定，不下部議。虜去既遠，公以大同川原平衍，虜騎飄忽，艱于防禦，乃聚糧具械，分布修築，躬自勞來獎勸之。于是築牛心等堡寨、墩臺二千八百七十二座，挑浚大壕二道，各長三十里，攔馬壕六十四道，凡五十日工報竣。肅皇帝嘉其功大完速，降敕獎勵，賜以白金、文綺，隨諭輔臣曰："宣大博理，已平一歲，可見凡事無人之效，但有一人，那得患來？"又曰："博盡心邊務，方在理中，似來冬回部爲宜，朕意須加以一秩。"乃加太子太保兼右副都御史。有虜酋哼素者稱魁桀，時以輕騎抄我邊，爲地方害。公以奇計擒之，并斬其黨十五人，因分鋭兵襲擊並塞虜營，多所斬獲，虜徙帳遠去，邊警益稀。公乃議築翁襄敏公萬達所創大同長城，乃列上修邊四事，大約計費二十萬金，請内帑者十一。上覽疏謂輔臣曰："博修邊費少成多，比他動以四十萬用大不同。這妄費全在各鎮，誰肯一言及?”公聞之，感泣。會虜入薊鎮，督臣被收，廷議移公鎮薊，上意以爲然，乃詔公移鎮。時秋防屆期，公聞命即日趨居庸，道中上經略宣大及時繼理十事。既入關，乃調度諸將魯聰等晝區分守，而以副使等官李尚智等監之，下令曰：“某月日時，各營據墻舉火爲號。某日某時如之。”凡擺邊耀武者三，自居庸距山海，旌旗徑千餘里不絶，炮火之聲遠邇響應。近塞夷衆走報諸酋，時刻不爽，諸酋皆驚，終歲不敢近塞。上乃召公還部，加少保。當是時，分宜不便公入，屢沮止之，肅皇帝乃特旨召之，復特旨加貳孤，分宜滋不懌。會浙江總督胡宗憲計擒海賊汪直。汪直者，徽人，以販海爲業，往來倭島中，因導爲寇，朝廷懸賞格購之。宗憲父事分宜假子趙文華，行賂世蕃所無涯量，分宜欲因事侯之，公執不可，請下廷臣議。宗伯高安吴公山同公議，宗憲竟不侯。分宜父子益憾公，徵諸聲色。是時肅皇帝久不接群臣而操下益急，分宜内蔽聰明，外恣行威福，犯之者無不虀粉，人人爲公危。公亦知必爲所陷，夜宿外舍以待不測。然肅皇帝殊知公，一日諭吏部曰：“朕聞自博入，胡奴日伺邊外。”未幾，戎政缺人，又諭兵部曰：“戎贊之用，須要如博者。”會各邊屢有奇捷，法當叙本兵功，公不自言，上皆錫銀幣至再，由是分宜不敢復搆公，竟免于禍。辛酉，一品考績，上嘉其勞，賜以羊酒、鈔錠，授柱國勛，并以勛贈其三代，寔異數也。伊藩典楧驕恣不法，屢上書，多謬罔語。上疑其有異志，密諭公爲方略，令司西安門啓閉，及楧罪廢乃罷。尋詔公支正一品俸。癸亥，虜將大舉寇薊，諜報甚亟。上曰：“自博入，我每慮邊務。今秋必有擾者，早定策以遏之。”公申飭邊塞，使命絡繹，而薊總督某者殊易虜，乃東巡遼陽。公拊几曰：“虜氛甚惡，亟徵各路兵協禦猶懼不濟，顧引重兵去遠徼，是假之便道也，與兒戲何異？今兹敗矣。”日夜十餘檄趣之旋，而虜已潰墻子嶺入矣。虜薄近圻，火光燭大内，公夜宿部中，前後上三十餘疏。虜尋引去，議者咸咎薊督輕敵而服公先見云。是時，分宜先已得罪去位矣，公再入本兵且八年，北籌虜，南籌倭，心力焦勞，日不暇給，而南北所報功捷無慮數十次，公皆推功文武大臣，不自以爲伐。乙丑，上以公兩考，詔再廕一子入監，公疏辭，上報曰："玆酬功且用礪世，其勿辭。"丙寅，吏部尚書缺，上諭廷臣，令推至公爲國三四員簡用。廷議首推公，遂改吏部尚書。公辭，上報曰："卿端慎公明，銓衡特簡，所辭不允。"未幾，而肅皇帝龍馭上賓矣。莊皇帝踐祚，公首以録忠諫、舉遺佚爲請，于是楊文忠廷和、喬莊簡宇、熊恭肅浹、林貞肅俊、劉端毅玉、楊恪愍守謙、曾襄愍銑、楊忠愍繼盛、楊忠節最等皆贈謚，葛尚書守禮、林都御史雲同、曹都御史邦輔、樊通政深、趙御史錦、張主事翀皆拔擢，又奏修平宸濠功，令新建伯王守仁子世其爵，公論翕然稱之。時士習稍頗，以禪解談性命，土苴世務，幾東晋清談風，且奔趍邪徑，公相標榜，肆不知耻。公痛裁正之，凡譸張者無得售其術，其風漸熄。公以中外遷陟太驟，政多苟且，乃漸爲久任法。凡臺省有缺，則推舊德家食者起用。其郡邑長吏滿考，有宜民績，則加服俸，仍在任。丁卯，一品三考，詔加少傅兼太子太傅，廕一子入監讀書。國朝冢宰九年考績，惟馬端肅公文升，部援以爲例。公疏言："臣德望、勛業不及文升萬一，文升止進二官，臣復廕子，臣萬死不敢受。"上察其誠懇，准辭廕。己巳，以覆留都御史龎尚鵬，有旨詰責，公乃謝政去，蓋是時左右倖臣不便公者有先入言耳。于是，前相興化李公等、尚書劉公體乾等及兩京科道交章奏留，皆不報。已而，左右譖公者皆得罪，天子知公無它。辛未，乃起公于家，以冢宰治兵部事。公再疏辭，上獎其兩朝耆宿，才德兼優，仍諭以邊方多事，大臣義當急國。公不得已，乃應詔。是時，西虜納款，九邊所防禦，薊遼爲急。公乃奏徵浙兵九千人，復奏遣清軍御史徵北直隸、山東、河南、山西、陝西諸脱伍軍悉詣薊鎮，以實畿左。壬申，今上登極，首召公還吏部，人心訢訢然。時公一品滿四考，詔賜寶鈔五千貫、肥羚三、上尊三十。部侍郎奏國朝部臣無一品十二年者，上曰："楊博忠亮老成，望隆中外，一品四考，勞績愈著。"加少師兼太子太師，廕一子入監讀書，以示優眷。尋覃恩，贈三代如其官。初，公里居，感腰痛疾，尋被詔敦趣，力疾赴闕，時時自念，及是感激隆遇，矢心圖報，不復以身爲慮。癸酉秋分，奉命夕月壇分獻，未成禮疾作，上疏歸印、乞骸骨。上不允，加賜餼牢、酒米。公辭益迫切，有曰："臣有不忍言去之狀、不得不去之情。臣遭際三朝，受恩深厚，一不忍去；皇上天縱聰明，日新聖學，臣幸逢堯舜時，二不忍去；内閣元臣自爲侍從時與臣肝膽相照，秉政以來杜群枉之門，開衆正之路，臣得贊蕩蕩平平之化，三不忍去。臣自筮仕，艱關戎馬，無病已衰，矧復病勢如此，一宜去；吏、兵文武事權，臣任兵部十二年，吏部六年，久妨賢路，二宜去；人臣任事全在肋〔三〕力，臣素患中濕腰痛，今復手足不仁，三宜去。"上優詔慰留不允，公再疏懇辭，上乃許回籍調理，令馳驛歸，已賜寶鈔三千貫。公伏枕疏謝，勸上葆頤天和，緝熙聖學，孝養兩宫，親近賢輔。上報聞，且諭令慎加調理，以俟召命。時公子俊民爲太僕寺少卿，俊卿爲錦衣衛都指揮僉事，詔皆許扶侍歸，蓋殊典云。公歸未週歲，以萬曆甲戌八月二十三日以疾卒，得壽六十有六。訃聞，上輟視朝一日，賜諭祭九壇，命工部遣官營兆域，贈太傅，謚襄毅，廕一子爲中書舍人。公豐鬚偉貌，揚休玉立，見者敬而愛之。神氣揚揚，音吐洪暢，好談論，每及平生履歷及接人遇事，與夫九邊阨塞險要、兵馬錢穀盈縮堅瑕、今昔登降之故，亹亹如指掌，聽者忘倦。遇下有恩，所至多見思。晚年位益尊，而立朝極恪慎，每朝必四鼓興，危坐待漏，祁寒暑無二，其天性然也。所著有《虞坡文集》八卷、《詩集》二卷、《歷官奏議》凡七種共七十卷、雜著四卷。公配段氏，五封一品夫人。生子男四人：俊民，嘉靖壬戌進士，太僕寺少卿，娶史氏，封宜人；俊士，萬曆甲戌進士，陝西鳳翔府推官，娶裴氏，繼裴氏；俊彦，官生，娶王氏；俊卿，隆慶戊辰武舉第一人，管錦衣衛事指揮使，娶王氏，封淑人。女三人，一適州學生景宣，一適舉人馮瀹，一適嵩縣守備孫仲金，封淑人。側室賀氏、何氏。賀生男一，俊臣，官生，娶盛氏。何生女一，幼。孫男六人：元禎聘景氏；元祥聘羅氏；元祉聘裴氏；元禧聘張氏；元祺聘洪氏；元祐幼，未聘。孫女十四人：一適州學生張甲徵，一適裴令聞，一字洪崇禮，一字張定徵，一字羅尚鉉，一字韓煥，一字祁世熙，一字韓爌，餘幼。太僕兄弟將以年月日葬公某原敕建塋次，乃條述公世次及立朝行己履歷之詳，屬維爲狀，將祈名世大筆銘諸羡道，謹用詮集如左，以備采擇云。

右春坊右中允兼翰林院編修環江陳公行狀

環江陳君諱謹，字德言，福建福州之閩縣人也。世居光俗里，地曰瀛洲，系出宋侍郎益之裔。曾祖志。祖琛，壽官。父伯亮，以君貴封翰林院修撰。母卓氏。閩陳氏世有潛德，迨壽官公、修撰公，益以謙慎仁厚著聞閭里，故君之生，閭人咸以爲積善報焉。君生有茂質，警悟，不類凡子。先是，修撰公既累失子，晚始得君，心甚憐念之，不欲遣就外傅，親文史勞。乃君甫垂髫，即自知向學，其所記誦輒能疏解意義，塾中異之。有試以“子曰”字俾爲破者，即應聲曰：“匹夫而爲百世師，一言而爲天下法。”其奇氣固已炯然露穎矣。年十五，補邑庠弟子員，每督學使者按部至，必嘆賞拔置高品。壬子，舉于鄉。明年癸丑，進于春官，賜對大廷，遂以一甲第一人及第，授翰林院修撰。君初爲弟子員也，嘗同儕輩聚業邑庠之金粟山。鄰有阮姓者，昔昔必夢雷動龍起于其處。比赴秋試，郡守又感異夢，爲諸生語之，至是乃知其兆之不偶云。君德宇粹穆，不見涯際。其接人貌恭氣和，退然若恐傷之，乃其中耿耿自信，故登第未幾，翕然著稱薦紳間，曰陳君長者也。丙辰，奏績，時修撰公迎養在都，年七十餘，日夕念鄉土思歸。令甲，諸親藩嗣立，歲遣勛臣分行册命禮，而以侍從近臣副之。會君以次當遣，遂拜命。偶傳制日其行視常期差早，諸奉使者多後時，遂併被逮。君落職爲廣東惠州府推官，人咸惜君無罪，乃君以得扶侍南歸，克遂親志，怡然就道，略不介意。比至惠，諸士子嚮君名，負笈從學者甚衆。君教以立誠、爲己及擇術、居業之大端，暇日則與之陟羅浮，吊白鶴，訪蘇長公遺迹，翛翛有千古之懷焉。士大夫相承，凡遷客爲遠小官者，率不久輒量移去，故多以傳舍視所居職，漫不爲理，而諸監司、守長亦以客禮優之，不欲以簿書煩也。君曰："崇卑皆王臣，奈何乃自異若此?"于是謁監司必以屬吏禮，事守長必以寮佐禮，鞫大小獄必以情，人不能欺，曰："老吏弗如也。"丁巳，改南太僕寺丞。去郡，諸士子攀援數百里，依依不忍别，君爲作詩慰勉之。初，在郡將行，屬邑解月俸、柴薪銀至，君命易田數頃，俾掌之學官，爲諸生薪水資，歸而行李蕭如也。南京太僕寺開治滁陽。滁故多佳山水，寺治又特占其勝，局閑務簡，凡歐陽公名迹悉往攀陟。嘗曰："吾曩寓惠，獲聆長公餘風；今來滁，復得尋六一公所嘗登眺者。左宦如此，亦殊不惡爾。"戊午，改尚寶司司丞。君去國凡三年始歸，涉歷畏途，益諳于世故。于時屬海波不靖，方内頻有灾警，而黷貨公行，士風漸斁，每當食興嘆，若負重在躬不可税駕者，其先憂遠量鍾于性者深也。君篤信好學，每不以所能自足，超然遠覽，立志甚偉。既入都，同年友姚江孫文和闢禁城西隅所居舍之北，爲屋六楹，延君及余朝夕居業其所，久之，于是余益習知君之所存。其表裏洞達，隱顯不異行，即在匆遽，未嘗見疾厲於言色。與之談，雖累旬日，皆有益人語。即不言，與之相對終日，亦使人充然忘其鄙吝焉，蓋汪汪乎莫得而澄撓也。庚申，君轉南京國子監司業。太學故設科甚嚴，歲久漸弛，君酌其當，復次第舉之，乃其待諸生極有恩，故莫不畏而愛之。甲子考績，入都，改右春坊右中允，典誥敕。君悉心在事，几無停籍，士大夫凡被恩典應受制命者必來謁，無問崇卑，君與之爲禮必稱，曰："彼以親故致恭于我，禮無不答也。"或有饋遺，則必固却之不受，曰："君命也，吾職代言耳，其敢任恩?"明年乙丑，充會試同考官。君雅有藻鑑，自丙辰及是，凡再典春試，號爲得人。會修撰公棄養，君聞訃哀慟奔歸，比秋抵閩，營善地爲卜兆計。初，修撰公善治生，占産甚裕。君既貴，貽書戒之曰："善守官常，勿爲日用計，吾能贍爾。"君守訓惟謹，官凡五遷，俸率不過六品，前後皆取給于家。及是，將營公葬，産且損，君曰"吾不忍儉吾親"，而雅志復不欲貸助於人，蓋心獨苦矣。未幾，忽遘戍卒之侮，抱病幾三月，有瘳矣，尋感它症以歿。嗚呼！斯人也而乃止是耶？命矣。君生嘉靖乙酉閏十二月十二日，卒嘉靖丙寅三月十日，得年四十有二。初配石氏，同年進士石梁之妹。繼鄧氏。子男一人，應虞，聘莆田少司空黄公女，鄧出。女二人，長一可，適士夫龔某，石出；次一蘭，字大司空林公子某，鄧出。君慎于取與，初居江滸，卜舍城中，舍人倍取其直，後有人白其事者，君曰"吾業已授之矣"，竟不問，閩人至今以爲美談。天性孝友，初計偕北上，至建溪回首南望，泫然涕下，曰："吾親老矣，吾何爲萬里行哉?"比官史局及後司南雍，兩奉修撰公禄養。迨公益老，不欲出，又戒君無懷歸，故公之殁，君慟恨其不及侍也。弟諧有美質，君撫而教之甚至，誥亦事之如父。君既歿，誥率應虞擇某年某月某日將葬君某山之原，遷前配石氏柩而合祔焉，禮也。遂走使萬里，抵二三友人，俾狀君行實，叩師門乞銘其壙。君既家閩海，且宦轍數外適，性復冲挹，平日絶口不自言其伐，其嘉績善行不可得而詳也，謹即所見聞述其大略，用備采擇云。

先考封光禄大夫柱國少師兼太子太師吏部尚書中極殿大學士嵋川府君行狀

維不孝，違遠庭闈，不奉晨昏者且十年所矣。方甲戌之被召恩也，府君蓋已壽近七帙矣。維不欲行，府君切切以效忠報國爲勉，力督之出。于時府君神情腴暢，鬚鬢稍稍有白星，其健步善食，即少壯人有所弗及，見者咸謂期頤可待也。不孝旋叨簡命，參政府末，不敢復言私。每鄉中人來，輒言府君神氣充王，不減甲戌别時，亦有云更勝者。而府君時時貽書，必自道康强狀以寬不孝，曰："若一志在公，毋我憂也。"嗚呼！詎意府君奄棄諸孤如是之遽耶？悲哉！悲哉！未聞訃前，府君有書至，其字迹楷細，叙示委悉，與平日無異，不浹旬乃承凶問。蓋不孝報國無狀，獲罪于天，明逃人非，幽被神罰若此，不然，豈以秉受龐固若府君，施德不匱若府君，守身善攝若府君，而遽至是耶？嗚呼！慟哉。維扶杖奔歸，左腋生巨癰。當其毒壅神憒，自擬不起，竊念生不能侍養，死得從先人地下，無所復恨，第大事未襄，有難瞑目耳。荏苒三時，苟存喙息，奉聖主恤恩，卜兆州南風陵鄉條山之麓，擇以甲申二月十三日安厝。不孝無以承歡生前，思紀述遺德以垂不朽身後者，惟名世鴻筆是賴，乃繹集先後見聞之真併世系、生卒列狀上請。哀頓憒惘，綴詞無緒，然未敢爲一飾語以誣吾親，仰冀台慈大雅加采録焉。不孝孤維泣血謹狀。府君諱允齡，字伯延，號嵋川。張氏之先世居解梁鹽澤南陂，元季，諱思誠者避亂徙蒲。國初，其子友直遂占籍蒲之通化坊云。友直子仲亨，仲亨子克亮，克亮子琇。克亮府君，高祖；琇，曾祖也。祖父寧，父誼，皆承恩誥贈如府君封。祖母雷，母解，皆贈一品夫人。初，府君祖父早世，雷夫人矢志守孤，迄于成立。既而府君生，氣宇嶷然，眉目爽秀，閭里咸詫異之，謂爲堅貞應也。未幾，府君復失怙，解夫人奉姑撫孤以持門户。府君年方幼學，即鞅掌理家政，力勤攻苦，期于自樹，以慰兩世孀母之心。甫弱冠，産駸駸稱裕矣。府君識量宏遠，諸所廢居劑量往往牟奇息，年盛志鋭，謂程、卓業可立致，樂易倜儻，不與人競刀錐，至于睦親周急，尤汲汲若不及也。會無良子數輩相與乾没其貲，衆爲之不平，請理之官府。君曰："吾爲若賺命也？天必鑒之。"寘不問，用是驟困，每鬱鬱曰："吾不爲生厚計，念無以承孀母歡，愧子道爾。"遂發憤遠游，西度皋蘭，歷浩亹，居貨張掖、酒泉間。數年，乃南循淮泗，渡江入吴。又數年，業益困，則溯江、漢西上夔峽，歲往來楚、蜀間，已乃北遊滄、博，拮据二十年，足迹且半天下。雖治市廛業，其視財利甚輕，篤信重義，南北所至，必爲衆所敬服。諸貿易夥分，或比于争搆，輒詣府君請平。水陸出入，或有事鬼神，必推府君灌祝。性夷澹，世俗嗜好，一切不入其心。所至潔除一室，焚香静居，不與衆嘻嘻狎宴，客至乃啓户。儕輩無老少，見府君無敢不莊語者。每静定久，遇事物將至輒先幾而覺，人以爲異，或疑有他術。府君曰："偶數日無事然爾，一接事即無復覺矣，何術也？"教不孝輩極嚴，自知言笑即每事規誨，因小喻大，勉以立心守身之義，詞指凛凛。迨不孝輩知學，府君方跋涉川陸，或數歲一歸，每貽書督勵，購諸經傳注、疏義及《史》、《漢》諸書車寄之。或議其非要者，府君曰："兒輩資可教，吾冀其爲通儒也。"癸丑，不孝登進士，府君就禄養京邸，居常語不孝曰："吾祖宗積德百年，爲閭里傳頌。吾祖母、吾母兩世艱貞，幽明感應，乃於兒輩發之。必無負國恩，有益百姓，乃可延世澤。吾勤勞半世，雖殖産未豐，然不令爾憂俯仰也。”辛酉，不孝考三年滿，蒙貤封府君翰林院編修，謝恩闕下，時府君年五十餘，明眸黟髮，僅若三四十者，士林榮之。癸亥，思鄉西歸，治别墅州城東十里之孟盟橋，鑿池疏圃，結宇其中，雜植花卉，四時咸有新意，良辰佳日，輒招邀親舊清談雅飲。或時巾車策杖，從田父野老話桑麻，尋丘壑，翛翛然有物外趣焉。避囂養重，絶不干郡邑事。前後郡大夫高其行誼，敦請賓鄉飲，多力辭不赴。蒲爲秦晋通逵，不孝既參政府，府君深自閉匿，冠蓋往來，概不與相接，始而人或疑其簡倨，久乃諒之。敦仁篤親，本之天賦。每念雷夫人、解夫人二外氏嗣祀衰絶，祠二氏祖妣于家，又爲葺其塋宇，繚以崇墉，各以石表其墓，歲時率子姓祭掃以爲常。與弟友愛篤至，常曰："吾弟，吾母所特憐也。"相守白頭，不異童幼，已乃爲建豐屋，擇良田，厚貲給之，每視其顔色以爲欣戚。後叔氏家口滋浩，遘老疾，府君疑其憂生，復給以千金，又爲之婚其幼子之年方成童者，冀以悦其意。叔氏殁，哭之慟，治喪特厚，閭黨嘖嘖嘆之。性好施予，族黨、姻里有不能治生者授以資，婚喪不能舉者爲舉之，老無歸者、幼無依者、居無室者，爲衣之、食之、屋宇之，使之得所。平生所受人一言之惠、錙銖之施，必求酬報，且終身不忘。諸所被凌轢穽陷，雖極毒害，不校也，蓋天性如此。自受編修封後且十年，進封爲奉直大夫、左春坊左諭德兼翰林院侍讀。後再進封通議大夫、吏部左侍郎兼翰林院學士。比不孝叨三事，初以大婚禮成覃恩封光禄大夫、少保兼太子太保、禮部尚書、武英殿大學士，繼以考一品滿進封光禄大夫、柱國、少傅兼太子太傅，再以皇子生、加上兩宫徽號覃恩封少師兼太子太師、吏部尚書、中極殿大學士。凡受敕封者一、誥封者五。每貽書不孝曰：“吾以布衣封極品，國恩至矣。兒所求以報稱者宜如何，須有以安我心，乃爲孝爾。”邇歲，余舅氏大司馬鑑川翁致政歸，相與徜徉山水間，神志怡暢，益孜孜好事，擇别墅中隙地搆石築山，綽有幽致。北土鮮奇石，府君方經營山址，偶舟人于黄河中得秀石來獻，因令工人入水探之，獲石甚豐，峭怪挺拔，迄成山取之不竭，此從來所未有，亦異甚矣。府君一生少病，其起拜輕便，步履迅捷，與人迥殊。每登高涉遠，衆至扶掖喘嘘，府君矯焉獨前，了無所苦。三月初，偶感微恙，尋愈矣，已復病，又愈，又復，諸子孫憂之。府君恃其素壯，夷然以爲無它虞也，已而竟不起。悲哉！悲哉！不孝既聞訃于京，五内摧裂，擗踊昏頓。蒙聖上惻然軫念，特頒手諭，遣中使唁慰。上及兩宫聖母各賜齋糧、麻布、香燭、油鈔，賻以金帛甚厚。敕賜塋域，命工部主事沈一中營葬事。頒諭祀六壇，命禮部員外郎張志致祭。寵恤隆渥，諸哀死厚終之恩悉超常典。不孝罪孤仰怙覆燾大德照臨休曜以榮親地下，晨昏曠侍之罪借以少贖焉。嗚呼！豈非千載之異倖也哉？府君生于正德丙寅四月四日，卒于萬曆癸未三月二十三日，享壽七十八歲。元配王氏，累贈一品夫人，生子七人。長即不孝四維，娶王氏，累封一品夫人；次四端，後軍都督府都事，娶李氏、楊氏、姚氏、李氏；次四教，龍虎衛指揮僉事，娶馮氏；次四事，州學生，娶王氏、李氏；次四象，國子生，聘王氏，娶范氏、景氏；次四隅，殤；次四術，殤，冥婚沈氏。繼配胡氏，無出。晚年有子二人，四岳，娶孫氏；四臣，聘景氏。女二人，一字賈賓，一字孫守陳：俱媵侍出。孫男十一：甲徵，兵部武庫司主事，娶楊氏；泰徵，禮部儀制司員外郎，娶孫氏；定徵，中書舍人，娶楊氏；久徵，娶羅氏；善徵，娶辛氏；元徵，聘楊氏；獻徵，殤；性徵，聘韓氏；吉徵，聘楊氏；光徵，麟徵。孫女十，一適兵部武選司郎中馬慥，一適庠生沈懋，一適舉人楊煊，一適傅應夏，一適庠生韓爌，一適庠生郭里，一適衛中都，一字沈恕，一未字，一字劉思道。曾孫男三：贇，翬，輦。曾孫女一。

先母王孺人行略

先母姓王氏，父爲封刑部主事素庵公，母孫孺人，于正德丙寅九月二十六日生先母。母生而端惠温仁，先外曾祖父母極鍾愛之。天性至孝，外曾祖耆而病，母爲之盥櫛飲食，朝夕時其寒温。外曾祖每語人曰："是兒仁孝，後必昌。"外曾祖者，教諭，贈中書舍人敬齋公也。于時叔外祖中書舍人止一公業儒，教余舅、今常鎮兵備副使鑑川公于家塾。先母性敏慧，耳而識之即成誦，故維兄弟始知學時，讀《千文》、《孝經》、《庸》、《語》諸書，悉先母口授于滫瀡、箴組之間，鄰母亦有以其兒來學者，至今歷歷也。年十九，歸于我家。時先曾祖母雷、祖母解俱守孀在堂，一以孝勤。曾祖母曰："婦仁親，吾老得所矣。"祖母曰："婦克内理，吾業有所承矣。"未期，中外歡然譽焉。曾祖母歿後，家君商遊四方，率歷歲一歸，遭數不偶，蒲歲又比歉，而先祖母且衰，先母憂心瘁力，不可殫狀。余兄弟又衆，悉幼弱無能任憂者，母且授以儒業。稍長，即遣就外傅，自館歸輒稽當日課，一不及程，即正色斥退，比明日課及程始色解。且自知言笑，動示以禮義、少長之序，嬉弄有非理，色止之，無已，以聲止。然撫育則極慈，暨余從兄弟與今諸孫幼，無不愛戀之，一見即投入懷中，提携身前後，時有二三，以其訓有式也。故凡有拗啼及諸童性，告以先母至即寂然。果母至，兒必自曰："我無是，我無是。"殆謂信不在言，威不在肅者爾。及先祖母違養，家君及叔父俱遠出，母慟姑守孀半世，臨歿子無側侍者，每哭必夜分，鄰人聞而泣者歷數壁焉。初，母事姑孝，久益，至歲凶家窶，脱簪珥，易奩具，凡飲食、衣襦、衾薦必極精潔。每供時新必約爲數次進，兒輩不令知也。綜理家務，中外斬斬。嘗語維曰："我自爲爾家婦，三十年未嘗終夜寢也。"維心識之，蓋勤苦極矣。自維登鄉試，家君業亦漸裕，母雖稍心泰然，子婦益衆，姻戚日益繁夥，家務益浩，其勞瘽抑又甚焉。余自壬子冬赴春試，幸獲舉，尋被恩命讀中秘書，心未嘗不日夜家也。人自蒲至即訊之，曰母康泰視昔倍。得家書，必曰母康泰視昔倍。余意母方五旬，諸弟能承顔，且通曉方餌，即二十年内猶非所憂者，詎意凶變若是亟耶！痛哉！痛哉！追憶生前言行，種種可述，即欲撰次，然每一援筆，心如焚裂，哀迷中又不能詳第其言，敬具大略如右，抵家後容詳狀行實以呈。

校勘記

〔一〕"十"，甲辰本作"千"。

〔二〕"旦"，疑當作"且"。

〔三〕"肋"，疑當作"筋"。

條麓堂集卷三十一

祭文一

祭史年伯文

惟公降靈，于洛之涘。式抱天倪，克成世美。順德宜家，仁風在里。衆仰休聞，天錫昌祉。篤生柱史，惟國之楨。珪璋特達，蘭茝芳馨。振穎中州，飛英天宇。在重能任，當機必剖。帝試厥材，尹兹東土。弦誦澆漓，桑麻斥鹵。中田馴雉，北河渡虎。帝簡厥能，柏府是揚。扣閽朱博，攬轡范滂。九重耳目，百辟紀綱。凡此嘉猷，惟公篤慶。積善延祥，貽經昭訓。于邦有光，自天錫命。朱紱方來，鸞文輝映。子奉闕庭，公居東洛。尚友松筠，結盟泉壑。籃輿時駕，春酒盈酌。勝地可遊，嘉辰是樂。多福具膺，玄髮未改。今兹何年，乃逢灾悔。靈椿曉摧，秋風不待。某等昔隨柱史，偕計登名。門墻安定，聯座執經。斷金投分，倚玉生榮。百年世講，四海交情。既敦惠好，實通休戚。公訃忽傳，我心則惄。繐幄式瞻，椒漿敬瀝。篆烟彷徨，靈駕若覿。

祭李暘池文

嗚呼！公之生也，謂無以爲耶？曷其抱秀挺奇，朗節修能。温然玉立，炳矣雲蒸。遇重能任，居有不矜。固已文階，朝趨青瑣。宵登彝章，是典綸綍。親承者矣，其有以爲也。又曷其干將初割，旭日方升，厥施未溥，厥究未弘，糾纏莫測，慶吊相仍？將世之恤，抑神所憎？嗚呼哀哉！昔歲癸丑，皇搜幽賤。夫子司衡，曰惟邦彦。肆我同方，彬彬旅薦。北海欽風，荆州識面。聯席師門，彈冠帝里。道術箴規，飲食燕喜。倚玉者葭，報瓊以李。白首爲期，青春遽爾。嗚呼哀哉！人孰無死，今古同藏。朝聞有述，是曰不忘。奚公之殁，劇我情傷？公有老父，垂白在堂。公有弱子，僂立在傍。俯仰寔依，公歸胡鄉？故國千里，雲天杳茫。旅櫬孤舟，道路悠長。天風送凄，行子沾裳。敢陳束芻，敬奠椒漿。撫棺薦誄，詞短情長。嗚呼哀哉！尚饗！

祭張南川翁文

嗚呼！惟公德卲而豐，氣厚而龐。葆和于天，繫重在邦。斯世姘幪，後生紀綱。謂且百年難老，黄耇無疆。彼蒼者天，胡不降康？民之無禄，公歸何鄉？嗚呼！河山雄鉅，公誕其傑。熙運明昌，公秉其哲。中臺風紀，三邊節鉞。在重能任，當險不折。《詩》、《書》所稱，古今爲烈。藐爾小子，學道未能。鄉有哲人，高山景行。承風載悦，覿德心傾。往捧遺編，拜公于里。既進之門，言提其耳。雲霧方披，茅塞若啓。邇事宦遊，辭公于堂。琴書清暇，几杖康强。經彼大猷，示我周行。悠悠風塵，適于京洛。門墻非遐，德音如昨。閲歲方新，徽儀不作。天喪哲人，我將安倣？跂首興悲，零淚如瀼。室邇心遥，形留神往。公位雖隆，公施未極。公壽云高，公神方赫。蒼生注望，丹宸眷德。天意難量，公歸何急。帝軫元忠，恩恤隆異。司空卜域，太常進謚。國胄世延，春綸諭祭。生死哀榮，完名全節。青簡有光，白璧無缺。短誄告虔，椒漿薦潔。恒霍雲高，蒹葭風烈。玄馭其臨，篆烟若結。尚饗！

祭陳年伯文

嗚呼！惟翁蹈德之豐，貽慶之隆。龍章鶴髮，壽福康寧。迨百年而觀化，托冥契于赤松，豈不善始令終哉？而胡訃音之北，乃使余徘徊侘傺，不知涕出之無從？念滔滔之閱世，若逝水之必東。懼修名之不立，結永誓于同心。而唯哲胤之好修兮，揚休山立，矯然南國之人龍。清言披拂，豁我顓蒙。淳襟薰炙，鄙吝全融。及時日之閒暇，搜百代之遺文。念此分陰之可惜兮，夫何十年之内舟車南北，無異乎萍浪與蓬風？寄言永嘆，勝會難并。幸前春復聚于都門兮，念昔遊若旦莫。握手論心，開樽談藝。壯懷猶昔，而已驚班鬢之侵尋。將謂自今其永好兮，冀來者庶其寡悔。胡昊天之不吊兮，顧靈椿之不待？睹嗣君之煢煢，鬱陶悲乎余心。百年道誼，四海弟兄。義既難于離合，情尤貫于戚欣。送素軔五月而遐征兮，欲解纜其猶未忍。憶玄輀萬里而將窆兮，思爲翁執紼之靡因。憂心忡忡，短誄告衷。陳詞有極，懷悼無窮。尚饗！

祭楊舜原翁文〔一〕

嗚呼！惟公神凝崧嶽，手抉天章。標均山立，氣與雲翔。十載乘驄，振紀陳綱。萬言倚馬，刻羽引商。槐庭陰德，芝社清芳。懿此流風，耿耿在鄉。司馬承休，益弘厥式。緯武經文，金聲玉色。有謀必中，無敵不克。翊宋范韓，匡唐稷契。人士觀刑，華戎仰德。懿此殊庸，巍巍在國。浚發厥祥，焕敷其華。瑶環瑜珥，桂茁蘭芽。蟾窟聯香，高步雲霞。虎賁列侍，爲王爪牙。懿此餘慶，燁燁在家。百禄方將，千齡未艾。鸞誥龍文，綸巾荷帶。坤軸違經，神理攸昧。丘陵變遷，仁賢顛沛。天寔爲之，人將何奈。某閭閈後生，久沃德言。絲蘿新好，托廕〔二〕喬門。倚玉增寵，投瓊戴恩。丹旐既揭，玄輀既轅。河山有悽，音容不存。體牲在薦，清酳在尊。長涕陳詞，敬酎蘋蘩。尚饗！

又代作

惟公萃靈廕于世德，衍閎休于昌胤。諒授哲之由天，夙昂藏而鵠奮。爰秉憲于内臺，闆闔肅而風迅。按行部以澄清，吏望風而解印。遵三巴以激揚，指條山而歸覲。曰有子以立朝，砥奔流而孤峻。德浩蕩以陽敷，諒淵迴而海運。制夷貊于鞭箠，羌中天而作鎮。蔚蘭孫之覂榮，憑桂科以再振。肆龍誥之推恩，膺崇階之纂慶。信五福之具宜，冀百齡之方進。胡地道之違經？豈天心之害順？騎箕尾以歸神，嗟遺老之不慭。某昔列署于夏曹，懼鰥官以夕兢。荷司馬之元猷，摘戎機而面命。緬肯顧以增輝[三]，矧標題之既甚。屬子姓于通家，聞訃傳以内怲。叨簡命于西藩，愧保釐于新政。睹几筵之載設，心於邑以如疢。敢刲牲而潔齋，跽陳觴以薦敬。篆烟裊而氛氳，靈彷彿兮在瞬。尚饗！

祭趙大洲乃翁文

惟靈蹈誼自躬，秉哲由性。玄機内朗，知常守静。弘藻外敷，琮璜輝映。德厚發祥，義方養正。乃誕國禎，丕揚家慶。焕啓人文，高驤藝囿。健翮風摶，鮮英夕秀。攘袂登壇，睥睨于後。矯焉風節，明廷敷奏。信心自許，昌言不疚。直道于今，令聞惟舊。曰惟公休，載胤厥祥。恩褒寵荷，綸綍斯皇。鼎釜承歡，几杖康强。五福攸宜，百年未央。胡厭世紛，遽歸幽宅？庶見素冠，我心則愵。碧雞萬里，蕙帷孔逖。金馬廿年，蘭芬久襲。情貫哀榮，感興今昔。短誄申虔，椒漿是瀝。尚饗！

祭蒲津景老姑丈文

嗚呼傷哉！蓋聞氣有淳漓，修短是期。降福繁殺，相德攸宜。抑理可舛，將天無知。矯矯人龍，挺此逸躅。冲[四]度雍穆，精金良玉。淵量汪洋，高山大谷。泰和盎然，萬彙同畜。處衆惟和，在隱不昧。當貴益恭，守約于泰。獎〔五〕延後學，拯拔顛沛。萬木垂陰，九族均賴。毓氣之淳，作德之豐。究詳耳目，遐邇誰同？是宜百年閱世，五福綏躬，茂延天禄，永樹人宗。胡貞松勁柏，不待秋風，地維天柱，折此高峰。使夫善人喪氣，義士激衷，風悲雨泣，天地傷心也耶？玄輀將旋，里人道惻。矧是姻聯，奕世載德。式奠酎觴，情哀氣塞。蘭杜餘芬，山河慘色。雪涕陳辭，納于素軾。尚饗！

祭陸東湖文代作

惟靈雪川望閥，石城間氣。纂華曜靈，霞蒸雲蔚。翊國昌家，文經武緯。天挺其奇，肆于初載。豹韜澤霧，鳳文呈彩。入轂斯珍，飛聲乃倍。皇鑒其休，懋于初政。未央鎖鑰，北軍號令。三錫推恩，廿年授柄。公殫厥猷，翼翼其欽。食嘗投匕，寢罔安衾。徼道周旋，爲帝腹心。公矢厥力，鉏奸刈邪。三輔不警，七萃無譁。閶闔尊嚴，爲皇爪牙。膚功既彰，隆寵是際。公孤登崇，山河錫誓。册誥光先，簪纓延世。居寵思盈，處高益下。孝友内融，謙恭外寫。允矣先民，居然大雅。求德不回，凝福方固。倚伏難量，慶吊相騖。越歲之終，忽傳公訃。九重震悼，恤賻增隆。茅土啓邦，牢醴從豐。古今際遇，恩榮始終。卿寀盡傷，群心若一。朋語于朝，入嘆于室。餘烈猶存，音容莫即。玄輀將駕，夜臺且扃。幽明永别，生死交情。公神不返，我淚如傾。桂醑既清，束芻是設。爰申誄告，祇薦芳潔。靈馭其臨，篆烟若結。尚饗！

祭賈一軒文

嗚呼哀哉！公胡歸之遽耶？玄堂巋爾，西風凄凄，公之靈其在兹耶？公有碩德，夙培仁厚。暨我外翁，縉紳耆耇。締社香山，彬彬九友。竹杖綸巾，龐眉皓首。維叨偕計，獲侍庭牖。荷愛便蕃，贈慚瓊玖。逮余舅氏，分符出守。我祖南還，郵亭樽酒。淚雨滂沱，與公分手。曾是倏忽，星飛電走。死别生離，天長地久。嗚呼哀哉！客歲方除，余車北上。再拜登堂，及公無恙。惻念往昔，痛哭相向。載聆公音，載瞻公狀。神爽罔充，我心寔愴。寧慮昕夕，期頤是望。詎意中春，公奄屬纊也耶？嗚呼哀哉！公有令嗣，違公泰速。公有良配，先公棄禄。婉婉弱孫，衰裳匍匐。公宜少留，胡不信宿？雨泣風悲，傷心慘目。嗚呼哀哉！維生也後，辱在通家。登公之堂，音容已遐。拜公之墓，淅瀝風沙。霜露候改，生死途賒。悼今念昔，有懷如麻。敬從舅氏，祇薦芳嘉。陳辭有極，抱感無涯。嗚呼！公其聞之否耶？哀哉，尚饗！

祭孟少岩文代作

嗚呼哀哉！公真不起耶？公德正而方，氣粹而昌。端居謝囂，于彼湖陽。玄首朱〔六〕華，七帙康强。方期遐享，百年未央。乃嬰末疾，遽爾淪亡耶！某初覯公，惟歲丁酉。傾蓋都亭，論心杯酒。萍梗西東，廿年分手。余倦于游，公歸已久。歲時晤言，竹松賓友。重以婚姻，歡盟孔厚。自幸蒹葭，獲托瓊玖。兒女方髫，嘉禮未偶。公遽長歸，不恤于後耶！嗚呼哀哉！日月易流，三七忽届。庭宇依然，音容若在。孤弱徬徨，我心增慨。泣涕申詞，明靈不昧。尚饗！

祭王海峰文

惟靈倜儻任奇，雄特多算。持籌一揮，黄金聚散。居有不奢，臨終靡亂。精爽焯然，姻黨欽嘆。日月易流，十旬浹旦。臨殯未能，懷風興惋。束芻遥陳，鬱悒是灌。瞻拜徬徨，雲車汗漫。尚饗！

祭趙公文

嗚呼！天道不爽，德福攸兼。人事多端，慶吊相纏。于今是惻，自昔則然。篤矣惟公，勵志初服。藜羹適口，芸編寓目。中夜有覺，環堵無欲。宏施未究，小試可卜。方化弦歌，忽歸林麓。三槐植堂，一經貽塾。鳳毛燁燁，桂采揚馨。道源探契，公教是弘。賢關發迹，公志是成。外分民社，内讞邦刑。循良著迹，平反有聲。帝念臣共，克勤於位。爰降明綸，推恩所自。鶴算方康，龍章洊被。孝子歡心，德門增氣。凡我同鄉，兩河士類。覿榮溯懿，嘖嘖稱異。作爲篇章，歌咏其事。謂是純嘏，百年可冀。詎意德星，迎秋忽墜。悲風自西，傳訃長安。賀客在門，會見素冠。公願則畢，子心未殫。扶杖晨奔，清霜正寒。誼深桑梓，情均戚歡。束芻可致，執紼則難。敬陳牲醑，望奠雲端。篆烟彷彿，山川渺漫。尚饗！

祭南野馬年伯文〔七〕

惟公經學起家，行誼範俗。由躬衍慶，自天膺福。作善孳孳，惠先鰥獨。敷政優優，澤餘輦轂。息機中歲，遂志初服。承親遠田，教子啓塾。肆惟哲胤，漱潤揚馥。載筆承明，校書天禄。大官養備，褒綸恩渥。怡志庭幃，放情山谷。壽算彌高，神情朗淑。期頤可躋，觀化何速？令子扣閽，西奔匍匐。棘人欒欒，使我心蹙。欣戚情通，班行義篤。菲儀陳奠，告誄司祝。

又

嗚呼！惟公關右望閥，河山茂族。負直蹈方，毓和含淑。學不干名，仕罔徇禄。與物偕春，居常自足。人戴淳休，天降戬穀。哲胤詵詵，明時鷟鷟。多壽綿綿，歲寒松竹。鸞誥增榮，蘭堦胤馥。一世幾人，百年全福。嗚呼休哉！馮翊河中，百里而近。越境聞風，望廬起敬。迨歲癸丑，天假其幸。獲與仲子，南宫投分。修業同術，勗彝比行。葭玉分暉，蓬麻藉性。寒暑載更，公車至止。修宇冲襟，龐眉鯢齒。謙光襲人，高論溢耳。夙懷所欽，躬承厥美。有德有儀，是父是子。締誼惟篤，世好爰申。婉婉弱息，曰字懿孫。姻盟既訂，眷禮彌敦。公暨予親，頻年在里。東西若鄰，盈盈一水。子姓往來，歲時燕喜。語笑相聞，周旋孔邇。今兹春首，弱息于歸。太史孝慕，言念庭幃。天孫司勘，終事可幾。瞻雲計日，歸心如飛。覲省非遥，公不少待。哀訃東傳，陰雲晻藹。几杖永違，音容若在。孫子悲號，見聞興慨。嗚呼哀哉！公以厚德，享有遐年。子榮孫秀，閲及曾玄。人間事畢，拂袖雲旋。固亦稱奇宇内，方駕列仙者矣。第以人事多違，子心難畢。將父有懷，承歡無日。此太史之疚心，寄永慕于泉室。重惟息女，藐焉弱質。閨閤初離，茀軿遠隔。固依歸之得所，亦懷念其如失。鄉國天長，几筵風瑟。束芻申誠，清酳薦苾。控辭有窮，殷心靡述。嗚呼哀哉！尚饗！

又

嗚呼！昔歲丙寅，翁殁于里。崇祠權厝，歷今九祀。地靈既章，天寵聿邇。至孝感神，厚德萃祉。翁有醇仁，曰惟性成。醲酎醖和，東風播馨。在匱能施，居有不矜。里閈闓懌，家庭肅雍。蓋駐世逾八帙，而德之種也，則茂衍于千春。翁有餘休，源源來逮。科名蕙蓀，聲光鼎鼐。秘幄升華，儲端正寀。格心惟良，眷德斯在。華表頒恩，誥綸耀采。蓋仙遊未十稔，而慶之宣也，則間值于千載。某年家猶子，肺腑末契。欽風自昔，投心以世。方翁之歿，羈宦天際。繐帳雲遥，瞻望興喟。兹翁之殯，幸獲臨窆。短誄告虔，薦芳蕉荔。霎霎玄軿，彷彿來蒞。尚饗！

又代作

惟靈明經力學，不顯其光。衍爲義誨，再世而昌。箕裘紹良，珪璋競爽。嘉彼式穀，膺兹禄養。懿惟仲子，擷秀詞林。貤恩寵錫，有煒綸音。訓飭于庭，志行于國。垂白髟纓，寔天報德。春秋幾何，椿堂忽圮。知生者吊，粤惟古禮。爰酹清醑，陳是誄辭。素帷咫尺，精爽格思。尚饗！

祭胡北泉文代作

嗚呼！公遽不起耶？公以耆碩，負望海内。受知明主，致位冢宰。登明選公，伸幽振滯。群司庶尹，莫不慎評。方將允釐百工，穆宣至化，天胡奪之速耶？念自附驥登庸，既歷三紀。風期夙合，在久益親。頃歲借公縉雲，余叨同事。既投深契，兼賴壯猷。公旆南征，我心則戚。公車北上，我望斯紓。詎期握手未幾，公復舍我去耶？嗚呼哀哉！公志未終，公年未邁。恩重名高，心竭形瘁。積勞成疢，由衰生老。余心適憂之，不意奄至此極也。聞訃驚心，匍匐奔視。殯含及見，呼公不聞。四壁闃然，棺衾弗具。清忠亮節，古道有暉。生死交情，余心獨苦。恩恤既備，素旟將揚。泣涕臨風，一觴申酹。嗚呼！與公果永訣矣。哀哉，尚饗！

祭劉年伯文

嗚呼！山川匯靈，間生才俊。外則國珍，内寔家慶。原本厥祥，積善斯應。惟公夫婦，夙篤義順。鹿門媲德，冀野齊敬。宅儉有恒，與物無競。栗陸淳風，葛天真性。巨美攸都，是鍾哲胤。握瑜懷瑾，振綺揚馨。蔚兮豹變，鏘爾鸞鳴。方髫解賦，總丱明經。西山發迹，南省登名。妙探千古，高步群英。赤帷奉使，白雲讞刑。凡兹顯鑠，縉紳共榮。曰惟餘慶，是享厥成。洞洞其心，温温其度。捐彼外華，守此中素。在達忘矜，居有不露。環堵揮麈，方逵讓步。虀鹽自安，苞苴不顧。詩書自娱，窮年罔措。凡是淳懿，士人爭慕。曰惟少成，義方之故。既胤斯休，宜永厥福。鳩杖優游，方怡松菊。鶴髮康强，行膺命服。所期大耋，忽焉不禄。天奪愛日，風驚静木。嗚呼悲哉！念惟令子，天成篤孝。初聞母疢，拜章請告。誠感北闕，車驅東道。庭闈肆覲，几筵興悼。萱華既零，橋齡且耄。霜露未週，再遭不造。汾曲風凄，燕山訃報。某等分廛兩河，聯情梓里。結綬京國，交歡令子。是通戚欣，靡睽遠邇。靈不少留，朋心如毁。瞻望弗及，齎咨靡已。清酒一觴，白雲千里。靈降不違，鑒兹短誄。尚饗！

祭孫文恪公文

惟公之生，有炳其神。將謂昊天，惠此下民。引繩正墨，作表人倫。蛟翔虎躍，高步斯文。貞不絶俗，和不苟親。士林歸德，蒼生繫仁。初公之出，馳聲紫宸。重瞳親拔，眷爾經綸。廿年揚歷，帝命屢申。典邦《三禮》，夙夜惟寅。公位雖隆，公施未極。將秉國鈞，爲時益稷。覆金有待，夢瓊何亟？天不可量，民罔攸即。斯世之哀，匪在一人。惟我後學，倍有傷情。始釋負擔，即仰公名。遠挹風烈，私淑典刑。繼叨詞苑，獲步公塵。逸駕莫攀，芳躅是程。重以世誼，荷教尤渥。經彼大猷，示我先覺。鳳毛振藻，嶄嶄頭角。才寔國楨，德由家學。肆我同志，親仁訂約。此日是競，他山可琢。有來必受，無言不確。厥益方求，其聚斯樂。胡歲屆秋，遘兹大苦？衰裳匍匐，南奔江滸。芝蘭不聞，茅塞且睹。悼往傷離，有淚如雨。嗚呼！公雖殁矣，德聲並重。忠父之子，孝伯之仲。瓊枝胤美，森森麟鳳。帝念豐功，推恩超衆。閥閲榮暉，胡然余痛。道義情深，存亡感切。霜露天遥，几筵風烈。椒漿既奠，蘭芬載爇。長跪陳詞，寸心若結。尚饗！

祭徐年伯文

嗟一氣之蘊化，良雜沓而靡專。匪盛衰兮互倚，將禍福兮糾纏。謂台耇之必仁兮，胡哲人磊磊而弗克以永年？緬惟翁之降神，匯箕汾之靈異。幼徇齊而肯堂，挾桑蓬而遠至。泛浩波于江湘，盻昆陵而繼志。萃玫瑰于萬鎰，奕千楹之鼎植。篤孔懷之至恩，躡姜田之懿致。眷隆德之胤芳，茂庭闈之瑶珥。伯鏗鏘以金鳴，排帝閽而獻記。仲婉孌以玉立，浚天潢而締誼。冀鶴算之隆躋，沐龍章之寵被。寧几杖之未閑，指崦嵫而返轡？靈漠漠以何之，訃遥遥而南至。吁嗟悲哉！陰雲慘兮迷泉臺，西風瑟兮繐帳開。音容阻兮子心摧，淚相將兮吊者哀。某等叨同升于冢嗣，聯欣戚于通家。憶玄輀于江表，寄涕泗于長霞。清酳載陳，有牲孔嘉。篆烟濃合，髣髴雲車。嗚呼哀哉！尚饗！

祭北渠姒公文

惟公淳龐賦質，樂易成性。科第起家，循良從政。居衆能謙，與物無競。里閈歸仁，林泉稱盛。玄首童顔，百年未竟。胡歲之春，遽聞治命？某等叨隨杖屨〔八〕，竊仰德華。入室惟蘭，倚玉者葭。卉木變蕃，音容已遐。憮時憶德，有懷如麻。束帛陳虔，椒漿薦嘉。篆烟蓊蔚，彷彿靈車。尚饗！

祭湖莊任公文

惟翁上古遺民，當今大耋。完璞靡雕，貞素未涅。葆是天倪，篤生人傑。起家科第，報國忠節。銛金擬斷，瑩冰比潔。駿績告成，鸞章寵揭。迢迢關塞，表表風烈。庭訓載揚，親心孔悦。既壽且康，曾玄正閱。百年未央，五福是擷。胡厭人間，遽聞永訣？藩伯于奔，匍匐衰絰。爰啓東阡，生氣惟結。既蠲穀旦，將駕玄轍。合志交深，通家義切。短誄申誠，束芻是設。臨風薦觴，九京可徹。尚饗！

祭敬軒夫子文

嗚呼！惟公契道以心，體道以身。斥遠異説，不作空言。正學一脉，昭代一人。朝著表儀，學者準繩。頑夫薰德，穉子聞名。皇運聿昌，僉論載明。特表真儒，從祀孔庭。一時曠典，萬世公心。某州里小子，百年後生。仰止每懷，寡過未能。讀書有録，示我規箴。遵彼汾曲，修謁祠宫。琴舄瞻德，黍稷薦馨。流風穆若，山高水清。尚饗！

祭槐室王翁文

嗚呼！客歲之冬，余車北上。翁時卧疾，憑牖相向。叙舊留連，念别惻愴。神爽猶昔，謂翁無恙。胡厭塵寰，遽遊莽曠？嗚呼！人世首福，曰惟壽耳。既豫且康，所貴有子。翁登耋壽，黄髮鯢齒。書香胤秀，科名濟美。鸞文寵褒，荷衣易紫。几杖優游，歲時燕喜。生人所願，亦既備止。某初有識，翁方壯年。偉標玉立，雄辯涌泉。比某從宦，廿載游燕。頃嘗予告，獲返郊廛。陵谷變改，故舊鮮全。惟公在矣，靈光巋焉。揖讓有容，坐談亹亹。感念今昔，我心如毁。睽隔無幾，言猶在耳。死别生離，千秋萬祀。惟翁仲氏，天官之彦。會見素冠，群情興惋。故園姻友，天涯繾綣。絮酒束芻，臨風肆奠。神無不之，几筵如見。尚饗！

祭南澗公文代作

惟公降靈河嶽，受精列宿。勛茂疆埸，名存宇宙。碩誼宏猷，罄竹以書，其猶未究也。憶昔秉節荆南，旬宣是覃。威將風肅，惠與春涵。草榮衡霍，魚躍湘潭。愛遺豐碑，廿載街談。此則一時偉績，炯炯素諳者也。迨公釋鉞居廬，懸車故墅。風月琴書，歲時父老。地維失經，人妖載誘。卬是底囊，靖兹亂首。此則百年晚節，嘖嘖人口者也。風雨凄其，歲華云暮。哲人何歸，駕彼玄輅。朝喪耆勛，鄉亡元矱。遠近有識，涕泣相遇。某楚南後學，久庇公芳。河東新命，叨守公鄉。感今念昔，懷德悼亡。載陳牲粢，清酤在觴。披衷申誄，辭短情長。尚饗！

祭外祖文代作

惟公德凝金玉，氣邁風雲。周旋矩矱，談吐丘墳。令德聿彰，介福是荷。爰有賢嗣，蜚英青瑣。鶴髮徜徉，龍章寵被。蘭砌舒芬，百禄懋備。杖屨康强，優游泉壑。奄爾乘箕，遊神廣漠。某叨佐郡，欣睹德星。惠言式我，炳若丹青。庭宇靡更，音容長逝。風日含凄，河山泣涕。殽牲既具，清酳孔時。玄臺有覺，赫赫臨兹。尚饗！

祭翁東涯文代作

嗚呼！公真不起耶？公在朝廷，祥雲景星。廟廊柱石，縉紳典刑。公在邊輔，赫如彪虎。天子長城，蒸黎父母。故鼎彝銘其勛烈，日月對其精誠；海内想其丰采，羌夷問其姓名。若其行止也，則斯民視之以爲忻戚；而其存歿也，寔天下由之以爲重輕。中外方喁喁然日夕冀公之出，而詎知公無復意于蒼生？驂駕列星，回翔九京。神龍遁迹，寶劍還精。九重震悼，朝野沾纓。某等聯袂登庸，叨隨驥足。三十年來，榮分倚玉。諒杞國之内懷，冀方舟之共朂。天意胡爲？公歸胡促？梁壞山頹，我心惟谷。帝念元忠，賵恤孔隆。司空卜兆，太史銘功。於惟公之休烈，殆善始而令終。第念鈞天之失倚兮，固使人抱恨於無窮。憶昔傷今，緘辭告誄。爲天下而興悲，併私衷之無已。英爽靡忒，髣髴歆止。

祭郭丹泉文

維太行之崷崒兮，匯靈異于中州。鍾德門以衍慶兮，寔翁蔚而好仇。肆哲人之挺生兮，搴杜若于芳洲。嗣書香而振袂兮，翔六翮于龍樓。偉棠棣之芳華兮，紛鋈鏤與琳璆。翊槐卿於粉署兮，宣三輔之宏猷。肅金憲于梁豫兮，敷政化之優游。惟中外與崇庳兮，信歷途之異致。秉忠淵而清穆兮，固守道之不二。望方茂于岩廊兮，倏龍蛇而兆異。乘箕尾而上征兮，豈玉樓之是記？悼鄉土之失賢兮，心於邑而增傷。謂天道之有知兮，胡哲人之不長？敢刲牲而虔薦兮，陳桂酒與椒漿。馳寸衷于千里兮，固辭短而情長。

祭郭公文

惟公毓瑞燕山，揚芬畿甸。妙悟冰融，横秋鶚薦。墨綬承流，黄堂佑善。寵渥汪洋，聲華赫炫。投紱清時，丘園是戀。一經教子，藝林再擅。桂籍紹芳，曲江分宴。持節秉軺，承綸三殿。恩褒匪遥，鸞章且絢。詎意兹辰，龍蛇告變。家失嚴君，邦亡哲彦。某等叨隨令子，聯名登選。安定門墻，分投繾綣。義共彈冠，感深拭面。丹旐既揚，刲牲告薦。陟降有靈，鑒兹芳奠。

祭張蒲川乃兄文

嗚呼！公世吾蒲也，去鄉蓋二千餘里而家于是，某輩與公弟蒲川君又咸有籍于朝而宦于是。輦轂奧區，五方鱗萃，而唯同鄉井者其情獨洽焉，凡有吉凶欣戚同之。唯公孝友勤慎，以怡親而理家，俾蒲川君得以悉心王事，安享天倫之樂者，余輩所同欣也。今也百年未半，溘然觀化，親壽且高，家政且殷，而貽蒲川君以孤立之苦，情何堪耶？玄輀既乘，幽明永隔。束芻陳薦，用寫所同戚焉。伏惟尚饗！

祭張永石公文

嗚呼！惟公胡歸之遽？世方嚮公，公未宜去。鋒車告旋，玄軿忽馭。當宁興惻，群生失豫。嗚呼悲哉！公有宏度，汪汪不測。公有冲襟，熙熙可即。不忮不求，靡疆靡域。洪鈞播春，物態生色。粵自蚤歲，奮迹賢科。踐揚中外，跋履山河。險艱備歷，勞勩居多。休聞正赫，玄髮未皤。昔歲方春，公車南騖。簡命是膺，用督邦賦。樽酒都門，踟躇四顧。故國交情，天涯別趣。迨歲之秋，帝召公歸。予工載若，四民時依。人心允洽，我願不違。紓思日月，企注德暉。行道遲遲，歲聿云暮。未見君子，憂心回互。悠悠蒼天，善人弗祚。有來自南，忽聞公訃。嗚呼哀哉！修短有數，視氣澆淳。公神不二，既頎且豐。禍福有應，視履降祥。公德不回，終焉允臧。豈不耆耋，靳此中壽？豈不鈞軸，尼兹中路？我儀圖之，莫知其故。事有偶然，時有適遇。帝念忠勤，褒恤孔異。司空營域，王人諭祭。正治登階，常伯晋位。生死恩隆，哀榮禮備。鸞文既錫，馬鬛且封。挂劍在念，執紼靡從。瓣香絮酒，遠道深衷。陳辭有極，寫恨無窮。尚饗！

祭坡翁文

嗚呼！翁遽不起耶？翁降神自天，惇龐未艾。輸庸在國，民望方切。海内喁喁然待命于翁，詎意翁乃無意于斯世耶！嗚呼痛哉！客歲翁請告西旋，親姻咸訝。錦車入里，獲親光儀。神志充揚，音談洪暢。衆方歡然相慰，祝慶百年，而豈謂靳兹週歲耶！頃者秋半，候翁于堂。道舊話衷，坐語移晷。神情風度，不異平日。曾未逾旬，而翁棄人間事矣。悲哉！悲哉！時序易邁，五七奄臨。咳唾如聞，德容日遠。九京莫作，百感攢心。謹用牲齊，薦忱椒醑。惟翁英爽在天，亦綣念故舊，爲一鑒几筵也耶！嗚呼哀哉！尚饗！

祭韓老先生文代作

惟靈抱朴河干，葛天寄傲。訓著青編，恩承鸞誥。蘭桂春榮，松筠晚操。五福駢臻，昊天垂報。冀黄耇以無疆，忽緇輀以端導。諒觀化之有終，返珍璞於玄造。某叨佐名邦，景思芳躅。藐遺迹之莫攀，陳生芻之一束。桂酒兮椒漿，告我虔兮薦此芳藇。風習習兮雲凉，水泠泠兮山蒼。靈兮降兮儼中堂，篆烟霏兮心彷徨。尚饗！

祭乾庵馬公文

嗚呼！公胡遽至是耶？公有宏雅之猷，而未竟其用。公有惇仁之度，而未究其施。帝心之倚注方切，百辟之儀刑是資，而詎知公無復意於斯時耶？嗚呼悲哉！公得天之茂，神英氣厚。完粹淳龐，終鮮疾疢。曾是迎秋，微疴是遘。方計日而徯平，謂松筠之必壽。乃玄冥之戒寒，忽山頽而梁覆。嗚呼哀哉！某本孱暗，夙公是欽。亦既傾蓋，謬許同心。綣語默之相契，忘形骸以至今。中聯姻婭，世好攸尋。豈兒女之是托，惟兄弟之誼深。羌人事之多端，屬熙陽而集霰。在月之朔，息女既違侍于潃瀡。甫及越旬，公復坐兩楹而夢奠。日月幾何，憂欣驟變。兼公感與私傷，腸一日而九轉。儼繐幄之高張，憶德音而不見。嗚呼痛哉！薄陳牲醴，哀薦几筵。交情生死，有懷萬千。陳詞不罄，隕涕如泉。嗚呼哀哉！尚饗！

祭高曾以上諸宗祖文

嗚呼！惟我宗祖，世有潛德。積累百年，逮于末裔。是階科第，薦陟崇華。揆本遡源，寧忘所自。蒙恩賜告，獲奉丘隴。寒暄變節，雨露既濡。是用刲牲，恭修祀事。伏惟尊靈，昭垂鑒佑。啓此顓陋，不隕厥聞。上答國恩，下延家慶。以闔塋諸從宗祖伯叔考妣配。尚饗！

祭母文

嗚呼痛哉！今日吾母之壽辰也。兒自壬子稱觴，旋即北上。祇奉慈教，獲第春官。羈宦藝垣，未能歸覲。每當是日，西望神飛。自謂母壽未涯，舞班有日。晝思夜念，夢繞萱堂。豈憶大變卒臨，至於此極耶！痛哉！痛哉！音容長往，兹已二年。時届兹辰，悽愴如昨。几筵徒設，咳唾不聞。叩天無門，拊心何及。謹同弟輩哀薦牲齊。此日傷心，終古抱慟。嗚呼悲哉！尚饗！

禫除祭母文

嗚呼！歲序遄遷，奄及禫除。回憶始變，如更朝暮。時物當新，音容永隔。嗚呼悲哉！丙辰聞訃，三日成服。縗絰初嬰，疚焉心割。今當易吉，悲感復新。嗚呼傷哉！生死修短，生人大較。世代相易，萬古一揆。念惟吾母，劬勤立家，不享厥逸；仁孝種德，不食厥報。使兒輩不盡之心、無已之恨何所極耶！人之生世，百年爲永。使死而有知，尚當事母於地下。如輪迴之説不誣，異世願爲母子。如其隨化徂滅，徒有悠悠之恨寄在終天耳。

嗚呼痛哉！敬用牲帛醴齊，哀薦禫事。伏惟尚饗！

捧誥祭祖考妣文

惟歲癸酉，今天子登極覃恩，以長孫某有列在朝，追贈顯祖考守正府君爲通議大夫、吏部左侍郎兼翰林院學士，前祖妣王氏、顯祖妣解氏俱爲淑人。兹者祗奉制書，告薦塋壠。風木蕭森，音容不待。絲綸焜焕，下賁重泉。感愴榮光，不勝攀慕。神主既易，伏惟尊靈是依，永綏孝享。

捧誥祭顯〔九〕妣文

惟往歲癸酉，屬今天子登極覃恩，加贈顯妣爲淑人。鸞書褒進，視昔有加。松櫝生輝，姻戚欣艷。念惟我母，往值家艱。奉姑孝誠，持家勤儉。子育既衆，筋力瘁殫。訓戒丁寧，親授章句。維祗奉慈訓，竊禄于朝。仰藉慶澤，薦躋通顯。曾不得奉一日之養，抱恨終身。天道不僭，貤命三膺。追憶音容，日荒月遠。哀榮在念，痛悼無極。謹用牲醴蔬果告薦塋域，神主既易，仰惟尊靈是憑是依，永綏孝享。謹告。

胡母百日祭文

嗚呼！時月遄易，涉秋及冬。計母之殁已及百日，念父違養四序且週。冰霜戒寒，音容日遠。感今憶昔，哀慕何禁。牲醑載陳，陟降若睹。嗚呼慟哉！

啓攢祭父文〔一〇〕

嗚呼慟哉！吾父棄養，奄忽逾年。陟降户庭，朝夕如見。兹者奉天營兆，安厝有期。爰卜吉辰，殯堂預啓。伏惟尊靈依憑孫子〔一一〕，不震不驚。升輌非遥，瞻憶永隔。傷今念昔，百千增感。嗚呼慟哉！尚饗！

又

嗚呼慟哉！方昨歲春杪，吾父之棄我諸孤也，兒維遠在京都，隔閡二千餘里。兒端病卧床簀，懵無知覺。于時惟兒教等及孫輩侍棺殮耳。及維奔歸，端病可，則殯宫久已固甃。今且匝期，始獲叩棺，乃教復不待矣。悲哉！慟哉！几筵在庭，冠裳在座。晨昏瞻拜，尚如定省。兹者墻柳既飾，引紼有期。雖泉壤承恩，榮哀備典，乃杖屨益遠，音容永隔。中心彷徨，怒如新别。悲哉！慟哉！殯堂初啓，深懼震驚。薄具牲齊，祇申奠告。仰希尊靈依憑孫子，安饗苾芬。尚饗！

祖塋告文

歲在丁巳，肇建祖塋，孫母王氏隨葬在斯。兹奉明恩敕葬孫父，窆封在邇，母柩當遷。謹具牲醪，代陳辭告。卜塋伊邇，松柏相望。我祖有靈，所覬歆鑒。尚饗！

將葬祭父母文

吉壤既修，輀車既飭。諏兹良月，奉柩即安。緬念顯妣，昔葬祖塋。迨迄〔一二〕于今，三十年所。兹將合祔，共沐皇恩。期日届臨，几筵且撤。音徽益邈，幽明永隔。俯仰庭周，傷心如割。敬陳牲醴，祇申薦告。哀哀父母，鑒此悃誠。嗚呼慟哉！

葬畢祭文

父母來兹，亦既三日。爰從吉卜，奉柩就封。穆穆玄堂，敕所營構。群神是衛，百祉攸綏。父母歸焉，迪知安吉。神主既設，尊靈具依。敢用牲羞，祇申薦告。崇丘可望，衣冠永藏。斯是慟傷，潸焉曷已。尚饗！

卒哭祭文

宅兆既封，靈龕來復。彷徨夙夜，徙倚庭幃。哀慕不寧，瞻戀弗及。載值剛辰，祇告成事。禮制有限，子心靡極。籩豆惟馨，父母孔邇。安此故宇，孫子具依。

小祥祭文

嗚呼！歲序流易，何其迅耶！去歲明發，吾父違養。寢興哀慕，猶如旦夕。詎知寒暑周迴，已及小祥耶！塋兆既封，神主在座。晨昏灌獻，瞻戀弗及。時物不殊，中庭寂闃。出入惻愴，舉目傷心。謹備牲齊，先期薦告。奉誥贈一品夫人顯妣王氏、顯妣孺人胡氏配。

祭父文

嗚呼！痛念來日，吾父之壽辰也。兒維違遠膝下，倏經十春。每遇兹日，不獲同孫子稱觴，親賓歡宴。馳儀獻壽，增戀白雲。自惟几杖康强，松筠正茂。百年可待，祝願方遥。豈期吾父奄棄諸孤若是遽耶！去歲兹辰，父殁十日。兒維在都，尚未聞訃。凌晨南拜，惄焉内傷。不及三朝，凶聞奄至。風悲日慘，天地無色。尚忍言耶！今又期年，新封恩兆。音容益邈，庭宇寂然。觸目驚心，人事頓改。遇兹慶旦，翻助悲傷。謹用牲齊，仰申薦告。日月易邁，哀慕無極。嗚呼慟哉！

校勘記

〔一〕“文”後，底本卷首原目録有一“二”字。

〔二〕“托麽”，清稿本作“麽托”。

〔三〕“㷇”，清稿本作“煇”。

〔四〕“冲”，清稿本作“中”。

〔五〕“奬”，清稿本作“將大”。

〔六〕“朱”，疑當作“未”。

〔七〕“文”後，底本卷首原目録有一“四”字。

〔八〕“屨”，甲辰本作“履”。

〔九〕“顯”，底本卷首原目録作“先”。

〔一〇〕“文”後，底本卷首原目録有一“二”字。

〔一一〕“孫子”，清稿本作“子孫”。

〔一二〕“迄”，清稿本作“及”。

條麓堂集卷三十二

祭文二

祭白仰庵乃堂文

惟靈温惠自成，篤生令子。華腴衍慶，惟德之似。曰惟白氏，延陵巨室。康敏啓祥，中丞嗣出。符卿振穎，奕世陰騭。閥閱焜煌，故家鮮匹。于今纘休，厥惟邦彦。居有能謙，樂善不倦。《詩》、《書》漱潤，黄甲登薦。箕裘紹美，儀章簡練。玉瑩無瑕，錦文有絢。白氏之昌，王國之厚。爰揆所自，誕惟賢母。合浦韞珠，藍田育玖。蘭茝襲芳，荻筆善誘。既胤宏休，亦食豐報。鼎養方新，鸞章寵耀。百歲爲期，多福永蹈。玄首未華，蒼昊不吊。芳萱告秋，寶婺失曜。氣慘北堂，惻傳行道。矧我同方，義均休戚。繐幄忽陳，中心如惄。南瞻江渚，雲天遼逖。追悼淑哲，音容闃寂。凌風薦誄，椒漿是瀝。靈座依然，雲軿胡適？尚饗！

祭嚴母文代作〔一〕

嗚呼！熙運在邦，篤生碩輔。風虎雲龍，明徵自古。昌慶在家，相惟淑哲。德媲福併，圖史垂烈。孰宰其端，莫測其然。間值者氣，陰騭者天。展矣夫人，握貞含粹。神定厥祥，元臣作配。唯是元臣，天牖其聰。昭融顯契，沕穆幽通。斟量玄化，鼓鑄群工。三光順軌，萬國來同。興殷伊傅，佐舜夔龍。化昭中日，世囿春風。越惟夫人，克相其隆。衿褵告慎，榛栗修共。琴瑟静好，環珮從容。勤惟夙夜，井臼必躬。儉以終始，綺穀裁豐。明章内則，有煒管彤。惟是元臣，天降之吉。求福不回，基命孔密。甘盤純祐，畢公亮弼。岡陵並算，松筠比質。黄扉四紀，丹扆一日。三錫滋蕃，百禄駢集。越惟夫人，戩穀是匹。峻節高標，壼儀特立。褘翟其華，魚軒有熠。班衣娱情，蘭孫遶膝。金紫滿堂，笑言盈室。閲世滋長，生人願畢。乃駕青禽，乃驂玄鶴。高謝人間，遠遊碧落。帝念柔嘉，涣頒寵渥。將作供殯，奉常奠爵。王人護輿，司空營廓。高朗令終，古今孰若？某叢蔓小材，卑棲弱羽。哲匠罔捐，至和並煦。大造難名，精心自語。叨厠華階，符節之府。獲從長公，朝夕步武。仰慶隆禧，歲時屢睹。春滿天街，日遲萱圃。曾是倏忽，靈筵在户。悼往懷仁，有淚如雨。敬致束芻，載酹清酤。短誄申虔，玄軿肯顧。尚饗！

又代作

於惟夫人，黄輿間氣，彤管遺烈。握秀珪璋，襲芳閥閲。天定厥祥，于歸師保。德媲柔嘉，福偕壽考。室家之好，人道大端。婦順未章，交愛則難。於惟夫人，壼儀是安。承先薦藻，約己紉蘭。焚膏夜織，舉案晨餐。静好琴瑟，和鳴鳳鸞。四德具備，百年永歡。人之大禄，曰貴而壽。得一爲奇，疇臻兼茂。於惟夫人，獨禀其厚。翟茀魚軒，紆玉拖繡。春滿萱堦，光分婺宿。一品殊榮，八齡景佑。洪慶純釐，造物有藩。既備于身，或靳于昆。於惟夫人，澤衍益蕃。亦既令子，有奕其孫。浚派仙源，聯籍帝閽。晨昏定省，歲時笑言。潘輿游衍，萊綵翩翻。眼中三世，海内一門。箕疇五福，歸于考終。克綏惟始，斯世所同。於惟夫人，高朗有融。含飴康樂，鳩杖從容。人間事畢，回旆閬風。百司趍唁，五位興恫。恩綸諭祀，乃命秩宗。豐山開域，爰詔司空。褒恤孔碩，賻賵增隆。生也戩穀，歿也哀榮。几筵隱迹，圖史垂名。某等桑梓後人，絲蘿末契。叨從太師，恭承嘉惠。嗣好司空，締誼以世。既挹休則，夙欽淑嫕。沐寵知榮，懷仁罔替。不謂仙軿，眷此雲逝。凄兮愴心，潸焉出涕。故國天涯，靈轝河澨。白露沾濡，丹旐摇曳。敬握束芻，於粲丹荔。攀軾誄言，臨風祖祭。傷如之何，魂兮來涖。尚饗！

祭茹母文代作

惟靈貞淑毓性，肇自坤維。婉嫕成訓，式閑姆儀。婦順既章，母則攸茂。圖史丹青，閨闈領袖。念惟夫子，矯矯人傑。挺生南紀，壯遊北闕。百里分符，四知勵節。曰惟孺人，克相其烈。井臼親操，冰蘗競潔。偕老是期，訣于中道。皦日盟心，《柏舟》失〔二〕操。抱哺其孤，遺經作教。賢嗣振穎，天路横翔。金坡踐美，蘭署分香。冲標和物，蕙茝芬芳。逸韵離塵，玉佩鏘洋。考帝之室，惟材之良。曰惟孺人，克衍其祥。逐子東征，介福北堂。列鼎葳蕤，舞彩焜煌。引年彌劭，愛日方長。不謂迎秋，西風送悼。寶婺戢輝，萱華殞燿。立孤成名，委和歸報。古有令模，于今是蹈。某等叨同令子，宦遊燕市。投分金蘭，聯情桑梓。道術琢磨，飲食燕喜。獲聆淑聞，中心是企。欣瞻景禄，方升未已。曾是倏忽，音容不起。莫睹翟褘，傷心素几。故園天遥，泮江萬里。靈輀風凄，征途方始。挹潔行潦，采芳沼沚。薦忱蔬奠，告哀短誄。陟降可即，篆烟孔邇。尚饗！

祭王母文

惟靈緯秀婺精，含章坤厚。茂閥承暉，名德作耦。虔薦栗榛，勤施井臼。式樹母則，克昌夫後。一膜隔恩，物情固有。冬絮晨霜，其來已久。悼矣淑靈，獨超其右。哺饑燠寒，提携捧負。鳩儀均施，熊丸善誘。婦有慈姑，子獲令母。雙鳳翩翩，高翔帝牖。伯氏宣勞，竹符是剖。叔氏贊慮，楓墀司糾。玉府珪璋，清廟俎豆。帝謂叔氏，代予西狩。風清汾曲，氣凌霍阜。屏竄豺狼，糞除稂莠。吏奉典刑，民歌畎畝。繡裳東歸，將母恐後。瞻彼白雲，爲此春酒。慶也幾時，哀來與偶。子心未央，天閽難叩。凡我晋士，沐德孔茂。感均桑梓，莫酬瓊玖。會見素冠，憂心若咎。效敬束芻，薦誠用缶。春日凄凄，驚飈着柳。醫閭迢迢，高天引首。靈爽如存，鑒兹清卣。尚饗！

祭裴母文代作

惟靈淑慎相闈，婦順是弘。慈明演訓，母則攸崇。長發休祥，炳輝元胤。南省翔鸞，中臺展駿。秉憲貞文，分藩督儲。旬宣江漢，丕變青徐。鼎養殷隆，綸褒赫郁。坤輹忽驚，婺辰殞煜。某投誼哲嗣，援好喬門。哀榮骨肉，異姓同恩。玄輀既乘，刲牲式薦。短誄告哀，涕淚如霰。尚饗！

代家君祭五外祖母文

嗚呼！情有至戚，數有適然。辭不及陳，涌涕如泉。謂天禍福，淫刑德賞。昔意其然，今見其爽。念惟季母，種德孔阜。孝敬慈仁，休譽終茂。惟父專符，惟舅表賁。惟君典誥，惟胤元名。河山閥閱，奕葉家聲。然而幼秉敏慧，壯持門户。居艱立孤，勞心焦腑。名享其榮，身嘗其辛。憂勤既往，泰豫方增。二難承芳，金輝玉映。天逵横騫，家殖滋盛。昆弟孝友，娣姒惠和。藹藹庭闈，百順是荷。昊天大憮，降是荼苦。雷走山轟，莫知控語。某屬諸婿，夙挹德音。曁我淑配，承寵良深。曾是閨哲，同德均患。憶昔傷今，中心如劌。靈轝將駕，悲不忍看。陳牲告酹，雨淚汍瀾。嗚呼哀哉！尚饗！

同年祭五外祖母文

於惟伯母，秉惠結縭，服貞采蘩。仁承菽水，澤衍璵璠。式是井臼，是曰元婦。《柏舟》矢志，霜雪凌堅。荻管示程，義方載傳。往哲與偶，是曰元母。相是昆季，授業孔嘉。俾司家紀，俾焕國華。漱潤敷腴，席珍握瑜。思軼騷雅，道究墳謨。規行繩迪，蔚爾元儒。獨鶚横秋，六翮迥殊。蹌蹌衿佩，競避前驅。科第名高，文章價重。曲江虚席，洊看翥鳳。綸封伊邇，鼎食且供。五福具宜，百年是頌。婺耀方輝，凄飈忽動。地厚天高，降兹荼痛。某等叨隨令子，鄉書旅薦。倚玉借寵，登龍副願。高堂令儀，景風興羡。通家世好，欣戚繾綣。鶴馭胡歸？生芻在奠。芬苾既陳，音容如見。横涕申辭，河山瞑眩。尚饗！

祭楊母文

嗚呼！仁賢間生，有關天造。邦家攸楨，群生惟幬。巨美所鍾，深仁是報。厚本敷英，豐膏吐燿。赫矣夫人，允哉斯道。爰溯厥懿，夙成令問。榛栗告虔，蘋蘩薦敬。思齊母則，明章婦順。猗與休哉，惟德之盛。浚發厥祥，琬琰珪璋。庭闈集瑞，門楣承光。越有元孫，矯首雲驤。春宫寵渥，夏府紀綱。六軍易聽，百辟推芳。曾孫玉立，文武焜煌。猗歟休哉，惟慶之長。君子偕老，子婦承歡。黄髪兒齒，鸞誥魚軿。孌孌嬰稚，内外曾玄。牽衣嬉笑，歲時膝前。九畹蘭滋，百歲萱妍。猗與休哉，惟福之全。天禄具膺，人間事畢。驂駕青鸞，遨遊西極。返璞于天，餘澤于後。百男競美，千年未究。是曰國禧，寧惟家祐。某瓊琚仰德，久挹淑良。蘿絲締好，叨附姻行。韶儀不作，德音可忘？玄宫既啓，丹旐載揚。攀帷念切，執紼情傷。風霜栗烈，雲天渺茫。有牲在筵，有酹在觴。跽奠陳辭，篆烟彷徨。尚饗！

祭梁祖母文

嗚呼！福有特隆，情有獨鍾。究否通之極致，哀人世之難同。若夫人者，毓黄輿之淳淑，纂彤管之休風。相中饋于蘋藻，衍餘慶于蘭叢。閲孫枝之擢穎，屬耳目之方聰。葆一貞而無息，享五福而咸豐。人間事畢，反駕閬風。可謂百年多祉，懿始令終。胡訃音之北達，乃使余侘傺而傷衷？夫人有孫曰乾吉，寔與余輩旅進于南宫。肆肄業于東觀，覬砥礪于顓蒙。惟意氣之懸孚，固欣戚以相通。强與維既不獲將母兮，功又悲椿庭之夙空。歆乾吉之重慶，信申錫之獨崇。附子姓以稱觴，獻遐壽于華嵩。曾日月之幾何，聞若堂之有封。諒修短以同化，奚吊慶之相重？惟風木之遺悲，纏天地而無窮。望恒嶽兮青松，泝易水兮丹楓。羌咫尺兮玄宫，願執紼兮靡從。陳束芻兮我心恫，涕滂湲兮霜露濃。尚饗！

祭劉紫岩夫人文〔三〕

嗚呼！熙運之昌，寔生俊良。蛟翔虎躍，蔚爲國章。鉅慶所鍾，相惟淑哲。天作之合，式成家烈。邈矣文安，降神惟嶽。希世璆琳，明時鸑鷟。牛渚問津，鵜膏瑩鍔。武庫不窮，大雅斯作。於惟夫人，嬡德孔焯。鳴鳳叶占，采蘋示恪。問寢候雞，承顔感鵲。當美不居，處豐能約。冀野有則，鴻光是若。文安振藻，厲于天逵。鳴臚玉陛，載筆彤墀。白虎校讐，丹鳳論思。樞機參贊，豐鎬保釐。都矣夫人，景禄與綏。綵誥霞焕，珠珥星垂。大官供膳，寵渥盤匜。上方賜錦，恩光緡絲。百年偕老，五福攸宜。婦德既閑，母儀益茂。纂組訓恭，《詩》、《書》啓秀。恩浹臧獲，氣融先後。越有鳳毛，穎拔文囿。寵命惟新，冠裳纘舊。桂馥芳春，萱榮長晝。南山未量，西風胡驟？白首同歸，豐碑雙鏤。司空授域，王人致酎。存殁恩輝，于今鮮又。某等仰止文安，高山莫企。締好春卿，流風可擬。澤浥河汾，情深桑梓。沃繹徽音，忻瞻昌祉。霜露既新，音容不起。眺望鄉雲，凄涼靈几。束芻可致，桂漿載酹。鶴馭匪遐，鑒兹短誄。尚饗！

又

淑哲降坤，婉嫕〔四〕載性。秉德一貞，集禧百順。爰自初笄，夙成令問。清芬蘭敷。温儀玉映。嘉耦自天，哲人是儐。敬共舅姑，以相夫子。中饋滫瀡，先晨簪珥。昧旦警雞，春泉薦鯉。姻協周親，風穆娣姒。乃眷哲人，克成厥美。逸駕絶塵，大圭罔斲。揚藻王庭，沃心帝幄。文昌載陟，嘉績孔卓。錦誥推恩，翟茀承渥。壽齊几杖，慶衍鸞鷟。五福具膺，百年偕老。王人諭祭，司空授兆。松檟留暉，泉臺閟曉。繐帳天遥，太行雲杳。式陳生芻，寄虔澗藻。尚饗！

祭劉夫人文代作

惟靈系胤昌閥，媲德代英。夙閑姆訓，永樹壼程。孝穆上孚，惠慈下流。姻黨外睦，衿褵内修。夫子志學，我相其勤。井臼先晨，燈火宵分。夫子清修，我相其儉。饔醴裁豐，綺紈黜艷。蔚蔚人龍，亶無内顧。霞焕雲蒸，馳光天路。玉署聲華，縉雲勛烈。帝省閎休，爰旌淑哲。紘瑱陸離，翟茀晻藹。既命益恭，居有不泰。夫人蹈儀，衆婦稟則。大家作誡，女史承式。蘋藻餘風，河山右族。敢謂絲蘿，附于喬木。乃予季弟，締好德門。春卿之子，夫人之孫。惟此春卿，載衍厥祥。擢秀桂林，毓寶昆崗。惠而好我，延誼于世。松筠有盟，金石相勵。禄養方新，憂來已遽。青女司晨，纖阿返御。子心傷悲，帝闕載叩。鸞軎同封，龍文賜酎。餘恩既渥，徽容莫起。日月幾何，雲山千里。有懷芹獻，敬奠椒漿。雲軿倏忽，篆烟彷徨。尚饗！

祭郝母文

惟靈毓氣之冲，迪德之共。衍慶之遠，獲福之豐。黄輿淑造，彤管貞風。固已中饋允宜，里閈稱隆；令聞有煒，哲範無窮者矣。賢嗣俣俣，休有譽處。荻筆承訓，桂宫高舉。鸞鵠風標，珪璋襟宇。價重驊騮，聲馳簪組。乃相東曹，銓衡之府。翼翼在公，克承其矩。孜孜將事，克理其緒。丕績則多，元卿是許。都矣孺人，眉壽斯睹。載彼板輿，享兹鼎釜。白首滋康，班衣屢舞。是謂生人至樂，昊天篤祜。既適既愉，將百年可數也。胡萱室方春，一夕風雨。奄駕青禽，西遊玄圃。《蓼莪》感劬，陟屺思怙。慈容不作，子心惟苦。某等百年桑梓，里居相連。同朝蘭桂，式序官聯。哀榮異感，休戚相牽。素帷咫尺，雲日凄然。丹旐千里，山川渺漫。敬挹薀藻，祖薦几筵。洋洋靈馭，霏霏罏烟。陟降可即，短誄告虔。尚饗！

祭閔母文

嗚呼！國有仁賢，降命自天。慶源所匯，有開必先。深山豐澤，神物生焉。穆矣夫人，令問夙宣。昧旦警雞，琴瑟静娟。乃佑哲人，雲路横騫。葆和衍祥，篤生人傑。荻筆傳經，熊丸訓節。道岸先登，賢關高揭。中外紀綱，古今風烈。翊道韓歐，矢謨稷契。五教攸弼，八座載列。都矣夫人，百年是閱。鶴算無疆，龍文有茁。朝露忽零，萱榮告折。驂駕青鸞，崦嵫返轍。某等西晋鄙生，株守章句。多岐靡適，長寐未寤。師明振鐸，示我矩度。品題借榮，千金一顧。俾二三子，不迷趨步。束身道術，結軌天路。造就恩深，依歸義固。北堂長慶，同歡朝暮。西風送戚，永言哀慕。憶昔軻母，三遷教股。煌煌仁義，綱領斯文。一時髦士，及門共聞。自齊歸葬，從者如雲。或敦匠事，式贊厥勤。某等義同在昔，感切由衷。職守有局，杖屨靡從。雲山迢遞，瞻望天空。几筵黯淡，薦酎情忡。短誄可極，寸心無窮。靈之格兮，肅乎其風。尚饗！

祭郝母文

嗚呼！天道茫茫，禍福靡詳。人事反覆，慶吊相將。胡夫人之奄背，乃使余悄矣而增傷？夫人含淳毓粹，履和蹈方。母儀聿茂，婦順明章。雜佩贈德，家用滋康。一經授業，世用滋昌。兹閭人所同識，共山河而頡頏者也。哲胤揚休，天署翺翔。東征逐子，禄養康强。榮重東曹，歡承北堂。將謂神泰凝吉，德厚迓祥。童顔難老，鶴算未央。而浮雲多變，逝水靡常。婺侵曙而掩曜，萱近秋而殞芳。俾夫綵衣弗御，竹杖纕裳；鼎釜不設，几筵是張。眷薊門兮天末，指故國兮彷徨。扶靈轝兮千里，陟山高兮水長。念竭來于修道兮，感悲歡之難量。某等式聯姻好，久諳德光。叨從王事，同游帝鄉。念將母之不獲，咏《蓼莪》而涕滂。睹夫人之榮壽，若人天之異方。及兹變故，倍切衷腸。采蘋肆薦，醑桂陳觴。黄泉永隔，丹旐且揚。心之悲矣，曷惟其忘。尚饗！

祭蘇母文代作

嗚呼！情有特鍾，數有適然。詞不及陳，涌淚如泉。積善餘慶，古語則有。昔謂其然，今見其否。念惟夫人，淑嫕〔五〕秉德。婦順既明，母儀可則。越有元胤，爲楨于國。諤諤東臺，邦之司直。亦既寵榮，恩頒命敕。有煒翟茀，載陳鼎食。五福攸宜，百年未極。慶吊相將，天不可測。青鳥西飛，委和何極？嗚呼傷哉！念我孱庸，協恭令子。九重翊衛，六軍綱紀。倚玉有緣，同舟獲濟。眷言金石，誓心終始。胡歲之陽，訃音來止？縗杖西奔，迢迢千里。夙願何期，中道乃爾。嗚呼傷哉！宇宙無窮，人生幾何。四海至廣，知心無多。芝蘭遠矣，于彼岷峨。鄙吝且萌，無所切磨。爰以蓬麻，同戚《蓼莪》。束芻肆薦，出涕滂沱。嗚呼哀哉！尚饗！

祭姜母文

惟靈胚休坤極，葆和含淑。婦道母儀，乃罔不穀。世降淳風，恩分一膜。冬絮貽寒，晨霜肆虐。於惟孺人，慈良孔焯。異體同仁，孰豐孰約。載燠其寒，載哺其饑。有男我婚，有女我歸。家道之索，曰由婦人。同行異志，外内携心。於惟孺人，柔惠且温。承姑以順，撫婦以仁。娣媵綣德，臧獲懷恩。里化美俗，庭無間言。中子惟善，夙承内訓。黄甲蜚英，瀛洲登俊。迎養周京，晨昏省覲。肆我同方，屬辭獻慶。曾是倏忽，禍福相競。賀客在門，吊來與併。玄馭胡歸？我心則怲。嗚呼！孺人樹德，不爲不茂。六十登齡，不爲不壽。善積生前，慶餘身後。桂茁蘭芽，于今誰又？生順没榮，夫復奚疚？第念令子，斬焉在憂。師惜道南，友失良儔。龍章且下，母不少留。昔之來也，茀幄葳蕤。今之歸也，素翣繐帷。扶櫬迢迢，言遵江滸。悼往傷離，有淚如雨。祗薦芳嘉，陳兹簋簠。穆穆淑靈，陟降在户。尚饗！

祭胡年伯母文

嗚呼！古稱女德，閫外靡紀。《樛木》興咏，乃托《風》始。相惟母烈，逖紹厥美。作範重闈，增芳圖史。淑惠召和，宣慈衍慶。厥宗既亢，有室斯競。鸞掖蜚聲，龍章錫命。萲圃春遲，孫枝日盛。逐子北征，大官分旨。逾七望八，黄髮兒齒。閱及曾孫，瑶環瑜珥。亦既壽康，亦既燕喜。人事多端，倚伏難料。東觀十年，季長不調。江海一麾，懷湘投吊。適與行會，嫠暉戢耀。太史承顔，永懷愛日。孝養備隆，深願未畢。晨露忽驚，夕心孔惕。方擬陳情，乃遘斯棘。某等叨隨太史，同升共局。術業合方，契分最篤。感母壽榮，稱慶相屬。日月幾何，繼歌以哭。嗚呼哀哉！太史縈縈，扶櫬南奔。悼亡殞涕，惜别消魂。敬陳短誄，祗薦芳芹。靈之穆矣，鑒此清樽。尚饗！

祭殷夫人文代作

嗚呼！師母胡歸之遽？人亦有言，積善凝祚。昔謂其然，今見其誤。難必者天，或然者數。花怨晨風，薤晞朝露。禍福糾纏，孰知其故。緬念淑懿，特鍾異賦。容言功德，無不備具。言相我師，俾無内顧。夫子志學，劼毖朝暮。井臼寅恭，珩璜警懼。夫子迪貞，贊惟儉素。黜彼綺紈，安此荆布。偉哉夫子，蓬山獨步。瓊珮揚芬，金華振譽。帝在潛宫，經義是傅。言動有則，開陳必屢。帝紹寶曆，甘盤是注。風虎雲龍，千年際遇。畜極初通，久約方裕。期爾偕老，胡然中路？奄望閬風，雲軿不駐。靡衣而蠶，靡廕而樹。厚積薄享，聞者嗟慕。矧門下士，荷師陶鑄。剪拂毛甲，示之矩度。訓誨捧持，步趨依附。欣戚情通，門墻義固。淑靈不作，憂心回互。感師鼓盆，呼天欲籲。電光生滅，浮雲散聚。宇宙無窮，修短一趣。惟是令聞，圖史永著。繐帳風凄，靈筵春暮。束帛可陳，短衷欲訴。凌風薦酹，瓣香是炷。尚饗！

祭南母文

嗚呼！天生達人，必予賢配。子承義方，亦由母誨。有家咸宜，稱美自昔。尊卑長少，異情同適。若宜人者，其可以爲則矣。我聞宜人，少歸南公。公績于學，家務身叢。百辛劬劬，孝于舅姑。曰喪與祭，咸克相夫。有子曰軒，叔後惟字。匪徒愛之，而勞以義。蚤賓于鄉，宜人未置。乃今登朝，母心始慰。女志同行，在古爲難。友于娣姒，人得其歡。嫂繼兄室，少以十齡。宜人下之，氣貌恂恂。愛而有偏，亦人之情。從女若子，視猶己生。家人而離，每自婦人。公之兄弟，更數十年而終無異心，曰惟内助周旋維繫之寔勤也。公每宦游，宜人必隨。其家人望，何時來歸。公歸林泉，宜人攸托。乃遽至此，公誰與樂？昔遣叔後，庶其念我。名成登選，謀歸不可。方圖迎養，而遽罹此禍。嗚呼！宜人遺勞在公，遺教在子，遺愛在其家，曷其有已！此叔後之所以肝摧腸裂而號呼不止也。嗚呼！是豈惟南氏一門哀不能忘？凡我四海同升，聚此一堂。方將砥礪學行，討論文章。而叔後獨以憂去，能不使師爲弟子泣而友爲友傷也耶？雖然，修短何憑，所貴不朽。宜人之壽雖五十九，然乃憲伯之妻、吉士之母。龍章自天，赫赫昭受。麟趾發祥，蘭芽方茂。天嗇其年，而昌厥後。嗚呼！若宜人者其亦可謂不朽矣。千里寓奠，涵淚潸潸。情共愁雲，達於渭南。尚饗！

祭外母王孺人文代父作

嗚呼外母！自庚戌涿郡之别，經今六載餘矣，豈憶天涯聚散爲生死永訣耶？念昔内弟歷宦西曹，奉外父母禄養。余時商遊燕薊，得侍顏色。于時鳩杖鸞封，孫子滿目，外父猶引首家鄉，有懷昆弟伯叔、娣姒甥侄、内外幼子童孫，嘉日令辰，每思歸娱，言笑宛如昨也。迨内弟出守，余卜歸未得，客歲家鄉地變，余妻及閆氏妹同與其厄。外母方榮養江南，忽已報訃，骨肉之變，紛沓叢出，追思京邸之言，邈焉異世矣。哀哉！哀哉！尚忍言耶？昔我先外母孫氏，淑貞相德，艱辛佐家。茂育子女，寔大王宗。不受厥成，中道告逝。而外母安承其後，當家之昌。茀車褘服，累裀列鼎，榮享于生前；金含絮襯，彩杉文柏，厚終于身後。且人生百感不及于心，人事萬端不嬰其慮，可謂優適恬愉之至極者矣。天道茫茫，孰變孰常。居者不怍，續者不裳。陰晴儵曶〔六〕，莫測其方。陳牲告悰，敬酹一觴。余懷悲矣，地久天長。尚饗！

祭楊老夫人文代作

緊嶽瀆之蘊靈兮，氣鬱邑而葱芊。肆俊哲之欲降兮，念有開而必先。惟令德以垂誨兮，夜耿耿而和丸。内佑彰而後裕兮，矯天逵而騰翰。英茂踔犖以四流兮，彤闈待而虚位。爰遡夫國禎之所鍾兮，静娟修而衍瑞。方獻霞觶以薦年兮，胡雲軿之遽易？河山慘慄而風凄兮，朝紳驚而興喟。帝念戎勛之烜爍兮，溥玄壤以豐恩。命守臣以宅其兆兮，綵綸涣而春温。洵生順而殁榮兮，亦奚異乎永存。曰余觀化于河之陽兮，挹休風而不諠。覯繐幄以悲心兮，敢修薦于蘋蘩。靈赫赫其鑒兹下衷兮，儼葆蓋之繽繙。尚饗！

祭楊老夫人文代作

嗚呼！夫人胤德瑶瑜，締賢閥閲。壼範静娟，母儀烜傑。於相憲君，矯矯風節。越誨賢嗣，逵鴻肇揭。橋梓騰休，輝光孔晰。鸞帔霞章，玄恩蕩泆。桂茁蘭芽，慈幃森列。方慶含飴，奄悲泣玦。萱室馥淪，婺宿光蔑。帝崇孝理，悼念豐烈。綸音諭祀，王人相穴。曰余寒譾，朱陳是結。念德哀亡，覽衷惻切。羈宦西陬，東瞻哽咽。玄輀臨旐，素風戒節。遥薦羶醑，生芻是設。馳辭告恫，幽臺寧徹。尚饗！

祭張母文

嗚呼孺人！葆淑在躬，胤休于子。和熊示慈，登龍擅美。振翼通津，恩榮方始。錦帔霞章，鸞封孔邇。嗚呼孺人！曾不少俟，遄駕玄輧，閬風是止。芳萎萱華，悲貽盤匜。某等義共通家，百年桑梓。丹旐將旋，有懷若毁。敬采蘋蘩，式陳寅祀。臨風酹觴，敢申短誄。尚饗！

祭楊老夫人文代作

系衍望族，德媲國華，良玖藴璞。徽音嗣任，熊丸啓郢，壼儀孔踔。萱庭敷榮，蘭堦競秀，林林鶩鸑〔七〕。鸞帔昭垂，龍章寵被，天恩優渥。奕世騰芳，重闈襲慶，休禎方朔。寶婺煜淪，瑶池期近，飄飖玄鶴。冢胤告哀，鈞天悼烈，覃恩惟數。太史撰詞，王人承祀，豐碑是斵。載命守臣，牛眠卜兆，擅靈河嶽。丹旐既陳，玄冥在御，還珍幽窀。余忝觀風，躬陳常祀，告虔繐幄。桂酒既清，齊牲既具，玄堂有覺。

祭敖老夫人文代作〔八〕

嗚呼！家之興也必有貞婦，國之昌也必有純臣。究代終之攸職，良事異而理因。懿安人之休美兮，寔邦家之逷〔九〕珍。漱芳潤於德闔兮，聯喬門而締誼。采蘋蘩于沼沚兮，紉汀蘭與江芰。羌中道而失天兮，咏《柏舟》而矢志。脱瑶珥之芳華兮，操冰霜以自肄。晝紉絜以供甘兮，夜和熊而訓嗣。日炯炯而鑒精兮，雲幽幽而掩泣。肆偉嗣之揚芬兮，諒天命之不二。紛既焯燿于衡廬兮，對天聰而獻記。帝覽琳琅而嘉貺兮，進文昌之右位。蒞玉署而校才兮，慶琮璜之並致。正辟廱而振鐸兮，都青衿而雲萃。帝念休功之豐碩兮，推渥恩于所自。頒綸綍之焜煌兮，熿鸞章與霞帔。荷百禄于北堂兮，閲瓊枝之焕植。肆母壽而子榮兮，環天紘而罕儷。惟烈操與純誠兮，充邦家之景瑞。胡秋露之宵凝兮，歛巾栫而永棄。嗚呼！人孰無生，亦孰無死，存靡令名，没亦徒爾。於惟夫人，教埒軻母，操擬共姜。始終一德，左右三綱。完名令節，地久天長。某等聯階令嗣，夙仰休芳。載烹蕙饌，式薦椒漿。凌風告悃，靈格其洋。尚饗！

又代作

惟天純佑，篤生英哲，以昌人國。慶源遹追，鑒觀自昔，胎教作則。驪珠淵涵，膏玉山藴，物理靡忒。於惟淑靈，葆儀婉嫕〔一〇〕，豐宗迪哲。胡天不辰，中世訃訣，含辛茹絶？從一矢躬，遷三訓德，遺宗是殖。天鑒有赫，鍾休賢胤，作楨王國。金馬振綺，銅龍揚藻，清華載職。出入北門，表儀東序，金聲玉色。帝命孔嘉，教忠式穀，緊母之德。寵錫薦申，純嘏永綏，恩暉罔極。奄棄人間，歸報夫君，誓志以畢。嗟惟胤子，匍匐九閽，雲惱霧咽。矧予同遊，風懿久挹，異彼行惻。載酤束芻，凌風申誄，内于素軾。尚饗！

又代作

嗚呼！傳稱士德，緊本母儀。陰教式端，箴史遹垂。猗惟淑靈，夙函貞懿。亢德喬宗，徽音茂似。于何中道，欻捐所天？《柏舟》矢志，大義炳焉。督撫遺孤，邦之鈞石。盎然其休，充然其碩。秉衡藝省，綰紼承明。彙彼泰茅，征于帝庭。卿聯載陟，振鐸賢關。倬也士鍘，北斗泰山。母情載怡，母德蔚章。自天純佑，耄齡降康。更需繁祉，虜錫兆釐。申命寵綏，家國是毗。胡然厭紛，溘也遄逝？母則歸全，閫儀凋棄。某等胥效嗣德，備仰令慈。桑梓孔懷，倍百疇離。南望於邑，蘋藻匪將。薄言虔誄，詞短意長。尚饗！

祭裴母文

於惟孺人之生也，含靈坤粹，服正中閨。《螽斯》衍慶，百禄孔來。鸞章承寵，德祐可稽。痛惟孺人之逝也，坤極鵷鹿，城邑丘墟。昆岡逸焰，玉石與俱。歿寧在德，數厄焉如。某葭莩托好，蘭蕙歆芳。徽儀不作，怫悒情傷。丹旐戒御，哀酹玄觴。尚饗！

祭郭太夫人文

深淵龍蟠，丹穴鳳起。孕秀儲祥，不爽其理。天佑國家，降于卿士。匪直父賢，亦由母氏。嗟太夫人，秉德齊軌。誕育少傅，教勤三徙。橐筆彤墀，延登端揆。調爕宣猷，聖明毗倚。申錫封褒，鼎烹滫瀡。少傅孝思，興懷陟屺。累疏歸來，躬承甘旨。佩玉垂魚，晨昏堂戺。寰寓稱榮，豈惟閭里。逾八望九，既多受祉。人間事畢，歸報夫子。板輿輟歡，羲輪戢軌。帝念舊臣，遽失所恃。乃按彝章，乃錫葬祀。恩數有加，增輝泉里。韓山巖巖，洹水瀰瀰。不朽令儀，同之終始。某等步塵少傅，稔聞淑美。哀訃忽傳，蠹衷靡已。敬致束芻，爰擷芳芷。短誄薦觴，靈其監只。

祭王太夫人文

嗚呼！母德主慈，惟天所畀。若生若成，劬勞一致。嗟嗟明靈，温惠獨至。鞠我天卿，恩隆所恃。適離襁褓，匍匐顛躓。出入提携，肩背是寄。詢饑拊寒，色憂顣頞。衣之飼之，以藥以餌。時則夫君，旅遊遠地。有待結褵，奉姑從事。俯育不怠，仰承淑志。夙夜其勤，竟成哲嗣。樹名策勛，顯躋公貳。總率百官，躬秉邦治。機杼所貽，萬方賴利。文誥重茵，顯揚具備。大耋康寧，百年可企。霜露戒辰，忽傳襲襚。青鳥西歸，遠邇興喟。閔予煢疚，匍匐苫次。辱交天卿，夙聞芳懿。作表北堂，生成靡二。慈訃遽傳，逖增悲悸。短誄陳忱，筐承蕉荔。靈几有臨，凄其薦觶。尚饗！

校勘記

〔一〕“文”後，底本卷首原目録有一“二”字，無“代作”。

〔二〕“失”，清稿本作“矢”，是。

〔三〕“文”後，底本卷首原目録有一“二”字。

〔四〕“嬄”，疑當作“嫕”。

〔五〕“嬄”，疑當作“嫕”。

〔六〕“曶”，清稿本作“忽”。

〔七〕“鷰鷙”，清稿本作“鷙鷰”。

〔八〕“文”後，底本卷首原目録爲“三”，無“代作”二字。

〔九〕“遹”，疑當作“璚”。

〔一〇〕“嬄”，疑當作“嫕”。

條麓堂集卷三十三

永信録上

翰林院編修敕命二道嘉靖四十年九月十五日

皇帝敕曰：史臣按善惡見聞之實、斷是非去取之疑而撰次之，以垂一代之典章，厥任重矣；然必道德洽聞、蔚有時望者乃在兹選。爾翰林院編修張四維，文章典雅，議論温醇。擢秀大廷，升華秘館。乃能博綜百氏，窮學海之波瀾；貫串六經，茂詞林之枝葉。比官史局，益懋進修，而德業日宏，聲聞愈顯，誠足以副予簡求者已。兹所司上爾最績，特授爾階文林郎，錫之敕命。於戲！優游歲課，豈鉛槧之是專？選取國材，實棟梁之攸任。爾尚益思淬礪，以效遠圖，朕將觀汝之成也。欽哉！

敕曰：凡我臣工宣力於國是，必有内助之賢以相之，寵綏之典不加，何以爲勸？爾翰林院編修張四維妻王氏，夙抱懿貞，早歸儒彦。治内有儉勤之行，相夫效儆戒之勞。宜錫褒恩，以旌賢淑，兹特封爾爲孺人。益懷兢翼之心，永作閨闈之式。

其　二

皇帝敕曰：朕登進儒臣，列之史局，而必本其所自，恩命有加，非獨遂人子顯親之心，所以彰善教之功以示勸也。爾張允齡，乃翰林院編修四維之父，嚴重不苟，好義有聞。以幹蠱之才隆其世業，以忠信之道聞於家邦。既乃弘敷義方，燕翼令子。今爾子振譽詞垣，宣勞王國，禄養褒榮，慰爾遲暮，福善之徵信不誣也。玆特封爾文林郎、翰林院編修。茂服寵光，益堅素履。

敕曰：教育兼隆，惟母之德與父同也，匪均敷錫，何以慰人子罔極之思？爾王氏，乃翰林院編修張四維之母，恭儉不渝，柔嘉惟則。心通書史，行協箴圖。篤孝敬于孀姑，明愛勞而訓子。顧栝棬輟飲，風木感懷。用示恤恩，以昭慈懿。玆特贈爾爲孺人。尚其冥漠，服此榮恩。

左春坊左諭德兼翰林院侍讀誥命二道隆慶二年四月初十日

皇帝制曰：朕惟升儲大慶霈澤庶工，而矧備鶴禁之僚兼侍鑾坡之直？望既崇乎華選，恩獨侈乎彝章。爾左春坊左諭德兼翰林院侍讀張四維，性資雅重，器藴粹和。秘館儲英，詞垣振藻。以抽書金匱，則擅美乎三長；以校藝棘闈，則拔尤於多士。已而司我綸綍，直追訓誥之風；侍我帷氊，悉罄經書之旨。洵稱深嚴之地，共推文學之良。是用晋爾階奉直大夫，錫之誥命。於戲！金馬清階，皇猷緊潤；銅龍俊寀，儲德攸資。路已近乎鼎衡，才則需乎金礪。爾其功專道諭，忠竭論思。裨予配命之常，時乃格君之烈。欽哉！

初任翰林院編修；

二任右春坊右中允兼翰林院編修；

三任今職。

制曰：閨闈之修，有裨士行；朝廷之命，得並夫榮。緊我近寮，用褒淑媛。爾左春坊左諭德兼翰林院侍讀張四維妻封孺人王氏，毓英華里，儷德名流。相祀有齋，既執虔於筐筥；主饋無遂，尤致謹於衿鞶。懋鷄鳴儆戒之賢，式和琴瑟；稱象服委佗之德，克協史圖。玆特加封爾爲宜人。敷有赫之綸恩，闡無儀之蕙問。

其　二

皇帝制曰：人臣忠國，資事父以事君；王制尊親，因教愛而教敬。矧當大賚，尤重貤恩。爾封文林郎、翰林院編修張允齡，乃左春坊左諭德兼翰林院侍讀四維之父，宇度矜莊，性懷倜儻。惟孝而友，德允洽于家邦；洵美且仁，善式薰于州里。既絢鳳毛之彩，尤弘燕翼之詒。子爲良臣，克稱肯堂之嗣；汝惟善教，足徵作室之庸。兹特加封爾爲奉直大夫、左春坊左諭德兼翰林院侍讀。服此華章，養復榮於三釜；俾爾戩穀，慶將衍於百年。

制曰：怙恃同恩，報不殊於罔極；存歿異感，恩則厚於並崇。眷賢母之令儀，宜朝廷之愍册。爾贈孺人王氏，乃左春坊左諭德兼翰林院侍讀張四維之母，動合女師，行符内則。事其親而能孝，尤修蘋藻之誠；愛其子以知勞，誕敷機杼之教。賢既符於徙宅，而感則起於匪莪。懿範尚遺，冥靈有在。兹特加贈爾爲宜人。祇承明命，益增廟祏之光；永賁幽埏，以慰桮棬之慕。

掌詹事府事吏部左侍郎兼翰林院學士誥命三道隆慶六年八月二十一日

皇帝制曰：朕撫臨四海，尊事兩宫。嘉與在廷，咸共斯慶。况乃舊學之臣，寔惟新政之助。匪殊恩數，曷副眷懷？爾掌詹事府事、吏部左侍郎兼翰林院學士張四維，器識淵弘，風猷凝遠。校讐著作，擅石室之長；啓沃論思，廣旃帷之益。彀收文武，鑑别幽明。久侍先朝，洊躋小宰。肆予受經之始，起爾休沐之餘。端尹攸資，庶常是式。皇考所以遺朕，多士方謂得師。嘉答往勞，期禫初服。特授爾階通議大夫，錫之誥命。於戲！説朝夕納誨，猶云俊乂之旁招；旦左右灼知，惟曰國家之勵相。毋負中秘儲材之托，庶幾上臣事君之忠。懋乃表儀，稱予光寵。

初任翰林院編修；

二任右春坊右中允兼翰林院編修；

三任左春坊左諭德兼翰林院侍讀；

四任翰林院學士掌院事；

五任吏部右侍郎兼翰林院學士；

六任吏部左侍郎兼翰林院學士；

七任今職。

制曰：夫汪濊之恩，匪臣之獨被，必曁其室家；良顯之效，匪身之獨榮，亦庇其伉儷。爾掌詹事府事、吏部左侍郎兼翰林院學士張四維妻封宜人王氏，穆含内美，敬佐外修。爾君子振譽詞林，知爾資其交儆；宣勞經幄，知爾助其積誠。是用加封爾爲淑人。俾顯附于夫階，庶偕承乎主渥。

其　二

皇帝制曰：國有恩紀，施及宗祊，視官秩之等差，爲世數之遠近。眷兹名彦，簡在朕心。寵特異于百寮，德茂存乎再世。爾張誼，乃掌詹事府事、吏部左侍郎兼翰林院學士四維之祖父，鄉閭稱孝，畎畝遺安。悃涵〔一〕之風著爲家範，《詩》、《書》之澤貽厥孫謀。兹贈爾通議大夫、吏部左侍郎兼翰林院學士。於戲！積厚者流光，居崇者報遠。時乃天道，亦在邦彝。幽邈有知，歆承無斁。

制曰：《詩》云“孝子錫類不匱”。朕既以天下奉其親，因推其類以錫天下。禮雖未著於令典，義則可起以至情。爾王氏，乃掌詹事府事、吏部左侍郎兼翰林院學士張四維之前祖母，蚤以婉嫕〔二〕，宜其室家。賢弗永年，殁有餘慕。兹從孫貴，贈爾爲淑人。廣予尊親之澤，綏爾孝孫之心。

制曰：蓋聞《蓼蕭》之澤自葉以流根，豐年之頌烝祖以及妣，又况禁闥之名臣，而值國家之大慶？介于王母，可無追崇？爾解氏，乃掌詹事府事、吏部左侍郎兼翰林院學士張四維之祖母，天與静貞，力持門户。偕老之節矢志于中年，和鳴之繇卜昌于再世。兹贈爾爲淑人。陳情令伯之章，雖不逮已；揚休召祖之廟，亦與享焉。

其　三

皇帝制曰：朕因公朝之錫慶，念私室之承歡。臣子至情，本不忘于揚顯；國家令典，蓋以勸其孝慈。爾封奉直大夫、左春坊左諭德兼翰林院侍讀張允齡，乃掌詹事府事、吏部左侍郎兼翰林院學士四維之父，履坦居貞，秉哲迪義。博施閭里，怡老丘園。有子而賢，繄爾之訓。兹加封爾通議大夫、吏部左侍郎兼翰林院學士。韋氏之業爲盛，一經是貽；考父之銘益恭，三命而俯。其承渥惠，以輔遐齡。

制曰：夫朝著有大賚，則庭闈有榮名，無論幽遐，畢被光耀。惟成子之恩並，故資父之愛同。爾贈宜人王氏，乃掌詹事府事、吏部左侍郎兼翰林院學士張四維之母，貴家禮法，列傳音暉。動應壺彝，賢爲里式。宋榮公之德器，惟魯是成；唐柳氏之宗風，匪韓孰振？是用加贈爾爲淑人。雖不逮左右就養之歡，庶以奉春秋窀穸之事。

少保兼太子太保禮部尚書武英殿大學士誥命四道萬曆六年三月十三日

皇帝制曰：朕尊親立愛，錫命疏恩，眷兹小大之臣，咸被休嘉之慶，矧貳公弼亮，式賴忠賢，而一德寅恭，克襄孝治，不有寵褒之渥，曷彰眷倚之懷？咨爾少保兼太子太保、禮部尚書、武英殿大學士張四維，名世偉人，熙朝宿望。有博達淵潛之識而本之忱恂，有端方直亮之操而將以勤恪。自服官於史局，已夙邕乎英聲。洊陟宮僚，多講幄論思之益；升華翰署，冠文學侍從之班。旋躋銓部之貳卿，克佐建邦之六典。先皇帝用以遺朕，俾尹儲闈；余一人勞於求賢，延登揆路。感酬知遇，弘宣承辟之猷；殫竭忠貞，式展經邦之略。運陶甄於鼎鉉，罄謀斷於樞機。譽實兼隆，勛勞茂著。允諧朕志，庸示眷酬。四輔晋秩於春宮，孤卿加銜於殿學。兹以覃恩授爾階光禄大夫，錫之誥命。於戲！三少之官于今已備，五臣之烈自古稱隆。卿其勿替初忱，于以追蹤往哲。股肱一體，朕將賡喜起之歌；師保同心，爾尚效燮調之績。敬乃有位，永孚於休。欽哉！

初任翰林院編修；

二任右春坊右中允兼翰林院編修；

三任左春坊左諭德兼翰林院侍讀；

四任翰林院學士掌院事；

五任吏部右侍郎兼翰林院學士；

六任吏部左侍郎兼翰林院學士；

七任吏部左侍郎兼翰林學士、掌詹事府事；

八任禮部尚書兼東閣大學士；

九任太子太保、禮部尚書兼文淵閣大學士；

十任今職。

制曰：賚余良弼，眷惟名世之賢；宜其家人，資于好逑之助。恩禮既隆於朝寧，光華亦逮于閨闈。厥有上彝，用章内範。爾少保兼太子太保、禮部尚書、武英殿大學士張四維妻累封淑人王氏，克配君子，卓爲女師。訓服衿鞶，肅名家之禮度；動遵榘矱，揚列傳之音徽。緊兹相業之光昭，實賴壼儀之淑慎。宜從崇爵，申錫榮名。是用加封爾爲一品夫人。褘翟斯皇，祇荷鴻休之洊被；絲綸有赫，式嘉象服之惟宜。

其　二

皇帝制曰：朕惟生賢爲國，應千載之昌期；集善于家，衍百年之餘慶。蓄厚者其施遠，功盛者其報隆。粤有特恩，光于奕世。爾張寧，乃少保兼太子太保、禮部尚書、武英殿大學士張四維之曾祖父，性稟醇良，行敦孝友。含貞抱樸，夙高長者之評；委祉儲庥，遠篤曾孫之祐。相業方茂，先德彌昌。賴酒醴麯蘗之資，重水木本原之念。兹用贈爾爲光禄大夫、少保兼太子太保、禮部尚書、武英殿大學士。於戲！四世而昌，垂令名于不朽；九原可作，服峻秩以維新。

制曰：朕觀圖史所載閨閫之良，或恒一德以終身，而未必自于蚤歲；或罹百憂以撫子，而未必亢于厥宗。惟備美以流芳，宜曠世而滋顯。爾雷氏，乃少保兼太子太保、禮部尚書、武英殿大學士張四維之曾祖母，禔身貞淑，秉性幽閑。願蚤違于所天，誓每嚴于皦日。既鞠孤子，復撫孤孫。不辭夙夜之拮据，用嗣春秋之饋享。眷予輔弼，有懷啓祚之功；念爾艱貞，宜荷追崇之典。是用贈爾爲一品夫人。懿則如存，尚重膺于涣渥；嘉名肇錫，庶永庇于雲仍。

其　三

皇帝制曰：朕弘敷慶澤，崇答鉅僚。勷相國家，既獎其贊襄之績；纘戎祖考，宜慰其似續之思。爰有顯褒，以彰盛典。爾贈通議大夫、吏部左侍郎兼翰林院學士張誼，乃少保兼太子太保、禮部尚書、武英殿大學士四維之祖父，宅心仁厚，秉性樸醇。悦禮敦《詩》，德公之遺安畎畝；履仁蹈義，太丘之表正鄉閭。是開繩武之賢，作我調元之佐。惟孫謀之克紹，知祖德之垂芳。兹特加贈爾爲光禄大夫、少保兼太子太保、禮部尚書、武英殿大學士。申命自天，寵數極中朝之盛；嘉享在廟，宗祊延奕葉之光。

制曰：家有世德，流光施及于子孫；國有殊恩，命秩兼隆于祖妣。禮雖或限于令典，義則可起以至情。惟我重臣，被兹異數。爾贈淑人王氏，乃少保兼太子太保、禮部尚書、武英殿大學士張四維之前祖母，禔躬令淑，作配善良。樹懿範于閨闈，遺善祥于胤祚。雖貽孫翼子，弗在其身，而積功累仁，乃昌厥後。眷中台之茂績，遡奕世之徽音。是用加贈爾爲一品夫人。榮名並烈祖之光，九原增賁；靈爽篤孝孫之祜，百世彌昌。

制曰：孫謀貽燕，雖本祖功；門閥肇興，亦資内德。故王母有介福之寵，俾後賢遂報本之思。緣情而推，惟禮之稱。爾贈淑人解氏，乃少保兼太子太保、禮部尚書、武英殿大學士張四維之祖母，幽閒夙禀，純懿性成。矢志靡他，不愧共姜之烈；保孤能訓，式勤文伯之規。傳子而孫，益昌且熾。匪賴起家之厚澤，曷成體國之崇勛？是用加贈爾爲一品夫人。天佑宗祊，世篤艱貞之節；國推慶渥，光昭垂裕之休。

其　四

皇帝制曰：眷我邦家碩輔，忠孝兼資。潤色皇猷，茂佐中天之運；瞻依庭訓，有懷愛日之誠。宜推錫類之隆恩，用慰尊親之至願。爾累封通議大夫、吏部左侍郎兼翰林院學士張允齡，乃少保兼太子太保、禮部尚書、武英殿大學士四維之父，慈祥樂善，醇樸居貞。雅尚清修，人共推其長厚；高年茂德，天乃錫之壽康。篤啓嗣賢，躋登鼎鉉。調元贊化，謨謀蓋本自家傳；濟美承庥，勛業豈殊于己出。爰酬善誨，晋陟穹階。兹特加封爾爲光禄大夫、少保兼太子太保、禮部尚書、武英殿大學士。於戲！惟德致福，疏榮特邁乎等倫；移孝爲忠，詒穀無忘于終始。服兹休命，益介純禧。

制曰：朕敷慶群工，推及其母，雖緣情而錫類，寔因分以致隆。有若元寮，素承慈訓。輔弼之勛既著，劬勞之報宜崇。爾贈淑人王氏，乃少保兼太子太保、禮部尚書、武英殿大學士張四維之母，動合女師，儀爲邦媛。相夫順正，持儆戒以相成；治内明章，秉静恭而作範。玉成哲嗣，晋位台司。黼藻經綸，教未忘于機杼；鹽梅調燮，澤尚戀于梧棬。宜薦褒嘉，以彰聖善。是用加贈爾爲一品夫人。寵章晋錫，永貽彤史之芳；顯號鼎新，用作玄扃之賁。

少傅兼太子太傅禮部尚書武英殿大學士誥命四道萬曆八年七月初三日

皇帝制曰：朕精求理道，迪簡名賢。冀紹修謨烈之隆，用敷賁基圖之重。帝賚予弼，官惟其人。貳公宣寅亮之勛，三載奏奮庸之績。宜頒隆異，以示倚毗。咨爾少傅兼太子太傅、禮部尚書、武英殿大學士張四維，涵經世之才猷，抱佐王之道術。有奥衍閎深之識而出以忱恂，有端方直亮之操而將之謹恪。簡自肅祖，佐我先皇。史局宫僚，身久依於日月；佐銓長翰，望夙重乎樞衡。洎於朕躬，爰立爾相。自端尹踐中台之席，由秩宗躋亞保之班。爾乃感特達之深知，罄生平之厚蓄。敷陳堯舜，若謂吾君爲能；殫竭謀猷，猶曰我后之德。正色表儀乎群辟，和衷參决乎萬幾。眷兹夷夏之清寧，寔賴左右之匡弼。膚功來上，朕志允諧。孤卿加帝傅之銜，四輔晋佐師之秩。茂延世賞，申霖〔三〕廷綸，仍授爾階光禄大夫、勛柱國，錫之誥命。於戲！朕方詢事以考言，故嘉乃丕績；朕甚尊師而重傅，故陟爾穹階。尚其益勵初忱，永終令譽。唯德唯義，道益進于保躬；作醴作羹，忠無忘于訓志。登閎上治，光輔中興。欽哉！

初任翰林院編修；

二任右春坊右中允兼翰林院編修；

三任左春坊左諭德兼翰林院侍讀；

四任翰林院學士掌院事；

五任吏部右侍郎兼翰林院學士；

六任吏部左侍郎兼翰林院學士；

七任吏部左侍郎兼翰林院學士、掌詹事府事；

八任禮部尚書兼東閣大學士；

九任太子太保、禮部尚書兼文淵閣大學士；

十任少保兼太子太保、禮部尚書、武英殿大學士；

十一任今職。

制曰：朕惟樞機之佐，夙夜在公，固上臣之事君不有其家，亦中閨之有淑相在爾室。肆舉懋功之典，並疏從爵之恩。國有彝章，今爲異數。爾少傅兼太子太傅、禮部尚書、武英殿大學士張四維妻封一品夫人王氏，誕秀高華，儷芳名碩。柔嘉自性，德咸中乎珩璜；静正爲儀，動一遵夫圖史。備兹内美，襄我元僚。茂寅亮之崇勛，霈申重之寵命。是用仍封爾爲一品夫人。度表山河，增賁六珈之飾；徽揚江漢，祗承三錫之榮。

其　二

皇帝制曰：自古帝王之佐、社稷之臣，其出也有爲，而功德所被不止一民一物之微；其生也有自，而善祥所鍾不止一世二世之積。故恩禮特隆于宰輔，而寵褒覃及其曾先。爾贈光禄大夫、少保兼太子太保、禮部尚書、武英殿大學士張寧，乃少傅兼太子太傅、禮部尚書、武英殿大學士張四維之曾祖父，長者之心，仁人其行。曰唯孝友于兄弟，慶澤攸鍾；不求聞達于家邦，身名俱隱。百年所積，三葉而昌。若金作礪而旱作霖，允資弼鉉；如水有源而木有本，宜霈休綸。是用加贈爾光禄大夫、柱國、少傅兼太子太傅、禮部尚書、武英殿大學士。穹階峻秩，彌彰天錫之隆；厚祉餘休，益篤雲仍之祜。

制曰：國家尊禮元僚，寵頒異數，凡追崇其上世，得並逮于曾闈，矧從一居貞亮清白之節，保孤永祀開熾昌之圖，在古不磨，于今爲烈。爾贈一品夫人雷氏，乃少傅兼太子太傅、禮部尚書、武英殿大學士張四維之曾祖母，夙稟慈訓，來歸德門。中道而失所天，矢心則有如日。撫一綫之脉，更子而孫；堅兩髦之儀，繄女而士。眷經邦之偉績，嘉啓祚之弘功。是用仍贈爾爲一品夫人。懿範如新，誦《柏舟》而慕義；明恩未艾，紀彤管以流芳。

其　三

皇帝制曰：夫幽潛之士厚積在躬，而慶每流于後；爕理之臣弘施在世，而源必浚于先。故國家申眷于宗工，則恩數特隆于祖考。非獨明有始之義，亦俾衍無疆之休。爾贈光禄大夫、少保兼太子太保、禮部尚書、武英殿大學士張誼，乃少傅兼太子太傅、禮部尚書、武英殿大學士四維之祖父，天予敦龐，力行孝弟。與物無競，有仁人長者之風；直躬而行，無靡麗紛華之習。蓄其善祉，開爾聞孫。弼予一人，如巨川之作楫；興于再世，殆高山之出雲。宜有顯褒，以彰明德。是用加贈爾光禄大夫、柱國、少傅兼太子太傅、禮部尚書、武英殿大學士。秩崇上佐，丕揚祖廟之光；恩賁重原，永篤相門之慶。

制曰：夫誦共姜之詩則慕其烈，讀令伯之表則哀其情。然共無聞于立孤，而李未膺于追顯。孰與我奮庸之佐，兼隆夫烝畀之儀。亮節彌光，鴻名並久。爾贈一品夫人解氏，乃少傅兼太子太傅、禮部尚書、武英殿大學士張四維之祖母，早以淑媛，歸于哲人。違偕老之期，艱難備歷；矢靡他之誓，志操逾堅。爰翼子以詒孫，肆承家而秉國。懋著上臣之偉績，丕揚王母之徽音。是用仍贈爾爲一品夫人。風教是維，爲信史必傳之事；霈〔四〕恩斯渥，慰聞孫欲報之情。

其　四

皇帝制曰：明王立政，不惟其官惟其人；積善降祥，不於其身於其子。蓋帝賚良弼非偶，而天佑善人靡常。若乃身居樞筦之司，亦有父逮鼎鍾之養。造化所篤，朝廷罕儔。爾封光禄大夫、少保兼太子太保、禮部尚書、武英殿大學士張允齡，乃少傅兼太子太傅、禮部尚書、武英殿大學士四維之父，樸茂居貞，慈祥好施。誠心直道，追三代之遺風；達德高年，望百齡之厚祉。誕啓哲嗣，躋位台司。於身親見其成，當世陰蒙其賜。載酬義訓，申錫恩綸。是用加封爾光禄大夫、柱國、少傅兼太子太傅、禮部尚書、武英殿大學士。杖屨優游，爲天下之大老；簪纓舄奕，極人間之至榮。益迓天休，適觀相業。

制曰：母之愛子，靡弗知勞，而身顯則教益章；子之愛親，靡弗知慕，而位高則思愈切。肆國家有善推之典，而臣子無不盡之情。至我輔相之元僚，尤極褒崇之異數。爾贈一品夫人王氏，乃少傅兼太子太傅、禮部尚書、武英殿大學士張四維之母，貞姿躬秉，淑行性成。動契閨彝，哲問蚤煒於鉛管；言符女誡，德音未泯於圖箴。誕育英賢，光昭偉烈。在清廟而爲珪爲璧，珩璜之節彌彰；代天工而如綍如綸，機杼之風斯顯。宜申渥寵，以報劬勞。是用仍贈爾爲一品夫人。九原焜燿，彰昊天罔極之恩；三錫駢蕃，慰大孝終身之慕。懿靈不昧，明命其承。

少師兼太子太師吏部尚書中極殿大學士誥命四道萬曆十年十一月初三日

皇帝制曰：朕誕毓胤祥，尊崇慈極。肆溥休嘉之澤，及于臣工；深惟翼贊之勞，賴兹輔弼。奮庸而宅百揆，寅亮以毗一人。茂著忠勛，宜頒異渥。咨爾少師兼太子太師、吏部尚書、中極殿大學士張四維，受天間氣，爲世偉人。學能綜覽百家而歸之大雅，才能剸決庶政而本以和衷。簡自先朝，素隆揆望。暨予初服，俾列鼎司。參謀斷於萬幾，忠焉能誨；樹儀刑於百辟，公爾忘私。夾輔八年，交修一德。既晋台衡之首，允孚海寓之心。蹇蹇匪躬，休休下士。贊廟謨以威蠻貊，宣皇澤而惠蒸黎。惟景運之熾昌，由元臣之燮理。屬兹大慶，嘉乃殊庸。師垣兼領乎冢卿，殿學峻躋于中極。恩延奕世，寵涣明廷。仍授爾階光禄大夫、勛柱國，錫之誥命。於戲！尹先覺而任阿衡，旦爲師而位冢宰。惟卿兼秩，視昔有光；翼我洪圖，尚資後勷。汝爲汝翼，益堅篤棐之忠；無怠無荒，永佐雍熙之化。欽哉！

初任翰林院編修；

二任右春坊右中允兼翰林院編修；

三任左春坊左諭德兼翰林院侍讀；

四任翰林院學士掌院事；

五任吏部右侍郎兼翰林院學士；

六任吏部左侍郎兼翰林院學士；

七任吏部左侍郎兼翰林學士、掌詹事府事；

八任禮部尚書兼東閣大學士；

九任太子太保、禮部尚書兼文淵閣大學士；

十任少保兼太子太保、禮部尚書、武英殿大學士；

十一任少傅兼太子太傅、禮部尚書、武英殿大學士；

十二任少傅兼太子太師、禮部尚書、武英殿大學士；

十三任今職。

制曰：朕惟相道得而國昌，妻道得而家理，故良臣淑配乃風化之攸關，從爵疏榮惟彝章之具在。爾少師兼太子太師、吏部尚書、中極殿大學士張四維妻累封一品夫人王氏，女師稟訓，君子作逑。敬戒無違，動中珩璜之節；惠温有則，行遵圖史之規。眷兹鼎軸之宣猷，繄爾閨闈之協德。雖内階已峻，而新命宜申。兹仍封爾爲一品夫人。秩擬上公，祗荷天休於三錫；輝騰中壼，式歌王化於二《南》。

其　二

皇帝制曰：天子之卿，三孤箎樞是寄；君子之澤，五世奕葉彌昌。位尊者其數隆，德茂者其慶遠。粤有追崇之典，用彰湛渥之恩。爾累封[五]光禄大夫、柱國、少傅兼太子太傅、禮部尚書、武英殿大學士張寧，乃少師兼太子太師、吏部尚書、中極殿大學士四維之曾祖父，温醇天稟，孝友躬行。直道同三代之民，積德應百年之運。誕貽餘祉，佑啓聞孫。作朕股肱，若巨川之于舟楫；俾爾昌熾，知水木之有本源。兹特加贈爾爲光禄大夫、柱國、少師兼太子太師、吏部尚書、中極殿大學士。厚澤深仁，宜食無窮之報；穹階峻秩，永垂不朽之名。歿而有知，服之無斁。

制曰：秉節植孤，乃閨門之偉行；褒貞勵俗，實邦國之常經。矧是後昆，爲時名佐。慶澤聿鍾于累世，渥恩宜逮其曾闈。爾累贈一品夫人雷氏，乃少師兼太子太師、吏部尚書、中極殿大學士張四維之曾祖母，稟性柔嘉，禔身静一。蚤罹家難，茹辛鞠兩世之孤；晚翼孫謀，作善衍百年之慶。報本追遠，諒勤輔弼之思；涣號推恩，式表艱貞之節。兹仍贈爾爲一品夫人。徽音如在，歆綸綍之重申；福祚彌昌，尚雲仍之永庇。

其　三

皇帝制曰：天生賢而爲國，有開必先；士履道以傳家，乃昌厥後。故有崇德報功之典，以嘉宅揆熙載之臣。爾累贈光禄大夫、柱國、少傅兼太子太傅、禮部尚書、武英殿大學士張誼，乃少師兼太子太師、吏部尚書、中極殿大學士四維之祖父，遺榮畎畝，端軌鄉閭。夙稱聖世之逸民，誕啓熙朝之碩輔。經文緯武，允爲憲于萬邦；積功累仁，實鍾祥于再世。聿追潛懿，載霈恩綸。兹特加贈爾爲光禄大夫、柱國、少師兼太子太師、吏部尚書、中極殿大學士。龍章有赫，丕揚烈祖之休；燕翼無窮，永篤孝孫之祜。

制曰：家有慶始，遡流可以知源；國之恩施，緣情可以起義。惟我疑丞之重，方深似續之思。追念前休，優加寵秩。兹惟曠典，以答元勛。爾贈一品夫人王氏，乃少師兼太子太師、吏部尚書、中極殿大學士張四維之前祖母，毓貞華系，儷美哲人。壟上並耕，能佐龐公之隱；廡前相敬，竟成梁伯之高。雖胤祚綿昌非由己出，而仁慈積累肇啓家聲。肆褒三事之良臣，偕錫重闈之顯秩。兹仍贈爾爲一品夫人。禮嚴祖廟，共歆垂裕之光；澤庇孫枝，彌懋纘戎之烈。

制曰：賢哲之生，神明所啓。方其世業未顯，必有積德者培其基；乃或門祚中微，必有秉節者延其嗣。實關世運，夫豈人謀。爾累贈一品夫人解氏，乃少師兼太子太師、吏部尚書、中極殿大學士張四維之祖母，蘭蕙爲心，冰霜比節。奉姑而克承乃志，鞠子而不墜厥宗。再世彌昌，百揆是宅。天意默爲之翼相，王章特愍其難貞。兹仍贈爾爲一品夫人。於戲！共姜誓《柏舟》之操，榮豈望于六珈；令伯陳烏鳥之情，報未聞于一品。沐兹湛渥，賁爾泉臺。

其　四

皇帝制曰：夫大臣樹勛邦國，則有錫命之殊榮；耆老作範鄉閭，則有乞言之令典。矧子居鼎軸，躬履壽康。介兹純嘏之休，蔚爲聖世之瑞。爾累封光禄大夫、柱國、少傅兼太子太傅、禮部尚書、武英殿大學士張允齡，乃少師兼太子太師、吏部尚書、中極殿大學士四維之父，抱德不試，篤行有聞。以古人之道善其身，以儒者之效付諸子。輔世之猷丕顯，過庭之訓彌彰。鹽梅調爕于廟堂，功猶己出；杖履優游于畎畝，禄自天申。載涣龍光，式酬燕翼。兹特加封爾爲光禄大夫、柱國、少師兼太子太師、吏部尚書、中極殿大學士。百年上壽，既爲人世之希逢；一品疏榮，尤極王朝之異數。尚需憲老，毋替教忠。

制曰：國有良臣，允副調元之托；家惟令母，式開錫胤之祥。惟偉績之光昭，宜華綸之洊被。爾累贈一品夫人王氏，乃少師兼太子太師、吏部尚書、中極殿大學士張四維之母，性鍾婉嫕，德備孝慈。敬潔蘋蘩，預卜崔門之昌大；教勤機杼，共推孟母之賢明。誕兹名世之英，作朕代言之弼。雖鼎釜之養莫遂，而桮棬之澤猶存。緣體至情，重申大號。兹仍贈爾爲一品夫人。龍章載涣，永流女史之芳；象服斯皇，庶慰相臣之慕。

太師誥命一道萬曆十三年十二月十九日

皇帝制曰：朝廷軫舊，式懷夾輔之勛；宅穸厚終，特賁優崇之典。生克相乎大業，殁宜錫以榮名。爾原任少師兼太子太師、吏部尚書、中極殿大學士張四維，器宇端凝，才猷練達。自蜚英于侍從，已徵華國之文；迨參預于論思，歷試匡時之略。屬更化紀，弦轍惟新。爾位元僚，機衡默運。宿蠹批而不仁自遠，寬條布而群品皆蘇。眷兹至治之成，寔賴交修之助。方需後效，用佐中興。胡欒棘以奔歸，遽柴瘠而不起？倏感騎箕之化，永遺亡鑑之思。愍册肆頒，恤恩滋備。特贈爾爲太師，謚文毅，錫之誥命。於戲！周太尉之重厚，屬大事以克勝；韓魏公之真誠，折群疑而能斷。兼資重美，允副褒綸。秩既晋于三公，寵實榮于一字。緬惟靈爽，尚克歆承。

特進光禄大夫暨一品太夫人誥命一道萬曆十七年

皇帝制曰：盛德之傳十世，家業方昌；公論之定百年，國恩未艾。眷兹堂構之績，永惟宗社之勞。載晋鴻階，用光燕翼。爾原任光禄大夫、柱國、少師兼太子太師、吏部尚書、中極殿大學士、贈太師、謚文毅張四維，篤生碩輔，間氣偉人。學術合乎才誠，謀畫基於忠讜。潤色兩朝之丕業，殫敷一德之訏謨。道本格心，功成造膝。除奸剔蠹，頓回國脉於和平；黜佞登賢，一洗士風之陂險。几几方諧於赤舄，欒欒已咏於《素冠》。人方望裴度之重還，天胡奪楊綰之遽速。寵數雖窮乎國秩，謀謨猶繫於朕思。兹用爾子甲徵考績，進爾階特進光禄大夫，勛如故。於戲！阿衡邁德，宜伊陟之象賢；士燮勤身，知隨武之有後。念爾二子，克傳韋相之經；惟予一人，長憶魏徵之鑑。尚期靈爽，服此休嘉。

制曰：婦爵從夫，已峻中閨之秩；母賢視子，載揚南國之休。雖珈褘之貴靡加，而絲綸之寵無替。兹惟異數，亦曰彝章。爾累封一品夫人王氏，乃原任少師兼太子太師、吏部尚書、中極殿大學士、贈太師張四維之妻，兵部職方清吏司主事甲徵之母，毓貞名閥，作配元臣。藻蘋贊節於《羔羊》，筦簟鍾祥於《麟趾》。功參調鼎，聿彰錡釜之勞；教本斷機，克衍絲綸之緒。禄養方寧於燕喜，板輿仍備乎魚軒。是用加封爾爲一品太夫人。洊膺七命之榮，永介百年之祉。

聞喪諭祭文一道

惟萬曆十三年歲次乙酉十月十九日，皇帝遣山西布政司左參政劉中立諭祭少師兼太子太師、吏部尚書、中極殿大學士張四維曰：惟卿問學宏深，器資端亮。勞存史局，望著經幃。由翰署而歷踐清華，自宮尹而進參密勿。屬當更化，爾乃秉樞。驅回矞而世道一新，滌煩苛而民生用乂。方賴股肱之助，遽驚甯簋之歸。孝庶移以事君，毁乃終于滅性。眷兹舊德，良軫朕懷。諭祭特頒，用彰愍恤。靈其不泯，尚克歆承。

首七諭祭文七七、百日文同，計八道

惟萬曆十三年歲次乙酉十月二十二日，皇帝遣山西布政司左參政劉中立諭祭少師兼太子太師、吏部尚書、中極殿大學士、贈太師、謚文毅張四維曰：惟卿列秩上公，作朕元弼。克攄忠藎，茂樹勛庸。托國政以方殷，丁家難而不起。奄臨首七，良用爴傷。追念往勞，特頒諭祭。爾靈不昧，服此殊恩。

安葬諭祭文一道

惟萬曆十四年歲次丙戌三月十七日，皇帝遣山西布政司左參政劉中立諭祭少師兼太子太師、吏部尚書、中極殿大學士、贈太師、謚文毅張四維曰：惟卿應運而生，乘化而往。雖儀刑之云邈，乃勛業之猶存。日月不居，奄臨窀穸。追念君臣之義，已全終始之恩。諭祭申頒，靈其歆服。

周期諭祭文再周、禫除文同，計三道

惟萬曆十四年歲次丙戌十月十六日，皇帝遣山西布政司左參政劉中立諭祭少師兼太子太師、吏部尚書、中極殿大學士、贈太師、謚文毅張四維曰：卿以儒望，致位公台。謨謀歷試于經邦，德義允孚乎匡辟。自見素冠之去，遂虚赤舄之迎。泉室長扃，周期倏届。顧兹宿莽，益增悼傷。秩祀敷恩，靈其來享。

後喪諭祭文計二道

惟萬曆十八年歲次庚寅七月十九日，皇帝遣山西布政司左參政趙燿諭祭少師兼太子太師、吏部尚書、中極殿大學士、贈太師張四維并妻一品太夫人王氏曰：惟卿以元臣舊德，熙載亮工，茂宣篤棐之勞，式著匡襄之績。亦惟賢淑，相爾閨闈。委佗徽象服之宜，警戒得燕私之助。嗣賢逴起，景福方來。胡不遐齡，倏聞長逝。並頒諭祭，爰示恤恩。不泯懿靈，尚其歆服。

惟萬曆十九年歲次辛卯二月二十二日，皇帝遣山西布政司左參政趙燿諭祭少師兼太子太師、吏部尚書、中極殿大學士、贈太師張四維并妻一品太夫人王氏曰：眷予良弼，久謝人寰。茲爾歸藏，共安窀穸。死生契闊，終始恩榮。諭祭申頒，幽靈永慰。

附　録

奏疏三道

原任兵部武庫清吏司主事等官、今丁憂臣張甲徵等謹奏：爲恭謝天恩事。臣父原任少師兼太子太師、吏部尚書、中極殿大學士先臣張四維，于萬曆十三年十月十六日在籍病故。隨該山西撫按官許守謙等具題，奉聖旨：“張四維先任元輔，贊理忠勞，應得恤典着禮部從厚查擬來看。”欽此。續該禮部覆題，奉聖旨：“是。准照例與祭葬，仍加祭四壇，差官造葬，還與他謚。”欽此。又該吏部覆題，奉聖旨：“張四維准贈太師，仍廕一子與做尚寶司司丞。”欽此。續有中書舍人鄭國俊遵奉欽差，賫領山西布政使司，遵依工部札付，照例給付墳地、匠作、棺木等項銀兩，于十四年三月内前到蒲州地方，督令官匠擇地造墳。山西布政司左參政劉中立遵依禮部札付，將欽賜諭祭照例次第舉行。至十五年三月十七日，臣等謹就恩賜新塋，奉先臣靈柩安葬訖。臣伏念先臣張四維生當昌運，仕列清班。風虎雲龍，際千載君臣之遇；青天白日，罄一生忠孝之心。雖通顯之洊躋，奈涓埃之未效。溘先朝露，遄往夜臺。仰荷聖慈，特垂愍惻。爰稽成憲，則從厚之命惟殷；洎賜恤恩，則最優之典咸備。太師三公，穹秩不吝褒崇；司丞六品，華階乃叨延賞。仍循節惠之義，肇錫"文毅"之稱。加籩迥出乎常儀，卜兆遠勤乎專使。星軺涖止，龍光敷賁于松楸；天語傳宣，雲漢昭回于俎豆。允矣備哀榮之異數，曠然擅臣子之奇逢。老穉聳觀，共羡湛恩之渥；山川增色，普沾漏澤之施。怙德同天，獻忱無地。兹蓋伏遇皇上交孚開泰，覆育體乾。舊學不忘，豈曰遺簪之棄？微勞必録，永惟亡鑑之思。諒九原感戢以無窮，即百世捐糜而莫報。臣等敢不勉承家訓，祇戴國恩。資事父以事君，願代攄夫銜結；緣死忠而死孝，庸何愛于髮膚。臣等無任悲感激切、瀝血銘心之至。奉聖旨："禮部知道。"欽此。

其　二

原任吏部等部考功等清吏司主事等官、今丁憂臣張甲徵等謹奏：爲懇乞天恩俯賜恤典以光泉壤事。臣等謬叨任使，待罪郎署，各供本職。間本年四月十七日，接得臣弟原任中書舍人、在籍養病臣定徵家書，報稱臣母封一品太夫人王氏先于本月初八日在家病故。臣等聞報驚慟，五内如焚，積罪逮親，萬死何贖？除即日解任，遵例守制外，伏念臣母自歸臣父原任大學士先臣四維，恩沐三朝，秩崇一品，從爵之義，無間始終。往年臣父病故，荷蒙聖恩，賜恤從厚，祭葬有加。今臣母所有應得賜祭及開壙合葬併與臣父並祭各項恤典，伏乞敕下禮部查覆施行。臣等草土餘息，不勝瀝血哀懇之至。

其　三

原任吏部考功清吏司主事臣張甲徵等謹奏：爲恭謝天恩事。先因萬曆十八年四月内，臣母累封一品太夫人王氏在家病故，臣等聞訃，隨即具奏請給恤典。奉聖旨："禮部知道。"欽此。隨該禮部覆題，奉聖旨："准照例並祭、開壙合葬，仍加祭一壇。"欽此。續該山西布政司依奉禮部勘合，行令本司堂上官分守河東道左參政趙燿，諭祭臣父原任大學士先臣四維暨臣母王氏，共祭二壇。又依奉工部勘合，行下平陽府蒲州，給臣家開壙工銀五十兩。臣等欽奉聖恩，至今年二月敬啓先臣之壙，奉臣母合葬訖。臣等哀感交切，謹此稱謝者。皇慈禮下，隆施不替于始終；舊學承恩，殊典兼推于伉儷。泉臺增賁，海宇稱奇。兹蓋伏遇皇上仁齊覆育，德並生成。追惟輔理之微勞，特錫榮哀之異數。九章命服，寵既逮其室家；一品恤儀，恩更優于窀穸。臣母王氏糟糠胥戚，綸綍分榮。爵秩從夫，已共拜鸞章之焕；年齡偕老，復同棲馬鬣之封。歆籩豆之静嘉，均沾湛露；依山河之奠麗，永賴恩暉。臣等敢不誓畢微生，勉圖薄效。戴天履地，祝萬壽以無疆；移孝爲忠，矢百身而靡悔。臣等無任瞻天仰聖感戴激切之至，爲此除望闕謝恩外，謹此具本專差義男張德齎捧謹具奏聞。

校勘記

〔一〕"滔"，清稿本作"慆"，是。

〔二〕"嫕"，疑當作"嫕"。

〔三〕“霖”，據《四庫全書》本（明）孫繼臯《宗伯集》卷一《少傅兼太子太傅禮部尚書武英殿大學士張四維誥命》當作“霈”。

〔四〕“霈”，據同上文當作“霑”。

〔五〕“封”，疑當作“贈”。

條麓堂集卷三十四

永信録下

張文毅公神道碑

上御極之三年，蒲坂張公以宫詹晋宗伯、大學士，入參機密。又八年，秉政逾年，以父贈公之喪歸其廬。蓋上時時念公也，嘗顧問左右："張少師無恙乎？何時服除?"於是朝士大夫歡傳："張公且復召。"海内延頸而望太平，曰："張公且復召。"然未及召而公卒。上聞震悼，輟一日視朝，賜祭加等爲十三壇，遣官治葬事，贈太師，謚文毅，廕一子尚寶丞，恩恤甚厚焉。及是，公伯子甲徵等奉閣學山陰公狀，屬余紀其墓隧之石。余與公共事三朝，自詞林、講幄入參機務，先後皆獲從公，凡公之論議、著作與其厝注于國家者，皆余所親睹，即不斐其何敢辭？公諱四維，字子維，别號鳳磐，山西蒲州人也。其先自解徙，世以高義聞里中。曾祖寧，配雷。祖誼，配王，繼解。父允齡，號峒川公，配王，寔生公。以公貴，曾祖、祖、父贈封俱光禄大夫、柱國、少師兼太子太師、吏部尚書、中極殿大學士，妣皆一品夫人，具余所爲《峒川公志》。公生而穎異，甫能言，解夫人弄之膝上，問兒所欲，公亢聲曰："欲一當明主，康濟天下。"解夫人大驚，心知公非凡兒也。年十五，舉茂才高等。督學劉公某雅自負，少所許可，獨奇公年少而才，推曰國士。嘉靖己酉，舉鄉試第二人。癸丑，成進士，以庶吉士第一讀中秘書。乙卯，授翰林院編修。無何，丁内艱。服闋，補職。壬戌、乙丑，兩充會試同考官，分校《永樂大典》。是時，詞林少事，日游敖徵逐。公獨與同志楗户讀書，自傳記、諸子、百家無不窮詣博覽，而尤好深沉之思，蓋隱然負公輔之望焉。袁文榮公嘗以博物策士，屬公代對，立具草，袁公嘆曰："此真博物君子矣。"徐文貞公嘗召諸詞臣集直中，語及國計，屬公考訂贏縮，推利害所繇，曰："此参政異日憂也。"隆慶丁卯，《大典》録成，升右春坊右中允，予五品服。莊皇帝首御講幄，以公充經筵日講官。公盟心登對，多所開發，莊皇帝常竦意聽之。是年，主順天鄉試。尋升左春坊左諭德，兼翰林院侍讀。戊辰冬，請假歸省，賜銀幣，給驛以行，及春而復。己巳，升翰林院學士。尋升吏部右侍郎，轉左。新鄭高公雅重公，推轂甚亟，而同事者意忌，以爲軋己，從中撓之，公遂以疾乞歸。壬申春，上出閣講學，慎簡宫僚，以公充侍班官，協理詹事府。尋掌府事，兼教庶吉士。無何，復引疾歸。萬曆甲戌，詔再起公，以原官仍掌詹事府事，充世廟《實録》副總裁。肅皇帝在位久，章牘浩繁，諸司掌故皆闕軼。公極意搜討，自嘉靖辛卯以後三十五年間朝章、邊務、國賦、人才皆犁然具備。江陵張公矍然稱服，因出舊所編《初紀》者，盡屬公筆削乃定。乙亥，上簡置弼臣，升公禮部尚書兼東閣大學士，入内閣参預機務。公既拜命，侍上講讀于便殿，賜公御書"一德和衷"大字，公稽首謝出。上以公器度不凡，注視者久之。丙子，充重修《會典》總裁官。丁丑，主會試。肅皇帝《實録》成，加太子太保，進文淵閣大學士，賜銀幣、鞍馬。戊寅春，大婚，以公贊襄六禮勞，加少保，進武英殿大學士，廕一子中書舍人。庚辰，一品滿考，加柱國、少傅兼太子太傅，廕一子國子生。壬午，遼左大捷，以决策功進兼太子太師，廕一子錦衣百户世襲。凡三進秩，皆予三代誥命。自江陵柄國，以刑名一切痛繩海内，其治若束濕，人心囂然。既没，而親信用事之人尚據要地，與權璫爲表裏，相與墨守其遺法，閣中議多齟齬不行。公燕居深念，間爲余言："此難以顯争而可默奪。今海内厭苦操切久矣，若以意示四方中丞、直指，令稍以寬大從事，而吾輩無深求刻責，宜可以少安人心。"會皇嗣誕生，而公喜可知也，曰："時不可失。"乃手疏，勸上宜以大慶施惠天下，省督責，緩征徭，舉遺逸，恤灾眚，以養國家元氣，而出諸司所擬寬條屬余損益，凡數十事以進。上欣然命行之。尋以詔恩，加公少師、吏部尚書、中極殿大學士，廕一子尚寶丞。先是，席江陵寵者憚公而易余，故起新昌位余上以逼公。及新昌論罷計阻，則欲設事構隙，乃因陽城太宰劾罷，嗾御史并劾公。御史，楚人也。上曰："元輔忠臣，御史何得妄言？"持其章不下，手詔趣公出。憚公者愈不自安，則夤緣罪人爵關説權璫保，將爲公難，御史疏再入。上怒，鐫御史三級，出之外。公上疏引咎，乞宥言者，上褒答不許。是時權璫驕恣甚，上積不能平，語浸淫聞外，言官亦微知上指，乃共爲疏論爵及保不法狀。上震怒，立諭公擬旨，曰："奴輩盗我威福久，其亟誅之。"乃下爵詔獄，論死。安置保于南京，籍其家。言者因追論江陵事，上欲窮竟其獄，公從中救解，事得暫已，然異時江陵私人遣斥殆盡。公請詔臺省舉骨鯁端亮之臣，或起巖穴，或拔自下僚，期月間耆賢在列，朝寧改觀焉。公一秉政而滌煩苛，鋤荒穢，拔根株窟穴之奸于主上之側，其沉謀秘畫[一]，有人所不及知者。然公口不言功，而言者或攘以爲功，公亦不自明也。蓋自是上益重公。一日上視朝，公立金臺則[二]，眩暈欲仆，上曰："張先生不耐早寒。"命中使扶送至閣。癸未，從駕閲壽宫，陟峻嶺，上顧近侍曰："可令二人掖張先生。"其優眷如此。無何，峒川公訃至，公哀毁不欲生。上特遣中使慰唁，微示以奪情意。公泣，固謝曰："臣死且不敢。"上憐之，賜賻襚特厚，仍命馳傳，給道里費，遣行人護行。公辭上于文華殿，勸上以法祖孝親，講學勤政，清心寡欲，惜財愛民，保終如始，因泣下，上爲之動容，慰勞甚至。公歸，壽宫閲定，上猶録公勞，遥賜白金、文綺，廕一子國子生。比服闋，上將召公，而公疾革不起。是爲萬曆乙酉十月十有六日，距其生嘉靖丙戌五月十有二日，享年六十。公孝友天篤，内行甚謹，與人交，齗齗不能苟合，而厚于故舊，不以存亡易心。嵋川公家居，月一馳使定省。既聞訃，匍匐兼程，廢寢食，道病幾殆。甫至家，而後母胡夫人亡，兩弟又亡。公雖病，猶强起爲經紀喪事。宫保楊南澗公知公于髫亂，公以國士報，既没而葺其祠。諸故人遺孤無所歸，公皆衣食之，無令失所。新鄭去國，門下士方首鼠避，公時赴宫詹命，自獲鹿取道，會于逆旅。江陵嘗以問公，公曰："昔事高公，猶今事公也。去而遠之，謂交誼何?"聞者稱服。公居恒簡重，呐呐如不出口，至其臨大事，決大疑，迎刃立斷，自謂賁育不能奪也。北虜款貢，衆言盈庭，謂夷情叵測。公于政府力陳便宜，乃許。王少保嘗曰："微吾伯甥，幾敗國家事。"五開苗叛，撫臣募卒討平之。或言卒當散遣，不且生亂。公曰："有事用之戰，事已奪之餉，是趣使亂也。"會滇南用兵，令一將將以行，平緬之役，卒賴其用。公在閣中，數爲余稱楊文襄公，曰："本朝經濟國手，無如是翁。其誅瑾一事，大有作用，可謂振古之豪傑。"意若深有概[三]于文襄者。乃公所以扶危定傾，安利天下，余竊以爲過之。公配王氏，儒官恩女。初封孺人，晋宜人、淑人，洎公大拜後，封一品夫人者三。有子六人：長甲徵，兵部武庫司主事；次泰徵，禮部儀制司員外郎；次定徵，中書舍人；次久徵，次元徵，俱國子生：娶皆名族。次獻徵，早卒。女三人，嫁聘皆名族。詳在志中。甲徵等以丁亥三月十有七日葬公于蒲之風陵鄉，蓋公所自卜壤，上即以賜公，從公志也。余按，萬曆初端揆之臣當天子冲聖拱默，政權由已，而務文飾太平，緣飾恩寵，示威重不可撼。上未必得主之心，而下至于盡失天下之心，故一去而敗，既死而人不思。及公以除慝迸奸結知主上，稍易前人之弦轍，與衆更始，上既推誠相任，而海内皆忻忻嚮慕，庶幾以振興鴻業。然公柄事未久而去，去當復召，而閔然不能須臾，天固未欲幸海内耶？何奪公之亟也？嗚呼悲哉！余故最公之大者，揭之碑而系以銘，曰：

翼翼虞都，代鍾賢哲。佐運匡時，有聲烈烈。顯允文毅，應期挺生。才爲國華，行爲士程。肅皇之朝，雍容載筆。掞藻垂鴻，鑾坡石室。暨事穆考，執經周旋。盟心解頤，廣厦細旃。冲聖在宥，公歸來復。勒成信書，乃符夢卜。天子曰咨，汝作舟霖。其代予言，其沃朕心。公拜稽首，對揚休命。一德和衷，不絿不競。乃持大匕，易寒爲春。滌煩去苛，化瑟維新。乃屏憸壬，以肅在位。射隼于墉，投鼠于器。乃徵遺逸，寘之天衢。澗無考槃，埸無逝駒。夙夜劬勞，不遑啓處。盡瘁厥躬，以報明主。帝眷元臣，日寵綏之。其顛其危，俾掖持之。信若蓍蔡，歡若魚水。君臣之交，終如其始。素車西邁，欒欒棘人。豈不懷恩，非孝無親。祥琴在堂，蒲輪在路。乘箕行天，公不返顧。柄政無何，其勛則崇。帝心所懷，朝野攸同。去則有思，没則有恤。何其厚矣，用酬良弼。不墜厥功，不隕厥聲。于千百年，視此刻銘。

特進光禄大夫、柱國、少師兼太子太師、吏部尚書、中極殿大學士、知制誥經筵事、總裁《會典》吴郡申時行譔

張文毅公墓志銘

蒲坂張公，諱四維，字子維。嘗讀書中條之鳳鳴山，學者稱鳳磐先生。其先世居解州鹽澤，元季遷於蒲。遷蒲後五世秀公，是爲公高祖。秀生孟儒公寧，寧生首陽公誼，誼生峒川公允齡，

公父也。以公貴，六拜封命，累贈三世皆如公官，而曾大母雷，大母王、繼解，母王皆一品夫人。嵋川公内操儒行，外托什一以游，而王夫人爲少保鑑川公姊，有家法，以嘉靖丙戌五月十二日生公。公甫能言，解夫人膝公，微問所志，亢聲曰："願得一當明主，康濟天下。"解夫人大驚，當是時已心知公非凡兒矣。年十五，舉茂才高等，試輒冠諸生。後九年，鄉舉第二人。又四年癸丑，成進士，以庶吉士第一讀中秘書。每念國家待士厚，士堇堇工鞶帨以取世資，是自薄也。於是參究累朝典故儀章，詢考四方利弊興革，務當於實用。嘗侍徐文貞公，語及國計，文貞公曰："此參政他日憂也。"當是時，公已隱然負鼎鉉之望矣。乙卯，授翰林編修。無何，奔母夫人喪。戊午，起家。時寵賂滋章，公獨有以自守，泊如也。壬戌，重録《永樂大典》，公與分校。隆慶丁卯，書成，升右中允兼編修，直經筵日講，予五品服。尋升左諭德兼侍讀，代制草，清武黄。戊辰，請告寧親，賜銀幣，給驛歸。庚午，升翰林學士掌院事。詞林獨學〔四〕不署講讀最重，班僉都御史上。時久虛其銜，一旦以授公，人以此覘公旦暮且大拜也。是歲，升吏部右侍郎，仍兼學士，尋轉左。明年，又引疾請告。遣中使問疾，賜羊酒、蔬粲。久之，予告歸。會簡東宫侍從，起公協理詹府，尋掌府事，教習庶吉士。無何，復引疾歸。肅皇帝在位久，《實録》浩繁，開局編摩，竟隆慶之世，青未殺也。今上萬曆甲戌再起公，以原官爲副總裁。乙亥，進禮部尚書兼東閣大學士，參與機務。初，江陵公手自筆削《嘉靖初紀》，僅及十年，而公接其後事。公故博洽，有史才，討論潤色，悉當江陵公心，於是更出《初紀》，屬公定焉。再逾年，書成，加太子太保，進直文淵閣，賜鞍馬。大婚禮成，賜金花、銀幣、服色，加少保，進直武英殿，廕一子秘書。耕藉，以公率諸卿，終九推焉。庚辰，一品滿，賜寶鈔、羊酒，加柱國、少傅兼太子太傅，廕一子國子生。明年，以遼左捷功進兼太子太師，予武廕世錦衣百户。公之初拜也，上手書“一德和衷”四字賜焉。時江陵公當國，壹務覈刻，狹登進，廣誅戮，嚴關傳，急催科，惡聞灾傷，喜行聚斂，最後算緡履畝，法令煩苛，海内囂然苦之。公居其間，邑邑不得志。壬午，會江陵公卒。是秋，皇嗣誕生，加公少師兼太子太師，廕一子符丞。公乃密疏宜下寬大之詔，因擬上詔書條格，以次罷諸政事不便者，民歡若更生，而故江陵公私人號稱“楚黨”者益目攝公矣。初，江陵公病亟，而楚黨大懼失勢，乃詐爲江陵公遺疏，薦起新昌以自代，而謀去公，先因權璫保所親信者徐爵，結保爲内應，而外嗾三御史伺間交章排公也。於是，一御史先論罷王太宰嘗之，一御史因重劾太宰，連及公。上曰：“少師忠臣，安得爲此言?”持其章不下，而手詔公出視事。最後一御史再疏，則褫官三等，出之於外。公引咎乞身，請宥言者。優詔不許，而楚黨陰謀者更被劾去。當是時，上已心嚮公，而銜故用事者，無所發怒，日望外廷彈章。而他御史密測上意，交起抨擊，先論爵逋匿禁地、交通不法事，尋乃論保，歷數保大罪十餘。上大怒曰：“奴輩盜我威福久矣。”下爵詔獄，論死。安置保於南京，籍其家。或追論江陵公與保表裏爲奸狀，上益怒，欲併籍江陵公，逮其諸子。公力解之，事以故暫已。當是時，楚黨坐斥殆盡，他御史氣益發舒，引繩批根，猶抨擊不止。公乃言於上，治道去太甚耳，宜略苛細，存大體，從之。時六卿半易，省署爲虚，公請詔舉耆碩端亮前時所捐廢者，期月間人望畢收，朝宁改觀焉。公當國未帀歲而遭父喪，上嗟嘆惋惜，計奪情不可，則賻恤有加，慈宫、潞邸各致禭焉。面辭文華殿東室，勸上清心勤政，節財愛民，慎終如始，因泣下，上爲動容。命乘傳，賜道里費，遣行人護行。公行病疽，渡河創甚，逾月乃抵家。上以閲定壽宫，遥賜銀幣，復廕一子國子生。

公歸而兩弟繼卒，後母胡又卒，比終制，竟以身從焉，乙酉十月十六日也，享年周一甲子。訃聞，上輟朝一日，賜祭十三壇，遣官治葬，贈太師，謚文毅，復官一子符丞。公爲人孝友，篤於故舊。人有德，一飯不忘，故人遺孤，往往待以舉火。公初在詞林，與新鄭、江陵二公爲莫逆交。二公繼在政府，有隙。新鄭去國，而公適赴召命，從獲鹿取道，會新鄭於欒城。江陵公知之，迎謂公曰："上方震怒，安得私見罪人？"公曰："疇昔事高公猶事公也，一親一疏，謂交道何？"江陵嘿然。俺酋款塞，朝議籍籍，鑑川公力持於外，而公居中爲陳便宜。鑑川公嘆曰："成吾事者，伯甥也。"楚守臣募卒討五開叛苗，苗平，議散遣之。公曰："有事用之戰，事已奪之餉，後何以使人？"會滇南有警，即命將將此屬以往，募卒感奮，迄用成功。其善謀能斷類此。公立朝三十年，登政府者九年，當國僅期月耳。壬戌、乙丑，分試禮部者二。丁卯，典順天試一。戊辰，典武舉試一。丁丑，典禮部試一。是歲暨庚辰、癸未，讀大廷卷三。主會武宴一。春秋代祀先師三。幸太學分獻一。圜丘、方澤分獻四。他以扈從郊陵、閱武賜蟒衣，鸞帶，麒麟、斗牛服，繡絲，伽袋，暖壺諸物不可勝計。夫人王氏，儒官恩之女。初封孺人，晉宜人、淑人，而封一品者三焉。子男六：甲徵，庫部主事；泰徵，儀部員外郎：皆進士。定徵，秘書。久徵、元徵，國子生，皆任子。獻徵，早卒。婦楊，次孫，次楊，次羅，次楊。女三，長適武選郎馬慥，餘皆殤。孫男四、女二。甲徵等將以丁亥年三月十七日葬公於其所自卜之風陵鄉，而奉大學士王公狀，屬余爲志銘納壙中。甲徵，余癸未所取士。余因憶辛未從公供事大廷，受諸士卷，輒口相雌黄，公正色曰："天威咫尺，奈何戲豫？小黄門往來偵之，達上所矣。"楚黨排公，時余燕見公，輒曰："久病當去，思引天下賢者自代，其在公乎？"如是者再，余跼蹐不自安。無何，謬被簡命，意公或數言余於上，而人不及知也。公又爲余言："欲白新鄭冤，請恤，而未得間，今以遺公。"余出新鄭門下，深愧其言。三事狀所不及載者。銘曰：

中條之陽，爰有鳳鳴。是鍾名碩，蔚爲國禎。於文毅公，夙稱博雅。篤古濟時，如宋司馬。秘紬石室，草潤蘭臺。始終四紀，文直事該。黼幄横經，綸扉補衮。道先啓沃。民瞻師尹。蕩滌新法，斡旋乾坤。斗杓潛運，大寒陽春。内清奸慝，外散黨比。搜羅巖穴，布列庶位。老癃扶杖，思見治成。化瑟弘張，海宇廓清。惟晋有才，五百年後。萬曆之功，比於元祐。薦遭家難，殉父以身。倏乘箕尾，莫返蒲輪。鳴鳥不聞，千秋窀穸。鳳德非衰，著兹樂石。

光禄大夫、柱國、少傅兼太子太傅、禮部尚書、武英殿大學士、知制誥經筵事、《會典》總裁新安許國譔

張文毅公墓表

萬曆乙酉冬，少師、大學士蒲坂張公卒於里第。訃聞，上震悼，輟一日視朝，詔贈太師，謚文毅，官一子丞尚寶，諭祭者十有三。其又明年丁亥，公之子兵部主事甲徵等葬公於蒲之風陵鄉，則公所自卜兆，上遣官爲營封樹云。公輔政幾十年，其正首揆也，僅期月耳。而當鼎革之會，夙夜奉公，知無不爲，一切廣聖澤、厚元元、芟憸壬、舉遺佚，皆出公石畫。天下方手額，公〔五〕而一旦以憂去，竟不復起，故公雖以榮名始終，人猶有憾焉。公諱四維，字子維，别號鳳磐。公幼即開敏，有異大志。舉茂才，試常爲諸生高等。己酉，舉鄉試第二人。癸丑，成進士，以庶吉士入翰林。翰林職鉛槧，以不關聞吏事爲高，公獨取累代典故及四方興除利弊反覆研析。時華亭徐文貞公雅知公業，以公輔期之矣。乙卯，以編修丁母王夫人憂。戊午，復故官。越八年

丁卯，莊皇帝改元，以重録《大典》成，晋右春坊右中允，予五品服，充經筵日講官。已遷左春坊左諭德兼侍讀。而公念父嵋川公且老，乃給假省視，明年還朝。又明年，晋翰林院學士掌院事。學士最華重，不輕授，於是人争言張公且相矣。已晋吏部右侍郎，仍兼學士，尋轉左。辛未，引疾乞歸。莊皇帝眷公，不許。再疏，乃許之。明年春，今上出閣講讀，起公充侍班官，協理詹事府事。尋掌府事，兼教習庶吉士，復引疾歸。上御極之二年甲戌，再起公，以原官掌詹事府事。乙亥，上手敕晋公禮部尚書兼東閣大學士，入贊機務。丁丑，以纂修肅皇帝《實録》成，加太子太保，進兼文淵閣大學士。明年，大婚，加少保兼武英殿大學士。庚辰，以一品滿三年，加柱國、少傅兼太子太傅。壬午，以邊功加兼太子太師，又以皇子生加少師、吏部尚書、中極殿大學士。前後廕子者四。方江陵公棅政，法令苛急，如束濕薪，海内訩訩。是年，江陵公卒，公因密疏，請下寬大詔，罷一切法令不便者，天下曠然若脱攣縶。而先是，江陵公病將革，其入幕黨人憚公當軸即不得遂其私，乃詐江陵公遺疏，薦新昌公自代，爲去公地，而大璫馮保居中左右之，流言籍籍起。及一御史疏上，上持之不下。一御史疏又上，上怒甚，鐫其三秩，斥之外。於是諸黨人稍折氣内携，而言官因其間，得遂發保與江陵公表裏搆合諸奸狀。時公猶藉藁私第待罪，上立召公入，令擬旨寘之法，籍其家。已而皂囊日上，率爲諸黨人。諸黨人既以次逐罷，而言者猶不已，公謂："除惡務根，他可略也。"言于上，請一切與之更始，又請拔用海内端直士舊爲江陵公抑棄者，由是公論大明，中外清肅。然公以勞致瘁，一日在上前，忽眩仆地，上命兩中使掖至閣。明年春，扈駕閲壽宫，上登山四覽，又顧謂近侍掖公。上於公倚畀甚切，故恩禮優異如此。未幾，嵋川公訃至，公號踊孺慕。上遣使慰勞，賻贈有加。及辭上于文華殿，稽顙進曰："臣竪儒，幸荷知遇，今雖遠離，不勝拳拳之私。願陛下法祖孝親，講學勤政，清心寡欲，惜財愛民，日慎一日，保終如始。"上復慰諭，目送之。公既重傷嵋川公，而兩歲間兩弟相繼卒，繼妣胡亦卒，公煢煢苫寢，悲感益集。乙酉十月，方禫繼妣胡之喪，忽暴下不止，數日而逝。公居常恂恂如書生，然深略内蘊，人莫能窺其際。至權大事，决大議，霆擊斧斷，亡不中窾隙者。江陵公在位久，恣胸臆自便，公挾持堅定，意所必不可，江陵公終不能奪之。性嚴重，寡言笑，與人齗齗不苟合，然能以意氣假人，人樂爲用。故一肩艱鉅，旋乾轉坤之效倚辦俄頃，論者方其功不在華亭公下云。華亭公故知公於筮仕時，乃公亦陰識視華亭公所以間關上下駭機伏弩之間，口銜心算，且翕且張，時詡詡爲不佞言之。又嘗伏楊文襄、翁襄敏兩公氣略磊砢，無書生、文吏瑣瑣態，而惜後人無繼之者，意亦陰自許也。丈夫故有志，操左券而前，卒與事合。嗟嗟！使公在位久，其耳目、同事益習且安，虛而委蛇，養天下以和平之福，功烈可勝道哉？公内行篤備，在長安月一使人問嵋川公安否。其喪也，憑棺一慟而仆。兩弟歿，公已病，猶强起經紀其喪。新鄭、江陵兩公者，並以才識交公。新鄭公得罪去，公起家宫端，取他道會于逆旅。江陵公怪，問故，公曰："疇昔之事高公，猶今事公也，奈何以去而遠之？"其敦厚雅素類此。當公之里居宅憂且闋也，群小憚公，嚴忌其復起，間私問不佞："即蒲州公來，當别用一番人，公自度與之共事合否？"不佞謹對曰："先生誠正人也，不佞以誠正輔之必合。"嗟嗟！此亦不佞之左券也，雖時會未償，請以質之九原，無愧色焉。因纂公行誼大者授諸孤，使附於麗牲之次以詔來許。若世系、姻屬及公歷官受事之詳，非宗社所以重輕，兹不具載云。

賜進士及第、資善大夫、禮部尚書兼文淵閣大學士、知制誥

經筵事、玉牒《會典》總裁太原王錫爵譔

張文毅公行狀

萬曆乙酉十月十六日，故少師、大學士鳳磐張公卒於蒲坂里第。厥嗣兵部主事甲徵等告哀於朝，恩命既下，乃摭其生平行誼，將乞碑誌於名世元老以垂不朽，而先屬不佞爲之狀。狀曰：公諱四維，字子維。中條有别峰曰鳳鳴山，因以鳳磐自號云。張氏自上世居解州鹽澤南陂，元季有思誠公者始遷於蒲，其子友直公乃占籍焉。友直生仲亨，仲亨生克亮，克亮生秀，世以高義聞里中。秀字彦實，是爲公高祖，生孟儒公，諱寧，配雷氏。孟儒公生首陽公，諱誼，配王氏早卒，繼配解氏。首陽公生嵋川公，諱允齡，配王氏，今少保鑑川王公姊也。自孟儒公至首陽公，皆以公貴累贈光禄大夫、柱國、少師兼太子太師、吏部尚書、中極殿大學士，自雷夫人至王夫人皆一品夫人，而嵋川公則親承封命，凡六拜制詞焉。初孟儒公之卒也，雷夫人煢煢稱未亡人，與其子女依外氏，故首陽公德外氏，爲雷翁媪木主，祀于家。首陽公好讀書，居常手一編，或爲鄉人誦説大義，恂恂如也。嵋川公生十年而首陽公卒，解夫人亦煢煢稱未亡人，事雷夫人惟謹，里中號曰“雙節”。嵋川公孝友仁厚，惇信樂義。外托什一以游，而内操儒行，楚蜀、燕瀛之間，無不知嵋川公名。王夫人合德而隱，以勤儉治家。語具申少師、楊太傅所爲誌中。肅皇帝五年而公生。公生而穎異，甫能言，解夫人抱持膝上，問兒所欲，公即大言曰：“欲一當明主，康濟天下。”解夫人大驚。夫人時或不懌，則具道異日顯親之具，以寬適其意，未嘗不解頤而笑，固知公非常兒也。七歲就外傅，動如成人，出入必以禮，同學者皆嚴重之。十五，舉茂才高等。時督學劉公繇翰林出視學政，高自簡貴，鮮所許可，見公年少有偉度，異之，則下堂循行，因睨觀公草。草未竟，而劉公讀之以爲奇，乃特移坐堂皇上，更數題試公，公立就，于是劉公嘆服，曰："蒲即多才，易得耳，若乃國士無雙。"遂置以爲第一。自是每試未嘗不第一。己酉，舉鄉試第二人。癸丑，成進士，以庶吉士第一讀中秘書。公以爲國家待士厚，不宜工鞶帨取世資以自菲薄。於是取國家典故悉研究之，詢考四方利弊及興革所由，無不洞察，當是時公已隱然負公輔之望矣。華亭徐公嚮公甚，謂異日濟大業者必在公。公侍坐，語及國計，徐公曰："此參政他日之憂也。"其見期望如此。乙卯，授翰林院編修。無何，以母王夫人喪歸。戊午，起家，除原官。是時寵賄滋章，士以造請相尚。公獨闢一齋，與乾庵馬公、正峰孫公數人吟誦其中，自守泊如也，當事者顧益重公。己未，充廷試掌卷官。壬戌，充會試同考官。時主考相國袁公以博物策士，當代對，偶病不能具草，以屬公。公對，具如袁公指，袁公嘆曰："真博物君子也。"八月，充重録《永樂大典》分校官。乙丑，復充會試同考官及廷試掌卷官。莊皇帝元年丁卯，重録《永樂大典》成，升右春坊右中允兼翰林院編修，予五品服，充經筵日講官。公盟心登對，冀有所感悟，每至政柄國計、宫壼宦寺之類人所難言者，未嘗不三致意焉。左右侍臣聽之，無不灑然變色易容者，莊皇帝肅然敬憚。公是秋充順天府鄉試主考官，冬升左春坊左諭德兼翰林院侍讀，代草誥敕兼清武黄。戊辰，充廷試受卷官、武舉主考官。是冬，給假歸省，莊皇帝以公講幄勞特賜銀幣，仍給驛以行。己巳春，還朝。庚午秋，升翰林院學士掌院事。故事，學士不攝講讀銜，則班僉都御史上，途遇閣臣不引避，朝廷重之，未嘗輕授，至是特以命公，衆翕然謂天子且相張公矣。冬，升吏部右侍郎兼翰林院學士，尋轉左。辛未冬，以疾乞歸至再，莊皇帝遣中使問疾，賜羊酒、蔬粲，予告歸。壬申春，今上在東朝，出閣講學，詔慎簡輔導之臣，乃起公充侍班官，協理詹事府事，尋掌府事兼教習庶吉士。居無何，復引疾歸。上踐祚之二年甲戌，詔再起公，以原官仍掌詹事府事，充肅皇帝《實録》副總裁。是時嵋川公年且七十矣，公方朝夕色養，扁所居堂曰“愛日”，聞召不欲行。嵋川公曰：“家世受國恩，未有以稱塞，奈何以老人負明主寤寐旁招意？”公乃就道。蓋公既入都，而輿情手額具瞻，僉願公亟相天子。乙亥秋，手敕升公禮部尚書兼東閣大學士，入内閣參與機務。公疏辭，優詔不許。公既拜命，侍上講讀于便殿，上以御書“一德和衷”大字賜公，公稽首謝。既出，上顧左右曰：“新輔臣器度與衆不同。”注視者久之。冬至，駕幸南郊，以扈從勞賜公蟒服、麒麟服。丙子春，命代祀先師。秋，充重修《會典》總裁官。聖駕臨雍，以公分獻。冬至，命分獻于圜丘。丁丑，命爲會試主考官、廷試讀卷官。夏至，命分獻于方澤。秋，再命代祀先師。肅皇帝《實録》成，敕加公太子太保，進文淵閣大學士，賜鞍馬。公之在宫詹也，寔專綜《實録》編劘事，自嘉靖十年以後凡三十五年間，朝章、邊務、國賦、人才暨柱下仗前之事，衆睹記弗詳者，公悉殫心探討，博證而精覈之，犁然具備。再逾年，書成，江陵公覽而稱善，因出舊所編《初紀》者，盡屬公筆削乃定焉。九月，命主會武宴。冬至，再命分獻于圜丘。戊寅春，大婚納幣，以公充副使，賜金花、銀幣，仍賜蟒服、斗牛服各一。以贊襄六禮勞，敕加公少保，進武英殿大學士，餘官如故，予三代誥命，廕一子中書舍人。冬，扈駕南郊，賜蟒服、鸞帶諸物。己卯，三命分獻于圜丘。庚辰春，三命代祀先師。上耕藉田，以公充九卿首，上注視公終九推，眷禮有加焉。三月，扈駕謁陵，賜蟒羅、繡綵、伽袋、暖壺諸物。廷試，再爲讀卷官。六月，奏一品三年績，賜羊酒、鈔錠，加柱國、少傅兼太子太傅，餘官如故，再予三代誥命，廕一子國子生。辛巳春，扈駕閱武，復賜蟒羅、帶綵諸物。冬，四命分獻于圜丘。壬午夏，再命分獻于方澤。六月，遼左大捷，上嘉公運籌功，進兼太子太師，餘官如故，復予三代誥命，廕一子世襲錦衣百户。先是，天下苦江陵公法令煩苛，吏詭故釣名，而民益瘠。是月，江陵公卒。八月，遘皇嗣誕生，公乃因慶典密疏，請下寬大詔，省督責，緩征斂，舉遺逸，賑災眚，以培養國家元氣。上憮然曰："先生言是，亟議行之。"公乃擬上詔書條格，罷鑄錢、丈田之令，欲以漸罷政事不便者。詔下郡國，民忻然若更生，而楚人故竊弄江陵公政權者，皆側目攝公矣。九月，以大慶加公少師兼太子太師、吏部尚書、中極殿大學士，廕一子尚寶丞。初，江陵公病時，其帷幄私人日夜聚謀，憚公等二三當軸臣皆正人，且杜群枉路，乃詐爲江陵公遺疏，薦起新昌公于家以自代，俟其至首去公，約三御史次第爲排公疏，而紹介逋逃罪人徐爵者往來關説于權璫馮保所，保從中可之。謀既定，於是一御史乃先論罷王太宰，一御史因重劾太宰及公。上曰："元輔忠臣，御史何得爲此言?"持其章不下，而手詔諭公出視事。最後御史疏復上，上怒甚，奪其官三等，出之於外。公上疏引咎求歸，而併乞宥言者，上褒答不許。無何，言者發大司空回脣不忠狀。司空，故所謂帷幄私人也。上遣中使至閣，諭欲去司空意，公疏對如上指，上乃勒之致仕。居數日，言官論奏權璫保及爵表裏爲奸，歷數其大罪。上覽奏震怒，昧爽召公入朝，令擬旨曰："奴輩擅我威福久矣，必速誅之。"乃下爵詔獄，安置保于南京，籍其家。或追論江陵公與保、爵交通，毒害忠良狀，上曰："此同罪，何得無誅?"欲逮繫江陵公諸子，籍其家。公屢疏救解，以爲彼誠負上，然上始終遇臣之禮謂何，且國體不宜如是。上猶未允，公乃以去就争之。上重違公意，事以故暫已。臺諫争發舒黨人奸狀，于是諸帷幄私人盡坐斥，而猶抨擊不止。公言於上："治道去太甚耳，宜略苛細，存雅道。"上從之。

時六卿半易，朝省虛位，乃請詔臺省舉骨鯁端亮之臣向所遺棄者布列庶位，一時六官之長皆民譽云。每見必語之曰："今主上神聖，公道昭明，各舉其職，無廢憲度，閣臣自不相撓也。"於是事歸六列，言歸臺諫，公爲調劑而奏之，更一切束濕之政，期月之間，朝寧改觀焉。當是時，公值鼎革之會，鞠躬盡瘁，知無不爲，至廢食息。一日，上視朝，公立金臺側，忽眩暈而欹。上曰："張先生不耐早寒耳。"命二中使扶送至閣。癸未春二月，詣天壽山恭閱壽宮，司禮監給器具。尋乃扈駕臨閱，上陟降高山，縱覽形勝，顧謂近侍曰："可用二人掖張先生以登。"其恩禮隆異如此。三月，爲廷試讀卷首臣。是月，嵋川公卒於家。四月，訃至京師，公哀毀骨立，如不欲生。上特遣中使宣諭，曰："聞卿父辭世，朕心甚悼。孝情當盡，尤宜節哀，以慰朕懷、副衆望。"中使諭上意，欲奪情起公視事。公泣曰："生不逮養，没不奔喪，何顔以立於世？爲我謝上，臣死不敢奉詔。"中使具以復奏，上嗟嘆惋惜，賜賻縧紵絲六表裏、銀三百兩、鈔萬貫，及米油、香燭諸物，諭祭六壇，遣禮部員外郎張志致祭，工部主事沈一中造葬，而王夫人得並祭焉。公廷辭，上命馳傳，賜道里費，遣行人護行。聖母及潞王賻縧各有差。翼日，面辭于文華殿，稽顙奏曰："臣行能薄劣，日侍左右，無所裨益。今當遠離，伏望皇上法祖孝親，講學勤政，清心寡欲，惜財愛民，日慎一日，保終如始，臣不勝惓惓。"上答曰："先生輔政久，朕所倚信。兹以憂去，其節哀自慰，稱朕意焉。"因泣下，殿中侍立者皆感動。公既辭闕，兼程以奔，旦夕哭臨，癰生於腋，過陝州創甚，扶病渡河，至首陽不能進，月餘始抵舍。九月，上以閱定壽宮，遥賜銀幣，廕一子國子生。甲申二月，葬嵋川公于敕建新塋。葬之日，公執紼痛哭，徒步十餘里，奉遷王夫人之柩，與嵋川公及繼妣胡氏合窆焉。輀車所至，聚觀如堵，見公悲號孺慕狀，皆嘆息，有垂泣者。公既痛嵋川公不得一見爲永訣，而公兩弟又相繼卒，繼妣胡亦卒，公欒欒哀疚，卒以身從焉。蓋公初病腋癰，繼病耳閉，百藥罔效。乙酉六月，禫嵋川公之喪，而弟室及從子又亡，公以蠹傷復病脾泄。十月朔，禫繼妣胡之喪，公已伏簀不能興矣。月之既望，晨戒僕人具盥漱，整巾服，扶藉端坐，舉手揖空者三，及昏而逝。公天性孝友，内行淳篤，與人處，齗齗不苟合，而厚於故舊，無間存殁。初迎嵋川公於京邸，徵縉紳父老爲好會以適嵋川公意，事必咨而後行。嵋川公既歸，月一馳使問起居，得家書，必斂容屏息莊誦如侍側。或久不至，則憂曰："吾親得無有所苦乎?"既登鼎足，雖身理繁機而心時時念嵋川公。嵋川公之卒也，公歸抵舍，憑棺一慟而仆。所親或執六十不毁之文以解，公曰："吾拜慶而出，銜哀而入，吾終天之痛安能已也!"及兩弟之喪，公雖病，猶强起爲之經紀，曰："吾痛吾弟，因痛吾親焉。"宫保楊南澗公自髫年知公，南澗公没，公爲修葺其祠宇、坊表。執友劉君輩遺孤，待公而舉火者數十家。新鄭、江陵兩公，皆以才識交公歡。兩公既輔政，凡國家大事皆以咨公，公亦盡言無所諱。新鄭公之去國也，公方拜宫詹之命，自獲鹿取道，與會於欒城。入都，江陵公謂曰："新鄭以得罪君父去，公奈何見之?"公曰："疇昔之交高公，猶今事公也。去而遠之，謂交誼何?"江陵公乃釋然。公生平嚴重簡默，吶吶如不出口，至其臨大政，决大疑，當機而斷，自謂賁育不能奪也。北虜款貢，衆謂夷情且不測，公獨陳便宜于新鄭、江陵兩公所甚悉，兩公韙之，議乃定。鑑川公嘗曰："微伯甥在内，吾事將不諧矣。"五開苗叛，撫臣募卒討破之。事平，或言募卒皆四方烏合，留之且生亂，請罷遣歸田里。公曰："有事用之戰，事已奪之餉，何以使人?是趣使爲亂也。"會滇南有警，即命將將此屬以往，疏請留本省征輸備軍興之用，所以卒定莽寇之亂者，本公之謀云。關中大饑，公言於上，出内帑，賑窮乏，蠲租賦，民乃寧。其應變定傾皆此類。公歿十餘日，訃聞，上震悼，爲輟朝一日，諭禮部厚擬恤典以聞。於是禮官奏稱："故元輔當深文操切之後，而廣聖恩，薦忠讜，去憸壬，勞績最著，請賜祭葬、贈謚。"上乃命贈公太師，謚曰文毅，官一子尚寶丞，諭祭一十有三壇，官爲營葬，則中書舍人鄭國俊、山西布政司參政劉中立來致上命，始終恩禮備極隆異焉。公配王氏，儒官東泉公恩之女，封孺人、宜人、淑人各一，封一品夫人者三。生子男六：長甲徵，癸未進士，兵部武庫司主事，娶楊氏；次泰徵，庚辰進士，禮部儀制司員外郎，娶孫氏，封安人；次定徵，中書舍人，娶楊氏，封孺人；次久徵，官生，娶羅氏；次元徵，官生，娶楊氏；獻徵，早卒。女三：長適兵部武選司郎中馬慥，封安人；次字舉人楊煊，次字庠生韓爌，皆早殤。孫男四，贊聘南氏，翬、輂、質皆幼。孫女二。公生嘉靖五年丙戌五月十二日，卒萬曆十三年乙酉十月十六日，享年周一甲子。兵部君甲徵等將以丁亥三月十七日，葬公于蒲之風陵鄉王莊里侯家莊之南，公所自卜兆也。家屏爲公桑梓後進，寔踵公武于詞林。初在史局，誦公文章，見其舂容爾雅，蔚爲宗工。比從講筵，竊窺公學術，則見其直諒多聞，納乎聖聽，然而未睹公大全也。公既居中持國柄，乃伏睹公憂勞夙夜，蹇蹇匪躬，以身任天下之重。方其芟邪剔蠹，一日而宇宙回春，此與司馬文正公元祐之政豈異哉？夫文正公晋人也，閲數百年而公乃紹美，其罷新法、復舊章同，旋乾轉坤之效同，而勞瘁以致疾又同，然遡觀其德，則均之以誠心自然爲本云。不佞何能贊公，謹叙次公生平而稍爲衡概之如此，伏惟名世元老覽而財擇焉。

賜進士出身、嘉議大夫、吏部左侍郎兼東閣大學士、知制誥經筵、《會典》總裁雲中王家屏譔

王太夫人墓誌銘

一品王太夫人者，故少師兼太子太師、吏部尚書、中極殿大學士張文毅公配也。其稱太夫人，以子貴加封故。按狀，諸王於河中爲望族，有東泉公恩者，配馮孺人而生夫人。夫人生數月，母歿失恃，乃育于大母張孺人所，而東泉公客遊于外，歲且久，夫人不識也。稍長，始從家媪詢馮孺人時事及東泉公狀，語輒泣數行下。比東泉公歸，攬衣慟哭，伏地不能起，見者嗟異焉。長而婉孌，有慧性，事大母唯謹，大母絶憐愛之。而季父東溪公有人倫鑒，奇此女，常欲予貴人，以是偃蹇媒妁者數矣。會朱邸中暴者使使强委禽，東泉公猶豫莫决。東溪公恚曰："無嚴王孫而輕予女，必却之。"竟謝罷朱邸使者。久之，乃歸文毅公，本東溪公意也。夫人家故饒，及歸張氏食貧，乃日椎布操作，至脱簪珥佐緩急，無幾微見顔色，文毅公重之。嘉靖癸丑，公登進士，讀書中秘。其冬，夫人如京師。乙卯，以姑王夫人喪，從公歸蒲坂。戊午，服闋，從如京師。辛酉，以公編修考績封孺人。隆慶戊辰，公官諭德，以先皇帝建儲恩封宜人。其冬，公以省覲告，從歸蒲坂。是時，東泉公歿且十年，亡嗣，喪未發也。夫人歸，修窀穸之事甚哀，葬竣，手植四柏於冢上，曰："是培塿者而誰主之乎？此柏所以識也。"已又遷張孺人、東溪公之兆，改厝吉地而封樹之，曰："吾微大母、季父不及此，忍忘厥恩！"聞者爲之感動。明年春，從公如京師。辛未，公官少宰，以疾告，復從歸蒲坂。壬申，公起家，掌詹事府事，復從京師。其秋，以今上登極恩封淑人。萬曆乙亥秋，公入相。十一月，以命婦入朝于慈寧宫。明年正月，入朝于慈慶宫。各賜彩幣者四。戊寅二月，長秋始建，入朝于仁智殿，賜幣如兩宫。逾月，以公晋少保封一品夫人。庚辰，公以一品考績晋柱國、少傅，夫人封如前。壬午，公以遼左功晋兼官，予世廕，夫人封復如之。癸未，以封公喪復從公歸蒲坂。蓋夫人與公出處相從，敬相待如賓，時燕婉進規，益友莫及。最後公首總機衡，夙夜憂勞天下，國耳忘家，夫人之助居多。初，公爲編修時，嘗再迎封公於邸，夫人所以事之謹甚，朝夕執饋，必躬自洗腆而後進之。一錢寸縷不爲私藏，出納必請於封公，不請不敢發篋。封公既歸，公歲時遣人問起居、上壽，夫人必躬治橐中裝，務出其厚，稱公意焉。每傷王夫人無禄，御食飲必洟涕久之，若不勝哀者。其孝德多類是。乙酉，公薨，夫人哭慟甚，屢絶而蘇。誡諸子治喪毋用委巷禮。比葬，乃徒步從之墓。婦人之涖葬也，必以輿，鮮徒步從者。夫人喪舅姑及父與公，凡徒步而從葬者四，秉禮若莊，士人尤以是賢之。戊子，免公喪，趣甲徵、泰徵起詣闕，而謂定徵："留侍我。"諸子謹受命。己丑，甲徵以職方主事考績加夫人今封。庚寅四月，忽遘疾。疾革，盥頮易服而逝，寔是月八日也，距生嘉靖壬辰七月二十九日，年五十有九。甲徵等以恤典請，詔特啓文毅公之窆而合葬焉，因命並祭文毅公，籩豆加等，稱異渥云。夫人性莊嚴，不妄笑語。其勤儉慈愛，植於天性，雖盛饌具供賓祭，而饔飧無二簋，不以鮮髓自給。雖好施予親黨貧不給者，而身衣綈素，自象服外無它飾焉。雖鞠諸子慈甚，而所以誨之極嚴，有過，譙讓、夏楚不少貸。雖馭群下有恩，而禁戢甚肅，毋敢睚眦里中者。嗚呼！是可以爲内則也已。狀又言：夫人幼時有貴徵，遇萬仙翁者見而奇之，曰："此女天下貴人也。"家人心異其言。乃夫人生而都一品，拜七命，秩等元臣，殁而宗伯致祭，司空致葬，用三公之禮禮之，貴名蓋天下，竟與萬仙翁之言符焉。所生六男子：甲徵，考功主事；泰徵，精膳郎中；定徵，中書舍人；久徵、元徵，俱官生：姻娶皆名家，唯獻徵殤。三女子，一適武選郎中馬慥，一字舉人楊煊，一字舉人韓爌，皆先卒。孫男六：

贇、翬、輦、質、礬、鬻。孫女五。甲徵等將以辛卯二月二十四日奉夫人柩祔於文毅公之兆，而劖石納壙中，請余銘。余嘗狀文毅公相業，謂其有旋乾轉坤之功，而本之誠心自然，與温國文正公相似，尚未及文毅公刑家之化以方文正何如也。乃今觀王夫人懿行，無論温國夫人，即以入文正公所著《家範》中寧有異邪？且温國夫人賢而早逝，不及相相業于元祐之朝。而王夫人寔相文毅公秉大政，與助其解弦調鼎之烈，繇斯以談，王夫人之德福視温國夫人不啻過之矣。大都代間有名世之臣，亦往往有名世之配。彼其磬而著貴徵，豈偶然哉？余既誌其事而系之以銘。銘曰：

蒲文毅公今夔龍，手扶日轂升天中，坐令八表開昏濛。刑家化國道所同，矜鞶治内何肅雍。素絲緝衮輝山蟲，金鼎大匕鹽梅從。鸞書屢進夫人封，名齊五嶽班三公。入朝長信虔儀容，文綺珍紈賜獨豐。雲仍奕葉慶澤穠，瑶瑜成列蘭爲叢。神隨婺彩還大空，佳城璧合蟠雙虹。黄河蜿蜒條山崇，銘石與俱垂無窮。

賜進士出身、資善大夫、禮部尚書兼東閣大學士、知制誥經筵起居注、玉牒總裁雲中王家屏譔

王太夫人行狀

先母一品太夫人，姓王氏。先世自勝國時爲河中著姓，國初諱思明者，占籍蒲之大通厢。五世祖仲爵。高祖琰，官福建興化府經歷，中年無子，乃賙貧拯難，廣行陰德事，晚年遂有丈夫子四人。曾祖考縉，字朝用，以耆德爲鄉飲賓。妣姬氏。祖考冕，字世周，有道而早卒。妣張氏。姬孺人，朝用公之繼室也，朝用公没，時年尚少，乃勵節撫孤，享有耊壽。張孺人仰承姑志，冰蘖益嚴。姬孺人有女四人，張孺人姊妹五人，諸姑姨歲時相過，言笑盈庭，張孺人未嘗一啓齒。絶膏沐，屏文繡，姻戚無不嚴憚

之者。顯考東泉公恩，字希榮，事母至孝，與物無忤，以勤儉致富，家累千金。弟東溪公志，字希伊，以明經爲諸生，公所以友愛之者甚至。顯妣馮氏，以嘉靖壬辰七月二十九日午時誕生先母于下廟巷之居第。馮孺人恪慎克孝，勤于内職，娠子數不育，最後生先母，數月而感痿痺之疾，醫或以熨灸療之，乃竟不起。東泉公心傷之，爲之十年不娶，先母以故育于張孺人。幼時家人嘗携之門外，有萬仙翁者，相傳年數百歲，言人禍福皆奇中，偶過門見先母，即以手摩頂，謂家人曰："此大貴人也，可善視之。"先母聰慧性成，凡祖母言動靡不則效，而婉順孝謹，又有以得祖母之歡心。張孺人及東溪公甚憐愛之，私相語曰："是兒不凡，長必爲名家婦。"年及笄，芳譽四達，媒聘交至。東溪公言于張孺人，一切謝絶，無所受。於是藩府勢方熾，則或使人强委禽焉。東泉公懾于威焰，將從之。東溪公不悦，曰："此女吾所甚奇，必得佳婿，乃可議婚，兄無預吾事。"即摽藩府之使出而却其幣。戊申，先母年十七歲，東溪公以歸我先公，蓋是時先公亦爲諸生，以奇才著聞，東溪公敬羡之故也。值家中否，用頗不給，先母盡出簪珥以奉先祖母王夫人，侍婢悉遣役于姑所，箕帚、井臼，躬服其勞。張孺人聞之不慊，以尤東溪公。東溪公曰："此暫困，當大亨也。"每先母歸寧，則泰然自得，略無幾微形言面者，張孺人益愛重焉。己酉八月，先公舉于鄉。九月，先母生先姊馬安人，因寢疾病，得劉醫而愈。癸丑，先公登進士，讀書中秘，乃迎養先祖封少師公于京邸。其冬，先母如京師。先母事舅甚謹，一蔬一爨不取成于婢僕。先祖謂："是婦孝，後必昌。"乙卯冬，蒲地大震，先祖母王夫人薨，而外氏張孺人及東溪公亦皆罹其變。先母盡傷厥心，聞其哭聲者，知其重有憂也。戊午，先公服闋赴京，先祖復就養京邸，先母益祗事，一錢尺帛，室無私藏，子女衣敝垢亦不敢請，則取嫁時衣葺補以衣之，蓋綫縷與淚痕至今存也。己未，東泉公卒于家，先母以不獲奔喪爲恨，每哭必慟，兒女皆環膝而泣。辛酉，先公以編修考績，先母始受敕封爲孺人。癸亥春，先祖自京邸歸里。乙丑春，先母寢疾病，得李醫而愈。隆慶戊辰夏，先公任諭德，以莊皇帝建儲恩誥封先母爲宜人。其年冬，先公省覲歸里，先母始爲東泉公發喪，奉馮孺人及繼母崔氏、兩楊氏合葬，於是東泉公歿十年矣。先母步從號痛如初喪，道路感泣。張孺人、東溪公前葬未妥，至是皆治壙而遷焉，曰："吾非祖母、叔父，無以至今日，以是酬德也。"時先公以宫坊爲文誌墓石，外孫輩纍纍然從事，鄉里榮而哀之。己巳春，先公如京師，復任。庚午秋，先公晋翰林學士掌院事。其年冬，再晋吏部侍郎。先母寢疾病，得蓋醫而愈。時新鄭公當國，欲引先公以自輔，數相過夜飲，相與商確時務，品騭人材，左右竊有聞而洩之者。先母憂不成寐，曰："機事戒于不密，窺伺繁于屬垣。奈何防檢之疏若此?"逾年，果有讒慝之口，先公遂引疾歸。先母之沉幾料事多類此者。壬申夏，先公赴掌詹之命。其年秋，以今上登極恩誥封先母爲淑人。萬曆乙亥八月，先公入内閣。十一月，先母入朝于慈寧宫。明年正月，入朝于慈慶宫。兩宫賜彩幣各四襲。戊寅二月，長秋始建，先母入朝于仁智殿，賜幣如前。三月，以大婚覃恩，先公由太子太保加少保，誥封先母爲一品夫人。庚辰六月，先公以一品考績加柱國、少傅，先母再封一品夫人。壬午六月，先母寢疾病，得吴醫而愈。是月，先公以遼左大捷晋兼官，予世廕，先母三封一品夫人。癸未三月，先祖封少師公薨于家。先公奔喪，至首陽之下，病瘍不能起，先母扶服先入城，不視私室，爲館于柩側而哭奠焉。及至葬，步送至先祖之塋。分守大參王對滄公聞而嘆曰："夫人貴登極品，乃徒步十許里，不以輿代，可謂盡孝盡禮矣。"乙酉十月，先公薨。先母晝哭仆于地，絶而復蘇，得王醫而愈。

蒲俗，凡初喪，賓吊則鼓樂于門，先公弗善也。至是，先母以語不孝輩，命撤樂，曰："無爲樂哀，取譏於達者。"丁亥三月，葬先公于敕建新塋。先母復徒步哭從焉。凡婦人送葬出城則就輿，鮮能步而至塋者。先母始喪先祖母，繼喪東泉公，及先祖、先公之喪，凡步而至塋者四焉，其隆禮由禮如此。戊子二月，先公之喪畢，先母召不孝輩泣諭曰："爾家本儒素，爾父勤劬百狀，樹立門户。爾等尚慎守遺訓，勉圖忠孝，無隳家聲，以貽九原之玷。"乃命不孝甲徵、泰徵治裝啓行。甲徵等叩頭流涕，願侍膝下。先母曰："吾固無恙，且有汝弟侍側。汝等姑出，將來迭爲往還可也。"甲徵等不能違命，則因先母誕辰相率上壽，以八月下旬行。己丑八月，甲徵以職方主事考績，乞恩加封先母爲一品太夫人。庚寅三月初九日，先母不豫。四月初八日，薨于織綿坊新第。十七日，訃至京邸，不孝等乃具疏聞上。上乃詔宗伯、司空諭祭、合葬，以一品命婦恤典將事，特賜先文毅公並祭，籩豆加等焉。先是，甲徵等辭行，先母約以次年遣四弟久徵、五弟元徵入京，拜先公之遺廕，既而謂其少也，不果如約。縉紳善三弟定徵者，屢以書招之。甲徵等亦以請于先母，令暫出即圖歸。先母語三弟曰："汝兩兄皆在外，汝年稍長，習于事，吾朝夕依賴汝。汝若復出，兩弟皆少，脱有緩急，吾將誰倚？"三弟遂止不行。不數月而丁大故，藥餌、棺衾，終始藉三弟周旋焉，前日之留行，殆豫爲今日地者。嗚呼痛哉！先母前時産育子女，因致清癯，又因姊妹、六弟之亡，傷悼屢觸，遂多病，甚不耐風寒。冬月則閉閣擁爐，不敢外視，甚或坐卧裀槅中，足不履地；夏月雖盛暑，衣必綿絮焉。自壬午以來，夙疾漸愈，神氣爽健，膚體充盈，夏則親絺綌，時或揮扇；隆冬亦出户庭，抱孫以嬉。不孝等竊謂否泰相尋，先公既已不幸，母年尚未可量也。奉訓趨朝，載承恩誥，方擬覓差歸里，舞斑揚觶，致萱壽之祝焉，不謂愍凶之驟及也。十七之辰，猶旅進闕庭，爲先母謝封誥，歸及晡時，而驟得凶問。承歡不逮，抱恨無窮，拜别幾何，忽成永訣。吁嗟天乎！何降割之酷也。先母天性純孝，少而失母，育于祖母張孺人。稍長，侍祖母、姑姨側，即咨詢馮孺人遺事。見姻戚中子母相依者，未嘗不歔欷流涕。東泉公客遊于外，先母年且十齡，而未識父面，每念及輒悲咽不自勝。比父歸，牽衣號泣，見者嗟異焉。東泉公有子曰道寧，繼室楊出也，先母視之如同胞。時已育不孝輩數人，凡襁褓嬉弄之具，必先道寧而後及兒女。道寧疾，爲之廢寢食。殁則慟哭，致憔悴。或慰解之曰："兹下殤耳，何自苦如是？"先母曰："吾父長矣，而嗣子未立，吾能無悲乎？"東泉公既殁，爲二親位祠于京邸，併祠祖妣張孺人及東溪公，遇忌日皆哭奠，歲以爲常。外氏塋去郭十餘里，先母每適墓則徘徊竟日，不能去。既築垣以捍樵牧，建屋以棲賓客，復手植四柏于東泉公墓所，曰："吾父無子，吾以此表焉。"嗚呼！悲矣。馮孺人有弟竹山公，客遊甘凉，貧不能自歸。先母傷母族之零替，思切渭陽，遣人迎竹山公歸，衣而廪之，爲之三娶。又有妹適光禄封君王公者，歲時問遺，以姨禮事之，如事母焉。疾革之日，猶追悼二親曰："父母生我一人，今已矣。"因泣下。嗚呼！此所謂終身慕乎！幼時外氏方殷厚，比歸先公，而家用時詘，則執勤事姑，不私奩具，先祖母甚安之。洎先祖就養京邸，既受封榮貴矣，而執勤事舅，一如家之事姑。後先祖家居，先公歲時遣人問安、上壽，先母必躬檢囊篋，凡儀物之類，務極精好，稱先公之意。處豐思約，恒念及先祖母，時輒流涕，恨不同享焉。先易簀之數日，先祖誕辰也，猶命兒輩曰："今日祖父誕辰，當往塋中致奠。吾卧病不能行，兒等可一往也。"嗚呼傷哉！先母年且六十，而父母、舅姑不少置念，終身以之，將天與至性全而歸之者與！先母少依祖母張孺人，孺人性端嚴，雖鍾愛先母，而每事必規誨。先母娩婉聽從，步趨唯謹，凡中饋、女紅諸務，無所不究心，故其佐先公也，凡致養承祀、滫瀡籑組之事必躬必親。又最喜儉約，一絲一粒，未嘗妄費，常服率澣滌再三，非賓祭不御文繡。飲食務從其菲者，雖洊躋貴顯，服食淡素，不變塞焉。每語不孝等曰："汝曹賴父廕庇，免于饑寒，然天物不可暴殄。吾初至汝家，見汝父攻苦食貧，養汝祖母，吾至今念之，有餘悲也。汝曹可無惜福乎？"素性方嚴莊肅，不妄笑語。先公相與白首，祗敬如賓。鞠諸孤雖甚慈，而極嚴于訓誨，有過則譙讓，或夏楚之，不少貸。比其悔改，然後假以辭色，或撫其創痛而泣曰："吾非不慈，誠不忍汝爲不肖子也。"不孝等稍長成，晨昏定省，必整容而後延見。其勤儉嚴毅，蓋天性固然，而得之張孺人者亦多也。外氏及先祖母以來，皆奉觀音大士于中庭。先母繼其香火，久而彌虔，于所謂"慈悲方便"者不須臾釋念也。聞人有厄難，則怵惕惻隱，爲之色憂。聞啼饑號寒之聲，未嘗不賑恤。有爲橋梁、道路之役者，必捐貲以濟之。眷屬中有無告者必閔焉，經畫覆庇，務令得所。馭群下嚴而有恩，詿誤之失，多所原宥。比還里，尤禁戢僮僕，不得陵暴小民。一日，板輿過衢市，有醉者衝突儀衛，諸僕競逐之，先母不懌曰："彼醉故然，何足與較？爾輩第知依勢作威，不知爲吾結怨鄉里也。如以傷人抵罪，天理王法，自不可逭，吾豈能援爾乎？"因與諸孤各諭戒其下云。先公歿後，既免喪，先母忽命諸孤曰："人生瞬息，容貌易改，可及我形神未衰，傳真數幅，豈不善哉？兒盍爲我亟圖之？"于是擇日自具命服，臨坐中堂，命工傳寫，了無俗忌。洎疾甚，乃召孤定徵，受遺命曰："我旦夕且逝，首加青布巾，衣裳、襪履皆以白布爲之，勿華勿費，慎無用帛，聽之無違。"疾大漸，遂令侍者燂湯，强起靧浴，曰："無令身有積垢。"浴畢，命取所製布服，視而易之。兒輩涕泣，欲且止，先母曰："我婦人也，須早飭蔽體之服，豈可如爾父既歿更衣耶？”頃之，曰：“吾歸矣，可令有道者示我歸路。”一道人言：“夫人素奉大士，可專心誦佛。”兒輩以白先母，先母首肯，乃合掌作敬，誦佛數聲而薨。其契達幽明，始終不亂如此。先母生于嘉靖十一年壬辰七月二十九日午時，薨于萬曆十八年庚寅四月初八日寅時，享年五十有九。初封孺人，晋封宜人、淑人，又晋封一品夫人者三，最後加封一品太夫人，凡七拜恩綸，貴至極品，符萬仙翁之記焉。凡生不孝等男六人：長甲徵，吏部考功司主事，娶楊氏，封安人；次泰徵，禮部精膳司郎中，娶孫氏，封安人；次定徵，中書舍人，娶楊氏，封孺人；次久徵，官生，娶羅氏；次元徵，官生，娶楊氏；次獻徵，早殤。女三人：長適兵部武選司郎中馬慥，封安人，生二子三女而卒；次字舉人楊煊，次字舉人韓爌，皆早殤。孫男六：贊聘南氏，翬聘王氏，輂聘羅氏，質、嵡、鷟俱幼。孫女五：長適庠生許廓然，餘幼。葬地在王莊里敕建文毅公新塋，葬期在十九年二月二十四日。嗚呼痛哉！不孝輩幼入家塾，或先公以職務所羈不暇課子，先母則代爲程督，略無姑息。冬夜恒蓄火，雞初鳴必呼之起，或侍婢眠熟，則自起舉燭，令不孝輩帳中温習以爲常。或以頑愚曠業，見怒先公，先母必陽爲之解，而陰召不孝輩垂涕責之曰：“吾辛苦鞠育，冀爾有成，乃不自力學，至勤爾父督過，吾何望耶？”不孝輩莫不感奮，所以幸不墮落者，秋毫皆父母之訓也。所恨粗有成立，驟失怙恃，劬勞罔極，圖報亡繇，奄奄餘息，不如死之久矣。兹將以月日之吉奉先母祔葬先公之塋，祗服殊恩，用襄大事，思勒玄石以徵永久。第顓蒙不類，未能窺慈懿之萬一，而煢疚昏迷，復若天奪之魄者，舉筆涕零，莫知所謂，蓋悽慘癈閣者屢矣。萬不得已，姑即姻族之所稱述、耳目之所睹記，忍死悲哽，概舉一二以爲狀略。事多遺逸，語無倫次，不孝之罪萬死不足贖也。敢祈名世鴻筆，俯賜采録，揮成隧道之文，庶聖朝厚終之典有光，先母不朽之托斯在，而不孝諸孤雖死之日猶生之年矣，曷勝瀝血哀懇之至！

不孝男甲徵、泰徵、定徵、久徵、元徵泣血謹狀

校勘記

〔一〕“晝”，據同上文當作“晝”。

〔二〕“則”，據同上文當作“側”。

〔三〕“概”，清稿本作“慨”。

〔四〕“學”後，據明萬曆刻本明許國《許文穆公集》卷五《明故光禄大夫柱國少師兼太子太師吏部尚書中極殿大學士贈太師謚文毅鳳磐張公墓誌銘》當有一“士”字。

〔五〕“公”，清稿本無此字。

刻《條麓堂集》跋

語云“文章者，不朽之盛業”，信哉！先生正色立三朝，厥功懋著，蓋已銘之太常，垂之竹帛矣。獨其勛業之光著而爲文，寔與勛業無兩者，先生則不以自炫而韞諸篋笥，乃今於諸嗣君始得全稿焉。余三復其文若詩，宏篇短什，如出武庫，而睹其色則率皆冠裳珮玉揖讓於堂陛之間，而其音則若聽鈞天，其味則若烹大饗也，視世之争奇艷巧以有所得而自鳴者，殆不啻霄壤。然文不在兹乎？熙朝文獻，在先生是不可無傳。予爲先生門下士，而又適受命巡先生梓里，非予傳之而誰也？乃校其篇，付所司梓焉。自斯文出而後賢者識其大識其小，先生之盛業真不朽矣。

萬曆十有五年歲次丁亥孟春吉旦，巡按山西監察御史門生陳登雲頓首拜跋

重刻《條麓堂集》後叙

先太師文毅公生平嗜學，於載籍無所不披，日惟與聖賢對，用志不分。雖風霆交作，耳若無聞；冠珮來前，目若無見。嘗自擬“書淫”、“傳癖”，真有忘寢與食，不知老之將至者，其於斯道蓋没身焉耳矣。以故山含澤匯，歕欱雲霓，作爲文章，楷模髦士，自先進名臣南澗楊公、皆所陳公等靡不推轂者。顧不肖兄弟生晚，復從事佔畢，不獲預于黼黻之觀。洎登仕籍，居郎署，始克探討奚囊，則什逸四五矣。即如先祖母行略，斷簡僅存，而所謂行實詳狀，竟求不獲。秋霖、秋濤，一時均賦，而秋濤亦已闕文。舉斯二端，則玄珠失於離朱者豈鮮哉？以是思哀哀可知已。往歲丙戌，南濱陳公以繡斧臨山右，不忘先公之好，亟求遺稿，命敝邑大夫彙而梓之。於時不肖兄弟方斬然在哭泣之中，扶服搜輯，總總以應嘉命。雖嘗勒有成書，而義例多舛，豕魚迭見，覽者有遺憾焉。又十閱歲，不肖奉命守河北，爰取前編，覆加是正，捐俸鳩工，重刻於懷之公署。始賦頌，終誄章，凡爲目三十餘卷，視昔加詳，而以先公及我太夫人榮哀實録附焉。先公所爲“三不朽”者略可概見，不肖何假言，獨悲夫義方所貽依然在耳，而手澤所寄缺焉，不獲睹其全也，用紀歲月，以志哀思云。是役也，郡邑諸大夫相與共蒧厥事，自先公寔寵嘉之，不肖謹備書里氏如左，以附久要之義。

萬曆二十三年歲次乙未冬十月望日，河南布政司分守河北道左參議、前進士、禮部郎中不肖男張泰徵謹識

懷慶府知府棗强江學詩編閲

同知惠安鄭道興，通判華亭喬萬里、臨潼孫汝正，推官涇陽怡愉同閲

河内縣知縣洪洞盧夢麟校正

濟源縣知縣永年武定邦，孟縣知縣歷城黄應乾，武陟縣知縣思南羅萬言，修武縣知縣安州邵炯〔一〕、河曲任轍同校

武陟縣儒學教諭都匀余顯鳳參訂

懷慶府儒學教授河津黄桂芳，訓導昭化吴學詩、岳陽周易；河内縣儒學教諭儀封謝夢龍，訓導監利李夢得、杞縣張克魯同訂

校勘記

〔一〕"懷慶府知府棗强江學詩"至"修武縣知縣安州邵炯"，據清稿本補。

附録

《條麓堂集》跋〔一〕

先公棄諸孤之十有一年，仲兄守官河朔，業已搜輯遺文，傳播海内矣。客春，商丘沈師相應召入都，不肖奉一帙以上謁見。謂先集舂容爾雅，千載必傳，意須剞劂精良，斯足以稱鴻篇而昭永世，盍于南中翻刻之？不肖雖唯唯承命，而宦迹所羈，末由圖南也。然感佩明德，時時爲同舍寮友稱述之。會施慶徵寅丈屬有吴關之命，遂慨然以爲己任焉。自惟不肖辱以鄉閭聯爲交契，分鳩解帶，志婉孌於塤篪；待漏披雲，言鬱郁于蘭茝。感兹一諾，庸敢三辭？迨夫首秋慶徵涖政，於是鳩工相度，命日程材，而向之卷帙焕然一新矣。發□德於先人，□是篇於末簡。擬□□□□□□□□□□□□□□霞珪璧之詞，陵顔轢謝。雖昔王家雲屋藉任昉之鴻文，韓氏天心賴李翱之高誼，方斯蔑如也。寧獨不肖感深於鮫人，戴重於鼇極也哉？書成，謹爲志其始末如此，用以復于師相，以謝其篤念舊交之誼。若夫先公經世立言之旨、文江筆海之藏，則後先名賢及家兄所臚列亦既犁然大備矣，不肖蓋無庸贅云。

萬曆甲辰孟冬朔旦，户部河南清吏司郎中不肖男張定徵謹識

校勘記

〔一〕據甲辰本附録，原無篇題。

條麓堂續集

〔明〕張四維　撰
張志江　點校

點校説明

《條麓堂續集》，張四維撰。

據《山西文獻總目提要》著録，在山西省芮城縣圖書館，藏有《條麓堂集》卷十八至卷三十四的抄本。點校者因點校《條麓堂集》之需，專程前往芮城，在該縣人大胡金虎主任、圖書館陳京朝館長的關照下，查閲了這部抄本。經過粗略考查，點校者發現這部抄本其實是張四维兩部書的清稿本，一部是《條麓堂集》，一部則是《條麓堂續集》。

清稿本，又稱“謄清稿本”，指的是經作者或編者校勘整理後謄清的稿本。由於没有傳抄、刊刻可能造成的訛脱衍倒，清稿本具有極高的文獻價值。據張四維侄婿沈懋《書條麓堂續集卷末》，以及朱至滮、吴鑊《條麓堂續集跋》，明萬曆四十三年，張四維次子張泰徵分守荆南時，曾委托吴鑊刊刻《條麓堂續集》。但翻檢《明史·藝文志》《山西通志·經籍志》以及明清兩代公私書目，均未發現有關《條麓堂續集》的記載。點校者在翻閲《條麓堂續集》清稿本時，發現其中夾有兩張描繪印文以供刻版的紙條，在三方印文旁邊分别寫着“此原刻不佳”“笔須用均”“此面少粗了”的批語，似乎該清稿本的印文尚未修改完畢，并未交付刻版。由此可見，這部《條麓堂續集》清稿本不僅是从未著録的孤本，而且極有可能从未予以刊刻，其文獻价值是不言而喻的。

《條麓堂續集》清稿本與《條麓堂集》清稿本一樣，均爲白綿纸書寫，四眼綫裝。稿本高 265 毫米，寬 175 毫米。紙面整洁，字迹清楚，無邊栏，無界行。每半頁十行，行二十一字，行款與現存明萬曆乙未《條麓堂集》刻本一致。全書以小楷寫就，弘正工雅，娟秀可愛。原本二十四卷，卷一、卷二爲詩，卷三至卷二十爲書，卷二十一至卷二十四爲奏疏、啓、聯對、序、記、雜著、詞、賦、箴、頌、墓誌銘、行狀，祭文。可惜的是現在僅剩下目録卷、卷一至卷二、卷十二至卷二十四，佚九卷，餘十五卷，分裝七册。目録卷題簽上有一“李”字，卷一、卷二共一册上有一“杜”字，卷十二至卷二十四共五册上分别有“光”“焰”“萬”“丈”“長”五字。這七個字取自唐韓愈的《調張籍》詩，原詩前兩句爲“李杜文章在，光焰萬丈長”。據此推測，中間佚失的卷三至卷十一部分應當分裝三册，分别對應的是“文”“章”“在”三個字。現存《條麓堂續集》清稿本約有十七萬字，大部分内容爲張四維入閣參預機務、代爲首輔，以及回鄉守制期間與同僚、友朋的書信，其内容如論丈量田地，談北番貢市，透露入閣隨張居正辦事的無奈，傾訴獨力主持國政時的苦衷，表白服闋後歸老故土不再出仕的心曲，等等，可以補充《條麓堂集》的遺闕，既是研究張四维生平和思想的第一手資料，也是研究明代歷史和歷史人物的珍貴史料。

此次點校，即以《條麓堂續集》清稿本爲底本，參校以明代文獻所涉及的張四維的部分著述。

書《條麓堂續集》卷末

蒲阪元輔張文毅公有《條麓堂集》，公嗣仲公華岑先生鎮河北時刊布，世已珍傳。迨鎮荆南，又刊《續集》。次公拳拳先集，以布鴻章，其《詩》所云"明發有懷，孝思不匱"也。夫兩集皆有名筆冠諸簡端。懋爲公猶子婿，公愛之猶子，望之爲國士，又叨世姻。竊窺公文與行之大全，在兩集中序文暨附刊碑志諸文，爲名公鉅卿所闡發者，宏綱業已大備；然其節目之美善似未悉，乃不揆愚賤而蕪列之。

聞君異質，閱書過目弗忘，自爲童子就外傅，輒能盡代塾中諸童子之藝業。幼師舅氏劉水石公，將治經。水石以諸生就試，欲俟試歸授之《尚書》。及歸，而公已從他所偶見《周易》，翻玩數日，已成誦矣，遂治《易》。自是饒進餘經，入庠輒試高等，文譽徧河東。鹺臺欲亟見之，檄取至。諸郡邑士望風求識其面，見公清臞，瑩然如玉，争瞰所讀何書，見几間惟《周禮》一部，不曉何書，駭而去。是時，公于經史業已盡讀，及登第選館，則惟搜討國家典制諸書已爾。詞林推爲博物之首，朝廷大製作暨《實録》，又暨文武會録，多出其手。公出華亭徐公之門，選館爲分宜嚴公稱賞，取第一。館閣中慈溪袁公、内江趙公、新鄭高公、興化李公、江陵張公等皆推服，至有謂有公在，可無庸置簡編者，此江陵語也。綜覽群籍，爲文不爲群籍所使，獨抒神情，深造自得，而優入于化境，一切世習，高之空幻隱僻、卑之剽竊摹倣者，俱棄而不屑。口不諄諄言學，無行而非學焉；文不拘拘言道，無言而非道焉。此其博學洽聞、竑裁精詣可知，而人未必盡知之也。

工文章，尤諳政事，與人啓札，鑿鑿出實際語。北虜納款，與王襄毅札，反覆廿餘次，如目睹邊事，玩黠虜于掌中，胸涵數萬之甲兵。日造新鄭、江陵兩公所，殫心籌策，外而制府主持，内而政府密議，皆公功也。而公絶口不自爲功，即啓札亦散佚，存者什之三四，又悉從他處得之。是時，公爲學士，即已視國事如身家事，他人肯爲之乎？能爲之而敢爲之乎？新鄭署銓，公佐之。江陵秉國，公佐之。新鄭任氣，江陵任術，公任理，而相時審機，調劑其間，助兩公所不逮。兩公亦鑒公誠，有議每從公，不能奪公，兩公之功皆公功也，而公絶口不自爲功。馮奄竊柄，根蒂、羽翼布滿中外，豈易芟夷！計除之，事濟則宗社、生靈延其祚，不濟則公之身與家其小者也，大者可忍言耶！公迸盤據之奸，如摧枯朽。至于去太甚，而不窮其黨、竟其法，朝宁、僚友間無震蕩、株蔓之虞者，孰妙用也？凝然毅然，不動聲色，而措天下以泰山之安。士大夫始讋伏，相謂復見留侯之善藏其用也。此其沉幾秘畫、壯猷兼材可知，而人未必盡知之也。

古稱同寅協恭。公容儀丰度，雅俊冲抑。事莊皇帝講幄時，莊皇帝注視讚揚，數與侍臣言之，命公官學士，不兼講讀銜而耑侍講讀。初入閣，從江陵謝上。上與江陵言“新輔臣器宇不凡”，手書“一德和衷”大字予之。公憂歸，辭上，上動容，欲奪情留公，公不敢從，上又屢向侍臣問公除服之期，得君如此。元輔分宜、華亭、新鄭、江陵諸公相繼秉國，輒相枘鑿，相水火，甚相吴越，而人人與公膠漆。蓋公秉忠直，無偏黨，諸公亦無疑忌，達之人人皆然。於戲！難已。獨與江陵在政府周旋數年，江陵柄國之政，事事與公商確。自聞憂制，爲群小誤，漸與公疏。公以地位避嫌，難與深計。而江陵終不敢拂公論逐公，然亦懼公當必代己，如己之代新鄭，要之，以己度公，未嘗以公度公。馮奄之敗，公極力援救，使公不以憂歸，江陵之家禍不烈也。其初，人或疑公依附江陵，而不知規正江陵；其後，人或疑公與江陵修怨，而不知與江陵報德。此其誠心汪度、厚德深仁可知，而人未必盡知之也。

天性孝友。懋迎婚時，公適里居，封翁在堂，懋嘗預坐，見公侍側，宛惻如孺子。偕諸弟，言動無一非雍睦者。食不窮味，食畢，從一蒼頭，步臨閭左精舍讀書譔文，午餐復步歸侍食。城東有康樂莊，封翁嘗以爲游玩地。公藏萬卷其中，間稟命于封翁而往，縱目縑緗，數日不歸，手不釋卷，倦即適意花竹。而獨往獨來，無一賓客溷煩，郡庭不輕通一竿牘。是時，公以左銓宰掌宫端，告疾在里，將任公輔，而守身若書生，尤不見有矯情干譽之意。此其清韵謙衷、潔修醇德可知，而人未必盡知之也。

與配王太夫人相莊如賓，庭訓諸公，以嚴爲慈。萬曆丙子，謂次公文必中魁名；己卯，謂長公文必難中；壬午，謂長公文必中魁名；庚辰會試，謂次公文必中；癸未會試，謂長公文必中：語驗壹如券符。長公英偉豪邁，次公温厚精密，皆有詞章手、經濟材，爲山陰王公所重。而次公守關中，隨制府任丘李公閱邊，李公心服之，曰："博古、通今者不能兼，公兼之，今而後知文毅之善教焉。"叔季太守、尚璽諸公，以承廕棄舉子業，俱奉公命績學，有藴藉，詩文可傳于世。此其懿範端型、高標義訓可知，而人未必盡知之也。

他美善尚富，未可悉數。公蓋自身而家而國，凡有表著，莫匪兹文，不獨操觚染翰始爲文也，所謂天下文章莫大于是。而懋謂晋中仕宦當國朝入相者，公之前有河津薛文清公，公之後有山陰王文端公。河津暫相，山陰亦未久相，俱以勁操直節名振寰區。公忠厚而正直，操節與兩公等，其委蛇謀斷，俾宗社享靈長之慶，而生靈受和平之福，視兩公不啻過之矣。然山陰之相，寔以公歸，屬意吴郡申公，申公迎公意以相之者也。河津、山陰，如翽翽之羽，千仞翱翔，世人仰之瑞之，而不可攀。若夫嘘氣成雲，茫洋穹玄間，薄日月，伏光景，霈汪澤于宇宙，而出入變化，莫可測識者，神龍也。公其猶神龍乎！假公蚤相，與新鄭、江陵同心輔政，則隆、萬之間化理當益淳曜。假公永年，除服後復相，以得君之專，爲行政之久，匡翼主德，柄持台衡，當使宫府、閣部、科道之間各存其體，弗侵其權，則今天下之治平也，或别增一景象耳。天意不欲，謂之何哉！懋小子何知，第此衷有見聞，忘其鄙陋，覼縷書之，敬以告夫讀公之嘉集者。

文林郎、知寶豐縣事、丙午舉人門婿沈懋頓首拜撰

條麓堂續集卷一

四言古詩

有鳥篇壽崔母

有鳥自西，爰青其羽。金母有命，朝發玄圃。翔集漳滸，北堂告祜。歲舍閼逢，嘉月惟子。八帙初盈，三元易始。麻姑薦泉，天孫呈帔。婺彩焜煌，介爾繁祉。春酒在尊，嘉客在門。王命自遠，吏人載奔。有燁其華，文茵珠履。賓從歡迎，恭人季子。維是季子，邦家之彥。鳳舉南宫，鸞栖東甸。千里瞻雲，星軺省定。天鑒篤忱，歸及家慶。季子至止，恭人燕喜。惠和子姓，以洽姊姒。維竹有籜，維泉有鯉。松柏萬年，懋承靡已。

五言古詩

司農公署觀政述懷二首

軒窗敞幽寂，愛此風日清。庭槐落蟲絲，好鳥相與鳴。晝永耐端居，悠然百感生。膏壤豐野草，玉府有虧盈。袖手慚天禄，慷慨念生平。

曰余本寒素，托踪在草莽[一]。浩歌撫陳編，羲黄寄遐想。叨屬熙運隆，濫迹青冥上。苟得匪所欣，夙心詎能枉？矯矯古哲人，龍蛇蟠天壤。襟期方在兹，千載勤俯仰。

送程松溪翁四首

夫子秉超曠，冲襟瑩塵坱。高談鄒魯辭，蹈迹羲黄上。清風播四裔，眇予寄遐想。斥鷃遊榆枋，大鵬運沆漭。適性信不貳，所悲異雲壤。

昊天啓良覯，皇眷矚儒林。弘闢圖書府，冀興《韶濩》音。我師握蘭茎，馥馥揚德馨。門墻借光儀，春風鼓鳴琴。快兹千載遇，慰我平生心。

嘉會殊未已，忽忽歲聿變。東風吹柳條，澹蕩罷歡宴。函丈儼欲分，悲歌淚如霰。我心諒匪石，寧當几席戀？狂狷顧孱質，日月借奔電。扁舟春水遥，惆悵何時轉？

南國有威鳳，翩翩富奇姿。食必蒼筤實，栖必碧梧枝。仰騫青雲表，曷當〔二〕顧藩籬？我欲往從之，不能自奮飛。鈞天陳穆奏，翔集白玉墀。來儀豈不貴，草木蒙光輝。永懷在遠道，行矣我心違。

葉文湖年丈見訪

病卧人事絶，柴門晝不開。忽聞高軒過，乃云故人來。椎〔三〕枕强披衣，袒跣出相倍〔四〕。長揖謝故人，莫笑形容摧。茅屋幸光彩，暫此相徘徊。故人去不留，我心增遲回。毋乃疏慵性，重爲長者猜。寄語謝知己，小子良不材。

喜　雨

驕陽歷三時，一夕忽風雨。青翠滿林莽，黄氛净寰宇。黪麥半欲槁，嶷嶷勢方起。田家重東作，婦子饁南畝。未遂霑足願，復見商羊舞。曉窗布穀鳴，霞光媚簾廡。階草競鮮芳，壘燕雙雙語。一氣旋元化，萬物欣有主。因悲《雲漢》詩，聊慰憂國苦。

簡徐大經高鳴鳳有引

夫烏兔代精，時及歲暮。金蘭有契，人在天涯。慨焉興懷，率爾成賦。匪云騁藻于短章，聊惟寄情於雲樹耳。

聿兀歲雲暮，陰雲薄曦暉。青燈夜不滅，霜風侵我幃。歲月慨易流，壯心行多違。憶我同心友，乃在天一涯。擁衣坐通宵，遲回思我迷。

憶昔少年日，與子相追逐。青雲寄遐志，棲遲在山谷。清歌想黄虞，披褐友麋鹿。所負良不群，意氣輕川瀆。昕夕鎮相親，聯翩事簡牘。胡子事高舉，結廬諸馮麓？慨予抱離思，踽踽守寒屋。雪夜清興生，思求山陰躅。何當一樽酒，慰我北望目？

送慎山泉

涼飆八月初，之子遠行役。長亭一樽酒，相看日欲夕。丈夫重桑蓬，安能戀几席？嗟君負奇氣，少年聲奕奕。江左推文物，凌空無六翮。有策不投時，草玄揚子宅。甘泉來奏賦，龍光射天赤。割符守東甌，衣繡還鄉陌。蛟龍蟠泥中，風雲變咫尺。我來長安里，執袵訪三益。見君南省中，傾蓋如夙昔。感此忘年交，意氣斷金石。驪歌忽在門，我聞心不懌。長楊萬里道，匹馬三秋客。壯游豈不貴？别懷自難釋。君行度粵山，我夢入炎澤。三月東風來，雁足佇尺帛。

會日遲乾庵文麓正峰三兄不至時課限方誦《十九首》故戲爲集句

今日良宴會，同袍與我違。相去復幾許，軒車何來遲？凜凜歲雲暮，浩浩陰陽移。鬱鬱園中柳，將隨秋草萎。立身苦不早，安能待來兹？齊心同所願，引領遥相晞。

嘉會乘時豫，歡言併在兹。美人曠延伫，惜此芳歲期。停雲既靄靄，今雨亦淋漓。嚶嚶庭鳥鳴，馥馥幽蘭滋。昔願今不從，感物生長思。古人在千里，命駕時相隨。胡爲車馬音，咫尺隔天涯？

《鳳山八咏》爲盛古泉賦

鳳石竦孤峭，晨旭媚其彩。鳳鳴昔何時，石迹今仍在。丹穴路匪遐，胡然曠千載？覽君明德輝，阿閣行相待。

右《鳳石朝陽》

陰崖不見日，絶壁騰巑岏。經今留積雪，林暝生奇觀。玄境氣不易，貞白因所安。獨有疏梅萼，相將保歲寒。

右《獅崖暮雪》

曠哉千仞峰，下有百年井。橘林秋葉疏，丹竈朝雲冷。寒泉富餘潤，深谷何人省？汪汪千頃施，注挹藉修綆。

右《古井甘泉》

斷壑架石梁，參差虹影抱。泠泠橋下水，迢迢橋上道。水聲常若兹，往來人互老。唯應列仙翁，千載拾瑶草。

右《仙橋活水》

境幽草木深，威獸奮奇迹。長嘯陰風生，猛攫飛泉出。藜藿苞餘澤，雨露分甘液。眷此山中人，東林共今昔。

右《虎跑靈迹》

兔河三十里，淼淼與雲平。時見孤帆入，不聞風浪驚。秋旻净如拭，遠影涵空明。遥知利涉客，羡此林壑清。

右《兔河風帆》

桐鄉雄楚服，宛在兹山曲。萬家春雨中，烟樹藹新緑。里閈鬱不分，郊郭紛相屬。誰知人境内，咫尺神仙谷！

右《萬家烟樹》

華峰渺何許，雲際横輕黛。依微南斗傍，新晴遥可對。羽人時往還，明霞紛晻曖。目極飛鳥没，因風想瑶佩。

右《九華雲峰》

五言律詩

咏太液池雁

萬里瀟湘翼，春翔太液隅。沿風唼碧荇，漾日弄青蒲。鳳沼光仍在，鵬霄願豈孤？虞羅原不到，無事更銜蘆。

病中偶成二律戲簡張侍御年丈併索和章

卧病經過少，柴門盡日扃。牖風時入幕，窗月巧侵屏。法案窺《鴻寳》，藥爐煮茯苓。故人今夕裏，何處太微星？

卑泊長安市，幽居絶四鄰。到門憐白眼，出户即緇塵。自理參苓術，翻思松菊新。忽聞驄馬過，一倍憶交親。

癸丑赴春闈早發真定遇風

匹馬長安道，天風萬里來。攬裘驚朔氣，作賦憶蘭臺。萬籟懸相和，千山迥不開。圖南將奮翼，斥鷃莫深猜。

送晁次山謝病歸開州

握手意方洽，不堪君獨行。嶺雲千里目，樽酒百年情。海上芝苓實，山中松桂盟。卷舒吾道在，金馬佇旋旌。

海内文章伯，眉山父子才。奇文富萬篋，大雅逼三台。覽鳳輝初借，歌驪聲遽催。征鴻何處度？日暮首重回。

年少蘭臺客，悲歌袂欲分。帝鄉深戀日，親舍遠瞻雲。窗曉芸香馥，園春藥氣熏。殷勤看仗劍，不是惜離群。

之子今何往？澶淵訪舊耕。探奇緣采藥，高卧不逃名。石室能觀物，漆園足養生。何須東海上，遼渺問蓬瀛？

四海陳雷契，知君董賈流。孤騫瞻鳳鳥，高步讓驊騮。玄月移新疢，赤松事遠遊。坐愁三益遠，杯酒若爲留？

不盡送君意，還爲朝雨歌。驪駒看已駕，把袂欲如何？入室思蘭蕙，當春憶薜蘿。道周千樹柳，争似别情多。

黄河西岸

危岸縈河曲，春風信短荆。渚晴群鷺浴，天遠一帆輕。王霸餘山色，乾坤自水聲。古今樽俎外，慷慨愧終生。

早春山亭訪友

問徑尋幽客，談玄共草堂。水聲争斷壑，春意上新篁。金谷饒名筆，蘭亭憶羽觴。留連山色紫，歸路自倘徉。

遊中條東谷

一水紆徐遠，千崖蒼翠多。尋源歷斷澗，攀磴藉垂蘿。路轉峰相抱，谷空鳥自歌。陰森幽意愜，回首見滄波。

井陘道中

落日傍巖阿，三年復此過。山川原險阸，歲月苦蹉跎。寂寂淮陰廟，蕭蕭易水波。古今興廢在，撫劍欲悲歌。

望　雨

鶯老三春暮，都門日日晴。蝃蝀横漢篔，蜥蜴作雲輕。禾黍經沙短，郊垌入望平。桑林會有應，天意在蒼生。

寄迹長安市，春光九十晴。驕陽横作厲，禾黍失西成。薄靄終朝歇，澄霞向夕明。靈星嚴禱祀，從此慰蒼生。

壽梁母

北堂稱慶處，萊綵戲蹁躚。宴似瑶池會，人疑姑射仙。兕觥春酒滿，鶴苑晚萱妍。親見麻姑説，滄波欲變田。

兩國新承寵，三遷舊卜鄰。閨庭鮮此福，圖史有斯人。桂樹詵詵發，萱花故故春。鸞紋將鶴髮，照映澮川濱。

之子戀春暉，輶軒賦采薇。馭從卬阪度，雲傍太行飛。三釜歡頒禄，百年羡舞衣。還憑青鳥使，西望壽慈幃。

贈别鄉丈郝南峰任南都近體四章

春雪灑郊廛，都亭侍别筵。帝思元會日，仙署大江邊。樽俎留斜照，旌旄入斷烟。不堪雲樹渺，山斗悵南天。

結綬從先達，登舟仰令名。蓮峰當嶽立，蘭室入春榮。海宇人〔五〕龍望，鄉園月旦評。獎延慚匠石，吾欲紉芳蘅。

司馭周新職，碭山漢舊京。天迴龍虎窟，江抱鳳皇城。芒海宵傳檄，棘門晝聚兵。騰驤看遠略，直擬請長纓。

行邁三春月，扁舟指建康。山留六代碧，花發四時香。勝迹供彤管，高才富錦囊。珩璜勞寄示，莫負北鴻翔。

挽黄翠岩先生

人去東山寂，傷心憶鶴舟。名應賦鵬遠，神似跨鯨遊。劍履千年夜，松杉十里秋。鳳毛還五色，餘慶在箕裘。

招馮鹿谷飲不至

槐宇依清夏，芳樽宴舊遊。迎陳下賓榻，訪戴佇仙舟。玉斝此時負，金鞍何處留？馮京饒逸興，應上看花樓。

題南枝

梅樹原同本，分條擅獨妍。衹緣承日近，常許得春先。麗萼偏宜午，芳心不待年。贈君多采擷，個是大庾仙。

題《吕仙圖》

謁帝金鑾後，霓裳恣遠遊。采芝來鳳圃，折竹到麟洲。星斗青蛇劍，瀟〔六〕湘黄鶴樓。短綃雲外影，瞻望思悠悠。

題《李仙圖》壽崔秋泉

鐵杖東浮海，奇踪信渺然。雲霞不可問，圖畫此猶傳。壺裏應三島，鹿邊是九天。知君有仙骨，特地報長年。

送郡倅張左岩之任冀洲〔七〕

信都三輔望，高選重監州。到日秋風始，城邊漳水收。題輿看治績，岸幘見風流。會有徵書下，期年寵政優。

送年丈甄龍莊侍御出按淮揚

驄馬長安道，秋風攬轡行。關山驚蹀躞，江漢待澄清。旭日促驪駕，清霜導隼旌。懸知解綬吏，千里憚威名。

燕市此相送，淮南賦遠遊。津梁不可極，樽酒若爲留？霜落濠梁渡，月明瓜步洲。知君向遥夕，清夢繞龍樓。

與君遊上苑，十載隙駒過。風雨襟期密，星霜離别多。方欣韋曲會，忽動渭城歌。又是經年約，其如芳歲何？

把袂三秋盡，相看興渺漫。輶軒隨雁度，津樹帶霜寒。流水知音遠，青山行路難。壯遊孤劍在，日夕但加餐。

贈倪若谷卷

藝藪遊情久，□吴有令名。籀侵周太史，學富魯諸生。業自鵝湖衍，恩從鳳沼榮。投簪松竹徑，早結歲寒盟。

守魯先生挽章

家世高賢後，襟期太古先。三槐陰正鬱，五柳興依然。風月供吟咢，春秋理祀田。蘭蓀原胤德，恩誥慰重泉。

秋晨對雨

兀坐高齋雨，瀟瀟秋氣清。琴書侵曉潤，襟袂挹寒輕。階映决明色，窗疏梧葉聲。壯懷渾可賦，潘令若爲情？

卧病四律甲寅

卧病長安陌，風光又欲秋。潘郎空擬賦，江令不勝愁。日月淹金馬，鄉園憶鐵牛。由來禽鳥興，不是戀滄洲。

京洛風塵裏，驅馳歲月中。此生看白璧，吾貌問青銅。久病忘機事，端居見化工。雨餘庭草緑，恰與故山同。

清切金鑾署，天王儲茂才。高飛慚鳳舉，窃吹濫竽陪。董賈名終忝，徐庾氣已頽。皇風誰振響，坐使百川回。

獨坐翻書卷，愁來可奈何？萬方今警急，六月此沉疴。舊國音書斷，新秋風雨多。壯懷渾苑結，日暮欲揮戈。

贈南崖魏丈司訓古莘

伊洛源何處？傳聞熊耳山。羡君開講席，問字匝潺湲。黌館峰巒裏，鄉程信宿間。佇看弦誦洽，窗草對春閒。

漳源先生挽章

天上乘驄使，遼東跨鶴歸。書香新澤遠，諫草舊臺稀。檜塚標螭碣，蘭階續彩衣。有懷漳水曲，薦藻願仍違。

和對川舅韵三首

冠裳謁帝闕，書劍寄仙家。火退金天外，秋來易水涯。壯懷憂國淚，歸夢望鄉嗟。遠道還珍攝，朝餐努力加。

昭代一王軌，空同自大家。屠龍才不忝，倚馬興何涯？寥落執鞭願，蒼茫望海嗟。劇談同舅氏，撫卷思交加。

萬里宦遊客，三秋何處家？親幃瞻華嶽，鄉思落汾涯。彈劍功終早，《伐檀》事可嗟。孤燈無意緒，撩亂夢中加。

送殷三泉赴汝陽

灤水家聲遠，燕臺寵命榮。冠簪三世列，旌節隔年迎。曉日暉蓮座，春風度蘗城。冰壺推上客，月旦有清評。

宴王孫園亭遲客不至

設醴豐暇豫，開軒待所思。桂叢空擬賦，棣萼且彈棋。秋色此時好，車音何處移？金樽期對月，良夜坐相持。

高人期不至，清晝鬱含思。未泛王猷棹，空聞謝傅柑[八]。林深蟬韵合，簾静竹陰移。辜負論文興，芳樽聊自持。

瀛州齋畔桃花

萬里瑶池種，三春玉署栽。未論千歲實，先傍百花開。綺浪應龍化，丹霞有鳳來。石渠最清暇，長此共徘徊。

題畫菊效初唐體

霜落衆芳歇，東籬標獨妍。繁葉擁翠羽，寒英明金鈿。名高逸士帙，香襲騷人編。清飆留紈素，深意墨卿傳。

送盛侍御按遼左

丹鳳承周命，青驄出漢關。滄瀛閒晝浪，草樹静春山。日月登臨外，華夷指顧間。澄清天萬里，白簡帶霜還。

葉文湖年丈見訪

遷客來千里，潛夫卧一丘。幸同十日語，解却半生愁。枳棘何栖鳳？蒹葭自侣鷗。行藏無定着，樽酒暫淹留。

題汾州王孫卷

銀派徵麟趾，瑶華見鳳毛。維城汾水遠，若礪介田高。世德光彤管，清詞映彩毫。小山休擬賦，帝子足風騷。

析玉分桐葉，苴茅傍鶴津。封疆原并冀，賓客有劉陳。業自傳經遠，名從樂善新。西園清夜月，懸思晋□[九]濱。

送醫國章復春南歸

幾年爲北客，種杏滿燕京。漫擬朝中隱，還成市上名。歸心江雁遠，征棹海潮平。試過匡廬訪，春深藥草生。

宴元峰王孫園亭

梁苑饒秋色，陳王富藻思。窗吟竹得句，林奕鳥觀棋。待月金樽滿，乘風綺席移。接䍦倒山簡，僕馬任携持。

送謝逸人歸河中舊隱

澗南遺世處，常日掩衡門。作賦惟招隱，著書皆寓言。沙鷗宿斷榻，河柳護疏垣。暫向春山別，歸歟芳草繁。

忽發剡溪興，聊爲京洛遊。千山獨杖策，五月此披裘。舊好徵詩卷，高談對酒甌。灞橋明日道，溝水更西流。

劉文安公挽詩代人

講藝論先輩，分曹切上台。金坡蓮影導，玉户履聲迴。天遠冥鴻舉，日斜鵩鳥來。壑舟今已秘，長憶濟川才。

海内推耆碩，斯人屬典刑。文章劉子駿，《詩》《禮》鄭康成。正擬朋三壽，居然夢兩楹。故交思掛劍，壠樹倍關情。

宴山陰王孫昆仲宅樓

高樓憑遠霽，秋色望中繁。樹接風陵渡，河流星宿源。鳥歌喧夕檻，霞綺散晴軒。喜共聯珠會，全勝在兔園。

日出齊門東，光墮庾樓裏。皓彩溢晴霄，清光共秋水。桂樹寒不勝，兔毫明可擬。凝眺玉繩低，隱隱城鴉起。

又分韵得“晚”字

振袂登朱樓，開尊當碧巘。松風颯已秋，雲嵐曖將晚。叢桂淮南山，修竹梁王苑。慚非枚乘才，飛蓋追繾綣。

過湖北寺留題林皋精舍二首

白馬前朝寺，金繩界碧波。樓臺經劫换，松檜閲年多。清梵魚龍聽，虚檐鳥鵲過。我來耽勝寂，渾欲買魚簑。

王孫招隱處，叢桂匝蒲團。送客虎鳴澗，吹□鶴下壇。松醪相慰藉，竹杖得盤桓。清話不知暮，禪房鐘磬殘。

春日憶林皋王孫二首

念我東田日，尋君湖上村。桂叢分徑入，貝葉向燈翻。拄杖撥雲脚，揚舲蕩月痕。天涯春草緑，一倍憶王孫。

漢宗誰擅美，文雅説淮南。之子天潢彦，風流許並驂。春遊沾社酒，夜讀傍僧龕。羡爾握中寳，驪龍頷下探。

題畫四首

雲杪崆峒矗，青松石磴深。廣成潛素業，黄帝契玄心。劍佩星辰杳，齋壇草樹侵。遡風三月意，獨鶴是知音。

右《軒轅問道》

左纛經行處，虞人獵廣原。君王惜盡物，茂對浹明恩。密網時方解，前禽晝自翻。配天六百祀，汪澤宇中存。

右《湯王祝網》

袹褐蟠〔一〇〕溪叟，烟波静釣璜。熊羆徵太卜，衰白遇君王。鳳下岐山曲，鷹揚渭水傍。丹青垂訓炯，姬籙咏克昌。

右《文王遇太公》

八百冠裳會，三千貔虎威。邠郊十世業，牧野一戎衣。天命已流火，臣心自采薇。悲歌虞夏遠，萬古日争暉。

右《武王伐紂》

送郡文學俞雙河任河中取道金陵迎養近體四首

卧病淹長暑，故人忽遠行。不成折柳送，無那握蘭情。親舍瞻雲返，王程計日征。關河南北共，珍重戒前旌。

傾蓋長安陌，風流信我師。乾坤燕市酒，花月薊門詩。白馬談何易，青雲數轉奇。十年還此別，彈劍憶心期。

爲有南陔慕，新恩北闕裁。情深毛義檄，價重鄭虔才。河鯉朝堪饌，逵鴻春更迴。懸知銜鱣鳥，關右兆三台。

四野環青嶂，孫〔一一〕城枕碧流。余深懷土望，君作越鄉遊。吊古虞臺夕，探奇禹穴秋。歸舟倘可卜，樽酒共淹留。

賀陶翁

獨有衣冠世，偏承寵數蕃。籝金傳舊業，珮玉拜新恩。鳩杖遊天苑，鸞章賁禁垣。更歡新甲子，萊綵侑芳樽。

和浣所兄《芍藥五咏》以“紅藥當階翻”爲韵

叢藥照階紅，移芳晝省東。艷姿熏午日，深意殿春風。繡帔鸞紋纈，香絲蝶夢融。此時金帶異，應與廣陵同。

仙史欲留春，繞庭培芍藥。光映讀書窗，香分結綺閣。乘興即高吟，有時還獨酌。翻令陽子〔一二〕宅，未許春寂寞。

不與群芳競，妍花占晝長。新妝孰與並，嬌妒若爲當？露浣晴仍好，風牽遠更香。遲遲春自在，笑煞燕鶯忙。

白傅憐芳者，心知惟爾佳。禁庭清豁目，長日苦吟懷。結實堪調鼎，開花每映階。墨卿千載契，復此對幽齋。

深院東風裏，穠花静自翻。霓裳雲外曲，羅襪夢中魂。浩態何嘗接，新詩未足論。倡酬花月過，惆悵負芳樽。

和孫正峰《冬夜攬鏡》

寒夜憐獨酌，偏生攬鏡情。紅塵暫寂静，青鬢轉分明。漏永燈添暈，窗虛松有聲。故吾真相在，金石念初盟。

久病聞蟬兼懷後庵年丈二律

卧病晴窗裏，朝朝撿藥經。坐愁芳月盡，忽聽早蟬聲。物候既如此，壯懷寧不驚。支離對青鏡，心賞有初盟。

擁膝幾經月，羈懷正鬱陶。有時歌獨酌，長日念同袍。岐路夢猶阻，停雲望轉勞。索居閒來往，門徑徧蓬蒿。

卧病述懷己酉前作

多病成真懶，旬來萬事疏。雁聲孤枕外，竹影五更初。事業憑籠藥，行藏守敝廬。壯心宵更切，無計伴樵漁。

病久發狂笑，愁來更浩歌。朝雲開太華，秋雨滚長河。宋玉風流舊，休文感慨多。古今杯酌裏，遮莫醉顔酡。

落落乾坤内，蕭條一病夫。長歌悲劍短，高卧對燈孤。攬鏡渾非我，憑軒恰忘吾。素心存五嶽，端不負桑弧。

秋老庭槐凈，重陽節又催。寒蛩作意叫，籬菊有心開。夢醒病仍在，鳥啼客又來。旬中無一事，兀坐轉悠哉。

代人挽漁石唐公用韵三首

夢斷兩楹寂，風雲悲壯圖。江邊泉路迥，天上寵恩殊。綸綍褒遺烈，鐘彝鑄丕謨。空令玄塞北，名姓懾羌胡。

弱冠誰知己？歐陽西校文。感恩輕白璧，延譽入青雲。百里門墻隔，千秋生死分。泰山今不見，淚灑越江濆。

箕尾乘元化，龍頭繼令圖。勛庸千古在，文物一時無。翊國仍台鼎，傳家自典謨。庭闈森玉樹，次第上金鋪。

七夕有感

天上佳期近，人間良夜過。鵲橋明玉佩，牛渚暗金梭。風入蒹葭急，凉生枕簟多。故園千里月，相望有銀河。

賀崔母壽

南省承恩日，北堂獻壽時。緋魚明綵服，青鳥送金巵。鶴髮百年養，鴻逵萬里期。佇看丹鳳誥，早晚到瑶池。

康妃挽歌

桂殿標明德，蘭宫早毓祥。翬褕春掩藻，銀燭夜韜光。遺烈傳彤管，悲聲送白楊。蕭蕭泉路迥，風雨睿衷傷。

張後庵父母雙壽

駟馬還鄉日，雙親介壽時。帝綸明綵誥，仙醞泛金巵。蘭蕙雲中蕚，松筠雪後枝。梁園春色好，福履萬年綏。

賀段子榮授太醫

丹竈藏名久，青春晝錦歸。廟廊開制度，門户啓光輝。虚實原邦計，浮沉啓化機。軒岐那可問，國手古今稀。

賀張錦衣

張氏父子之賢，倚山崔君爲予言之，驗矣。今歲其子晋爲錦衣百户，倚山君賀焉，徵詩于余，爲走筆予之。

矯矯干城士，鷹揚迥不群。起家爲上將，報國正青春。錦綬承丹闕，金戈衛紫宸。知君多遠略，擬取畫麒麟。

秋　思

突兀三秋暮，優悠萬事無。杖藜觀造化，當枕夢黄虞。月度雲中雁，風號霜裏烏。時移驚壯志，寂寞玩潛夫。

送文麓兄扶侍南還

蘭室同心侶，分携二月天。相逢還幾日，此别定經年。黄鳥依然囀，緑楊未可攀。薊門尊酒會，不分是離筵。

曉日長安道，春風綵纜迴。鶯花關旅況，山水入詩才。畫鷁行應遠。雕龍思若裁。何當仙棹返，快睹錦囊開？

代周君賀内弟王生

羡爾青雲器，儒林早振奇。世逢虚席主，年是棄繻時。春水桃花浪，秋風桂子枝。扶遥從此始，九萬繫遐思。

五言排律

壽張太孺人七十詩

序應金飆爽，祥呈寶婺暉。壽尊傾桂醑，仙籙衍萱闈。禁闥新頒誥，宫墻舊斷機。青鸞當宇下，黄雀入檐飛。桃苑留瓊笈，蘭階舞綵衣。板輿秋正健，行樂願無違。

送劍西先生歸省

帝幄承新命，仙丹〔一三〕指舊鄉。行應同晝繡，歸及薦春觴。題柱橋仍度，趨庭禮自將。劍精宵射斗，極影曙浮堂。莊圃膺金籙，萊階舞綵裳。壽榮人共羡，朝野有輝光。

禁城新柳

丹籞東風轉，韶華上柳條。絮分輕玉吐，枝帶嫩金摇。裊娜離宫夕，芳菲上苑朝。翠含烟裏澹，碧入雨中嬌。蘼沼魚初躍，拂堤〔一四〕鶯未調。最憐宸賞地，春色眼前饒。

建官惟賢

列署分天職，懷珍共帝臣。棟由廣厦椄，璧自大庭陳。周衮資三俊，虞裳任四鄰。亮工原翕受，立正在忱恂。拱日簪纓合，承風海宇春。願言隨衆哲，戮力荅楓宸。

怡遁壽

泉石耽真隱，松筠保歲華。無機因灌圃，有子足傳家。海鶴翔仙屋，江雲度使車。綵衣明桂砌，玉醴泛梅花。南極長春祝，東閩晝錦誇。還將五色誥，黄髮卧烟霞。

九日壽人

菊圃芳秋節，椿庭介壽時。雲霞開玳席，風露爽瓊巵。南極光輝接，東籬景物宜。舞班看桂砌，振藻待天逵。共道凝和久，應知綏福奇。鳳城春浩蕩，鶴算萬年期。

秋日懸清光

玉琯協商秋，金馬破清曉。氣净孤雲澹，暉凝鮮宇皎。的皪小群峰，瀲灩澄渌沼。驗圭景方中，揮戈氣增杳。願留鄧林照，長映扶桑表。

五　日

景律正蕤賓，中天節候新。綵絲分縷細，蒲酒薦觴醇。虎艾晴懸户，龍舟曉競津。漢宫傳角黍，楚俗祀靈均。此日皇風穆，冰紈賜近臣。

贈望海侯〔一五〕公有序

望海侯公治榮河之二年，内遷職方，即行有日矣。榮河生柴蘭自述其父子兄弟沐德教之厚，及公治榮河諸異迹，走百里索余代言。蘭，余故人鳳儀子也。遂綴六韵以道其意，爲柴生言，故不及余私。

三鱣經年侍，雙舄此日騫。諸生争問字，父老欲扳轅。桃李三春秀，桑麻四野繁。蒲輪新寵洽，棠樹舊風存。緑柳縈征旆，青山對别樽。臨岐思報答，瓊玖愧深恩。

顧侍御父母雙壽

遊子依丹禁，高堂敞綺筵。白雲勤顧望，斑服阻周旋。淮海牽情遠，丹青托意傳。函關千嶺合，閬苑五城連。李樹曾爲姓，桃花不計年。同標天外迹，雙慶域中仙。鳩杖乘秋健，龍章指日鮮。迢迢驄馬使，獻壽占春先。

擬獻聖壽無疆詞

灝氣金天正，祥光紫禁通。仙人傳寶籙，壽域接齋宫。霧抱金爐日，霞飄彩杖風。禮陳三代上，樂奏九天中。簪組千官列，梯航四國同。萬年天子壽，長此效呼嵩。

送友人之任浙東

才子擁朱輪，成名拜二親。世傳京氏學，宅接孟家鄰。獻賦甘泉日，分符越水濱。秋風十里道，春酒百年人。題柱墨猶濕，登堂菊正新。晝遊真可樂，雙壽待恩綸。

望内苑柳色詩

弱柳禁城東，迢迢望欲通。參差含薄靄，裊娜逗香風。殿閣黄輕露，宫墻翠欲重。流鶯嬌若近，飛絮密還空。十里隋堤外，三眠漢禁中。韶光何處是？春興眇難窮。

送郭小峰

玉殿春承綍，金山曉度旌。雙鳧辭帝闕，孤鶴入江城。冠蓋三吴俊，帆檣萬里程。水形章漢賦，山勢帶周京。鎮撫須賢哲，經綸屬老成。中牟看雉化，單父聽琴鳴。父老褰帷睹，兒童騎竹迎。日遲桑柘影，風静海濤聲。龔黄輝漢簡，願子繼芳馨。

《易水望雲卷》爲鎮定李中丞題

結綬遵庭訓，分旄護帝畿。上卿頒將略，大漠識軍威。易水秋乘障，陘山夜啓扉。北門閑羽檄，南國憶斑衣。獻壽鸞方舞，稱觴鯉正肥。並期黄髪健，畿〔一六〕見白雲飛。地負晨昏隔，天長星宿非。夢牽千里目，心戀三春暉。永願丹生井，遥祈雀入幃。雞鳴思子道，隼擊視戎機。月冷關河白，霜明塞草腓。指揮隆左校，談笑解重圍。名已班屯柳，功應歌《采薇》。義方移孝節，百歲共恩輝。

題襄垣王孫卷

貽芑流恩遠，分相被命優。屏翰周上國，帶礪漢諸侯。寶印黄金鈕，朱纓碧玉旒。劍幢縈綺杖，葆吹翼華輈。帝胄等威異，叔孫禮度周。儼然堂序列，欽若歲時修。樂善聞前訓，睦親有令猷。芳春東苑宴，清夜西園遊。名已陳思接，年仍衛武儔。龍章光燁煜，鶴算景優游。大藥溶丹液，孫枝胤紫璆。登高還健履，靖亂在深謀。松柏常春夏，山河共峙流。茂齡將鞏業，從此八千秋。

挽張西磐翁十八韵

昭代推遺老，如公更幾人？箕汾颯改色，雷電欻歸神。四海經綸策，百年社稷身。桂闈占器異，琴座見風淳。青瑣摽危節，黄沙静遠塵。孤忠三聖眷，妙略兩都申。槐棘聯班久，綵綸被命頻。日邊辭紱綬，天上賜蒲輪。緑野開新築，丹楓憶舊臣。仲山名與並，君寔望還真。松柏寧論歲，桑榆忽不晨。西川悲故舊，北闕痛冠紳。宗伯頒彝重，王人卜兆新。青宫階傅保，豐碭倚嶙峋。浩蕩恩波闊，寂寥風木親。門墻誰後進，鄉土〔一七〕企前倫。仰嶽情空切，登龍意莫陳。長安芻一束，遥薦欲沾巾。

寄和周南園生子十韵

商氏凝休遠，燕山積慶昌。熊羆驚夜夢，蘭桂茁春芳。輪奂屋方壯，清和時正陽。桑蓬聯户牖，瓜瓞衍禎祥。異氣占鍾嶽，英聲兆肯堂。箕裘兹繼續，戚里有輝光。邂逅江湖契，交親歲月長。誠通德有應，誼共樂無央。遥賀憐湯餅，緘題書弄璋。充閭應可冀，投贈愧珩璜。

賀南澗大司馬楊翁壽七十癸丑

鳳管回秋律，麟堂敞壽筵。蓂生初計日，松老莫知年。青鳥丹書近，金魚紫綬連。崇勛流海宇，高志寄林泉。南極垂光爍，東山係望偏。絳人甲四百，玄鹿歲三千。杖國今誰健？從心古不愆。金罍光瀲灩，綵服舞蹁躚。鶴弄東溟影，龜巢西嶽蓮。安期新貢棗，范蠡舊乘船。白髪烟霞外，丹心日月邊。精忠凝五岳，景禄降三天。屬附絲蘿末，祝傾岡阜前。軒楹思豆俎，烟樹間山川。短歌馳獻壽，情共白雲懸。

送魏給舍使周藩便道南昌歸省

侯國開嵩麓，高堂控劍津。張旌夕拜客，舞彩晝遊人。望入白雲敻，恩將紫綬新。過梁楓樹晚，入里柳條春。馬憶題橋路，鶯鳴獻歲辰。鸞文五色誥，鶴髪百年身。鼎釜承顔喜，輶軒問俗真。還將移孝節，獻納上楓宸。

賀北崖康隱君六十

青鳥傳丹籙，碧堂敞綺筵。蓂階飛五葉，椿圃報千年。甲子周星度，烟霞隱市廛。岡陵集五福，瀛島降群仙。寶獸蘭烟合，金樽松釀傳。玳幃聯玉綬，瑶瑟奏朱弦。月度樓臺外，山横几杖前。春秋從此始，寧計變桑田？

留題王仰峰東山新墅有引〔一八〕

仰峰東山佳墅爲一州之冠，予每過恒寓宿焉。時將晉永樂郊居爲終老計，顧疏拙短于調度，故末篇致資藉意焉，録呈一笑。

君卿不避世，築勝亦墻東。鹿徑天門闢，虬泉地穴通。樹連千嶂碧，花發四時紅。函谷乘牛客，孤山放鶴翁。玄踪霄漢近，逸致古今同。剡曲舟頻訪，潯陽酒不空。情親忘信宿，意愜入鴻濛。萬慮形骸外，百塍指顧中。岫雲心與契，海鳥機相融。爲愛幽栖境，因興結搆功。一泓聯帝渚，十畝並仙宫。分布資圖譜，栽莳藉圃僮。午橋非擬議，學爾剪蒿蓬。

校勘記

〔一〕“奔”，疑當作“莽”。

〔二〕“當”，疑當作“嘗”。

〔三〕“椎”，疑當作“推”。

〔四〕“倍”，似當作“陪”。

〔五〕“人”，原作“入”，據文意改。

〔六〕“瀟”，原作“潚”，據文意改。

〔七〕“洲”，疑當作“州”。

〔八〕“柑”，疑當作“棋”。（唐）殷文圭《中秋自宛陵寄池陽太守》：“郡樓遐想劉琨嘯，相閤方窺謝傅棋。”

〔九〕□，底本空一格，疑當作“水”。

〔一〇〕“蟠”，疑當作“磻”。

〔一一〕“孫”，疑當作“孤”。

〔一二〕“陽子”，當作“揚子”，指揚雄。

〔一三〕“丹”，疑當作“舟”。

〔一四〕“堤”，原作“提”，據文意改。

〔一五〕“侯”，原作“候”，據卷首原目録改。本書“侯”多訛作“候”，以下徑改，不再出校。

〔一六〕“畿”，疑當作“幾”。（元）吴萊《淵穎集》卷二《胡仲申至》：“自予與子别三載，幾見白雲日高飛。”

〔一七〕“土”，疑當作“士”。（明）顧起元《客座贅語·里士鄉士》：“洪武十九年六月二十日，詔賜耆老粟帛……應天鳳陽民八十以上，天下民九十以上賜爵鄉士，與縣官平禮，並免雜役，冠帶服色别議頒行，正官歲一存問。”

〔一八〕此詩已見《條麓堂集》卷二，文字略有不同。

條麓堂續集卷二

七言古詩

《王母仙桃圖》詩

君不見麟洲西抱昆侖丘，中有琅玕十二樓。吐納日月破昏曉，金芝瑶草無春秋。西華金母顔如玉，栖靈緯炁仙洲曲。絳節高臨華蓋宫，碧桃種滿閬風谷。開花結實六十年，幾經滄海成桑田。周歌黄竹瑶池畔，漢舞青禽太液邊。須臾周漢寧相待？仙母容華終不改。麗實春欺赤日暉，鮮英曉散朱霞彩。朱霞赤日護金墉，雲海茫茫路幾重？冰紈咫尺開靈域，風濤颯爽北堂中。北堂老母垂鶴髮，雲璈舊弄丹房月。身騎綵鸞來東海，眼看繡豸趍北闕。北闕橋梓典臺綱，北堂萱花生輝光。錦衣當晝承天寵，玉醴乘春送壽觴。春風三月花如簇，壽筵開向清漳澳。霓裳仙子董雙成，報道靈桃今又熟。桃既熟，花仍開，不妨歲星三度來。但願歲歲年年玄圃上，桃花人面鎮相陪。

過吕公祠詩

衝飆首旦塵如霧，十年三度邯鄲路。吕公祠宇丹雘新，盧生夢中幾朝暮？朱顔白首遞經過，轉眼桑田揚海波。已見虞卿登上相，旋聞廉藺勢相摩。叢臺宴處笙歌滿，珠履來時氣象多。鈞天一覺三更月，千載離宫照薜蘿。夢醒須臾那可道，春風歲歲還芳草。後來車馬益紛紜，把似仙翁應絶倒。黄粱主人炊未成，青衣少年枕中老。

送劍西先生歸省

銅龍曉直承恩旨，晝鷁迢迢泛秋水。視草暫辭金馬門，承歡遥向西江裏。西江靈奥説洪都，中有仙人冰雪膚。朝餐黄氣滌虚室，夕駕青牛歷海隅。南極老人傳玉版，西池阿母授玄珠。三千薦歲桃應熟，七十行年矩不逾。綸巾竹杖高堂樂，駟馬郎歸自京洛。親舍時瞻雷焕城，仙舟春泝滕王閣。邦君負弩謁庭闈，初度清和麗日遲。眉壽尊前開玳宴，恩榮膝下舞斑衣。園中有竹籜方茂，舍後生泉魚正肥。芝英玉樹森庭牖，稱觴交獻南山壽。含飴已罄世間歡，跨鶴還尋方外友。春秋直許計靈椿，甲子何須問絳叟？蓬島優遊歲月長，瀛洲鵷鷺虚班行。細旃論道紓皇眷，莫忘薰爐午夜香。

《唐學士登瀛圖》

君不見唐家天子盛文雅，夙向東朝闢廣厦。曳裾竟日集群英，前席從客[一]訪董賈。當年恩禮冠諸公，三省官寮拜下風。别殿分題春賜錦，禁廬承詔夜乘驄。因將白玉日邊署，擬取黄金海上宫。立本丹青稱獨步，樓臺幻出滄溟趣。褚亮應知藻鑑真，淋漓遺贊留毫素。姓氏分明列上方，還從青史檢餘芳。一時高致誰相讓？萬古清風許杜房。

代友贈别

浮雲何闌珊，往來如飛翰。朝栖南山側，暮擁北峰端。人生别離亦如此，念兹使我黯不歡。丈夫重意氣，所嗟行路難。憶昨玄霜戒百草，與君携手洛陽道。夜雨論文酒興豪，天寒舞劍雞聲早。書奏金馬門，風雲繞三島。閶闔九重未易通，漢庭不道馮唐老。熙代崇文治，敷化先豐鎬。道澤君良優，時雨蘇枯槁。嗟君此去須自持，余亦轉餉入西陲。同來五月身羈旅，一去萬里心差池。心差池，憐遠别，慷慨停樽爲君説。人生通否會難豫，天意安排有曲折。百尺嶧陽桐，琮琤爨前爇。知音爲薦清廟隅，金徽一拂聲清絶。荆石孕雙玉，千年隱巖業。精靈迴迴貞士泣，秦趙連城總不屑。圖南扶揺應有時，大風起兮君自知。長亭把袂殷勤意，寧爲垂楊[二]怨别離？

賦肖渠

越山高，越水清，迴流疊嶂相環縈。龍渠翼翼亘南横，蜿蜒長鑑牽空明。苔封禹穴靈淵在，千溪萬壑争來匯。九宇甘霖一夜澍，直送奔雷東到海。蟠[三]溪紆秀復誰待？君家少傅調元宰。舟楫商川又四方，股肱虞代當千載。象賢更有九苞雛，于今池上重揚彩。漱芳敷潤氣如雲，堂構聲華日夕聞。自是仙源疏派遠，韋金世世載清芬。

《節婦吟》爲凌母賦

《柏舟》儀兩髦，矢死咏共姜。如何千載下，紹懿在錢塘？結髮共君奉蘋藻，西風摧蘭胡太早？劇欲相從到九原，其奈孤孩在繦褓。勉傍青燈傳訓詁，忽見遺經淚如雨。含辛茹楚兒應知，一粒熊丸詎爲苦？耿烈分明動神鬼，仙郎擢桂入雲津。寧愁麥飯空寒壟，牘有恩綸涣紫宸。立孤自古稱奇節，百年鵑樹收紅血。完名直與秋旻高，肯向吴山論孤潔？

苦寒行

玄雲四塞天不開，夜深風怒聲如雷。饑鳥縮頸噤無語，大雪壓檐檐欲垂。天涯遊子懷鄉國，晝擁姜衾長嘆息。晨炊不理竈無烟，坐看妻子失顔色。我謂玄冥何不仁，胡不垂憐此下里？四郊僵尸集鴟鳶，萬里巖營朝墮指。君不見貂褕白面郎，毳幙朱門裏。美人歌舞歡未已，醉飽洋洋誰氏子？

春寒有感

條風東來凍不解，長安花市無人買。柳蕊苦寒不肯放，兩岸赤條空自擺。聞道幽并春較遲，未應三月尚冰凘。鶯花寂寞郊原静，大地愆陽天豈知？去秋苦雨没民田，畿輔八郡真可憐。草根木葉地力盡，蕭條村巷絶人烟。土膏一動新苗多，餘民忍死需陽和。冷雲淒霧競朝夕，溝中之瘠將奈何？吁嗟乎！溝中之瘠將奈何？

廣陵倡

北風淅瀝長楊板〔四〕，荒丘日暮眠鼯鼲。艷骨寂寥委野沙，芳魂何處碧雲遠。憶昔東皇全盛時，楊州花月玩春姿。鶯啼檀板春風軟，燕掠流蘇夜月遲。有時歌舞章臺下，綵袖翩翻散香麝。寶馬金鞭争叩門，王孫競售千金價。春花秋月等閒度，雲雨陽臺幾朝暮？寶碗烹金蟹侑觴，文楸戰王〔五〕蟬驚樹。河東公子江海豪，萬金棄置若鴻毛。奪取瑶宫第一蕊，人間何處覓碧桃？解却芙蓉妝，爲君雅談〔六〕飾。抛却弦管音，當窗事蠶織。扁舟北上歷瀍洛，中流容與雙比翼。知心日已遠，辛苦摧顔色。回頭憶歡娱，子母相怨慝。仰天無路可騰翰，終朝相向淚沾臆。眼裏分明廿四橋，枕中容易三千里。野性由來烟月居，春心蕩漾悲桃李。桃李花開春復春，眼前無復意中人。紅顔中謝姆先朽，次第淪爲泉下塵。珠沉蘭萎知何在，暮管朝弦寧可再？狐死空聞正首丘，猿啼猶自悲青黛。妖鳥啾啾抱墓號，如與行人愬恩愛。廣陵倡，紅顔勝人多命薄，莫向東君怨蘭葯。昭君青塚埋胡沙，緑珠芳春墜高閣。古來繁艷有時歇，况爾托身在溝壑。廣陵倡，聽我歌，楊州風日殆如何？繁華一去東流水，萬古蛾眉與丘土。麥飯無人寒食過，杜鵑夜夜啼紅雨。我歌廣陵倡，曲終君莫傷。君不見長安年少窮途哭，昨日青樓遊治郎。

《天台吟》爲劉暘谷先生送别

劉晨别我去，云向天台隅。我生夙有名山癖，送君不覺心踟蹰。天台巀嶫東南鎮，羅浮會稽遥相覿。赤城靈迹闢雙闕，瀑〔七〕布飛流掛千仞。中有仙人顔若華，五雲洞裏飯胡麻。夕煮確礭之白石，朝餐沆瀣之長霞。欲往從而未得，將東望以興嗟。送君南去搜靈異，長日哦松托寄意。枳棘雖非栖鳳枝，洞天自可容仙吏。石橋雪英先春芳，感君贈我白玉堂。小鑪細煮松風香，却疑身在曇華傍。嗚呼！安得飛舄一往拾瑶草，共君翠屏石上醉千觴。

石獅嘆

長安道左雙石獅，蓬髮長耳威雄姿。秋風荆棘怒相視，百年作者今爲誰？世事浮雲未可量，桑田回首海茫茫。素蛇澤畔方酣酒，夾馬營中忽異香。憶昨豪門擅奢華，三王宅第五侯家。樓臺不數長楊館，歌舞全勝上苑花。畫棟飛甍連綺陌，銅山金穴偏恩澤。上方的的選良工，西山奕奕求貞石。千尋巧琢下雲根，萬牛倒曳入都門。威來西極神猶聳，氣壓南交勢自尊。朝看驅馬争先後，暮伴銀壺轉更漏。寒月笙簫别作春，中宵燈火翻成晝。香車寶馬來遞過，翠翹金鳳香婆娑。履舄聯翩簪珥墜，主人笑舞朱顔酡。千秋萬歲矜雄麗，倏忽魏其悲失勢。賓客誰趨廷尉羅，軒車不復平陽茅。梁園金谷半成灰，敗壁頹垣長緑苔。夜晦天寒狐狸嘯，春深日夕牛羊來。謾誇威獸神姿卓，風雨淋漓秋陽爆。兒童踐踏事遊嬉，烏雀飛集姿駁啄。東城父老皓鬚眉，親見當年鼎貴時。策杖依閭細指點，雍門感慨淚交頤。我亦聞人頻稱説，薫天炙手聲轟烈。不堪疏柳帶斜陽，臨風駐馬空悽切。

送葛與川之南宗伯任代人

留京宗伯當時傑，五月雲軿辭金闕。都門冠蓋走公卿，萬里垂楊映旌節。憶昔與君俱年少，明光獻賦承恩詔。意氣遥投傾蓋前，疏燈夜雨聞歡笑。十年分署共委蛇，退食高譚出每遲。文雅周曹争羡爾，經綸漢幄更輸誰？當時慷慨心如許，今日龍鍾髩欲絲。十載杯盤初宴會，兩京風物又别離。鎬京清望重秩宗，君去還膺帝眷隆。禮樂百年宣至化，風騷六代訪遺踪。鷺洲渺渺雲中樹，龍阜青青雨後峰。壯遊原自桑蓬志，芳杜江東牽夢思。秋盡還看旅雁過，春來應有梅花寄。南北兵戈歲月深，封疆去住總關心。相期努力酬明德，肯使初盟負短簪？

送陳秋岩署校祁楊〔八〕

帝城四月風光好，柳暗金堤鶯正老。郵亭山色照征衣，行人相送長安道。情知離别在須臾，且把芳樽共傾倒。先生原自天下才，少年逸氣凌三台。子雲剩有《長楊賦》，郭隗不遇黄金臺。以兹坎壈翻數奇，廿年行吟清涑湄。風高短笻遍西嶽，霜寒佳句盈東籬。研硃點破千古心，南窗白晝揖庖羲。斗牛夜夜看紫氣，豐城神龍識者誰？朅來闕下承恩命，東風恒麓司文柄。問字春深匝短墻，横經夜半環長檠。菁莪道化洽遺編，鳳舉麟遊帝座前。天意疾徐還可卜，看君豈合老青氊？爲君慷慨問真宰，烈士壯心應不改。床頭時拂舊時劍，莫使塵埃掩光彩。君不見平津侯，十年獻策人棄置，一朝天子虚席待。

送臨淄馮明府

馮侯别我潞陽渡，晝鷁迢迢入烟霧。逸思因飛海上峰，離懷凄斷燕山樹。君侯門第本華腴，堂構相承五世儒。科第河汾三翥鳳，封疆南北幾飛鳧。桂枝不數十郎宅，仙杏還芳第一株。愧我蒹葭依白璧，藝苑聲華擅夙昔。十年筆硯一青袍，萬里雲霄雙振翮。偕計叨隨晋國書，承恩還共曲江席。樽酒新詩主復客，相看二載都亭陌。摇扇行吟感興篇，圍爐坐話匡時策。天連北海説臨淄，尚父風流今在兹。剖竹專城恩浩渺，乘軺八月路逶遲。寧言管晏仍功利，詎遣雷陳又别離？與君把袂臨流水，驪歌悵望雲千里。莫怪尊前惜别多，天涯兄弟復誰似？努力效龔卿，循良慰天子。知君原是列星精，霖雨蒼生從兹始。

聞諸將獲捷歌

凉秋八月塞草黄，狼烽萬里亭堠忙。胡馬千群窺上谷，單于分道入朔方。山横殺氣風霜肅，驛走軍書道路長。未央天子親授斧，燕頷將軍氣如虎。夜擁金戈度紫關，朝馳鐵騎衝驕虜。靈州都督慣野戰，秦寧屬胡擅長弩。旌旗蔽芾川原昏，鉦鼓喧騰天地怒。披靡虜陣血成川，生取名王繫尺組。露布迢迢馬上飛，凱歌處處軍前舞。王師于鑠瀚海清，八蠻九貊格干羽。憶昔天驕初肆行，旄頭夜夜照邊城。廟謨終歲勤關塞，是處逢人解甲兵。于今已奏麟臺績，鐵嶺玉關却鳴鏑。願溥皇仁蘇閭閻，莫使中原生羽檄。

《瀛洲圖》歌

瀛洲乃在滄溟東，瓊枝涣發金銀宫。風檣駁沓不可涉，何人移入冰紈中？水墨浸淫出幽趣，峰濤遠近生烟霧。鰲首依微戴紫岡，烏曦夜半明高樹。中有仙人馭彩鸞，揭來遊戲五雲端。橋頭嘶馬黄金勒，臺畔凭雲碧玉闌。春風弦管花香細，夜月謳吟斗氣寒。翔鶴幾迴山寂寂，歸帆何處水漫漫。試傍仙人覓姓氏，云是皇唐詞苑士。弘文停輦賡韶夏，白雲篇成矜和寡。西京道化復貞觀，江左流風變騷雅。勝集争傳十八人，遺踪輝映千年下。立本丹青世共珍，我來瞻閱感情新。縞禽珠樹如相待，天漢源頭欲問津。

《方朔獻壽圖》

東方仙人乘白鹿，手携紫府長生籙。西揖王母昆侖巔，玄圃千年桃始熟。青紋紺實世鮮睹，異種那能滋下土？玉盤昔獻茂陵客，冰穀[九]今來慶樞府。府中司馬龍虎姿，雙擎日月恢天維。出擐金甲清秋陣，入總韜鈐鎮夏帷。重譯鏐琳歸帝範，一生冰蘗畏人知。精靈降嶽原申甫，槐宇清和初度時。華裾高蓋過卿相，瑶觥玉醴祝靈貺。擢桂郎君舞彩衣，金吾胄子森相向。南極當筵漾瑞輝，歲星同此降庭幃。還將西海葳蕤實，捧作南山壽考祈。大隱金門千載下，遼東華表一鶴歸。桓桓司馬凝冲穆，天作高山奠帝畿。閬苑而今花又發，後回桃實更相依。

題便面躍魚贈友

東風浩蕩翻溟渤，殷雷唤醒魚龍窟。金眼碧鱗立巨津，雲霄一舉何超忽。緑霧蒼茫天地陰，風掀電走波濤心。即看頭鬣真神異，滿地蒼生望作霖。憶昔龍門點額時，鱗催尾角委沙湄。窮壖幾飽鴟鳶吻，淺瀨仍遭蝦蚓欺。想像雲天闊，昂藏意態卑。嚴冬十月冰初壯，九淵養甲依深嶂。靈氣時時露夜光，雄心日日思春浪。春浪生，桃花赤，須臾揮霍分雲澤。丈夫窮達諒如斯，看取東山謝安石。

題畫猫

商生畫猫今最工，凝毫慘淡天爲通。逸勢若翻尺練動，沉威注在雙眸中。當軒瞥見神猶聳，䲺文應是日南種。穿屋無聲四壁空，玩弄珠翎賈餘勇。

公無渡河

公無渡河！河水深無底，中有蛟龍與黿鼉。長齗利齒森若戈，津頭舔啖窺人過。公胡爲乎欲渡河？公不見恬風熙日流無波，青蒲白蓼浴鳧鵝，漁舟蓮艇相婆娑。中流瞥忽雷雨至，狂瀾洶涌如山阿。公無渡河！古人觀井先繫木，莫將七尺輕蹉跎。廣陌豈不遠，青山高嵯峨。馳驅車馬饒辛苦，猶勝風波變幻多。鴟夷吴江、三閭汨羅千秋死，忠義耿耿名不磨。公今欲渡將爲何？被髮蒙面公爲魔。妻來牽衣，公胡爲怒呵。公死未足憐，獨傷箜篌歌。吁嗟乎！公無渡河。

十五夜對月

京華兩度中秋節，去歲鴻濛今皎潔。影侵金蟾夜氣寒，光分玉兔秋毫晰。古今來歷幾悲歡？三五平分盈又缺。南樓胡床據老子，西園飛蓋迎才傑。蕩子天涯憶故鄉，徘徊河漢履清霜。病中見月思無限，夢裏逢秋興亦傷。身留上苑聲名遂，家在中條道路長。思重此時難覽勝，情懸何日可征裝？且將書卷供愚腐，一命那能身遽俯？檠影依隨藜杖光，劍文拂拭青蓮吐。遶樹寧尋烏鵲枝，千秋涕淚蛟龍雨。帳望瑶光夜向殘，玉繩展轉低人宇。不成四序獨悲愁，爲惜韶華感壯遊。自古朱弦忌繁響，自古明珠忌暗投。揚雄潦倒獻三賦，平子幽憂咏四愁。孰當明光擅詞翰？孰當焉支覓公侯？欲向纖阿訪深計，廣寒遼敻何能濟？金波千里浄宿氛，玉壺五夜澄新霽。一夜清光總可人，疇依還欲攀靈桂。美人千里共誰看？月明一夜阻情歡。

七言律詩

送史一泉宰館陶

三年獻賦謁明光，八月分符下濮陽。郡縣久頒秦制度，循良今見漢龔黄。琴堂鶴舞千家樂，花甸鶯啼四境芳。安定門墻君政事，會飛英譽入巖廊。

壽潘老

采得黄精夜自蒸，結廬高傍白雲層。百年新賜漢庭爵，三壽還尋絳老朋。階下芝蘭玉作樹，壺中日月酒如澠。春山到處堪乘興，歲歲籃輿取次登。

送懋庵馬長兄典校郯城

獨占明經賦玉墀，鐸音還振漢江湄。地餘召伯青衿化，人是康成絳帳師。講席十重饒奥義，專門三《傳》有雄辭。東膠多士紆模範，束帛蒲輪定不遲。

送封翁映山陶老先生還會稽

恩綸新許遂初衣，還向滄浪問釣磯。五柳逕迷菊艷艷，三槐堂复燕飛飛。鱸魚慣引江東思，鷗鳥能忘海上機。見説鏡湖多勝事，繡裳錦纜我公歸。

賀陶翁六十榮封

東上朝朝侍帝閽，更將鶴髮拜新恩。日邊近曳瀛洲履，海外遥分閬苑尊。南極老人摽壽域，北門才子壯詞垣。錦衣膝下當年樂，春在階墀蕙茝蕃。

《易水望雲卷》爲鎮定李中丞題

匡廬南望楚天分，易水思親望白雲。誰遣王陽臨九折？定知郤縠任三軍。南陔時慕雙鳩杖，右輔秋屯萬馬群。著績旂常應不惡，漢家褒孝有鸞文。

送王鴻臚

東上新從鴛鷺行，錦衣仍許晝還鄉。官橋月出鳴騶急，王屋風來繡幰涼。父老話餘多意氣，池亭到處有輝光。秋深莫戀雞豚社，好駕輶軒侍建章。

賀段翁七十

樂隱堂開清渭東，三峰長日對鴻濛。采芝時遇商山皓，問道還尋河上公。春酒盈觴稱壽永，夕闈頒誥被恩隆。向來竹杖今能健，歲入終南訪桂叢。

二侯公卷

投紱歸來賦遠遊，蘭橈鄂渚忽逢秋。卜居未遂麒麟墅，觀化仍憐鸚鵡洲。五世桂芳襲玉闕，百年棠樹廕江流。美人一去空南浦，悵望雲天我思悠。

鯉庭趨罷振賢科，堂構家聲迥不磨。剖竹更分新邑社，鳴琴重見舊弦歌。海門旭日暉禾黍，鉅澤春風憶薜蘿。千載鶴飛終不返，孝孫貤誥待恩波。

奉壽坡翁用韵二首

裴令勛名四十年，披麟曳玉冠群仙。玄關塵净資三策，赤縣風薰翊五弦。曆外春秋開景旦，膝前金紫舞華筵。登堂欲獻兕觥壽，更睹鸞箋郢調鮮。

龍馬精神不計年，龐眉玄髮即天仙。歲寒柯葉知松柏，晝永池亭媚管弦。文武賢科聯玉樹，樽罍春酒瀉瓊筵。閬風此日桃應熟，青鳥東來錦翼鮮。

又代人

手扶斯世入堯年，共道文昌第一仙。遲日稱觴陳桂醑，薰風入院韵松弦。芰荷馥郁傳芳節，蘭玉翩翩戲壽筵。莫奏異時瓊島曲，陽春新調彩毫鮮。

送太史范屏麓遷少司成之南雍

同袍何事賦離居？爲拜新恩出禁廬。左掖文章留重價，上庠衿佩問奇書。鍾山桃李成陰後，壁水芙蓉發興初。莫向周南耽講藝，石渠終日待旋車。

九日齋居

玉署逶迤切未央，齋居風雨對重陽。雲間白雁驚心早，燈下黄花着意香。勝事千年還落帽，雄談通夕正聯床。紙衾竹枕清無寐，宫漏沉沉夜故長。

崇丘秋掃答年豐，殷祀吉蠲百辟同。禧事未應供泰圻，端居還許傍齋宫。松風繞院吟寒葉，菊月臨階出暗叢。遥憶故園兄弟健，夢隨征雁度秦中。

送王歷山推衛輝

燕臺二月柳初黄，樽酒離君欲斷腸。曲水有筵同賜宴，條山無計共征裝。烟蘿縹緲蘇門迥，菉竹蕭森淇道長。好把風愆匡有位，朝歌遺化本殷湯。

中秋重飲鄭將軍山亭

十旬休暇逢佳節，隔歲招要續勝遊。詞客篇章猶在壁，將軍亭館更宜秋。吴歌越舞歡情浹，薊嶺燕臺爽氣浮。莫是嚴城鐘鼓近，歸鑣應爲月明留。

恭和存翁老師嚴韵二首

黄樞贊化世方休，百尺明堂手自修。公道居然回宇宙，幽人相繼出林丘。三台象正資邦傑，八表烟銷仗廟謀。珍重永陵憑玉寄，詎應輕柂訪蘋洲？

霖雨蒼生望未休，新皇恭默待交修。正希黄髮扶千載，寧許白雲老一丘？枕上經綸憂國念，掌上兵甲靖邊謀。坐遊斯世春臺裏，不羨仙家麟鳳洲。

鸛雀臺即事

雉堞南來鸛雀臺，東風扶杖共追陪。鐵牛岸古黿鼉出，玉女峰高菡萏開。水落龍門秦晋斷，春遲鹿苑漢唐哀。五陵猶有豪遊客，日暮顛狂濁酒杯。

春日苑中

瑶臺瓊樹接齋居，駘蕩風光二月初。太液魚遊冰正泮，芙蓉鶯囀柳初舒。瑣窗桃李明金幌，寶案絲綸捧玉書。欲使春陽鈞帝澤，夔龍事業未應疏。

送李舍人使楚便道入越焚黄

恩綸南下揚征旗，駟馬東歸萬里餘。湘浦蘅蘭迎鷁舫，越山松檟待鸞書。百年綫縷關心遠，七澤風烟聳目初。池上鳳毛誰不羨？錦衣春晝照鄉間。

送文麓扶侍南還代人

羡爾承恩出禁闈，親扶杖屨錦帆歸。西江春水明仙棹，南國晴霞覆彩衣。負弩吏人瞻鼎釜，比閭父老望旌旂。還家試上滕王閣，應傍紅雲憶帝畿。

送王司儀省覲

漢殿朝辭玉笋班，三千鄉路望雲還。扁舟潞水秋中月，親舍毗陵江上山。晨省定供稱壽斝，晝遊應破倚門顔。魚軒鶴髮承歡處，信是瑶池在世間。

贈戴年伯

黄髮仙翁松鶴姿，壯遊曾賦兔園詩。歸吟五柳春常好，老種三槐陰正遲。晝省恩光丹鳳錫，滄洲心事白鷗知。綸巾竹杖鄱江曲，歲歲斑斕獻壽卮。

送海岳許太史使益藩

談詩匡鼎喜重來，太史名高專對才。頒朔故經遼海外，分桐仍過楚江隈。侯門競寫蘭臺賦，賓席初成醴酒杯。莫向鄉山耽駐節，承明卒業遲君回。

送澄川沈太史使遼藩

濟南曾授伏生書，獨許專門在石渠。方俟北扉編汗簡，忽從南紀引征車。沅湘夜雨琴難寫，衡岳晴雲畫不如。聞説休文筆正健，好將詞賦繼三閭。

王道人松籬爲崔舜山賦

我愛仙人王子喬，萬松門徑擅清標。遶籬屈曲龍方卧，匝院陰森鶴欲巢。風静靈臺瞻墮履，月明緱嶺聽吹簫。尋幽崔顥多豪興，杯酒新詩幾見招？

送高南宇翁掌南院

廿年鏘玉侍承明，忽奉新恩建業行。禮樂東膠留至化，文章南斗有高名。金鸞地切唐中禁，白鷺洲連漢舊京。望望仙旌江海窅，須知明主待持衡。

送愛川王大尹任陵川

除書五月出明光，鳧舄翩翩下太行。直擬弦歌興禮樂，無論刀劍化耕桑。琴調夜月千家静，花發春風滿縣香。從此公車徵茂異，青門那得怨離觴？

送師雲岩尹欒城

銅龍初降紫泥書，竹馬遥迎使者車。日月光華聯帝里，河山迤邐拱皇居。旗亭雨霽驪歌發，琴座風融棠蔭舒。聞道玉屏疏漢吏，莫令召杜擅芳譽。

崔舜山歸古虞

憐君南去意何如，樽酒都門惜别多。千里青山頻悵望，半年玄社幾經過？霜前古木金臺路，雲裏扁舟易水波。國士祗今誰傳説？商岩未許戀烟蘿。崔家近傅岩。

送張西吾先生

鳳銜丹詔出皇州，千里南風綵鷁浮。金璽夐從三殿發，赤帷遥向九江遊。旌摇星月長途曉，棹入蒹葭水國秋。更喜恩暉光晝錦，親承鸞命到松楸。

寄弟時赴省試二首

念汝十年更獻文，西風書劍歷長汾。孤飛應奮圖南翮，高步還空冀北群。棠萼幾春牽遠夢，桂花昨夜散清芬。回思聯袂經行日，目極綿山有斷雲。右子有。

遥向長安憶惠連，朱顔猶是棄繻年。竇家丹桂原誰異？馬氏白眉許季賢。雲净關河看雁度，風高溟澥待鵬騫。黄花開處秋應暮，會見聲名到日邊。右子兼。

復庵詩爲王年伯賦

仙翁卜築瀘江潯，清檀宵爇窺天心。道存玄牝統元化，氣襲黄鍾含太音。窗前岡阜青不改，砌傍蘭桂緑成陰。瑶光時來南極老，百年樽酒相追尋。

李西樓七十壽

仙翁七十卧烟霞，初度逢秋菊正花。莊圃有椿原耐歲，謝庭多桂可傳家。輕衣慣拂六銖石，高户還看駟馬車。紫氣袛疑周柱史，青牛千載返流沙。

送崔辛橋南任宿州

西風分袂黯魂消，郭隗臺邊歸路遥。東海于公原懋德，南陽朱季自英標。鄉山轉旆看秋菊，江甸乘軺聽暮潮。伫見循良書漢史，何妨直道在清朝。

送太史李棠軒奉使蜀藩

漢家分社重天潢，詞客乘槎出玉堂。一水巧縈巴字曲，雙星炯耀井垣傍。江城疏柳遥青幰，野館濃花照錦囊。秘閣紀編今正急，鰲溪烟水莫徜徉。

葉文湖年丈謫貳蒲郡

美人一别五經霜，琴鶴北來春草長。鸛雀樓邊新佐郡，鳳凰臺畔昔爲郎。曾參自是虚投杼，賈誼何須更弟[一〇]湘？暫日[一一]淮陽煩卧理，聖朝正賴濟川航。

初夏即事一首

緑槐庭院日初長，兩兩雕梁燕正忙。魚動新荷池畔碧，雉翻麥穗隴頭黄。雨晴郊野琴書潤，風度簾櫳草樹香。清夢北窗驚鳥呼，却疑身世在滄浪。

和龐儀制《喜失鶴復還》一律

幾年晝省留仙翮，一舉青冥盡素秋。昔去祇疑翔紫蓋，今來莫是返丹丘。舞風態與松屏浄，唳月聲從夜壑留。遼左令威今在否，吹笙何地許相求？

與文湖談時事志感時江南苦倭，山陝地震。

君過山縣還相問，南北凋傷感慨同。兩漢樓臺三輔外，六朝宫殿五湖中。地雷夜發丘陵改，越甲春鳴禾黍空。野哭定知連夜月，傷心寧復待秋風？

送劉直卿太史奉使秦〔一二〕藩

五月仙槎出禁庭，九重帶礪重宗盟。剪桐親捧周新典，賦桂還過漢舊京。渭水晴光河樹接，函關紫氣華雲平。秦中自古多名迹，暇日登臨慰客情。

初秋聞蟬

井梧摇落碧雲秋，何處寒蟬送客愁？潦倒歲時看短劍，浮沉天地寄虚舟。露凝疏柳聲猶濕，風入高槐韵轉悠。側耳長安增悵望，《新書》何日獻皇州？

送史少山署校同邑

長沙太傅洛陽才，廿載窮經户不開。剩有文名聯北海，懸知家學繼東臺。雲霄羽翼身終奮，桃李門墻手自栽〔一三〕。蓮嶽條山鄉萬里，燕門相送且傾杯。

送郝漁磐之寧津校

燕臺四月雨初晴，輦道垂楊映曉旌。樽俎流連悲歲序，琴書搖曳入滄瀛。鱣堂桃李三千樹，鵬海風雲九萬程。會見弦歌熙帝邑，蘇湖應許繼高名。

送李晋川宰米脂便道過蒲兼訊吾黨諸兄丈

燕京暑雨增鄉思，把袂何堪更送君。千里弟兄勞夢寐，一時文物映河汾。秦封竹馬迎仙旆，漢殿蒲輪伫茂勛。慷慨桑蓬酬壯願，悲歌猶自戀離群。

内苑聞鳩館試稿

彤庭紫禁春色深，鳴鳩拂羽依上林。已從鵲巢甘拙性，遂傍鳳掖發清音。東郭居士夢應醒，南國佳人思可禁？青苗滿地望雨切，果能聲裹來輕陰？

題《風木圖》

壺公山下水潺湲，松檜蕭條太史阡。石表秋風聞鶴語，層丘日暮見牛眠。江山萬里看圖畫，雨露三時愴几筵。此日承明崇孝理，三台鸞誥近天邊。

送康老先生南都宗伯

十年鳴珮鳳池頭，千里揚舲白鷺洲。山阜遥盤龍虎氣，江流深護帝王州。六朝騷雅推雄藻，《三禮》寅清羡壯遊。渺渺風烟瞻去旆，台徵計日返仙舟。

和《十六夜對月》

昨夜冰輪一半秋，清光今夜再淹留。桂飂宫殿千門爽，金傍關山萬里浮。且把兕觥追李白，莫將蝶夢近莊周。酒酣臨暈生鄉思，疏雨梧桐倍起憂。

挽忠烈公暨夫人

豫章己卯事堪悲，慷慨中丞蹈節奇。鈇鉞不辭徇大義，壺簞從此迓王師。漢家典禮還祠廟，楚國蘋蘩有歲時。身世綱常真不負，遺編讀罷倍凄其。挽公。

不御鉛華四十年，扁舟遺恨越江邊。冰霜操與《柏舟》冽，龍馬經從荻筆傳。禁閣威禽當日翥，瑶池青鳥趁春還。傷心繐帳南天闊，千里雙瓊共九泉。挽夫人。

張復庵父母雙壽

曾携庭訓謁金扉，此日邦君負弩歸。六載清班聯瑣闥，百年具慶荷朝衣。冬園孟笋籬邊秀，春水江魚舍後肥。蜀道瞻雲還四牡，君恩親壽古雙稀。

送朱文石

鳳沼春深沐帝恩，紫陽清望斗山尊。東膠博士新分席，南國書生今在門。潞水垂楊移畫舫，鍾陵芳草迓華軒。離亭不盡攀留興，欲報瓊琚愧贈言。

賀李松石生子

蕙風縠雨正深春，華屋熊羆入夢真。汗血昂藏占氣骨，國香芬郁擬精神。桑蓬懸户看英物，車馬充閭列上賓。他日箕裘應不忝，蚌珠原自掌中珍。

壽梁母

金母瑶池敞壽筵，瑞光婺影夜相鮮。一分秋色來天上，八十春光過眼前。桂子争槃瓊蕊餌，蘭孫况是玉堂仙。龍章鶴髮還恩命，滄海桑田任歲年。

又

重慶堂前壽晏張，瀛洲仙子捧霞觴。風傳梧葉秋初到，日麗萱花春自長。雪裏松筠看晚節，雲中蘭桂競年芳。懸知鶴髮還鸞命，夜夜常山寶婺光。

題三川燕服小像

磊落黄金臺上客，炯然龍馬焕風姿。握蘭清挹三河署，騎竹恩傳兩郡碑。采石仙人入夢異，青囊父老授書奇。角巾綦履瞻依切，渺渺仙舟信我師。

題張容齋御書卷

宸賞精忠抒玉箋，綵毫親御拂雲烟。鯨波浩蕩龍蛇舞，鳳閣峥嶸虎豹眠。拜受法宫人共羡，捧歸直室世争傳。十年供奉恩如許，獨有丹心契九天。

重修乾清宫成奉慈駕還御恭紀

紫宫新搆聳雲間，長樂承歡清晝閒。風静蓬萊鰲禁敞，月明閶闔鳳輿還。南山迴接增慈算，北斗平臨豫聖顔。和氣行看多勝事，斯干秩秩頌朝班。

九天堂構倚三台，慈幌風清燕賀來。日上銅龍淑氣轉，烟銷金鴨曉光開。北辰繚繞環仙杖，南極輝煌映壽杯。獨有虞皇稱大孝，朝朝常見問安迴。

乾符早握四方清，閶闔新營七曜明。雙鳳輦回開日扇，六龍仗發引雲笙。漢京節序傳芳晏，周寢晨昏繼令名。共祝慈顔躋上壽，衮衣常奉萬年觥。

桂宫柏寢鬱相望，金碧重開日月光。氣藹龍樓還斗帳，香迴鳳輦引霓裳。千門晝敞慈顔悦，三殿晨趨聖孝章。快睹盛儀過漢室，還將至德頌周王。

太乙宫連紫極明，天迴河漢近檐楹。光開星斗懸金榜，香繞烟霞引翠旌。萬户斜連宫樹緑，百花深映舞衣明。春暉正永猗蘭殿，此日承歡鳳輦迎。

乾清宫殿此重新，慈輦新扶入紫宸。玉宇祥光連日月，金霏瑞靄接星辰。萱榮喜見三朝禮，桃熟歡稱萬壽春。正是太平天子事，還將至孝運陶甄。

璇題再揭宸居麗，椒室重新淑氣翔。翠幄駐臨欣晝永，衮衣拜舞慶春長。漢家慈訓推明德，周室徽音嗣邑姜。尊養並隆天子孝，願言千歲獻霞觴。

天居高傍紫微躔，丹艧重營氣象鮮。快睹龍樓凌漢麗，更迎鳳輦御風旋。承顔茵鼎情偏洽，問寢晨昏禮更虔。由來孝治光今古，行睹清寧億萬年。

八表山河拱漢京，九霄宫闕喜重營。星連閣道天河迴，雲净鈎陳帝座明。玉饌親調供子職，金輿還御慰慈情。太平紀述詞臣事，擬賦《思齊》繼頌聲。

佳氣蘢葱紫禁長，水晶宫闕象圜方。閣連銀漢山爲闕，榱戴金鐺玉作堂。丹雘幾年重絢爛，翠羽此日復徊翔。聖情愛日無終極，歲歲瓊漿獻壽觴。

春日嵋陽張丈招飲紆勝莊和次公鶴溪韵

鄭谷林泉稱勝概，習家池館占清芬。竹間瀉竇輕敲玉，石上開尊净掃雲。千里冠簪欣雅集，三春風物正平分。幾年魏闕江湖思，肯使北山更勒文。

七言排律

介翁八十壽

東郊氣轉寰瀛泰，南極光含台象鮮。殷禮甘盤天佑命，周翰申伯嶽生賢。蘭風正泛懸弧日，槐座仍逢賜杖年。黄髮載看青鳥降，丹心常共紫宸懸。三朝文物推元老，廿載裁成翊化權。天保無疆卜壽遠，皇揆初度錫恩駢。延齡春醴中厨出，優老温綸内使宣。期應風雲屬五百，歲從花實計三千。召公德懋邦休永，郭令功成家慶延。振古松筠原晚操，匪今桃李咏新編。

七言絶句

遊西山歸望

虎溪東下水潺潺，十里松風帶暝還。上界樓臺看不見，一聲清磬落雲端。

送小熊

袖裏青囊有秘書，乾坤指掌閲盈虚。長安卜肆知名久，盡日能停結駟車。

聞歸雁三首

霜寒關塞方南度，草滿汀洲又北翔。嘹唳數聲來枕畔，遲回天地嘆炎涼。

徙倚春窗眺遠空，數聲何處送歸鴻。年年踪迹留天外，夜夜鄉山在夢中。

塞北江南道路長，嘹嘹禽鳥解隨陽。春風芳草多矰繳，莫向汀洲問稻粱。

雪晨酲卧山陰王孫見招走筆辭之

竪儒酒老眠高晝，帝子情深降錦韉。十日疏慵三沐髮，一朝清興兩相看。

連朝中酒擁姜衾，薄霞輕飆半不禁。自笑清狂月夜棹，無緣乘興訪山陰。

題《四景畫》

霞擁桃林爛熳紅，碧波緑草寫風融。雙雙好鳥嬌相趁，似奉宸遊御苑中。

芳籞陰濃晝景賒，新篁寂寂受風斜。囀枝賸有群飛鵲，照眼還開百子花。

叢菊紛披零露溥，幽標獨伴竹闌干。憑將處士東籬景，圖入君王内殿看。

四野玄雲雪正垂，上林春信發南枝。參差竹石清相映，絶勝千紅萬紫時。

冬　雪

江梅破萼雪正濃，山形宛如群玉峰。鳥〔一四〕栖不定繞寒樹，鶴夢初回戀古松。

校勘記

〔一〕“客”，疑當作“容”。

〔二〕“楊”，原作“陽”，據文意改。

〔三〕“蟠”，疑當作“磻”。

〔四〕“板”，疑當作“坂”。

〔五〕“王”，疑當作“玉”。（宋）應法孫《賀新郎》：“午困騰騰春欲醉，對文楸、玉子無心拾。”

〔六〕“談”，疑當作“淡”。

〔七〕“瀑”，原作“曝”，據文意改。

〔八〕“楊”，據底本卷首原目録當作“陽”。

〔九〕“縠”，疑當作“觳”。

〔一〇〕“弟”，疑當作“涕”。

〔一一〕“日”，疑當作“且”。

〔一二〕“秦”原作“奉”，據卷首原目録改。

〔一三〕“栽”，疑當作“栽”。

〔一四〕“鳥”，疑當作“烏”。

條麓堂續集卷十二〔一〕

書　十〔二〕

復李育亭

前使行後，日夕念兄事，以造謗易而見察難也。玆辱諭顛末，殊以爲慰。今既心迹白而威令行，凡事須從十分停當處做，莫使怨家得借以爲詞。至於待彼黨人，尤須忘其宿嫌，示以大公方善。若存一毫督過之念，恐困獸必鬥，反取傷耳。兄丈善幸圖之。中峰處，弟當自爲謝，其東出監司有相識者，亦當遵諭爲言，無多慮也。賤旦荷留念，饋之腆儀，殊爲過禮。使返，附此布謝。匆匆，不盡言。

復孫肯堂

邇者臺軿出按河東，鄉人士有西來者，讚頌如出一口。所至簡静，民不知勞，而地方積蠹、宿猾灑然爲之一清，是臺下有大造于西土也。正擬爲一言，道此幸仰之私，忽捧札諭，猶盎然執謙退，何其虚也！謹楮申復，併布所欲陳謝者，統惟臺鑒，幸甚。

其　二

仰惟臺下蘊負宏邃，操履端潔，寔爲後進師表。玆者兩河多士蔚有深幸，借重宗匠，品隲群材。稚子何知？獲以牛溲末品與在藥籠之末，寔非始望所及。僕初聞鄉人來告，疑信相半，已而知其果然，則欣慰無已。匪直舐犢私愛，敢倖科名，良喜其頑懦之質叨出大賢門下，師資不遠，終身有所宗爾。伏承琅函下錫，眷與深至，沐榮荷施，抑又難量。敬因使返，肅楮布上謝言，款款之忱，毫翰莫悉。

復鄭範溪

承揭示，具見臺下虚心持法之公，是非真僞，具有實迹，此安可誣也？蒙諭，虜貢馬已入，則撫接制馭方煩壯略。曩時備虜，嚴於秋月；今當款服，則時勤計慮，且各鎮又唯大同爲獨勞耳。近甘肅亦與松山、西海虜爲市，民夷俱歡然稱便，而前時乃畏難之，深信始事之不易也。人旋，附楮仰復，匆匆，不盡。

復羅文峰

使至，辱諭，知臺軿已莅淮海，欽恤所及，必有白無告之冤者，甚願聞之。大段事情虚實，參詳前後招情，虚心詳玩，白黑自見。沉冤須當急雪，然亦不可一意求寬，恐釋有罪，使死者無伸也，唯高明慎之。不縱不刻，使一路稱神明，吾竊有深望焉。不多及。

復賈春宇

足下功在疆埸，懋賞有典，寔惟國章，承諭，何執之謙也？守口、互市，仰藉壯猷，計當已俟〔三〕事。僕閲國史，虜求市，蓋無時不然，誠彼所甚願而難得者。今乃陽爲不屑，以要貢使入京。吾但當亦以不屑應之，至則市，不至勿招呼之。彼知吾見其情，則驕蹇當少殺耳。若曲徇急召，彼將益作揚去狀以脅我也。何如？何如？

寄程蒙吉

吾友遠宦儒官，致一書不易，乃廑念賤日來覝，非僕心所安。蒙諭云云，豈創于前事，色變于談虎耶？或此方别有非意相干耶？甘悦固非貞士所能，然處世亦自有中庸之道，盡其在我，不失之簡抗而已，安能人人而悦之也？僕當爲吾友留心。不知浙中考注何似，唯賢者達觀，以義命自安，則中靈無撓爾。不具。

復謝松屏

惟兄望實偉隆，中外歸重，兹借重贊邦計，命下而人情翕然，匪直同袍幸有資範已也。承諭海捷，具見威稜遠暢，鯨島當自此息内訌謀矣。良仰！良仰！然驟勝易驕，兵機貴密，以後似宜申嚴封守，俟寇至應之，庶威重不褻，可保無它慮耳。不宣。

復劉翾

出洋之捷，以全取勝，地方不被絲毫之擾，而國威震于日窟，足稱奇績矣。然軍士驟勝，恐有輕敵心，且封守當嚴，嗣後第勵兵待寇，毋出哨大遠，則常勝之道耳。不宣。

復崔榆浦

閲視公多才而喜事，且南人也，謂陝西巡撫與三邊無涉，渠特未知固原亦爲一邊鎮耳。矧蘭、靖、洮、岷西接羌氐，是三邊巡撫各理一方，而省城者兼三面，烏得謂邊腹不相涉耶？且其所畫圖册無寧武關，乃總兵所居者，蓋務名意長，不暇較實耳。承諭，殊當予情，以春秋分駐雁門、太原，尤見弘猷長馭，真三關諸郡軍民之福也。不宣。

其　二

承諭，示邊事之詳，具悉當事苦心。閫外之寄，自古患於中制。岳老忠謀遠覽，言之明聖，悉任諸公措理，廟堂第求疆埸安寧。守口巡邊之夷，乃今日勝算，若初不設此輩，則邊事未必安妥如今也。月市亦無妨，第須兩平，乃爲可久。至於嚴各口出入之防，及體恤在工人役，則唯臺明加之意耳。人旋，附楮仰復。敝郡陳守蒙餘覆，併謝。

其　三

承諭，具領臺旨。疆埸事借重遠猷，豈禁傍觀者掣肘？自今凡事幸展慮紓力爲之，無它撓也。計大虜且入市，百爾知臺下具有明算。待虜固貴誠，亦須豐其錫予，足結其心。至于市易，則須平估，俾中外兩利，乃可長久。近見三鎮民易馬甚少，或將來不可繼耳。惟臺下裁之。

復張條海

伏奉教翰，若侍面談。弟庸淺無術，冒叨非據，日夕思近明德，導之寡過。而明月可望，重山難越，蓋寤言興嘆多矣。膠河高議，惜弟初未見之。若蚤領良誨，即此番舉動可以默而已之。今雖不遠，而復勞煩不貲矣。千里同心，半年尺素，悰緒萬縷，臨楮乃莫知所言，更惟鑒亮，幸甚。

復温茂才

陳君至，領教言，殊荷厚誼。憶別德暉，忽又經兩秋矣。緬念良晤，夢魂飛越。黄樞紫閣，在觀聽則爲榮貴，然究性情真適，則在清泉、白石間。惟是國恩未酬，竊擬少紓幼學初志，歸而尋我同志耳。陳君歸，附楮仰復，臨翰懷人，能不邑邑！

復褚愛所

承諭，知科貢俱已考完。時遇吴下士夫，聞頌美門下既公且明，心竊喜之。以其士風文靡且善興訛謗，兹門下崇朴抑華，而衆心悦服，世道之還淳，當自此地始矣，故足歡也。餘不悉。

復張惇吾

與賢者相别五年餘，時時念良契不置。僕曩入山，已與世遺矣。不意濫應旁求，遂冒台鉉，深惟蚊負，蓋日夕懼之。伏承相知廑念，藻翰來自萬里，荷誼良厚，循躬莫可當也。仕路多端，往往出人不意。所賴君子達觀，隨遇安適，一唯盡職任運，則不爲外感所撓耳。不具。

復吴太恒

承示，言輶軒驅馳，六月逾隴，殊爲僕馬勞矣。所論西事，種種如目睹。計虜款方六期，而繕塞之工十且七八，俟之十年，當金湯倍固耳。甘鎮新與虜市，其番虜要求真口，不可曲徇。徇則夷心無厭，且貽異日之害，市亦難久。惟臺下宏略，爲定經制焉。不盡。

復蔡雲衢

豚子遣价至，具言公祖事，令人氣短，不意清明時乃有意外之事如此。僕叨此伴食，真愧無可説矣。然區區鄙衷，乃都中人士所悉聞者，異日臺下當自知之耳。飲啄有數，非人能爲，惟望大雅順以受之，心迹自明，公論固在，俯仰無怍，此安能爲鉅人軒輊哉？豚子荷陶育，忝科名，没世之感，非言可布，匆遽中且未敢陳謝。不宣。

復傅後川

承臺論，知今歲河決異甚，且慮將來爲患未已，良可殷憂。河水故湍悍，前時多于上流，若孫家渡、趙皮寨、渦口等處，疏支流以導之，乃其勢漸殺。自二洪得河力，遂底塞前諸口不浚，以全河下注，勢必暴决，得保前此數年無恙，亦足矣。計此時水勢已落，補浚固目前不可已之計，然爲地方計永久，當不惜一勞。唯臺明博集衆思而審圖之，國計民生，兩有攸賴也。不宣。

其　二

承論，浚河愈於築堤，極是。第當河水暴發，碎石泥沙横流衝斥，比水勢稍緩，即擁爲洲阜。敝州臨河東岸，蓋習見之。河道所以奔徙，非必盡由下流阻塞，乃夏秋霪潦，秦晋百山之水競匯而猛洩之。然爾總混江龍盡蕩下流之壅，築堤事亦未可已。矧沙泥旋浚旋積，而欲使數百里達海，常深闊，無遷易，恐未可幾也。唯臺明酌輿論，定石畫，建軍國永利。幸甚。

其　三

天下事無論大小，一之則易於責成，二之則常患牽阻。昔之議者特以高寶水患，河道遥理爲難，第當以治湖歸之漕運爲宜，不當輒議分南北河境，至今日則受其敝矣。伏秋水發，兹正其期，不知河勢竟趨何途也。自古治河者率不與河争道，順其所向而利導之，曲加隄障而已。潦盡水落，河必歸一途。若東出故道，則必不能挽之使南；若南向清口，亦必不能强之使東。僕家河滸，知其水性固然 矣。二公意見不同，無事争辯，俟其天之自定可也。不宣。

復江新源

再承札示，具悉苦心，天下事固未有全利而無害者。苟見其可爲，又知其爲當爲，乃虞後日意外之患而已之，此善避事者，常裕如于利害之外，而不顧地方之休戚也。黄鄉之事，養禍非一日，兄丈一旦不動聲色而芟夷之，此其實心任事，雖古之賢豪亦何多讓！積習反側之地，初就繩羈，即小小跳梁，夫奚足異？弟前所陳，蓋欲寬兄之意，得專心抒布籌略，爲經遠圖，無以呶呶撓衷曲耳。玆者底定之速，則由雄猷明信，所以慴服而聯結之有素。伏繹諭旨，知良工獨苦，具徵任事之難矣。人旋，敬楮布覆，伏希臺鑒，幸甚。

其　二

伏覽疏揭，其指陳贛事乖迕狀，殊可憤邑。臺下總憲，專制一方，所以鼓率將吏，俾奉法趨事，罔不競奮者，在功罪明、予奪當耳。若傍加掣曳，即一坊邑事不可治，矧其大耶？此亦由前政諸公務容忍，多顧忌，不爲地方民生深計致然。來教侃侃讜切，見者動念，自是贛南積苦庶有瘳乎。

復丁文堂

再承札諭，知賢者視西師已周，奏績期矣。良慰！良慰！所示切盡黄台吉扣關入謁一節。此酋乃虜中白眉，兼通番漢文字，頗循理向善。封貢事初起，多其贊叶，乃此虜好處。若夫國威士氣，顧吾所自治何如耳，一酋出入，不足爲輕重也。不宣。

復沈鶴石

覽疏揭，知近日邊情若此。犬羊無知且衆，固不可律以法理，然須使就我羈馽，無失控御之宜可也。此殆爲三衛諸夷所唆弄，第中國不當啖之耳。今告諭虜酋，示之威信，俟其來復情狀，徐議所以應之。事須静定，無過爾自搰撓也。此復，不悉。

其　二

拒降事最可恨，任傖重處之，是矣。疆埸之事，不可人意者多，將校類行隱蔽。兹臺下明覈詳訪，其爲防馭裨益不淺，第須持重劑調，務不失大體而已。必不可已，然後參奏，則法肅而事舉矣。諸不具。

復何萊山

承札諭，知臺軿已入貴陽，萬里民夷真有厚幸。所示奢、安二酋情狀，歷歷可見。僕近從國史後，見前此多故，皆吾黨處置失宜，是自擾之耳，兵端一興，即復倉皇失措。故老子烹鮮之喻，豈唯治國，蓋馭遠尤切也。人還，附楮布復，不宣。

其　二

承示貴陽增兵設餉之詳，具諗經遠弘猷，殊周悉矣。自來兵驕，固有由于志願之難滿者，然亦有彈壓、聯絡未盡其術，無以懾其氣而固其心耳。公方經始，所願慎圖，異日易鬼方爲樂土，當自兹基之矣。不多及。

復萬大疇

伏承翰誨諄諄，言念昔遊，恍爾在目，不覺慨然興嘆。弟本河曲陋儒，榆枋自足，豈有經遠宏略，爲世所繫重？彼時叨隨諸丈，獲窺承明、金馬之庭，固已出望外，詎知今日忝冒至此極哉？弟之顓愚，兄丈所亮，温飽固非所志，而匡濟且非所長，懔懔台垣，以榮爲懼。兄丈謂欲幸而教之，乃甚所願聞也。緬惟鴻冥高躅，寔蒼生所顒顒嚮望。巧匠袖閒，拙工血指，事之舛迕，自古則多然矣。即今吾同袍在仕籍者，落落如晨星，即一二兄在都，亦不克時相過從，求如昔時歡聚之勝，真若異世事。兹覽來教，無任夷猶爾。不宣。

復陳文峰

盧源百年之寇，原以瀏陽爲别窟，急則逃死。臺下乃不憚纓冠，協力以殄此鄰震，江楚之民，獲福不淺矣。承示善後諸款，俱鑿鑿石畫。謹復，不多及。

復某太僕〔四〕

奏報使者至，承翰諭，具荷至情。南土不宜馬，而祖宗建僕寺滁陽，蓋有深意。爾來江南北諸守臣絛議恤民，計馬齒，視國初耗減且半矣。兹仗臺下遠猷淵識，寔馬政興復之會，即不還初額，而見賸者得實用，且嗣後不復更减，則善矣。不宣。

復吴南溪〔五〕

（上闕）漸興。狼、土不可强留，異日反生意外患耳。于鄰之震，臺下壯猷，必有以待之，僕竊有杞人慮焉。不悉。

復潘印川

辱示錢法大議，行且爲江右永利。所稱奸詭遠貿、惡錢撓市，真當痛治。近來凡建議利民事，一施行即反爲民害者，皆此類爲祟耳。其錢式殊佳，銅美而製精，甲於諸省。來教謂工少藝拙，第恐異日工多藝巧，反未必能若是盡善也。蓋工之生熟以久暫分，而畏玩因之，此事理必至者，惟明臺念之。幸甚。

復吴自湖

承示，知湖隄工完，且開浚越河矣。此運道萬年之利，國計民生受福不淺，非臺下忠計謀國，實心任事，其孰能與於斯哉？良仰！良仰！江南運道苦旱涸，未知近有雨澤否。今歲糧運仗茂猷，當不失期耳。第夏秋黄水發，恐徐、邳以東復有變動。經久之畫，今將安在？幸不惜指言之，尤所望也。不宣。

復郭汾原

豚子初諳章句，材甚駑下，偶遇伯樂過冀，一鳴見收，可謂有奇幸矣。僕聞則甚喜，非以其徼冒科名爲榮，以獲出有道之門，自是得所師資耳。兹承文翰，詞蔚而意切，具藹相愛無已之情，佩荷無量。緬惟高賢無妄遘灾，徊翔散外，乃所至不鄙夷其民，以政理聞，此其識度有過人者，環召當不遠耳。人旋，敬楮謝復。不宣。

復趙驪山

昨歲奉教後，陝中按史及行寬獄使者先後有揭至，家舅備以翁事懇之，且言生意也。未幾，劉、徐二君具揭報，生疏亦隨至，此心甚慰。蓋幽鬱之極，時當亨復耳，何又勞專人諭謝？别札所示，具悉深指。我翁冤閉半世，八十三年始復見天日，亦人世希有事。凡在前恩怨，當置之不問，若前生事，則日用綽綽矣。人情世態，以翁之高明，夫豈猶未勘破？身在有餘，來日無幾，彼瑣瑣者何足較量哉？亦牛馬任呼而已。竊計翁昔之見陷也，乘隙肆毒者必衆，迄今三十餘年，其存者當亦不多。若豁然不問，使薄倖子内怍，極爲善道。或通檢校，則反側自疑，必且群聚而起，將復紛紛多事，不可支也。唯翁裁之。

復董右坡

伏奉臺諭，諄諄道情苦迫切矣。然臺下負望海内，世方委重，君子道貴濟時，人臣義先急主，況在方將之年，抱奇偉之略，此言匪所宜出口也。即嗣續事大，要亦莫之致而然，其爲遲速，非關隱見，兄丈豈它有所感，乃托而爲是言耶？希顧其遠者大者，無以瑣屑介念，則豈惟分陜之幸，將世道有賴焉。不悉。

其　二

階、文與番鄰，文武吏極須得人，方于疆事有賴。此雖陜臺屬甸，然去省遠，故從來多借重督府經略之。今臺下乘秋暇西巡，一切爲之振刷，自是開府莅事無西顧矣。甚勝！甚勝！不多及。

復張九山

伏自孱息獲出大賢門下，私心感幸，即擬肅一介走謝。時屬大計，未幾僕復承乏春試，坐是徐徐，念之殊歉。乃辱大雅顧念，寔勤諭函再及，佩德增怍，抑又甚焉。自古丈夫處世，要在道義相知，不詭於心，金蘭契合，即先號後笑，不爲異也。僕雖愚陋，然竊自謂知門下之心，自今而往，公當諒予言之匪誣爾。兹因弱子得與世契，蓋天陰隲吾道，釋彼翳蔽。敬專末价，恭上束幣，用章《緇衣》之好，以布謝私，仰希臺明鑒存之。

寄田東洲

僕承乏文試，深愧梼劣，有忝大典。辱賢者念及，且盛爲推，予何能當也？山鄉借重臺軿，實惟士民厚幸。第河東去省頗遠，有司賢否，自來多失實。夫使清勤者掩匿而縱肆者獲免，則郡邑吏徼勤〔六〕惶惑，莫知適向，甚願高明之一加意也。不盡。

復金浙

公方亮有聞久矣，涉世坎壈，以時尚通耳。今天子鋭意治平，痛掃浮僞，寤寐篤誠專一之臣，故衆論於公推轂云。夫信道者不同俗，達理者不任氣，以公之高品，加以平心宏度，即古人何讓焉？使旋，用布所夙欽，惟高明留炤，幸甚。

復王及泉侍講

伏辱惠言，披閲至再，爲之愾然慨嘆。事之曲折，弟心固明，豈俟兄言及哉？當永陵崇奉玄修，百端逢迎以希旨固寵者，彼何人也！一日宫車晏駕，即取所汲汲先意者一舉而掃蕩之，悉委罪於人，歸過君父，欲以自全其僞，此有人心者之所痛恨耳。彼言者固竪子，不足較也，其風指則有自矣。時移事往，後生輩不復知曩來顛末，被此名也，安可家喻户曉？是以弟每念及兄事，未嘗不與乾庵相顧而長嗟也。兹承明教，弟謹識之心，更希大雅達觀，無令此魔礙我真趣，則善矣。統惟鑒炤，不宣。

復龐惺庵

伏惟臺旆入閩，旌旗改色，蓋臨淮威望孚於鄰封者久也。弟梼淺，謬承人乏，典兹春試，竊不自量，思以矯正士習，漸還大雅，譬則一葦障流，恐不易爾。區區之意散見録中，敬以一帙呈覽，不靳博笑大方，冀有道爲之駁正爾。伏承翰獎過情，捧誦增怍。求賢報國，乃所至願，第識鑒暗短，無能辨千里於驪黄外耳。詞不悉心，更惟鑒炤，幸甚。

寄馮澤山

里中幸獲與兄追隨經時，備承愛渥。于時弟自擬侍教方新，故未及少布情禮左右耳。不意塵緣未斷，重走長安東郊，拜違來咄啐又三載矣。弟本枵疏，豈有匡時宏略，而冒叨非據，力既不堪，兼之世情反覆，蒼黄多態，日夕畏途，鬚鬢驟改。回念數年山中之樂，真神仙清福，復思撰杖屨，從兄丈游，恨不能翼也。君恩未報，豈敢厭薄寵榮，此中深意，唯吾兄可與默會耳。公子雅度偉器，足稱鳳毛，今歲暫屈，當是天意留待大魁。然五色瞇目，弟亦何能無罪也？在此久寓，且多失禮，不得朝夕奉款。兹其行也，敬附楮布候，走筆寫心，不覺刺刺〔七〕。然知心千里，終三時始獲致一緘，詞又烏可已也？唯兄丈鑒諒，幸甚。

復高鳳渚

承諭示地方諸事之詳及諸疏揭，具稔明臺所以加意山陬深矣。士民幸甚！地方幸甚！其豁除蠲免及調停輕重糧則，部覆具如來擬矣。至於障塞卑薄，不足限虜，則得之鄉人往來指陳，而士夫絶無言及者。即閲視公畫圖見示，亦宛若金湯矣，不奉臺諭，安知其弛廢若此？可恨！可恨！虜得勝市完，計時當至水泉。計納款已七年，市凡七舉，百爾當悉有前例矣。臺下初莅其事，幸且遵舊行之，縱有未妥，苟不至啓戎心、貽内害，當徐圖通變，期于濟事成務而已。市完，則繕塞一節所當亟圖，第須從容爲期，不貴速成，貴於可久也。其合城軍馬久不操練，非臺下鋭意責實，彼固以此爲常套、爲當然矣。懲此，則邊關諸帥必惕息率作，易其宿習也。不宣。

其　二

山鄉土狹道阻，人鮮生計，以密邇三關，且外供宣、大，故賦役煩苦，視中原廣土、江南饒域反倍之。平陽視北郡雖稍裕，然亦有埆邑，若大寧、石樓、浮山等處，更在河曲、興、嵐之下。諸郡縣官以去省會遠，其賢否往往失實，賢者守正，多不獲自達，而貪肆巧爲彌縫，反取佳譽，非一日矣。此其敝根有在，唯賴臺明一留神體訪，則真僞立見矣。至於生員冒籍，學臣所奉新敕甚嚴，乃邇來吴越無賴充滿山右，此輩皆猥薄無行，不唯猥冒解額，且壞士風，爲民害，亦仗臺威有以清滌之。不宣。

其　三

自虜納款來七年矣，桑土綢繆，各邊咸有次第，而唯三關以稍處僻内，遂爾耽延月日，漫無功緒。竊慮犬羊一旦違約，則晋西必先受害，不待智者知也。所幸天不終棄遺民，借重大雅，經營審視，唯日不足，兩河之民自是有深庇哉！且修練之舉，每歲申飭而竟無實效者，則以撫臺深居，委責各道，各道又安坐，委事郡邑，故虚文抵塞，上下相冒，非一日矣。今明臺毅然以軍國爲任，登踐關塞，險阻必經，巡行歲時，寒暑不避，無一隅一物不經親閲者，則諸承委小大之吏孰敢不競修實事以自取罪戾耶？自此三關士氣技〔八〕地利當日新月異，雄視諸鎮，不特相埒而已。更望無求近名，無徇小利。緩急以序，使事可久；鼓舞以方，使人樂從。僕與鄉鄰父老子弟當共尸祝於世世矣。恕不宣。

復董擴庵

辱諭，知臺軿已入關，殊爲地方幸。昨劉道長題鎮原等三縣糧重，其額有在三萬石外者。此皆埆土，何徵斂若是之甚？必有弊端，想所從來遠矣。唯臺明兼愛，全陜有以均劑之，俾無偏累，斯善耳。不宣。

其　二

承示疏揭，具悉寬恤民瘼至意，第所減額征無幾，恐磽區猶未能辦耳。邊儲誠不可損，聞此諸縣歲完不及十三，則亦徒懸虚額，爲守宰罪累已爾，信法久而通變之難也。不宣。

復沐黔國

承翰諭及揭示，具悉深指。自公先世奉朝命鎮滇中，蓋以西南遠地爲長久安便計，今且二百年矣。公先人爲群小所惑，幾失世業。天子念開國勛，乃復委重門下，冀纘成緒、蓋近愆也，幸無重爲群小所誤，致啓事端。夫滇守之所爲尊大，在使威信孚暢，民夷帖服耳。若徒屑屑較尺寸而坐視地方恇〔九〕擾，責固有在，豈筆舌能支調耶？幸高明慎之。不悉。

復楊晴川

承諭示，較量虜情，劑畫邊計，可謂的若觀火矣。塞垣回屈，而虜由塞外馳則東西徑易，故虚内以援外，將爲狡虜所乘，非計也。且變不可先圖，迎機妙運，分成破在頃刻間，此未易言爾。其謂發兵出關，屯寧前一節，似有益。但此待廣寧、錦義虜可耳，若遼陽、開原亦安能及？又未審此項客餉將何以取足也。夫閫外之事，天子既全以付公，張弛闔闢，固不由中制矣。唯公慎守永圖，以壯王略、奏膚功，僕日夕望之。不盡。

復鮑復軒

承示浙事，乃知彼中法紀玩弛若此，殊爲可駭。重犯繫府獄，即監司吊鞫，當自府押發，乃該衛關取何耶？殆不可曉。此番類參，未完無十事以上者，乃臺下獨十五事，中八事悉强盗未决者耳。有枉抑當爲申雪，否即宜遵旨亟爲處分也。不多及。

復徐鳳竹

積穀本以備荒，然天灾間歲中一值耳，派額過繁，有司圖免罪督，必多方取盈，乃豐歲顧使民多怨焉，非立法初意矣。覽臺疏，具見爲民深意。夫法何常，要在有濟于事而無擾于民耳。不多及。

復胡順庵

祇誦别諭，具稔臺下留意地方、加惠煢獨至意。河東諸疲邑，來教所述略盡之。地本塉僻，有司往往不得人，而監司又終歲不一至，故生理日就荒弛。兹臺軿乃周歷而徧閲之，自後河東當無復極累邑矣。謹當與鄉鄰父老子弟尸祝，世世不敢忘也。黄河津卒所欲復正户者，爲守船計也。臺下督察有方，修理堅固，則募役固亦無害。要之法無常便，神而明之，存乎人耳。本州今且審編，其富民投充王府，借名禮生、鼓手、菜户、果户之類甚多，皆各專城郡王所無者，且皆全户占之，貽差貧民，有司率不敢詰而革之，此恃臺威一號令之耳。地方瑣事，輒剌剌衝冒，希鑒諒，幸甚。

復高鳳渚

兩奉臺翰，開示諄悉。良荷！良荷！錢式已進，甚善。鼓鑄疏通之法，更煩臺猷區畫。以站銀爲鑄本，兼銀錢發各驛遞，并以散給官吏俸，皆得策矣。第須歛散適宜，方可便於民用。凡有司罪贖及存留糧税，亦希酌議收錢，然後可不滯也。站銀積有羸餘，免派一年，是臺下有大造于此境區也，萬口仰戴，真當尸祝無斁矣。郡邑吏不時汰其無良，自後當益兢兢奉職。塞垣異寒，臺斾久駐，幸惟加攝，疆圉事倍煩壯略，其勞瘁可想也。不盡。

復陳對溪

前邸中相别時，見吾友神色黯淡，私竊慮其有它，未幾即聞滄源之訊，爲之惻然不怡者竟日。尊翁康壽令終，生人全福，對溪立身揚名，榮養兼致，兩俱無憾。第聖主冲年，養德方資醇儒，而僕枵疏，冒踐台席，則恃知己之匡直更切也。而天命固然，且奈何哉？吾友至性仁孝，終天之慟誠所難忍。第方在遠道，此身所係於國家者甚重。幸體先人愛子之意，抑情自玉，以終大孝。聖明篤念甘盤，恤典特備，愧僕無能贊毫末耳。南望閩海，神與俱馳，臨楮依依不任。

復李漸庵

伏承翰示，冲挹深至，以臺下宏猷，何施不效，乃臨事而懼若此，此古之人所由以建巨績、垂永利之道也。仰之！仰之！河水濁而性猛，末流至淮徐，其受四方之水益多，故歲必更變。第循勢導之，俾不爲大害，無礙運道已耳。今之議者欲興大役，捐巨費，爲一勞永逸計。其説誠美，第恐役興費捐，而歲勞必不可已，則求永逸難矣。古今以善治河稱者，班班可考，未有能使河就吾羈束，終數歲不變者也。唯臺明察之。

復張滸東

自與兄别來，歲且七易，中間浮雲幻化，白衣蒼狗，局面凡五六變矣。曩於編籍中每覽古人所叙涉世之艱，詞多深至，心竊以爲過。迨今身在風濤，還取前言閲之，則惘然自失，有味乎其言之也。年來叨冒非分，日懼顛隕，每思知己良誨，不啻饑渴，而道阻且修，邈不可致。兹辱好音，不異自天而降，披諷三數過，若侍面談，而此心則戚戚不寧甚矣。緬惟清望嘉猷，士論歸重，媢忌既去，簡命在即。敬因使旋，先此復謝，諸覼縷契闊，非握手促膝，固不能盡之剡藤耳。統惟惠鑒，幸甚。

校勘記

〔一〕“卷十二”，原作“卷十一”，據卷首原目録改。此後正文序數與目録均差一，不再一一出校。

〔二〕“書十”，原作“書九”，據卷首原目録改。此後正文序數與目録均差一，不再一一出校。

〔三〕“俟”，疑當作“竣”。

〔四〕此篇已見《條麓堂集》卷十八，作《復黄兑嵎》，“寔馬政”以下原缺，據《條麓堂集》補。

〔五〕此篇前半原闕，題目據原書目録補。據原書目録，該篇前尚缺《復吴僉憲》、《復淩洋山》二篇。

〔六〕“勩”，疑當作“勸”。

〔七〕“剌剌”，原訛作“刺刺”。下同改，不再出校。

〔八〕“技”，據文意此字疑有误。疑當作“挾”，待考。

〔九〕“恇”，原訛作“拒”。下同改，不再出校。

條麓堂續集卷十三

書十一

復秦蘭臺

承札諭，具稔鎮靖綏懷之詳，曲中事理。夷猶犬羊，其情欲當與中土不異。兹歛戢跳梁，帖然就臺下羈束，由威信足服其心故也。果鎮雄土姥能調釋水西、烏撒之憾，則貴竹諸夷猓自此寧謐，無喧競矣。計臺下明慎，此時必已有定籌，行且接成事信矣。不盡。

復楊本庵

伏承翰諭，以豚子泰徵濫與鄉試，特頒幣賀，通家子姓之愛，披誦藹然，良感！此子學識不及其兄，第筆鋒稍利，故易於見售。甲徵儘有斤兩，若能益之潛心深造，異日成名當視其弟爲高耳。知兄丈念之，乃敢以告，此不爲他人語也。恭計禫除在近，寔蒼生深幸，縉紳冀盼甚切，環召亦匪遐耳。人返，致楮謝復，伏惟惠鑒，幸甚。

復崔榆浦

伏辱翰示，以新承恩命，誓畢力以暢王靈、鞏邦屏，其猷甚壯。僕方仰之，繼奉手札及疏揭，又令人駭愕不已。豈二公積不相能，乃因酒而發耶？不然，同鄉夙契，共事一方，即杯勺有愆，可以意遣，而何至遽干天聽？今觀其所詆，真有難堪，第醉後之言不足憑據，未審近來醒後作何狀耳。不盡。

復凌洋山

累辱示林寇始末，游魂假息，以臺下威略，計必就擒馘無難者。海上久無警，武備遂懈弛若此。晏帥正罰，諸將自當惕然易慮矣。南澳之舉，初議原爲奪賊内訌所憑，守於域外。昔之河外三城，今之狼山、圌山，要是一意，似爲得算。第事兼兩省，彼此牴牾，且將士不樂外戍，故多方沮廢耳。仗臺明爲廣福貽百年之安，幸劑量其宜，使可久焉，無俾已立之業半途竟廢，何如？匆匆，不多及。

復江新原〔一〕

承札示，殊訝。夫所貴於才者，謂能攄猷濟事耳。苟無誠心自效，雖周公才美，衹足飾奸自便已矣。渠疏初至，士議見其説甚辨，竊疑其不告二公而驀言於朝非宜，乃不知其狡險若此，安可容也？臺下幸安心以終大績，紀綱所在，豈使懷奸者得遂其圖，爲觀聽累也。

復郭環一

承示學政諸揭，吴中文體、士習、風俗當自是一變矣。使天下司學政者皆實心宣布詔條若公，其爲世道裨益寧有量耶！今公論大明，人無敢詆言譸張如昔時者，即有之，亦不能摇廟議。願公益自信，直前爲善耳。不多及。

復王雲衢

承示宣市顛末，謂虜求而非挾，且始疑而今信也。良然！良然！第其求日滋，而軍困已極。目今議市本，即歲捐内帑金二十萬，亦不爲大費，第非可久之道，奈何？夫今之所議，亦非謂閉關絶市，爲决裂之舉，第須爲之調停節縮，使國體不虧、夷情不肆而已。今歲須與虜預爲申約，明歲市馬必擇可者市之，不可者不市，則其馬之來自少矣。諸虜部落雖多，其實亦無大衆。今謂其酋首有四五萬，則其衆當有百萬矣。此蓋邊人内誑之言，幸高明無信之也。不多及。

其　二

承示夷情，甚悉。討孫不賴既稱屬夷矣，又投東虜，投青酋，將非三衛貢夷耶？夷狄相攻，中國當置之不問，第青酋今已納款，即與前時不同。使討孫不賴非我貢夷則已，果我貢夷，似不宜任其憑陵耳。長昂自薊鎮入貢，朝廷所以撫賞甚厚。彼舊於遼東互市，近乃厭遼馬價輕，盡以其畜牧隨青、永二酋來宣府市，而往往率衆攻遼西城堡。昔稱陽順陰逆，而此酋今乃敢陽逆，真不可耐。然此薊鎮事也，未審青酋此往，可諭彼一詰問否耶。不多及。

其　三

自虜納款來，俺酋及套夷悉馴謹守約，惟老把都者以與東虜鄰，且爲屬夷誘惑，往往有不屑就意。青酋兄弟則其子也。故昔之防虜，宣大、薊門爲急；而今之撫虜，則宣府爲難，其跳梁非一日矣。然虜已中吾餌，即欲吐而去之，有所不能。今歲市場有此小哄，足以儆惕人心，爲先事備。臺下恩威操縱，曲得其宜，有以縻其心而奪之氣，所謂“因敗爲功”，非惟無損，乃更有益也。殊善！殊善！不多及。

其　四

宣府市馬，視諸鎮特多，不特青、永部落蕃衆，殆併東虜、屬夷及迤北之馬皆市之矣。其原起於馬之來者無所揀擇，乃其流弊如此。夫犬羊亦何厭之有？今歲小小動作，不足爲異，然亦可以爲先事之儆。仰仗壯猷，虜必知慎，然練武養士，爲有事備者，不可不豫矣。不多及。

其　五

承示虜情及綏接之詳，謂其求而非挾，吾不能盡應之，亦不可盡絶之，可謂一言盡安邊之要矣。良服！良服！夫虜誠非挾也，乃其求有可應、有不可應者。應其可應，而不可盡應者已之，則信乎其非挾也。今其求日增而無極，乃必吾之盡應乃已，亦既近於挾矣。而吾又曲徇其求而盡應之，是以待挾之道待求也。惟明臺察之。宣鎮市馬之衆，雖虜部寔煩，然其初失之無所揀擇而悉與之市，故虜不憚以其尫羸瘍瘑之馬群驅而納之中國耳。陝西三鎮揀汰最嚴，始事雖費調停，近歲乃馬無不中價者，民市視官反夥。山、大稍稍揀擇，雖不若陝之平值，而虜憚於以疲馬退還，其來亦有限。此已事之明證也。來歲之市，不特當預申明多寡之數，尤當預講必揀擇而市，斯來者自少矣。且如今歲四萬之馬，今存者幾何？中國故不屑屑與虜較利，然惟無爲所侮玩，則市乃可久耳。夫犬羊亦何厭之有？惟明臺亮之。

其　六

宣鎮市馬獨多，而市本少，蓋本兵所加念，不欲徑由部題，故咨議報耳。續接揭示，宣餉乃積贏，可支八年，可謂奇事。諸所議通融支放、挨陳收新之法，俱屬長便可行。其屯折輕則良足收堵卒心，但欲覈得其實則善矣。至謂鹽引無利累主商，有利爲客商取擅，可謂名言，臺議所調停均矣。以愚意，須儘本土商資力開報，以所遺餘予客商，亦不爲失平，第勿使占空名，乃法理也。不多及。

復胡雅齋

我朝凡阨塞兵衛，咸犬牙交制，祖宗極有深意。若氣脉不貫，即成痱蠫〔二〕，安常不見敗端，有事即不可措手矣，公疏真淵見也。第聞上江諸郡邑，凡事與九江兵備相涉者，其守宰亦殊不以監司待之，積習所由，非一朝夕故矣。此在臺下加意聯絡而已。餘不多及。

其　二

地方不能絶盜，盜發即獲，則臺下威令素行耳。其該郡文武官隱蔽回護之罪，視疏弛爲間矣。謹復，不多及。

復梁鳴泉

承翰示番易曲折，及覽疏揭，可謂詳盡。利孔所在，壅之則爲患必深，要在張弛適宜，不爲厲階而已。今台軿且北旋，知公爲國念深，其善後宏猷必不靳爲新令尹告也。僕耳佇之，願樂觀其成焉。不多及。

其　二

薊鎮軍士苦於修邊久矣，工未有完期，而逃亡日甚，人蓋難言之。臺下調停劑量，曲得其宜，既不彰前事之失，而可以漸休息疲困，其所議三事真石畫也。附復，不多及。

其　三

昂夷造孽有年，以中國優容太過，乃驕獷漸不可耐如此。前臺駕將發，弟曾以此虜爲言，蓋勢所必然也。仰仗壯猷，閉關繕武，足以破其奸謀而奪之氣。彼部衆而心殊，遲之旬月，其中必自有變。但須慎慮而妙應之，即羈縛此酋或殪之不難也。後期不恭之罪，在諸虜恕容補貢猶可，此首惡恐必不可貸耳。何如？何如？此殊有關繫，唯明臺裁度。不盡。

其　四

承示昂虜狡悖之詳，及臺下防禦機略。寒月朔塞，軿車馳驅勞矣。屬夷受中國一百年覆育之恩，一旦敢行稱亂，即在曩東西虜猖獗時猶不可姑息容忍，矧今吾之力足以待之。即悔禍請盟，餘虜可貰，而昂酋必使正罪，乃國體不虧，異日疆事不費經營耳。惟臺明圖之。此虜力取爲難，然以臺下威略，誠加意必得，計捐不過萬餘金，決可期月待也。此所關於邊計匪細，然亦非臺下莫能辦之，殆天亡此酋秋耳。不多及。

復陳對溪

使至，辱惠言，披覽惻惻，與吾友別者，不覺且兩換歲籥矣。多故關心，知己在遠，每一念憶，恨不縮地，置賢者座隅，與之榷談也。蒙以尊翁碑志見委，愧蕪陋不足辱命，第前所承壽章竟以稽緩後時，爲不可補之悔，亦擬藉此少贖諸責，因遂受托不辭，乃幣貺則又過蕃，非所安也。使旋，附楮復報。襄事在邇，敬具束芻，用代絮酒炙雞之奠。俟後使行，當以拙稿報命耳。匆匆，不多及。

復張滸東

僕以譾材尸巨任，受逾其量，獲罪於天，息女夭折，寔惟詒譴。乃未再旬，復有馬公之變。公憂私感，神情阻摧。辱兄丈馳函來唁，詞旨懇惻，骨肉深愛，悲感無極。長至後，僕冒寒杜門數日，用是裁謝稽遲，伏惟鑒原，幸甚。

其　二

弟自叨冒中書，於今五閲歲矣。惟是碌碌，曠延月日，而齒髮漸易，非復壯年，每念夙心殊慚。初度伏辱兄丈惠念，温翰猥頒，詞確而情深，具荷肝膈篤愛。感佩！感佩！前政既西旋，諸地方弊政，兄益得展底裏飭理，無復顧忌，其爲恒陽百郡福豈有量耶！幸及時圖之，計徵命行復不遠耳。不盡。

復趙用吾

承札諭諄諄，具見臺明爲地方軫念，至周備矣。河西去都甸萬里，表裏羌虜，非巡臺悉心民瘼，切切若痌瘝圖之，天子威德安能遠被耶？甚善！甚善！虜王駐西海，極爲凉、永煩費。然牧草既盡，非能久留，時已入春，計撤帳而旋不遠矣，無煩招諭也，要在善應而謹備之耳。不多及。

其　二

歲事方新，仗忠賢宣力，宇内清宴。以僕之梼蹇，獲樂觀厥寧，甚大幸也。辱諭，殊荷。虜王在西海日久，極爲河西煩費，計草青必圖他徙矣。酬應不敷，當議之督閫，通融處給。果無措，即請帑藏亦可，第不宜浚消〔三〕軍士耳。不多及。

復高鳳渚

虜納款且十年，邊氓與虜衆出入，漸忘界限，此勢所必至。吾人既深入虜地樵采，則虜人亦欲深入吾地狩獵，亦理有固然也。且疆場之事，時時有小小變動，足以儆衆心而杜萌蘖。乘此機會，一申明約束，使内外之限截然，出入有度，其爲益反大耳。未審恰台吉處分何如，便幸示知。不多及。

其　二

前本兵覆疏多牴牾，恐沮任事始念，兹承論，殊慰。大段人臣避事者多，任事者少。凡關民生國計久遠長便之策，類非一時可成，而遊宦者率不數載輒遷去，故率不肯犯手實做。有一人欲實爲之，則前後任是地者恐章己不事事，必設不可行之説，而諸當分職效力者，又時播難成之説，冀其中止，天下事所以難成也。兹者明臺毅然自信，建此必然之畫，豈非地方莫大之幸耶？良感！良仰！廢弛之極驟振不易，久大之業又非旦夕可期。更願明臺辨晰要緩，爲遲速行止之宜，厚恤時役，使下無怨讟，則妒忮不得借口肆誣矣。敬復，不多及。

其　三

承示水泉市事，始終安静，馬較昔少，而夷情馴服。良仰！良慰！初議市，原謂官民隨便，時虜馬尚未大狼狽，邊民亦樂爲市。後虜以民禍〔四〕不及官易之優，不樂與民市，而馬漸尪羸〔五〕不堪，民亦不樂市馬，故互市官全爲之，計民易什百之一二耳。此宣、大、山西三鎮皆然，而宣府爲甚，原未禁與民市也。辱論，軍民欲市易者多，許開兩日，豈今歲虜馬猶足爲民用耶？此亦近歲希事。陝西市馬，務求堪用者，故民易當三之一，而官府省費不貲也。三關借重壯猷，異日且與陝中同利，異于宣、大也，爲之兆矣。不盡。

其　四

承諭示，知臺軿尚駐塞垣，且遠涉西河，此向來撫車所不歷境也，明臺爲地方勞瘁可謂至矣。河曲西與虜鄰，昔未納款時，歲敲冰防禦爲常。癸亥、甲子間，始議並河築墻防守，于時指畫墻守及敲冰得失，其説甚辨，自以爲得勝算矣。乃今竟無足賴若此，非明臺親見其然，其誰能言之？補兵完械，誠桑土至謀，其爲後人芘陰深也。種樹一節，極多異説，蓋分理者憚勞，造言以蠱惑人觀聽。非臺下毅然力任，時巡而躬閲之，其能卓有成效，爲邊圉良翰哉？信成事之在人也。㓗省賦斂無藝，實由經制未明。兹明臺審覈畫一，刻帙而布之人人，貪官污吏將無所用其假公侵派之奸，其爲小民惠最速且渥也。良荷！良荷！語無倫次，伏希臺鑒。

復陶晴宇

再承翰諭，知舊内工完，良慰！曩嘉靖中有倡爲不必修繕之説者，遂使豐鎬百年故迹鞠爲茂草，見者興惻。兹幸千楹鼎新，烈祖在天之靈寔昭顧之矣，甚盛舉也。仰復，不備。

復潘印川

承示河工之詳，爲慰無量。萬衆在役，肅然奉法，歡然趨事，使兩河横潰帖然遵故道入海，非臺下弘猷深略，其孰能與於斯耶？良服！良服！冬來雪大，諸工俱停，計來春必以漸就緒，而高堰十丈未竟之功則當急爲先圖耳。今夏未發水前，以清口通利，高堰之淮流幾斷矣。今清口益闢，而淮水由此十丈地猶競爲東奔，則水性所趨，人力難施，而千仞之功賴此一簣以奏績耳。知明臺必有定畫，乃區區管窺，敢因便而布之，不自覺其贅也。伏希鑒亮，幸甚。

其　二

承示治河疏揭及圖説，晰如指掌，乃知前紛紛之談皆非親見真知，附影隨聲，多不得事實也。僕前承公教，謂築浚之工須伏秋後乃可施，竊恐水發時益漫汗爲地方害，且言者多謂海口壅塞，故謬及之，而不知海口原未嘗壅，謬矣！謬矣！臺議既確，廷論無復阻異，自後一切治河事宜惟公所爲，定不爲訛言所撓亂，願公自信。如事勢果有礙於施行，亦願公自言之，便宜從事，無拘成説。朝廷惟俟平成奏功，諸不從中制也。“王事靡盬”，乃使賢者獨勞，更惟爲時加玉，以慰上下。不具。

其　三

河事，公身所經歷，酌畫必審，僕輩第注目樂觀其成而已。然近有爲崔鎮不必塞、遥堤不必築之説者，其辭甚辨。僕竊觀往記，無代不治河，亦無有以人力勝之者。今公順水之性，導而之海，又不與之争地，爲遥堤以待不虞，此至善之道，言者甚妄。至于全河力大，夏秋暴漲，或淮不能敵，或淮亦盛溢，而相抵撞，則恐清、淮之間大受其害。今欲塞崔鎮者，以運道之澀也。求所以北去之多，以決口之衆也。或將衆口築塞，量留一道以旁洩河水，使二分在漕，一分北出，遇水暴漲，必且分一半支流，其來清口也不狂怒矣。此似爲安便，且與公原議亦無左，不審可擇從否，惟高明裁之。幸甚。

其　四

大工肇興，門下之勤瘁可想。萬衆僝功，齊其力在法，然必有恩以得其心，而法乃可施。惟無使之失所而違怨生，則責之赴功興事易矣。惟明臺念之。

復朱存敬

辱翰示，具悉謙德。今士風向靡，廟論力欲還淳務本，以資世道，故擬借重高賢，不獨以文學優也。蒙諭，南裔未輯，欲以職任自效，又見忠國任事之誠心，迥出世俗擇官之套，良所擊節。附復，不盡。

寄謝文泉

與兄别後，又兩更歲首矣，蓋時序之易而會聚之難如此。歲前府役至，承惠札，知有紱麟之慶，欣慰無量。兄苦學半生，不遂厥志。兹當卷懷之始，而此子適生，殆天將延澤于後人也，請以“天裕”名之。賜炤，幸甚。

復戚南塘

再辱札謝，具領將軍深意。其謂都門議論與塞上舉措相反，誠亦有之。夫是非真僞可淆于暫，而不能掩于久，即遐遠固然，矧兹近地？將軍第慎修令猷，爲東土永利，無畏訛言也。不多及。

復吴自湖

河患非常，圖以弭灾拯溺，必得非常人，然後可濟。所謂非常人者，專誠憂國，而才足以副之者也。其在今日，非公其孰當之？聖心簡任甚殷，委信不貳，一切用人行政，唯公言是從。朝野欣欣，謂昏墊之灾指日可免，平成之績，無論久近，自此其必可期矣。伏承明教，毅然以奠民裕國自許，良所欽仰。艱大之任，胼胝方始，仰惟節勞崇護，用慰上下。群情方翕服，第攄心安意經營之，流言不足畏也。使旋，附布其愚，更惟鑒照。不盡。

其　二

高郵月河隄成，且爲漕道百世之利，淮民尸祝公且無極也。河勢既變態若此，寶應之隄須從容圖之耳。天下事固非可獨責成一人者，知公心良苦矣。昨家舅行，爲公致意甚篤，顧僕私心則更切耳。倘未即去國，必不敢坐視賢者獨勞也。惟丈人諒其區區，幸甚。

復董右坡

緬惟臺下莅關隴以來，保障綏輯，大得民和，帝心簡在，是畀分陝全任，所冀以制獯鬻、控西戎，俾岐、雍、凉、鄯數千里宴然無虞，永紓西顧懷耳。兹承翰諭，深自謙抑，併以西事見訊，具譾冲挹至德。秦中自昔稱精兵健馬地，自虜款貢來，諸塞築繕頗可觀，而士氣少餒，失在于力役繁難，終歲不獲息耳。惟臺下劑量之。養士恤民，自治之本，虜之逆順，不足爲我輕重。伏惟壯猷不失所以鎮懷機宜焉爾，弟何知焉？

復董理軒

近嚴匿盜之禁，兹江都暴劫，南京部院馳聞之，傒江北奏報不至，諸公殊以爲疑。已而撫按疏至，部遂據覆。以公同城，獨不報，故主上見詰。然不越信宿而臺疏已至，惜少後時耳。此時南都又揭，所獲盜犯所供攀人名不相副者十九，恐中有奸計及漏情，幸加慎覈之，務得真犯正法，不遺害無辜，乃爲善耳。不多及。

復吴環洲

三關修守，仗臺下威略，工速而費省，誠地方莫大之幸。良荷！良荷！近山陝諸鎮以獲虜奸細來告甚數，僕意老酋西行，虜中禁防當少疏，中國陷虜人乘間歸正，恐邊將不納，故竊隙闌入耳。希明臺宣諭諸守塞將吏，俾嚴稽出入，果有歸正人，須即行放納撫存，毋加閉絶，庶諸人敢自塞上明歸，不至驚内地，滋好事者呶呶也。何如？何如？老酋西行，其進止消息竟何似？今歲貢事渠仍與否？便中幸示及。匆匆，不悉。

其　二

承示，邊地土沙缺石，築墻難久。此不特大同一鎮爲然。臺下欲俟經歲然後勘工，使修繕者不敢苟且，極爲善道。第土脉既劣，恐須歲加補葺耳。曩翁東涯公築谷雲塞，于時極稱壯固，不三五年即夷爲坦野。故今金湖司馬謂墩堡當修，以修墻爲徒勞，亦一説也。至于偏老土脉，視雲中更劣，先年以大同外護，且多林木，故虜患稀少。後被土人斫伐，林木浄盡，遂歲遭蹂躪。此在韓苑洛奏議可查。近部議乃欲停種榆之舉，未悉彼中事宜爾。昨奉明旨，委重臺下，與高撫公會議，希明勘而審訂之。此則始勞終逸，比之歲費修繕者不同也。不多及。

其　三

承示虜情，預告之東鎮，殊善。患至常苦無備，寧備而無患可也。北虜定無他，但軍聲衆大，則偵探生疑，且或屬夷借以恐喝中國耳。臺下既先言之，則東鎮有所憑據，不至駭擾也。第未審討孫不賴亦貢夷否。不多及。

其　四

承示修守應議諸事，可謂權衡詳慎，折衷協其極矣。以時舉之，以實覈之，久弛之關塞，其爲金湯可期矣。僕叨聞國政，且幸與被屏扞之澤，欣仰可知也。謹復，不多及。

其　五

辱示虜情曲折，具稔遠猷。虜酋西去，所留部落無幾，而市馬不減，此必轉市迤北夷馬，故先後入市，延日久耳。數未可縮，第馬加揀擇，亦可杜將來無厭請也。不多及。

其　六

蒙諭，增虜升賞一節，較計始末支費，明若觀火，領教不淺。然朝廷之上所以不欲定爲歲增額者，非計費也，犬羊無厭，始事當謹。今虜艷吾利，而吾以利中之。虜得所欲，則嗜之愈切，故日思加益。我既不可峻拒以失其情，亦須其難其慎，爲不得已而應之之狀。虜既欲其得而惟恐其不得也，然後得之，則喜而以爲我恩。若有求即與，虜狃于得之之易，以爲吾惟恐彼之不屑也，其求必日益煩夥而不可繼，一有不遂，則怨心生而前恩盡廢矣。此必至之勢也。中國以虜艷利，若以骨投犬，不與之較，即歲百人，亦不爲費，而靳三十人之額者，蓋中有不可，如所云云爾，唯明臺亮之。青酋兄弟果西行否？東夷有借彼爲説者，謂且糾〔六〕土蠻犯薊，或猾虜藉口以恐喝我邊。然飛語所起，必有由矣，希明臺多方伺之，則其情必得也。不多及。

復王河汀

弟草草出山來，違遠教範，忽四載餘矣。惟是庸虚，無所表著，徒叨崇秩，負乘增慚。竊念古人所謂通塞不以隱顯論，第視其志之得行與否耳。弟頃歲里居，獲奉教左右，耳目口鼻，盡爲己有，俯仰天地，無所愧怍，何其適也！今則囁嚅趦趄，跼天蹐地，進則心不得自達，退則身不得自由，係徽纏，寘叢棘，其毒苦相似矣。回視兄丈，皎焉鴻冥，弋者何慕，真上界清福哉！使至，承翰諭諄諄，披翫不忍置，知己之言，臭味自别，然益睹兄之邃於所養矣。塵衷漯憒，安得縮地一覿所欽，相與握手劇談，潄清風而消鄙吝也。臨楮神馳，無任。

復陳藎齋

承諭示馬政之詳，及軫念淮揚民灾，可謂憂形於色矣。舊制不可盡變，而因時化裁，折衷宜民，在臨事者加意調停耳。望實隆茂，已奉新命，保釐東周，留京之民幸矣，第此灾地不獲更徼福耳。附復，不多及。

復傅大川

承諭示，諄諄心語，披閲數過，不欲釋手。賢者蘊致俊邁，僕一見異之。自借重南垣，諸所建明咸中事情、得體要，士論蓋已翕然歸德。乃復虚己下訊，顧僕何説以爲知己助哉？公告我曰："心口相誓，不敢擇利近名。"美哉斯言，固進言者之箴石也。聖天子求諫如不及，何嘗惡聞忠讜？而士君子既遭時進身，亦孰不欲拾遺補闕以行所學？然而有不然者，則擇利近名之爲累耳。賢者誠力行此道，固聖明所嘉獎，將有契于意外者，其所感動樹立，殆非聲音笑貌爲者可擬矣。敬布所懷，惟炤亮，幸甚。

復蒙近野

承翰示，臺軿已莅虔鎮，懸知旌旗且改色也。此地諸盤錯已漸剗蕩，第山藪曠莽，諸頑梗憑依阻遠，猶多未奉王化，禁戢而馴化之，永消異日之患，是在明臺加之意耳。不多及。

復宋禮齋

前停臺工疏至，而所投札示則猶爲量減之説，故僕復云云，計當徹矣。兹使至投札，方言停工之詳。大率夫人意見不同，各是其是。曩時宜黄狃于薊鎮之便，即欲九邊咸繕樓墩；今嘉魚復狃于大同之不便，則欲九邊咸止樓墩，并謂薊鎮亦非宜：皆一曲之見也。吾友既灼知其可，僕意初不欲罷。今既罷之，專意恤軍練武亦得，惜前功廢中道耳。諸鎮事體不同，要之耳聞不如目見。賢者幸安心，渠亦無别妒忮，第自用之過，不足較也。不多及。

其　二

歲前疏函，司馬已有異議，然廟議竟如數發銀者，不欲棄前功、廢中道耳。兹承示，謂欲量減，示調停，而疏中則直請罷役，何其易也？兹果徒費無益，與初時所建議相左，即出自己意，請罷亦可，猶勝於遂非貽害。若真知其可行之，且有效，即當堅定前説，要以必成，豈可輒因諷議即爲行止也。自古任大事者全在識量，事不輕舉，審定後發，既舉，即毅然守以成功，何畏多口也？不多及。

其　三

承諭，延鎮虜市已完，費省而夷馴，殊慰。觀於民間易馬之多，則知官價之不浮而虜馬之適于用也。此固始事者經制之善，然非賢者咸信孚洽，撫馭有道，豈能盡美若此？大抵犬羊之性，貪利無厭。中國固不惜小費，然使夷狃于非分之獲，無所限制，不論將來，即今歲亦種種出敗端矣，僕甚慮其終也。此事體甚大，經歲亦久，東西得失，人能言之，是非較若白黑，焉能顛倒？吾友勿以爲慮，亦更勿告之他人可也。此復，不多及。

寄劉河濱

曩在里，匆匆未獲與我同袍追游燕喜，鄙意自以山居日長，蓋有待耳。不意塵緣未斷，復走長安大道，與吾丈别者，抑又四年於兹矣！每念里中過從之疏，心殊以爲病，而公私冗劇，且不得時通一訊左右，徒耿耿在心耳。昨歲豚子自蒲旋，領手教。豚子具述兄丈近況之雅潔，及青盼綢繆之詳，令人仰荷無已。弟最凡劣，叨塵政府，深以顛越爲懼，日夕思釋重返初服，從故人徜徉鄉園間，以屏遠忮妒，未審何日遂此懷也。兹蕭倅君人行，附楮仰候，臨翰倍有瞻戀耳。不宣。

復連文軒

去歲吾友補麻邑，僕竊念之。辱諭，具悉明作，良可慰也。吾友兩任悉吴楚，號難治地，皆有佳聲，乃前時爲鄉士夫所中，幾不免虎口。前事不忘，後事之師。幸勿自恃政成，忽于防檢也。近行久任法，幸勿蚤計撓神。不多及。

復鄭範溪

承揭示，雲中自此有完塞矣，而臺下尤軫慮久遠，立法屢省，則此邊工真可謂永賴哉！西土士民荷戴保障，何有極已！第邊地土脉不一，大段少佳多劣。佳者數歲後且與磚包者比堅，若劣土夾沙，即歲剥一歲，非人力可勝也。諒明臺必有遠猷，輒附布其愚，更希垂炤，幸甚。

復張惇吾

吾友離南中，已經再任，玆者之事殊出意外，僕一見駭愕，莫知其由。自惟譾薄，叨參政府，而使吾友横被傾擠，無能爲力，言之不覺赧汗。玆承翰示，披閱惘惘。嗟乎！人之無良一至是哉。然進止有命，非人能爲，縱果爲彼所排，亦吾運數之否，勿過自鬱滯。天道甚邇，第静眼觀之，自來陷人者未有能自免者也。塞翁失馬，倚伏未有量，安知此舉不爲吾友之福。願高明達觀自寬，長途尤宜珍攝，以慰此惓惓也。臺軿在邇，不獲一面語叙别，據案作復，神揺無已，深衷覼縷，固非毫素所可悉耳。

復詹魯源

承翰示，具悉惓惓至意。留垣清議所關，借重老成，將國是取衷焉。諸惟審覈名實，而虚心慎行之，僕所期待于高明者不淺也。不多及。

復帥視吾

承揭示，騰、永夷情、邊計，不異聚米，了了悉可見。莽酋跳梁外番日久，雖未敢東向，驚我圉人，然其聲勢頗雄，三宣六撫爲所恐喝，邊臣鮮長略。所諭張大、困〔七〕循二端，盡其弊矣，則所以破積習、定長策，必有確然石畫，甚欲聞之也。不多及。

復耿敬亭

承札示，臺軿已莅上江，知士民必當相慶。宣、寧視下江爲少事，而歙俗頗刁訟，至江洋寇竊，多以附岸豪家爲奸窟，此則煩臺威加意禁之耳。匆匆，不多及。

復周樂軒

臺下入遼未週朔，而裨將乃以偏師致大捷，何威行之速也！三岔河左右，在前原吾土，文皇畀三衛夷住牧，冀爲疆圉扞耳。近歲乃爲北虜部種所據，使我東西疲於奔命。兹我兵能乘便出剿，使虜不敢駐幕，庶耕行鮮亡失矣。不多及。

復董右坡

承示防禦之略，可謂曲盡，知臺下留心疆事至矣。虜王西行，其東部、北部俱留酋長防備，而南與吾鄰者則盡携諸酋以行，且其輜重留豐州不動，是不疑我也。今當明探遠迓，諄諭而厚犒之，俾禁戢其部衆，而吾之收斂貴豫且净，虜過則無事矣。提兵設防，誠不可已，但須静定，無自勞擾、張形迹，反使虜生疑耳。茶市必不可許。其宣、大大市依歲例舉行，不以虜王西行停罷，渠不得借以爲詞。若隨便求資給，或數十或百餘馬，不妨量與爲市，事後具題非遲，欲先請亦可也。第賓兔搶熟番、要茶市一節，殊爲黠戾，此則頗費周折。俟老酋至，能禁之使改甚善，不則須相機有以威創之，不可長其不逞也。仰復，不盡。

復孫龍洲

辱諭，南丹酋驁悖若此，真不可耐，部覆已仍行臺下按問矣。若其悔禍畏罪，猶須稍寬貸之，未可盡繩以重法；若猶怙肆如故，則天討所不可逭耳。惟吾友詳慎指揮之。不悉。

復何萊山

水鳥事，賴臺下威信，鎮攝調停，卒就籠絡，真地方大幸。

第諸酋似猶各有心，未能釋然，防微善後之策尤須廑臺慮耳。昨奢酋復上疏，其詞極刁辯，豈吴奸今復來彼中耶？惟高明密伺而剪之，勿使滋久生戎心也。不多及。

其　二

承諭示及疏揭，貞酋之悍罔，奢酋之狡譎，敢於奸約怙亂，真不可耐。其謂排根黨奸，痛刷其鼓弄眩惑之輩，尤得豶豕牯牛之要，部議悉如來疏題俞矣。吴奸係禍本，此妖不死，安、奢之亂無已時，仗明臺訏謀淵略，此時必已縛致軍中矣。事體有沮礙不便，幸不吝示及，期於集事定民而已，他無庸顧避也。不多及。

其　三

承示撫處諸夷之詳，殊善。此其積惡負固有年，今兹内順，則以會城有兵，生憚心耳。臺下以恩結之，真遠猷也。顧夷性好亂嗜利，未遭大創，恐未必謹守約束，一有披猖，仍須痛懲，嗣後乃可冀馴帖耳。不多及。

復林雲源

嚮聞姑蘇樂土，無尺寸曠地。兹得揭示，乃知該區荒廢若此，其患起於先時均糧者之欠周詳，亦由足迹原未經涉耳。兹非明臺親歷其域，烏得悉其艱狀耶？據議，變通調劑之方備矣。然今所議增糧之區尤須加覈，大約不盡民力乃可久耳。草草奉復，不多及。

復凌洋山

承示，兩縣之建，士民樂趨而風景丕變若此，非臺下威暢信孚而招徠之周也，其有是哉？良仰！良仰！設學事甚佳，必如是乃可使王化漸於異域。第擇諸士民占有田業，其子弟可與進者奬引之，遲其貢期，或在十年之外，無不可者，勿使他土狡猾借名尸其間，則善矣。不多及。

復周際川

承札諭諄諄，其指陳河道利害至明晰矣。前河漕疏至，鄙意即謂此當與河南兩院會議，正疑中有同異耳。濁河性猛善遷，從來未有以人力挽之者，即復故道，亦必一二年仍徙去矣。而新經流必漸成河渠，斯因勢可利導耳。昨議謂崔家口至小浮橋土皆堅硬，黄河漫流不能衝刷，恐非其實，願臺下一親往觀之。使果漫流已久，其土堅硬無恙，雖費人工力，故道不容不復。若已衝有河形，即可因而開浚使深廣無難也。謹此仰復，併布其愚，伏希鑒裁，幸甚。

其　二

弟能薄享巨，獲譴于天，息女不禄，寔惟貽慼，無可委咎也。乃乾丈宏德鉅度，方爲社稷寄重，弟之蹇劣，其所籍於誨掖甚深，乃一旦捐館舍，未審天道謂何，而私衷誠不勝刺痛矣。承諭，詞旨惻愴，具稔同心之感。附復，不多及。

復李翼軒

遠承翰諭及疏揭，領誨不淺，其指陳風靡政蠹，可謂曲盡，大約無務實之心之一言足以蔽之。蓋惟虚文相冒，推延日月，故一味苟且，不暇點檢職掌、顧惜大體耳。苟知點檢顧惜，則將遵奉舊章不暇，而安取多事爲也？今之爲政者能悉掃近時紛更贅旒之舉，還之國初之舊，即事省而人安，可以坐致治平，不特學憲一職而已。公綜古達今，施之小試，固遊刃有餘者，更惟消息鼓舞，去其太甚，無使襲弊者駭觀聽，斯善矣。匆匆，不盡所懷。

校勘記

〔一〕“原”，疑當作“源”。卷十、十二有《復江新源》。

〔二〕“盭”，疑當作“鰲”。

〔三〕“消”，疑當作“削”。

〔四〕“禍”，疑當作“鍋”。《條麓堂集》卷十七《與鑑川王公論貢市書》：“昨部覆已擬，如開原例市用廣鍋，旋復中變。甥與諸老言，鍋是虜中日用所急，恐求之不已，况廣鍋京中甚多。或他物聽民自用，唯鍋官買與爲市，禁民私市可也。”

〔五〕“羸”，原作“嬴”，據文意改。

〔六〕“糾”，原訛作“糾”。下同改，不再出校。

〔七〕“困”，疑當作“因”。

條麓堂續集卷十四

書十二

復房心宇

僕有祖居一區，足庇風雨，第密與公衙爲鄰，旦夕且乞骸，慮棲息不便，故卜築城南僻巷，鷦鷯一枝，爲終老謀耳。此野人私計，豈宜聞及尊臺。承惠愛駢疊，感藏無極，而心殊踧踖甚矣。敝州河隄事，極荷臺慈軫念，聞春來已興工矣。第時當歉歲，灾民不任力役。曩地變後築敝州城，近夫縣咸借夫幫役。今鹽池工未竟，各州縣夫不可復借。仰希仁臺特遣敝州夫歸，與在州夫合力並作，庶隄岸易成，可及水發前竣事耳。惟臺明裁庇，幸甚。

復張爐山

承諭，二酋果東搶，青酋議行罰治，此奉明臺威信之效也。犬羊誠不足與校曲直，但須明約束，存中國大體，此千古馭夷不易之論。良服宏略，第此舉頗有關係，恐迤西諸酋視之生心，須仍諭之虜王，觀其處分何如。不多及。

其　二

虜東部竊犯宣裔，前微有聞，曾附啓訊。兹承諭示，乃知其恣肆無忌若此，須盡法以處，乃足懲後，臺算得上策矣。第未審俺、青二酋此番肯爲處分否。揭開將士遇銀定，以貢市故不敢加害。夫彼既不顧信盟，操戈内訌，乃賊也。抵敵誅馘，惟力是視，即盡殲其衆，曲既在彼，諸酋亦安得爲中國歸咎，而何不敢之云？此須明示我衆，俾異日直前無恐耳。不盡。

復梁鳴泉

承諭，開示遼左虜情及軍士困苦之狀，明若指掌。至謂法先自治，莫急於增餉，此石畫也。今各邊幸稍寧，即破格優遼，司農亦有餘力，當不相左。東虜勢固强，然非屬夷誘扇，未必若是之亟。長此不已，患且及薊，顧制之不易耳。附復，不盡。

復沐黔國

自公嗣建節鉞，克紹祖烈，滇土清謐，用蓋前愆，光復爵秩，此忠孝之顯效、臣子之茂節也。天子以西南委公，温綸褒答。幸益勵弘圖，永保休譽，邦與家兩攸賴也。不多及。

復周樂軒

承諭示，兼領疏揭，具見臺下爲遼計至周備矣。朋馬之議殊善，此爲遼卒解一剥膚患苦。其原籍追軍裝銀一節，恐不濟于事，蓋伍符經二百餘年，其逃絶、詭冒幾不可詰矣。不多及。

復公東塘

再辱札示，知已禫除矣。銓司謂近例須赴都方注授，吾友幸以時詣闕，大段秋中可也。操存在己，屈伸由人，盡道委命，隨遇而安之，動忍所益，異日受用方弘耳。不多及。

復管嶰谷

賢者作邑有駿聲，閱書奏績，當榮膺貤典，足慰孝思也。丹陽當南北之交，自來號多事。兹饑歲盜作，南北籍籍有言，希加意捕獲，以杜亂萌、銷多口也。此復，不多及。

復宋桐岡

旬日兩承臺札，兼領河工條約，禮遇優隆，開示諄悉，且審明臺所以注存不肖及軫恤山區者兩極至矣，感藏何已！河工仗臺力已完，迴河東工甃砌如法，工力堅緻，咸謂百年永賴，與昔時所理河工迥異，此蒲城萬衆子子孫孫所尸祝也。麻子石受灰，加之糯汁，黏互膠固，良勝鐵錠。此工既成，即夏中水發可無它虞。秋中當營迴河西工，仍用鄭府判、王州判二官可也。工費浩穰，而原估減削大甚，真難爲力。承諭，當爲兩院新公言之。丈田事於小民極有益，而豪强兼并者多不便。承臺明加意區畫，章程既備，則郡邑有所持循，當使一路實受其福。第須擇人委用之，果能於其事，即一官令徧丈一道亦可也。臺明念切民艱，至誠惻怛，孳孳爲之經理，即古人何多讓，僕目所未睹也。人旋，布復兼謝，伏希臺鑒。

復何晋吾

承諭丈田事，欲以東北鄉餘田補缺額，而山南者不必盡搜，極是，知使君留心民瘼至矣。第此番丈量，因承平日久，賦籍侵冒脱落，有有田無糧、無田却有糧者，亦有田多糧少、田少糧多者，豪强擅利，塉弱偏累，欲有以清正之，以紓疲民之困，不但欲補原額已也。册籍訛謬久，不足復憑，兹惟加謹弓繩，朝夕躬行督察，一以今丈爲數。其田之厚薄高下亦自不同，分爲數等。第一則者出最重租，二等次之，三等又次之。或爲四五等，或爲六七等，務甄别不失其宜。高下相乘，一州總算不失原額，則東北饒裕之土在上則者必多，山南中莊等里必多在下則減輕矣，此方是均平之法。以前飛詭欺隱之弊，俱與更新，不必追究，但令自後如今定等則辦糧，亦簡便不擾，事易集也。惟高明亮之。

其　二

前使旋，附有啓謝。兹聞河隄東工已成，其爲使君焦勞何似，然士民蒙被福澤永無極也。丈田計當舉行，前承下問，兹得前扶風丈田事宜一帙，謹用呈覽。其法使百姓自丈其田，而官府出其不意，歷加覈察，而嚴懲其不實者，似爲簡易省力耳。幸高明裁擇，或倣其意行之，亦大便也。遣价西旋，附楮仰候，併布區區，不多及。

復褚愛所

宿、潁〔一〕多盜，緣兩省接界，易於趨避，且巨家爲逋逃藪耳。此須痛芟剗以清禍本，迹其所爲，與叛逆何異？長此將安窮也？不多及。

其　二

中州起運積逋，總計不及百一，即全蠲以惠艱民，良不爲過，而臺慈汲汲爲地方軫恤至矣。恐無追補十餘年舊欠之理，不如付之無言也。不多及。

其　三

屯糧參降武官，凡係地方疲敝，節年無能免者，情有可原。部議舉潁川爲例，非獨指潁川一衛言也。今見疏參，若潁川比者仍有之，似當查實所以然之故。果法紀久弛，當議振興；果土瘠人逃，當議寬恤。即潁川衛亦未可徒寬其罰，而不爲議所以善後也。惟明臺留意，餘不多及。

其　四

承諭兼揭示，南汝兼制之議，質之秦楚所陳，大段事勢已涣，籠絡爲難，無事時多一番牽制，有事漫無可責成耳。若然，則鄖臺未可裁也。人旋，布復，匆匆，不多及。

其　五

王者以豐年爲上瑞。今中州水沴歲歉，方請蠲貸，雲物之異，似未可並陳。即如淮揚報饑，議者咸以麥瑞爲姍。惟臺明裁之，餘不多及。

復梅凝初

曩强盗獄多久繫不決，中有冤誣，尚足憐也。今既欲殄滅無良，速正法典，則審有枉濫，當急爲申雪耳。辱諭，具見明慎刑獄，殊善。不多及。

復辛順庵

山國獲借重臺軿，安静省約，軍民實受其福，其感頌不啻若口出也。㴱州節歲黄河東徙，侵逼州城，危殆已甚。昨歲蒙兩院議，建輯新舊石堤以防後患，業已舉工矣。第初議工價太約，今民〔二〕未半而民匠不勝其困矣。希臺慈俯加體恤，行河東兩道從長爲議，務求事舉而疲民不重罹其累，即數萬枯槁獲更生幸也。地方瑣事，輒率爾喋喋，幸恕衝冒，至荷。

其　二

伏蒙見示㴱州河工呈揭，既准增給工費，復慮頑石難久，其欲拯溺水灾民，置之衽席安者若是之殷且篤也，僕同桑梓士民當世世戴德尸祝無斁矣。其堤東至七里渡、堤南至河瀆廟工，乃原議續修者。今二工既將完，其堅固壯厚，足保永久。其堤東至七里渡一工似可緩，惟堤南至河瀆廟乃密邇河流，殊爲剥膚，而舊岸脆薄，且多損壞。若單修此工，費亦不過數千金，而河東諸郡邑或有堪動無礙銀兩，乞行兩道議之。工大費巨，奏聞亦可，若欲請發内帑，則必不得耳。伏希臺裁。秋禾已登，清丈方始。此番朝廷主在均糧，不求增賦，而有司不解德意，多過爲刻苛煩碎致民嗟怨者，希臺明爲諭之。軍屯及藩府軍屯子粒等地，俱須與民田一同清丈。若有侵隱民田，須盡數清出，俾輸正課。若民田不失糧額，縱彼有多餘，任之而已，不必與較銖兩。要在委任得人，以平恕之心行所無事，自然彼此相安。苟一有偏重，或反貽將來之紛紛，不可不慎始也。伏惟明臺留意，闔省軍民不勝幸甚。

其　三

伏承台諭，垂念西關修守及澈州河工若是之汲汲也。臺慈爲百姓造福，出之仁惻；爲國家任事，本之至誠。此僕所深喜爲國得賢，而又深慶爲桑梓得怙恃也。真切！真切！偏關迫虜，最震于鄰，而澈州河患又切剥膚，非仗仁臺，其曷能建有成績，爲百年永利耶！季憲使實心實政，真足奉臺下明約，朝廷方擬不次大用，以奬忠賢，乃遘疾若此，令人短氣。兹且暫就閒調攝，可語令安心醫藥，善自護也。使旋，附楮，仰復且謝，諸惟臺覽，幸甚。

其　四

承示，山右倉口見徵糧額視黄册甚少，恐部議見田畝增多，欲復黄册之舊，具見臺慈爲塉土艱民軫念深意。即當爲司農言之，但得見徵倉口能完，不啻足矣，册額安可復也？聞冀南道將澤、潞各州縣民居悉丈入徵額，民不勝駭擾。宅基之説，部文無之，乃借口多事，最爲繆罔。希臺明主持改正，不惟一省無二法，通天下皆一規制，而豈可獨苦此二州民也？偏關、興、嵐一帶所墾荒田，原議三年起科，并留杜大参終始之。今當三年期，歲且盡矣，不見臺題，未審其事竟有實效否，便幸示知之。不盡。

復凌洋山

按天下賦税悉秋重夏輕，惟淮安夏税視秋糧加倍，則其地利與百姓所仰在春田更切耳。而復值灾沴若此，不遇仁臺軫恤懇惻，餘民真無孑遺矣。且此地古來多事之區，伏覽來諭，德在民而功在國者不細也。不多及。

其　二

江北根本要區，年來灾沴頻仍，朝廷所以寬恤給賑、撫摩拯濟者靡不至矣，而厄運猶若未轉，何斯地斯民之苦緣不盡耶！時將近秋，未審近日雨澤何若。附復，不多及。

復郭希所

都關掣鹽分包，緣利重弊多，故借重臺威以鎮懾而清肅之耳。然以糾覈之司而親理筦榷之務，委未妥便。兹議以其事付之部官，而臺察糾其不法，亦政體宜然也。不多及。

其　二

留臺清議所出，兹借重通賢，國是良爲有賴。明興二百年，成憲具存，中間時勢移易，未免有偏廢牴牾處，要在調停轉移，不失其舊，未可輕議變更。曩見佳疏，殊有識量，故特用奉告耳。附復，不多及。

復田東洲

吴會最爲多口，自吾友按莅來絶無訾議，且有頌美聲，固知善政多也。京口剽劫縱横，罪在道府玩寇，不以時緝，兼蒙蔽上聽故耳，僉論甚明，幸無過自猜慮。承翰示，且悉苦衷，往事不足追，第嚴督所司多方根捕，俾盗戢而民安可矣。不多及。

復吴環洲

營兵出防，無益戰守，徒滋煩費，罷之良便。其各邊入衛之兵，年來漸議減裁，十去六七矣。未審近來所募土著代西兵者果濟實用、堪經久否。若有成效，則入衛兵可盡罷，亦安邊長算，第恐卒未得耳。此事宣、雲猶可，延、固不勝憊極，非仗壯猷，其孰能兼利彼此耶？仰復，不多及。

其　二

遼馬如來議免發矣。前長昂侵擾寧前之舉，今已定爾。此虜巢與該衛密邇，以虚聲内喝，不爲備則必内訌，備之則我疲於奔命，故此虜不加痛懲，則寧左無息肩期也。唯臺明裁之。

其　三

虜以九日入塞，迄今八日矣，尚未聞出塞訊，將果逗遛耶？土酋艶西虜市利，其乞賞乃真情，第以兵挾求，迹有未順，此當直拒之，徐圖厥後耳。不多及。

其　四

承諭兼領疏揭，具見壯猷深慮，桑土綢繆，爲都畿屏扞不貲也。曩癸亥虜變，平谷城垣破缺，不但垛口，且空城無兵。任令極力防禦，簡丁壯，授兵待戰，而衣婦人以男子衣，令之守垛。嚮導引六七虜趣缺城，任令瞯其人少，即自門隙出丁夫突之，斬首一，餘虜奔去，城用以全。當是時，任令之聲與通州張守同傳，然任之事更難也。已而，張以功望超擢之，數年開府，而任之功遂寂不聞。兹蒙臺諭及之，具見綜核軍實，在遠必睹如此，則近者功罪明當可知矣。良服！良服！不多及。

其　五

虜留連内地凡六日，縱城堡無恙，然地方被其蹂躪甚矣。且密邇鎮城，諸將環列，絶未有偏師能雕零截惰者，恐虜自是益輕中國，遼患滋無極耳。振敝揚威，全仗壯猷，爲之一新觀聽，伐虜謀也。

復林壁〔三〕東

自文興南發，館中舊德益鮮，緬懷雅道，悵戀爲深，不意夸毗子復有煩言，殊可憤憾。然公清標素望，士論自明，蒼蠅營營，豈足點濦垂棘？乃公崇執亮節，不欲受世之污濁，翩然遠舉，極爲高蹈。第朝廷之上方綜辨名實，而失此老成典刑，真可惜耳！南嚮雲天，鴻冥難慕，臨翰倍有依依。

復孫小溪

巡撫兼制軍民，即京兵出防，其將士須受節制，豈有衛、縣同城而不在統轄中耶？今須申明之耳。不多及。

其　二

前承諭，即爲岳老告之，知賀氏被劫的在十月初，疑頗釋矣。江南二麥大稔，而頒帑適至，是賑豐也。吴會人好詭言灾沴以聳動遠近，其失實乃至此，可恨！使後果有重大灾傷，朝廷又將何以施之？乖政體矣。固知恤賑須撫臺勘至而發，乃得宜也。鎮江屢失盗，而該府全無捕獲，希臺明爲之加意督緝，岳老屬望甚切切也。丹陽當鋪之盗，果革退諸役乎？此須覈有實迹乃可的坐，不則恐有司藉手了前件耳。惟高明裁察之。不多及。

其　三

前見公引疾疏，心竊有惑，恐别有所托。兹承諭，乃知以目疾杜門，此心始豁然。貴體既平，業已奉明旨，當視事如常，不必復爲他説也。臺下實心任怨，元老甚知之，第吴會人情難調，雖直道無妨，不可不爲過備。事相沿日久者，須以漸轉移之。如所示蘇州一石糧免三十三畝，今免二畝八分，極爲正理，恐其人不堪也。何如？何如？附復，不多及。

其　四

公忽有引疾疏，聞之愕然。正在方將之年，縱朝夕微失平，行轉佳耳，胡至遽爾請告？豈意有所咈，欲有托而去耶？大段天下事不如人意十常八九，而仕途所值其能相諒者尤寡。君子但循理修職，求此心無愧而已，亨塞毁譽，當付之自然。若一一較計是非，徒自苦耳。惟高明亮之。近江、濟二衛事，部覆許撫按禁制不法，從公疏也。人旋，附復，幸遵温旨勉留，慰中外望。不多及。

其　五

清丈事極不易，而吴會尤爲難處。此不在速完，貴于停妥宜民耳。聞曩時王肅庵嘗爲清丈，頗稱得法。今明臺加意振刷若此，艱民其自是無偏累矣。不多及。

復劉華石

丈田事，臺疏請俟農隙舉行，爲小民造福不淺。此事朝廷原欲賦税均平，貧弱免偏累耳。各郡邑丈出餘地，或新開墾者，不論多少，只依地方額税從輕攤派，不許額外加增分毫，部所題覆甚明矣。聞有司不分城社、民居、墳塋之類，一概拖〔四〕丈，殊失廟堂初意。自來闤廂、闤闠、民居叢雜之處，雖有一二空區，原不升科。而郊外荒榛茂莽，廢村古墓，今墾爲田者，既徵科矣，則今日鄉村民居、墳塋舊有糧者應豁之，大段比入數終少耳。至于山巔，窮民所開，穫少力艱，清丈者當及山根可耕之田而止。河灘水退之地，水至即没，非其常有，亦自來不升科者。希臺慈明布條約示郡縣，無增小民之擾，甚大惠也。又敝州北面河隄，仗臺庇已繕完及半矣。此工原告之健所公祖，俾委平陽鄭通判者，其督理甚勤慎得法。今入秋，當續興其未完之工，而此官適當考滿期，希少留之，俟工完補考，庶山城有永賴耳。喋喋，殊覺輕冒。有罪！有罪！

其　二

民居原不起科，載在令甲。昨僕奉告，非獨爲敝州言，須概省通行，庶民不擾耳。鄭判蒙允留，深荷。敝州西面瀕河，最爲喫緊。今所修二工乃州北隄岸，因前二歲偶河漲及之故耳。爲地方經久計，則西岸尤不可緩。第支費浩大，須臺慈破格允給，亟行兩道，議接續修之，鄉土百萬生靈永世戴庇無極也。

其　三

伏奉臺諭，厚下宜民之真心藹然溢於言表，誠塉土艱民所深幸也。今此清丈，務全實徵糧額已爾。其有失國初原額者，中間或有他故，必欲取盈，是反增民害矣。况山右蕞爾區，而北供三鎮，邇來役煩賦重，視國初不啻百倍，亦皆田所出也。承諭，當爲司徒公言之。民居無税，天下所同，何冀南之不達若此？昨訊之司徒，謂部文原無宅基之説，今其刊册具存，謹以呈覽，該道幾於誣上而欺下矣。仰藉臺威毅然更正，俾就畫一之制，毋使此褊刻者肆爲繆戾以病良法也。册報在近，即遣來使旋，肅楮仰復，更惟臺炤，幸甚。

復李吉軒

承諭，畿郡密邇，而吏不奉法，則遠者可知，非明臺一志秉公，其何能任怨若此？公論方明，訛言無敢譸張，幸無慮也。小兒家信領訖。邇遣此子歸候老親，令僦車徒、憩旅舍以往，絶不與官司相聞，未審臺明何由知之而加之禮餼也。附謝，不多及。

復孔仁山

再承翰諭，具見大雅宏觀、樂天知命之冲襟矣。夫壽夭通塞，人世至爲不齊。人惟意欲無窮，每見不足，未免戚戚。若能以所至自安，則人之不及我者何限？其樂信無涯也。兄丈於是加人一等矣。竹坪目病爲累，幸兄夾持之，彼所仰望者殊切也。賤日歲煩存念，益所不安，謹用仰謝。不悉。

復宋禮齋

賤日重辱華箋，緬惟知己之愛，歲至益渥，荷誼甚隆矣。僕碌碌在此，徒冒寵禄，遷延月日，齒髮且駸駸作衰態矣。上之不能宣明主德，清理化源，下之不能推轂賢達，布列樞近，私心良以爲愧。兹逢初度，倍憶故山，不禁倦鳥思林之甚，聊爲知己告之。人旋，附謝，遂布衷曲，幸相照焉。不盡。

其　二

事之反常，一至於此，殊可憤恨。僕碌碌在此，不能爲相知軒輊，真愧死無地矣。君子之行己莅職，心苟無愆，幽明無怍，浮言詆謗于我何損？願高明善自寬釋，毋以外撓累我，泰宇公論，固會有清明日耳。人旋，布復，臨楮無任悵悵。

其　三

吾友苦心實事，在疆圉且六年，橫罹讒搆，令人短氣。然此乃有爲之根蒂者，公論所在，人心殊不平之。願禮齋自寬，人雖至無良，必不敢全枉是非之實。君子之立身行政，苟無愧于心，即天地鬼神亦昭鑒之，豈彼眀眀者所能淆亂也。人旋，布復，臨楮不覺拂鬱之至。

復任古塘

西寧近有丙兔一部，頗費綏輯。邊方法紀久弛，内備欠飭，而接虜又失操縱，遂致多事。今借重壯猷，布信宣威，虜將愛而憚之，改易弦轍矣。大段番虜原不難處，多中國奸狡爲之教唆透漏，挾外恐内。惟嚴緝此輩，盡法治之，而謹其出入稽察，庶足省事耳。惟高明留意。

復賈春宇

承諭，雲鎮得澍雨，良爲邊民幸。雨後疫癘當解，而猶未熄，何也？或且漸消矣。此番丈地，但欲均糧，不欲加賦。縱丈出餘地數多，惟以原額糧攤派之，則小民受福多矣。不多及。

其　二

承揭示兼書册，具見臺下奉行詔旨務實且詳盡矣。治道去其太甚，必人情、法理相協，然後可久。若矯枉過正，推行爲難，必有决裂翻覆之弊，惟明臺念之。近日雲中晴雨何如？秋事竟作何狀？便幸示知。不多及。

其　三

虜王表貢益恭，皆藉臺下威信孚暢所致。秋已過半，未審得勝等處互市在何時也。以廣昌夫守紫荆隘，此爲防盜之自内出者可耳，蓋皆嘉靖間怯師繆計。如總督秋防移駐懷來，守南山之舉，殊爲有識所笑，及今罷之，猶覺晚矣。不多及。

其　四

窮邊荒歲，小民極難爲生。蒙臺慈軫恤殷篤，米價平而人心安，其爲地方造福不淺。套虜不釋怨于番夷，無日不乞順義爲助，遣部酋西搶。雖行止未定，計久近必一舉耳。此當任之，其去留不足爲中國利病也。郡邑吏不職，按臣得不時劾之，撫臺會同亦可，不會亦可，無庸寘念。清丈事當有分曉矣。昨見晋府管理者一疏，謂該府欽賜莊田坐撥大同境内者凡一百十五處，今只存十餘處。果然，亦似當爲一查，乃爲不偏耳。不多及。

其　五

承示，虜王病困，此番恐不復起矣。虜部雜遝，不相攝屬，當必有一番變態。年來納款久，官通往來，虜中甚習，亦可預測其所終竟否耶？虜盛衰分合，自有時運，第在我懷附鎮讋，其機宜毫不可失。然須得任戰兵馬萬餘，乃可待意外耳。惟明臺加意焉。嗣有虜情，幸示知。不多及。

復郭華溪

鹽運粤西，兵餉所資，初建議者蓋亦不得已之計，雖小不便於民用，而利賴者厚也。若東運增額，西運雖存，民孰肯舍所便以就不便哉？將終廢矣，豈可不慎耶？八寨方修善後之政，須習其事者乃可專任委成，李帥留之宜也。不多及。

其　二

兵餉定額，乃歲供不可闕者，而湖南之積逋其甚如此，則以粤西異省督趣之令弗行耳。俾依貴竹例，該府類解，良亦政體宜然，不則漫漶，將安極也？不多及。

復胡順庵

前臺使返，兩有謝牘，計當先後達矣。山郡瀕河爲城，曩來水自西門經過，爲患猶細。數年來，河身東徙，每夏秋驟發，即自北面漫入關厢，洶涌瀺湃，闔郡皇皇，深有其魚之懼，剥膚甚矣。天憫遺民，方議建堤，而臺軿來莅，仁心惻怛，規畫周善，咄啐間東工已告完矣。役不逾時，民不知苦，而深廣堅厚，視原議不啻增倍。此地方百年永利，吾西土有衆所當世世尸祝者也。良所欽服！良所感佩！兹遣价西旋，謹楮仰布謝忱，伏希明臺鑒炤，幸甚。

其　二

隄工仰藉遠猷，成功卓異，言不盡感。其錢糧不敷，已爲撫臺告之，俟新按院至，當再爲陳説請益也。丈田一事，在敝郡最爲切務，蓋田糧詭冒虚包，弊端百出，窮民受困，而官司亦苦催徵之艱。果清丈得法，使田糧相副，乃地方無窮福也。但恐承行吏胥、積年里書從而混撓其間，反滋民擾，此亦全仗臺明加之意耳。曩時扶風王尹丈田得法，至今其縣蒙利。其法，使百姓自量，而官不時覈之，殊覺簡易切實，謹以其刻册一帙呈覽。倘芻蕘可采，幸無以人廢言，或未必無裨益耳。餘不多及。

其　三

臺軿莅山郡經三時，而士民頌戴政澤者日以滋衆。僕雖在千里外，其受帡庇均也。良荷！良服！丈田事，前已奉瀆，兹兩院題准，俟秋成舉行矣。此事朝廷本意在均田糧、惠煢弱，各郡邑悉以原額爲準，縱丈出新墾及欺隱地多，惟以原賦爲則，從輕攤派，不許毫釐增羨也。乃各郡邑務爲多事，既欲丈闤城民居，又不豁郊野塚墓，且猾胥、里書無端嚇騙，地未丈而民間紛紛不勝擾矣。希臺明嚴加督察，一道黔黎福也。至于窮民開山，力勞而少獲[五]，今丈田當自山根可耕之田而止。其諸河灘湖退之土，皆隨水來去，不可爲常，亦不宜麗於賦額，惟臺明裁之。河隄事已告之兩院。計西工且將舉，此工儘西須與舊河石岸相接，則北面包砌完固，可保無虞矣。至于西面，切近河流，尤爲剥膚。希臺慈加意，或當更修，或當補葺，審勘而酌議之，實灾區無窮之利也。已上二事皆亟欲上懇者，適解州王守人至，爰附以聞。王守，僕丁卯京闈所舉士也。其立心臨政，俱非敢苟者，當不能逃臺明洞察，希誨督而庇植之，又烏屋愛也。輕冒威嚴，悚怍！悚怍！

其　四

前臺役旋，附有啓覆。未幾，舍弟至自蒲，復奉函諭，真誼盎然，曉示詳悉，感荷何極！近辛撫院見諭，謂敝州士夫欲復理東北至七里渡一工，及西南至河瀆廟一工，費至萬金，恐銀無所出，欲行奏請，似有作難意。僕前奉告，但欲接修西工，自河岸抵河瀆廟耳，原未議及東北至七里渡之工，蓋當建事之初，原有此議，後因材力不敷，乃只修中二工耳。今二工既堅美足恃，東北工似可少緩，若只修此東南工，所費巨萬，奏聞無妨。若欲請内帑，則必不可行耳。希明臺爲辛公剖析言之，僕已以此意爲復矣。丈田事極承臺慈軫念，民用無恐。但民居不當起科，而郡邑城内縱有隙地，原不徵糧，此令甲也。今既不增糧額，不必過爲紛紛。昨按院見答，謂已行本州，令毋丈民居。此當行之闔省，僕非爲一城言也。秋禾已登，清丈方始，敬因使返布謝，輒敢申布其愚，惟臺明惠鑒之，幸甚。

復裴紹野

訛言譸張，反易黑白，極不可耐。然門下清操直道，皎然若日月行天，衆所共見，安可誣也？第當此清明之日，顧乃讒謗肆行，正人被抑，令人短氣。僕所以言及赧顔，深耻其無能爲軒輕也。李敬田謂公欲上疏請勘，兼乞休云云，此反覺多事。公壯猷正氣，異日當大受以濟斯世，動忍所加，蓋天意有在，幸順受之，後來必得此番力耳。日來正擬數字奉慰，適使者至，特此布復，願高明達觀自信，諒僕不誑，無以非意所干輒撓天和也。臨翰惘惘，不盡所云。

復劉約所

辱示，元邑社穀積歲逋貸，幾爲空名矣。約所爲之理久負，時出納，具見振廢勤民之勞，而反以招讟，蓋任事之難如此。夫借與賑，不可同日語也。歲歉民饑則賑之，必先其煢弱甚者。若借則將責入焉，安得不擇可者與之也？蓋今春畿西頗歉，于時當賑貸並行，乃上司無明示，而小民有希冀心，故怨歸於有司耳。蒙諭，領悉，當覓便爲轉白之。幸安心修職，賢聲已著，監司當自能體察，未便以一言輕爲舉動也。附復，不多及。

復王述齋

關輔坊苑，三邊取給。近來牧政廢壞，廟議憂之，故妙簡才賢，期復雲錦之盛。此於門下不無暫淹，而軍國所藉賴宏也。伏承諭教，極荷隆誼。曩時冏卿申君曾條西苑事甚詳，其説似確。若果當於事理，門下舉而覈其成功何如？不盡。

復張濾濱

承示烏蒙土酋鬩墻之詳，犬羊抵噬，乃其常事，無足異者。第須有調停而鎮懾之，務兩服其心，使後有所憚而不敢横，乃長便。不然，恐此紛紛者無有已時，將疆圉未免驛騷耳。不多及。

復張滸東

前使旋，據鄙意布復，不意訛言復爾朋興若此，令人憤懣短氣。使至，辱諭言，三復悵然。弟與聞國政，知賢而不能爲軒輊，良可愧死。然公道在人心，是非難泯，今日紛紛，徒能爲兄丈暫時掩抑，以遂媢忌者排根之私耳。日月之光有難終翳，希大雅洞觀，夷然受之，毋以介懷，天定固有時也。來使旋，附楮申復。臨楮悅惘，有言不盡。

復潘印川

軍民同處，最易啓争，惟在公心一體視之，使曲直不枉，則自然馴服矣。若各私其屬，意有偏護，往往致多事，或以階意外之虞。今兹江浦縣、衛之事，其所起漸渺耳，搆煽不已，乃致紛紛若是，真可恨也。大疏已行南法司併勘，願平氣以俟之，其真僞顛末當不能隱也。餘不多及。

復劉重庵

伏奉臺翰，謂法比如蝟，而夙夜惟以奉德意、期平反無冤爲念，此則漢庭張、于高躅，其爲陰德殊厚耳矣。本朝律比詳允，乃萬世不刊之典，第後來例議紛紛，頗傷煩細。本情附法，汰穢疏窒，使一歸原律，得微於大仁人是望哉？不多及。

復陳崇齋

東方清丈事汔有成績，雖郡邑長吏效有奔走勞，然裁畫主持，則明臺寔爲功首耳。此事極利煢弱而豪强率不悦，故任事之臣多不理於衆口。如來教所指膠守諸令，乃表表著令聞者，幸已辯明。恐餘樸魯任真之吏，尚有不能自明者，惟明臺爲加意申恤之爾。附復，不多及。

其　二

丈田之舉，朝廷本以恤民，而各地方紛紛，反爲民害。惟東土仗賴臺明主持規畫，立法善而舉事速，告竣爲天下第一，而東人則頌聲日新也。其申理任事之官，雪其誣謗，尤快人意。此皆時俗所難及者，而來諭猶欿然不自足，何其弘也！屯糧之累，在東三府而登爲甚，不及今寬豁，將使海濱無復墾土，不盡爲荒萊不止也。臺明爲東人作福至矣。

復鄭範溪

虜自納款來，諸部悉謹奉約，而坤的理一派世稱狡横，往往跳梁，犯約束，而中國不與校，且曲徇之也，故年來益桀鶩難耐。兹者仰仗壯猷，俾中國之威令行于驕虜。矧其臨塞日久，市馬多斃，虜既乖其所之，且失其利，後必足爲懲，不復作狂逞態，而宣鎮少事矣。日來天道驟寒，疏既入，即可與虜市。計守口兀慎部守必已完，未審黄酋市事竟作何處也。不盡。

復楊震厓

軍器歲造日增，而年久者漸歸朽敝，物力真爲可惜，盡取而修繕之，又事之必不能者。此須較量利病，爲通融可久之法，俾濟于實用，不爲徒費，斯善矣。承示，前使之欺，蓋小人常態，多有之，不獨是役也。然諸公凡公揭相示，亦多不具别札，仰見明臺篤慎至德，何其隆也！

復辛慎軒

清丈原爲均糧，不求增賦，乃有司多務爲苛刻，往往駭民，殊可怪也。兹承臺諭，寧稍遲而有益，毋欲速而貽害，苟小民有詞，不靳丈至再三，畿民其與被實澤矣。甚善！甚善！不多及。

復孔衍聖

家門之事，無甚難處，惟少加遜加厚，自然嫌怨日消，若兩不相下，彼此求勝，則禍端未有已也。往事不足復校，惟公圖所以善厥終焉。

校勘記

〔一〕“潁”，原訛作“穎”。下同改，不再出校。

〔二〕“民”，疑當作“工”。

〔三〕“壁”，底本卷首原目録作“璧”。（明）張萱《西園聞見録》卷九：“林士章，字德斐，號璧東，漳浦人。嘉靖己未廷試第三人，歷官南京禮部尚書。”

〔四〕“拖”，據文意似當作“施”。

〔五〕“獲”，疑當作“穫”。

條麓堂續集卷十五

書十三

復周際川

使至，再領翰諭，知臺軿猶滯梁園，函谷秋風，想情懸故山松菊切矣。清望冠時，蒼生繫念深至，天意未遺斯世，必不使安石久處東山也。弟本河濱陋儒，烟霞夙癖，誤入塵網，遂冒台司，報主何能，失己交病。年來灾疢侵凌，賸欲棄人間事，以從赤松遊耳。敝州距鄠杜伊邇，異時杖策相訪於大河、華岳之間，端可俟矣。楮復神往，倍有依依。

復王柱石

今歲東鎮事，乃屬夷爲東虜用，内亂吾之耳目爾。東虜不足憂，若屬夷所當亟爲處分者也。此復，不多及。

復寧河王孫

季夏，爲王子請名使至，承函諭，良荷。惠王垂殁，有遺疏，以國事委重殿下，其慮甚遠，蓋稔殿下忠信，不以生死異念故耳。自殿下受事以來，闔宗無不感服，惠王真可謂知人哲、托孤當矣。願殿下無過自遜避，毅然直前，總挈宗政，以需嗣子之壯，慰先王之靈，乃足稱大節耳。聞首夏曾頒翰牘，原未寄至，幸于原使一訊之。不宣。

復曹冲宇

兩淮鹾務，其繁夥爲天下最。吾丈一旦釋鉛槧而莅焉，極知穎質通才，應用有餘。僕願以慎重詳審將之，俟數月之後，百爾咸了然在心，然後出以敏决，則事妥而人服矣。瀕行，辱請益諄切，爾時偶未言及此，附使布聞，餘不多及。

復楊濟寰

與吾友别者且三年，頃聞政聲宣暢，以才見調，殊爲相知慰。兹辱惠音，拳拳相念，真意溢於詞表。良荷！良荷！鄞爲浙之巖邑，號煩劇難治，惟賢者始終毖慎，期於務實宜民，則大受有基矣。不多及。

寄高鳳渚

枳區久稽大賢，殊非所宜，然士民蒙庇深矣。猷望宣著，行膺不次簡命，端足慰孝思耳。猷州河堤，仗臺慈軫念，處給經費，而又嚴程以督之，將不日可奏績，百萬生靈均感，而僕尤荷戴入骨也。猷州及屬暨解之芮城，九月間被早霜殺禾，秋成大歉，冬來民皇皇，携妻子東西竄伏。惟臺慈俯爲軫恤，俾有司加意安集，庶不致生他虞耳。九月地震，未審視在前何若。今既日久，可免題，若復仍動，則須奏聞之。僕秋來復患痢瘧，形容頓成衰態。邇復值先叔之變，神情惘惘。三關修守之文尚未脱稿，念之真不異負芒也。外寄書一通，中有急言，希付河東諸公差星馳齎去。如道府無便人，即煩遣一力致之，至荷。

其　二

承諭兼領《題蠲全書》，仰荷臺慈軫念瘠區民隱，其存恤而惠利之者，真無所不用其心矣。感甚！感甚！前《減編均徭全書》，郡邑猶多未睹，乃其編帙浩大，不勝刷印之費，若每處發十餘部，或三五部，以明示小民晝一之征，奸胥益無所措手矣，惟臺慈留念焉。不盡。

其　三

承諭，河東南境霜災，真地方大阨。秋災，九月報，今已將歲終矣，過期太久，具題似未妥。第災民責之辦賦，力不能支，將不免死徙。伏蒙臺慈軫念，欲將賦役輕折，此則寬一分，民受一分之賜，希速賜施行，聞今各郡邑已行催徵，民嗷嗷殊甚耳。惟臺鑒，幸甚。

其　四

邊土多荒，始由虜患剥膚，歲遭蹂躪，屯丁多死，有地無人，其有人者，又以地當虜衝，不敢耕墾，故一望蒿萊耳。自款貢來，各邊荒土漸闢，而三關之内顧荒廢視昔更甚，則以舊逋爲累，且招徠無術耳。玆所示疏揭，其擘畫敷析，較若指掌，可以日見之行，廟堂亦極許可，謂積逋既虛額，即當蠲之，求濟實用爲宜，真地方莫大幸也。謹復，不盡。

復宋桐岡

伏承臺慈惻然軫念河曲，不靳全郡之力，爲此一隅障禦災沴，寔破格德愛。石條横順相錯，基闊至四尺，此最堅固矣。但僕曩見舊岸，石縫嵌以鐵錠。玆工程既鉅，用鐵恐大費，或只近上三層用之，以防解剥，何如？然唯迴河廟東西二工爲吃緊，其南北兩工不用可也。委官用鄭通判、王州判二員，殊得人，凡事即須一一付之，責其成功，必有可觀者。僕意工程甚鉅，未審灰石等料今冬可辦完否。計正月興工，去水發時不遠，即傾刻不曠，猶恐後時，倘復物料不給，倉卒必難趣辦。更乞臺明趁此冬隙，督各官作速預治之，庶臨期無誤耳。感恩恃愛，瑣瑣輒布其愚，臨楮惶怍。

復王龍洲

幽峒深箐之苗，自來不入職貢，乃相率歸化，此臺下宣暢皇略、内輯外懷之明驗也。廟議翕允，絶無異議，所陳善後事宜尤爲周到，此西南無窮利也。安酋既革心馴服，量復冠帶，亦事機宜然者；但欲令彼居會城供役，恐未能久耳。不多及。

復陳松谷

謝恩使者至，伏奉台翰，頓首祗領，荷誼甚渥。緬惟丈人三朝耆碩，天錫純嘏，老成典刑，四海之羽儀係焉。兹者帝念舊學，尊禮優至，象賢有人，克濟世美，人生景福，古今鮮儷，亦足以徵厚德食報之隆矣。某夙拜下風，倍承誨植，樂觀鑠美，私忭良深，更希崇護興居，用迓川至日升之祉。下情不勝祝願。

復凌洋山

伏承札諭，其指陳淮左諸事至明悉矣。漕折在起運，舊欠中允，宜蠲豁。第發積貯、廣賑貸原係特恩，而今乃屬虚籍，頗費周折耳。河、漕一事，以之分屬非便，誠如來諭。前事體更定時，亦博訪僉議行之，不謂盭戾若此耳。不多及。

復胡順庵

使至，辱惠音，知臺慈不鄙夷舊民，訢然欲爲之理，百城士民感慶何有涯量！前榮命初下，僕即托貴省直指君致一啓牘，未審能達否也。今歲蒲、解各縣罹霜灾，而厰州且有河岸之役，百姓望旌麾入境，不啻望歲。正月始和，希早奉潘輿而西，爲幸大焉。臨翰神馳，無任。

復薛通衢

秋中臺軿出按河東，一路諸生靡不心服，以品藻當而予奪公，法在必行而待之有恩也。僕聞，殊有欽慰。兹辱臺示，敦行考德，尤得立教原本，河汾士風當自此一變矣。良荷！良荷！承示考卷及《原教録》，具領深意，即付之豚輩，俾知所向方，受私淑誨益也。此謝，不盡。

其　二

伏奉别諭，猥辱念及老親，寵之禮問，仰承孝思錫類之仁，榮感無量。具覽所示考卷，品隲極確，良服！山右諸生，其資亦多可與進，能自出意見，不剿拾時套，第其學不足充之耳。今仗宗匠陶甄，將來必且大異於昔。冒藉率多奸詭無賴，承臺嚴加意澄汰，真庠校幸。統此申布謝言，更惟臺鑒。

寄何晋吾

三小兒自西旋，備述使君禮遇優至，老父在舍，特承惠渥，銘感次骨，莫可喻也。河堤工大而費巨，聞前巡道所估多爲撫院裁削，經費不給，則工繕難期堅久，此惟恃吾仁使君加意調停之也。秋霜爲虐，而征税毫釐不減，必不能如額取辦。昨撫臺來告，謂有存恤之政，果見之施行否？遺民薄祜，重罹厄會，乃至爲高賢累苦，僕心竊所未安，附此告歉焉。惟臺鑒，幸甚。

復辛順庵

山右本瘠土也，外扞獯鬻，内供藩禄，故賦額視諸豐壤反倍蓰焉。民困而不支，非朝夕矣。兹有天幸，獲借重至仁俯臨綏拊，其誠心仁政所施及，爲地方造福，有不在聲音、笑貌間者，僕叨齒編户，與有庇賴深矣。伏承翰諭，謂將殫竭心力，加意三晋之民，此固明臺未言而僕先信之者也，殊爲鄉井慶戴。使旋，謹楮布謝，更惟炤鑒，幸甚。

其　二

山右土瘠，賦煩而驛遞尤稱苦累，年來雖少紓，然民力尚不支也。兹承臺慈仁心真切，俾該道得有所遵奉，集衆議而審量之，而臺下又速爲題覆，其加惠艱民，解倒懸而安利之，可謂至矣，百年尸祝固將無極。僕叨齒編籍，其沾被感佩同也。敬布謝忱，伏希臺鑒。

其　三

緬惟明臺實心直道，孚於輿論。兹者借重旌麾，拊循山國，綏懷德政，夷夏將共賴之。辱諭，何其執謙篤也！市馬爲民苦累，幸議改弦，豈宜復以累軍？伏蒙臺慈委曲體恤，不啻痌瘝在身，自此山右軍民永免剥膚患矣。良感！良感！不宣。

復張爐山

承諭示，二酋東犯，須查審的確，乃可聲罪詰問，具見明臺沉幾遠略。蓋此事若實，則不可但已；若未實，則是我自開釁端，反滋多事。此夷情一大機括也。此行人衆路長，其有無虚實，形迹自是明著，俟探使旋，必有的據也。麻帥才勇，乃一時邊鎮希有，第昔嘗因本兵發其賄求情節，故爲公論所指，今猶未已耳。明臺不以二卵棄干城，良有深意。附復，不多及。

復蕭岳峰

承論示，兼領疏揭，具見明臺殫忠謀國，且爲地方百千年計，夏人真有賴矣。乘虜款繕塞，所謂未雨桑土之計。第聞各鎮軍士疲於力役，咸有怨心，必如臺論，鼓舞調停，使雖勞不怨，方爲善道耳。不多及。

復李近臺

使至，辱翰論，蔚然情見乎詞，具荷至誼。戎馬之産西北，而我朝設監牧滁陽，蓋有深意，承平漸久，初意幾盡失矣。兹借重宏略，審裁順導，俾與民相安而緩急有濟，在此時也。不盡。

復郜文川

前風霾之異，聖意慮在宣、薊，命閣臣傳論。兹覽疏覆，乃知兵部并西鎮傳之矣。即今虜情少異，一二年中必有變動，大段多在東方。套虜固自願通款，近雖往往作驕態，不過爲需索計耳，恃臺下壯猷，必不敢太决裂。然先事之防，杜萌銷釁，使謹守約束，則今日第一義也。不多及。

其　二

月中兩奉教函，殊慰。虜王爲番僧請封，此在西鎮原有故事，以是慰虜情而聯貢事，亦機宜也。第闡化王一節，部查原未停封，且近年屢貢，而來文稱二十餘年未貢，則情節參差，仍須川、陝通爲審實耳。不盡。

其　三

主兵額餉，乃升斗不可缺者，何綏鎮乃不足？額以八萬計，未審未定經制以前，而該鎮主民[一]歲例發自司農者若干也。今觀歲借支客餉亦不下八萬餘，同爲京輸，特未正名耳，此誠不可不及時爲經久規也。先此布復，餘俟續陳。

其　四

延鎮主兵額餉不足日久，該鎮軍士困餒極矣。曩緣請討徒數而開陳未明，故計部憚于增額耳。兹覽大疏，歷歷若指諸掌，更無滲漏，計部雖嚴慎出納，然勢不可已矣。前因各鎮工役煩勞，故議稍停不急以休養軍力，非謂并應興工程盡罷之也。承諭，寧夏皂礬溝之役誠當以時舉，惟厚加優恤，使役卒不告困可也。謹復，不多及。

復黄健所

山右土瘠賦重，民間所最苦者，尤莫過于馬頭，一經派及，中人之産必破。兹承明臺加意調停，劑量精到，事可久而小民若解倒懸，百年所尸祝也。良荷！良荷！三州賑灾，不俟勘至，尤荷臺慈軫念艱人至德。再此布謝，不盡感衷。

其　二

夷馬爲全晋民害甚矣，承臺慈軫恤，灑然若解倒懸。若以之移累於軍，則亦非可久術也。兹蒙委曲寬貸，使軍不告困而馬政有裨，仁心遠猷，爲地方造福，豈有極耶？良仰！良仰！河隄蒙委鄭判鳩工，此隄必爲山郡永賴矣。殊感洪庇，附謝，不盡。

其　三

承示夷馬議，具見明臺爲地方軍民軫恤，其計慮深遠矣。必須題奉欽依，則異日遵行者無敢擅易，利賴可久耳。三州霜灾極苦，辱臺慈惠念，擬爲賑濟，誠萬衆更生之會，希速爲題請，須二三月中給賑，方有及耳。承下問，謹用布復，更惟臺鑒。

復宋敬庵

使至，辱翰諭，殊荷深誼。僕碌碌在此，年來殊有倦翼思還之意。每念賢者，青年偉才，優游空谷，未嘗不惻然動情也。來諭林泉清適，惟以讀書、修身爲事。此古人亮節，而吾友行之，真足慰耳。附復，不具。

復曹如川

山右土堉賦煩，而驛遞之累尤甚。前兩院題行寬恤，爲日久矣，而各郡邑執議不一，幾成道旁之舍。兹賴明臺實心愛民，委曲審量，酌三道而用其中，緣議馬并夫寬之，兩院據以回奏，其事可久，而民受賜且不貲也。辛撫院有札，亦具述明臺惓惓爲民任事之詳，良所感慰。附謝，不盡。

復楊本庵

兹遣甲徵歸侍老親，竊計旌節北旋，必且便道省覲，晝錦榮行，仰慰高堂倚門之望，人子之盛節也。弟一别親闈，七更歲籥，晨昏相望，白雲千里，艷兄榮養至樂，真不啻天上也。謹肅短楮付甲徵，俾候尊駕過里致之，所懷不盡。

復胡葵南

辱翰示，知閲書奏績，當榮膺貤典，臣子之盛節也，可嘉！吾友譽望方新，而即以百里九十爲念，僕聞而欣慰。大段事出于矜矯者難常，而根于由衷者可久。賢者愛民勤政，咸本之實心，將愈久愈善，永保令聞無窮矣。附復，不多及。

復鄭範溪

承諭水泉夷馬之議，知臺慈軫念塉民，顧覆極周至矣，良感！宣、大動客兵銀補市本，係題允者。山右欲紓軍民累，須比宣、大例請乞，亦事之不可已者。第敘議中不當遺閫臺前後所頒條令，爲疏舛耳，希大雅無念也。不多及。

復陳毓臺

承示，清江廠贓盜悉獲，僅逸其一，具見臺端風力，其爲地方除患銷萌，功不細也。不惟諸文武吏將釋罰典，而該廠同知緣是獲白其侵匿之誣，誠大幸也。不多及。

復褚愛所

歲凶，盜起多在春月。未審中州雨澤近復何似，大段麥秋有成，即可無虞耳。三鎮班軍免班徵價，不惟窮軍不支，且非政體，當亟議更轍也。不多及。

復周樂軒

長定之役，按史久不勘報，心竊惑之。夫事有是非真僞，奉旨綜覈，第據實奏聞，求不枉功罪真狀已爾，而趦趄窺伺何耶？此舉亦殊有關係，念之使人短氣，請公安心待之。不多及。

復鄭石岩

自公之行也，僕日念之。兹辱翰諭，不以左宦爲慊，而惓惓引咎思效，真得人臣靖共之誼。夫人學問，要在困衡處驗其得力。請賢以實心自勉，將來乃有受用耳。不多及。

復高梅庵

使至，再領札諭，且悉深指。玄翁一代偉人，功在社稷。僕叨知深，沐恩最厚，而不能爲翁白心迹、完終始，静言自念，惶恧無地矣。伏辱腆貺申錫，疾首疚心，誠不忍聞，即附使者璧返，更惟鑒亮。行狀更望以時寄下。餘不具陳。

復蕭燕山

前見貴省撫按交薦，德門六世同居，歆企無任。緬惟兄丈鴻冥斂德，施於有家，惇睦高躅，邁於往古，寔海内風化所關，匪直爲祖禰子孫所共賴耳。雖雲天遼夐，瞻望弗及，竊擬遡下風而拜之，不但已也。兹辱翰貺，具領尊指；附有菲將，更冀鑒存。幸甚。

復梁鳴泉

辭疏已奉温綸，幸安心，無復介念。長定事，該帥罪在不以實報，以掩殺爲對敵耳。其實掩殺亦功也，非可爲罪。僕愚昧之見，的以爲如此，餘非所知也。不盡。

其　二

養善之功特奇，臺下任分陝之寄，發踪所由，宜膺上賞。其長定之事爲功爲罪，僕所不解，不敢强言也。疆場事全在功罪明、賞罰當。臺下正當局，與僕傍觀者不同，諒有確見，無使後來者失事機、解戰士體也。匆匆，不多及。

其　三

自夷囚越獄後，每念所頌繫諸夷，既未可殺，又不宜送去，防範之艱，關臺慮不淺也。今逆酋能送尖夜抵贖，則縱之去始有名，而此宗前件可注銷矣。疆埸事端，變幻互出，無論小大，當局者咸所廑念，所謂良工心獨苦耳。此復，不多及。

其　四

遼人勇悍敢戰，苦于兵寡。自西虜款塞後，而邊患歲結于遼，加以屬夷狡逆，爲之謀誘，自冬及春，凡再舉，皆東西同日入塞。仗臺下壯猷，明探周防，地方不至大遭蹂躪。然遼人智勇俱竭矣，嗣後恐不支，此在明臺深計而預圖之也。不多及。

復吴環洲

曩僕纂國史，見嘉靖末年邊事，其大壞不可支，無若宣、大，兵燹饑饉，幾於斗米萬錢，時蓋岌岌矣。乃不意十餘年來，而兩鎮儲蓄饒裕若此。雖以虜款貢省軍興費，然非明臺極力節縮精覈，其能至是哉？仰服！仰服！虜王思東歸，苦爲套虜所留，計與瓦剌搆兵，當不越今秋耳。不多及。

復宋禮齋

陝諸鎮清查錢糧之舉，傳聞多冤濫，然積年弊蠹自是蕩滌盡矣。法振事舉，量貸其所難完，亦政體宜耳。不多及。

復董李村

官至，接臺翰，具悉相念雅誼，彼此有同懷也。其勘究駁問人犯，甚得情法之中。涇縣、太平巨獄，以曾動宸聽，久不報非宜耳。此事須屏去一切徇情觀望之意，一以大公至正爲主，但剖析適平，人自無詞。前政失在多顧忌，故久不决也。其所留强犯奉旨即决者，亦須急爲審明，有冤即爲奏雪，情真即遵旨施行，不可更遲延耳。附復，不多及。

復徐存翁

比聞貴郡霪潦異常，極知老師爲地方軫慮。屬光禄令孫南行，曾附短啓，陳候訊。已乃接師翁教函，其述地方困悴鯱踠之狀，宛然在目，使人惻惻無已。前撫臣疏至，已覆行勘議。近言者屢請速行賑恤，俱奉明旨，諭所司破常格加惠。良以財賦奥區，爲國計所係本重。門生輩燮理寡效，求以宣聖明子惠困窮至意，方愧無術，矧奉老師德教諄切如此，敢不祗承耶？所司已將前後恤灾條例悉行檢録，務求實惠及民，仰副台念，使鄉井人永世戴我師隆施不忘。敬因使返，先此布復，更冀崇護茵鼎，茂迓方至之禧。不盡，不盡。

其　二

近附二兄旋使，恭上候音，計時當達矣。吴會夏中霪雨爲沴，蒸濕必甚往歲，師翁台候所宜倍加珍攝。聞近且晴霽氣和，深用爲慰。已奉旨議恤貸，地方當不至困苦。今歲四方水旱多不調，門生以寡昧從政府末，殊有慚堂饌耳。令孫光禄君歸覲，謹楮申布起居。跂首江天，門墻寥夐，瞻依德教，莫遂摳趨，臨翰神馳，有懷不盡。

其　三

令孫光禄君至都，伏奉老師惠翰。緣秋來尪病糾纏，未及修謝，此心方時時抱歉。乃承老師寵翰申頒，以門生近被誤恩，慰藉諄篤，深愛溢於詞表，九頓祗領，感切次骨，而内怍益不禁也。門生材能最下，無可比數，猥叨門墻栽培之末，夤緣幸會，遂參大政，閲歴有年，絲毫無補，所不敢飾説也。兹者主恩增渥，則報稱益難；秩次增崇，則瘝曠益甚。故朝夕惴惴然，得寵若驚，不敢以爲榮矣。伏承吾師慈諭，勉以有所建立，以酬天下仰望。門生非不欲砥礪駑鈍，用副師門知遇，顧其伎倆有限，徒有此心焉耳。尚祈師慈憫其不逮，時加誨導，俾不至顛越爲天下笑，此又私心仰恃知愛，冀倖于無極者也。肅緘布謝，併上起居，臨楮無任瞻仰馳企之至。

復潘印川

聞河淮安流，海口益深闢，諸堰埧遥隄咸堅緻，足保永久，此不惟爲淮揚民出昏墊厄，將漕儲百年永賴之矣。黄浦蜕骨甚奇，嘗聞水之怪曰龍、罔象，豈是物耶？時當夏秋交，正伏水漲發之期，知明臺朝夕紆慮，其苦心有倍于功未成時者。幸節勞自寬，人定能勝天，今歲縱使暴水能作患，必不在徐、邳下耳。不多及。

復陳對溪

冬中使旋，附有復言，于時留一使，冀旬月中完諾耳。奈僕以亡女故傷神，久而不復，操筆即心悸，屢屢停輟，不覺遂淹春夏，禫期在邇，此心真如熾也。兹已勉强綴稿，蕪陋不足發潛懿，然謂之實録，良無愧耳。謹書一編，付使報命，幸恕遲遲。

吾友德望甚隆，聖心眷存更切，希厚自愛，環召行且及矣。僕孤立在此，所需於知己者甚切也。裁牘布復，臨楮惘惘，所欲言不能悉憶，惟吾友諒之。

復徐鳳竹

頃自瑶泉公處得公惠書，意至而詞切，把翫夷猶久之。公清節茂猷，所至必有實事實惠，兼利上下，此士論所共知，非萋菲所能掩匿，無俟辯及也。第時方求治，而使經綸手袖間傍觀，則爲可恨甚矣。公道自在，爲巨室必藉工師，公其無忘王室，鋒車行見召矣。肅楮申復，言不悉心，更惟鑒亮。

復張侍御

承示，羅旁大舉議寢，即擬乘間經營八寨，此壯猷也。諸兵糧措置既有次第，即當進師，少緩，恐賊爲備深，不則遁逃遠耳。土司兵調以萬計，雖環八寨境，然亦有自千里外至者，此更仗臺猷輯肅之也。不多及。

復吴近岡

再承翰示，具悉冲德。朝廷所以齊肅萬方，惟此相臨統體已爾，毫釐决裂，其究將不可收拾，故須嚴防其漸也。不多及。

復盧東麓

辱翰教，知吾友見念，深荷！深荷！所論土風薄惡，蓋宣、歙間自古若是，然循吏、能吏先後見稱史傳者，亦往往有之，在人所自樹耳。願益加砥礪，紹其家美，爲相知光，斯善耳。不多及。

復馮澤山

使至，辱翰示，情愛盎然，感佩無極。伏念弟自違遠德暉，於今七年所矣。齒髪漸衰，鰥曠日甚。老親在堂，每思歸侍晨昏，以其暇追隨兄丈，極湖山宴遊之樂，蓋夢寐若將見之，顧未審何時遂耳。緬惟兄丈，天與敦龐，繫當代碩望，乃優游東山，不使蒼生蒙被膏澤，識者爲朝廷惜之。使返，附謝，更希垂炤，幸甚。

復李仰明

驛傳爲地方累苦，山陝稱最。敝省自徵銀官雇之法行，民間殊以爲便。兹承臺諭及疏揭，其調停通變抑又慎矣，其爲西人造福良非鮮淺也，良服。不多及。

復葉龍潭

辱諭，荷荷。皖郡江防要地，時當無虞，衣袽之戒不可不預。吾友嚮守贛，以才見稱，化豺狼爲赤子，今日必能建威銷萌，爲地方無窮計也。然此地人情難處，倍于贛，惟賢者加意圖終譽焉。不多及。

復段子桂

辱惠諭，荷誼甚深。宣去都中近，事多干謁。百爾唯賢者以國計王法爲重，虚心行之，自無憎怨，不在一一徇人也。承示，似心有所慮，故恃相知爲忠告，幸見亮焉。不多及。

復孫小溪

報代吏人至，辱惠音，知公惓惓爲三吴憂民深也，此真地方大幸。織造且停，逋賦蠲豁大半，以明臺茂猷實德，當不洽月而事治民懷矣。第俗侈而多狡，奸民巨姓，類撓法行私，不可驟詰，此在高明以漸柔服之耳。不宣。

復劉凝齋

粵、貴用兵藉土兵力，從來如此，然亦時有工拙。若諸將邀功利掠，則信有之。羅旁之役，非明臺果斷，則此時兵且連矣。西省去此肘腋附癰，亦一快也。不多及。

復王又池

伏承臺諭，知旌麾已莅洪州，貞肅之風，綏輯之澤，必且泠然行牛斗墟也。甚勝！甚勝！風會澆，公私困，今日之江右信然。玆既獲借庇至仁，則化而之厚且饒也不難矣。附復，不多及。

復張龍池

屬夷爲虜用，而吾之丁夜爲屬夷用，使吾兩鎮重兵相守于西，而虜得從容東掠，業已得志去矣，猶虛聲恐喝，定欲掩前言爲非誣耶！縱寧遠有警，亦不過屬夷爲之，如九月内兩次之入可例也，幸臺明無慮焉。匆匆，不多及。

其　二

今歲虜情爲屬夷所亂，前後舛互。仗臺下茂略，畿東迄用無警，然爲朝夕勤勞甚矣。屬夷今歲導虜踐遼，來歲必且窺龍、平，防漸銷萌，是在明臺先幾而預制之耳。不多及。

寄張嵋陽

别久，懷德耿切。年來家大人追隨杖屨，歲時甚適，生感慰不可言也。兹者忽值先叔之變，家大人老年，恐不禁摧慟，伏希吾丈不惜朝夕爲之委曲開釋，甚盛恩也。舍弟西旋，肅楮，仰布下悰，伏希慈鑒。

復侯掖川

承諭，具悉遠猷。虜中襲替，付之順義最得體，且省事耳。丙酋年來踐躪洮泯，漸不可長，檄令歸巢，則河、隴、松、茂咸安堵矣。未審此酋竟肯奉漢約否。人旋，布復，匆匆，不多及。

復賈春宇

承示安邊十二策，具見臺下留心疆圉至矣。已下該部，當悉如來議行也。邊墩磚甃，寔經久永逸至計，雖費不可已。兹邊墻盡用磚，其爲保障無極，第恐經費不支，且曠時也。雲石内徙，就水泉之便，極善。但昔人山顛置寨，必自有意，今亦當詳其興建本末而徙之，庶後日能永守耳。不多及。

復張念華

承示，河、漕事體俱已詳妥，無俟更有敷陳，此見吾友審事務實之誠心，良所擊節。天下所以多事，以人懷私意，各欲自見，故成事每爲所撓，由之隳敗前功者多矣，于以見賢者處心不同流俗也。不多及。

校勘記

〔一〕“民”，疑當作“兵”。

條麓堂續集卷十六

書十四

寄支簡亭

嶺表士多博辯負奇，文猶任質，浮靡之習尚未勝也，故亦不工於進取之套，近歲近名者鮮。借重良工，必且使文質彬彬改觀也，願爲人材加意焉。餘不多及。

寄劉峨山

再承札示，具領深指。大臣去就，與庶寀不同，不當爲一身潔進退之節，而當有與國同休戚之義，蓋所關係重也。僕年來多故關心，未老先衰甚矣，而未敢輕有陳請，私衷殊不自得，惟大雅深念之。

其　二

再奉諭翰，兼領疏揭，稔門下高尚雅懷，確乎其不可回也。第今老成凋謝，朝廷典刑所繫賴於公者甚至，冥鴻高舉，使後進將安倣耶？僕不能留賢，心竊自愧。幸易陽密邇，凡有愆謬，希不時見示，俾知循省而善圖其後焉，則僕終身受知己之賜無極也。使人告旋，附楮布復。朝夕更惟勉近醫藥自輔，用迓來祉，慰蒼生望。不盡，不盡。

復張滸東

自兄丈去國，弟忽忽不樂怡，迄今無好，况非獨以故交私誼，誠有感於世道嶮巇，化人心而鬼魅之也。歸念已決，第欲相機而作，求退有安身所耳，不覺栖栖又逾歲矣。伏承垂念賤辰，藻函見諭，情至而文隆，謹稽首拜嘉矣。而梼陋忝竊，碌碌卒歲，則自知甚審，覽論不勝怍耳。使旋，附復兼謝，仰希鑒亮，幸甚。

其　二

再承教翰，詞切而情真，惓惓嘉與深心溢于言表，知己至愛，佩荷何極！僕朴鈍性成，以承機械之後，餘毒遺螫，浸淫堅固，殊難措手，徒有苦心，此惟可爲兄丈告耳。稍需時月，以俟融釋轉移，不然則惟有引去，冀全晚節，安能鬱鬱久居此耶？使返，附楮，布上謝言。有懷如海，非筆可盡，然與兄肺肝相炤，固可喻于不言也。

其　三

公子至都，伏奉手教，詞切情真，憂深思遠，骨肉之愛，肝膈之言，雖千里與對面何異哉？第僕短才暗識，謬當事任，百爾茫昧，若涉巨川，罔知攸濟，而相知在遠，不獲促膝請益，而又不可形之毫翰，此衷良獨苦耳。謹楮復謝，併布區區之私。公子抱負宏偉，兹其一飛翀天之候，容候賀。不宣。

復楊震厓

近利之司，最叢弊而招謗。若能盡滌夙弊而不生謗言，此其才守有過人者矣，誠宜章表以勵將來，此任人修政之要務也。不多及。

復范繼川

深、貝自來稱盜藪，今值歲荒民饑，易相煽動哨聚。承示，搜捕禁制，嚴密如此，其爲地方保障大矣。更願時時申飭之，俾郡邑勿懈也。此復，不多及。

復朱任庵

辱惠言，具荷深誼。法官司民命，今吏道尚嚴刻，願吾友以平恕將之，期于明允，以需遠到。不多及。

復梁岐泉

使至，辱惠音，再拜捧誦，不異奉面誨。緬聞壽履康寧，蚌珠衍慶，無任喜躍。幸加善護，此天所以佑仁人也。老父又承丈人禮問，破格深誼，感何能言！生無功于國，叨冒過隆，年來未老先衰，諸事盡廢。雖懷仁故人，夢思時接，而不能通一訊候，猥承眷翰，倍有汗顔。使旋，敢楮布上謝私，外具箑絺，聊申芹獻，更惟鑒納。幸甚。

其　二

解鹽自遭凶人壞亂，大爲商病，十餘年來且往往鹽花不生，人畏如陷穽，丈人何爲顧作此倒行事耶？散鹽解銀，乃民間一件無辜苦累，此事丈人或可托他人爲容，生在政府，一開口即出醜甚矣，未必有濟也。恃知愛，敢爾布心，惟大雅矜亮。

寄李及泉

承諭，地方輯寧，寔仗猷略。今江南人心反側殊甚，緣連年灾沴，加以徵斂急而刑政苛也。惟明臺加意惠恤，以固結邦本，銷除亂釁。幸甚。

復黄健所

刁風最害治，既已廉得惡迹種種，可惡若此，誠宜深治之。諸被誣守宰須加意振拔，矯枉不妨過正，蓋必如是，乃可變澆俗耳。不多及。

復郭西濱

全蜀重地，兼之建武新定，特委重老成，冀紓朝廷西南慮耳。蒙諭，減兵裁餉，有事恐難調遣，此不惟蜀中爲然。廟堂原爲節冗濫，而奉行者不察，往往刻削或過，此在體國者加意存恤調停之耳。此復，不多及。

復赫衛源

馬政關國計甚切，而乃全不濟于實用，以取具成事，不加意料理之耳。臺明能悉心措畫，而馬即堪騎征，信立政在人哉！慰慰，不多及。

復吴環洲

承諭東夷事，王台久效忠順，今年老而子不肖，爲鄰封所逼，不能自存，褒忠念勞，以義當救。二奴連姻北虜，若遂滅王台，必益横肆，遼且多事，以勢不容不制之于豫也。臺議乃中國大體、安邊要機，良所心服。但遼撫意見不同，蓋惑于各將領自便私説，苟冀目前無事，而不思失遠人歸化心，且階異日亂未已也。希臺下毅然内定於心，檄疆吏嚴備而善圖之，東人幸甚。

其　二

承示，具服壯猷。聞命且旬餘，而東征軍書不至，朝夕殊懸盼。掩襲之師當如疾雷猛火，使敵不及備，稍緩即恐聲先傳也。東音至，希速示，幸甚。

其　三

僕孱駑，驟當事任，夙夜慄慄，寢食靡寧。所幸知己在邇，朝夕有所請裁，以匡謬導迷，意蓋切切也。伏承翰諭，獎借過隆，聞之不覺怍汗。天下事非一人事，其因革損益，要當審時察變，因應宜民，一行其所無事而已。乃談者率任情拘見，往往涉於有意。惟公宏度卓識，超然群情之表。幸不忘夙昔，示我矩矱，凡可見教，無擇巨細，僕實所傾心焉。人旋，謹用謝復，伏希垂鑒，幸甚。不宣。

其　四

承諭，王台已死，東方邊事當亟爲圖之，褒忠恤亡，拯急戢暴，在此一舉，不可蹉過時機，恐滋他虞也。遼中議，以二奴遠阿台，近欲急剿阿台，使二奴知懼，其説甚壯。若果可行，亦惟在此時耳，惟臺明裁酌節制之。王台有縛叛功，請恤典亦是。若嫌于太重，或于報夷情疏中叙及，請之可也。目下明臺須先行周賑，以章仁信、風遠人焉。不宣。

寄徐金星

辱札問，具荷相念雅情。大察在期，幸賢者留心吏治臧否，虛心博訪，以裨北之不逮。諸暗揭陰謗、匿名無根之説，須嚴禁而審察之，無爲所摇惑也。不多及。

寄蕭兑嵎

西方無麥，窮宗屬蕃已騷騷不靖若此。未審近來雨澤何如，若又無秋，則地方事真可虞也。大段荒歲最多，故在邊裔尤難定集。倉儲無幾，既不能徧賑，又不可專用威斷勝之，全仗仁賢多方輯奠耳。

其　二

三邊大旱，地方事殊有可憂，未審西方近日竟得雨否。清丈報完，甚善。此番朝廷之意只欲匀糧，非求增賦。初福建以復國初原額爲言，及通行天下，只依見徵實額。陝西乃將成化間奏豁者復其六萬，亦已多矣，恐荒土瘠民，難於供辦，異日官府多事耳。覽來教，似謂朝廷責成四方復國初額者不然也。

其　三

關中得秋雨，灾民幸少慰，此明臺精誠所感也。其丈復地糧，承諭示諄諄，僕竟不領深指。即自弘治來亦將百年，在今日查復其失額豈易言也？僕意無他，第恐荒田難墾，或丈報未實，異日如增數徵糧不敷，則官民均病之矣。惟臺明念之。

其　四

灾地賴長吏顧恤，具如臺議。然弭亂在法，回衆受廛供税，比于齊民，二百年矣。一旦群行强劫，敵傷官捕，罪乃不赦。以羈縻外夷之法待之，恐歲方饑亂未已，念翻案滋多事，故借嚴旨申之。幸臺下督郡邑密爲禁持，毋使復肆行也。不宣。

寄陳文峰

廣南往稱多事，近幸稍靖謐。然山獞水孽，跳梁窺伺，所恃者吾有以待之而已。承諭，兵政玩弛，餉供不給，真可隱憂。凡事當圖永利，不可苟倖一時；當躧實地，不可徒要虚譽。兄已受前人之敝，幸爲地方悉心料理，使後人藉其庥也。憑祥州土目刁難夷使，致差官自盡，極不可耐。該道官威令不行，乃復委罪死者，其如國體何？願兄丈爲究訪的確，正法伸威，以懷遠人可也。

寄辛順庵

僕叨誤恩，實爲非望，蒙諭及，殊增怍也，絶不敢當賀，仰希明臺相信爲愛。夏已盡矣，而太原之旱不解，良可殷憂。京圻近日雨澤頗多，疆地相連，或此時亦且得雨，則秋事尚可冀二三也。王莊既已清查，布政司及各府縣可各將頃畝、四至明白開載，庶杜日後府役侵占、奸民投獻之弊，爲晋民利無極矣。附復，不盡。

其　二

承諭，具荷隆庇。地方荒旱，賴臺慈仁心惻怛，憂形于色，萬民允懷，天澤隨降，此爲增土造福不淺也。時已秋半，未審各郡邑登穫何似。俟覈灾分數明，果歉甚，即可上請蠲貸耳。邊工誠宜暫停，薄征弛役，皆荒政先務也。鄭通判此時已抵河東矣。王判既升，不必咨留。然此官才守兼優，州民戴若父母，寔不欲其去耳。河工仍希臺慈留念，督行該道加意繕築，俾堅壯不減初工，則危城百年計也。人旋，布復，匆匆，不多及。

其 三

再承諭示，兼領疏揭，具稔臺慈爲艱民廑念至矣。積穀良當減免，第概免一半，恐被灾重輕不等，須有分别耳。蠲免例止存留，今山右異旱，赤地千里，若隰、霍等州，靈石等縣須請免起運。但地方略有收穫去處，即當計數免存留，不可比此數州縣例也。恐多則司農難于允覆，惟臺慈諒之。

其 四

帶徵蠲免，已奉前旨。當年灾荒，兹又奉詔恩許爲議豁。其灾重州縣，若霍、隰、靈石等更須免起運。仰仗明臺洪慈，凡地方錢糧可那代邊供者，如贓罰、事例等銀，盡數開請。其不敷之數，即請動存積主、客餘銀，雖司農未必盡依，然寬一分，則民受一分賜也。豚子，僕欲令速拜老父來京，未審省城何日得南發，希爲按臺一言，又荷。外寄豚子家信一封，更煩臺役致之。恃愛瑣瑣，有罪！有罪！

其 五

勘灾疏極爲分曉懇切，且所請客餉不多，計部或當勉從，仁臺爲灾區造福不淺也。邊工，昨閲科題欲暫停，未審所應修不可停者安在，幸明示之。虜中自有它故，其互市遲速，當聽其自至，不必往催。若念軍士苦寒，或明與虜約，待來年春和補市，何如？僕近有煩言，求歸未遂，杜門累日，緣是久稽使者，希惠亮，幸甚。

其 六

伏奉諭示，慰藉深誼，盎然溢於詞表，感切心骨。第此番風波所由來機穽甚惡，僕孤危之踪，以愚直爲主上所知，欲去既不遂，留此殊兢兢也。僕一身去就不足惜，而竊爲國事慮，惟臺明有可見教，幸密示焉。黄酋既與三娘子諧婚，已爲虜中主矣，市事當旦夕可舉。希善察夷情，而隨機應之，此亦一始事更端會也。人旋，謝復，匆匆，不多及。

復顧觀海

公子歸，附一緘申候，聊布契闊之衷，蓋情之必不可已者，乃煩兄丈特函慰答，此不爲雲林中增一俗擾耶？念自癸丑附驥來，今三十年所矣，同袍兄弟，無論亨塞，即在世者落落如晨星，則人世事大段可見。願兄崇護玉體，弟亦倦翼思林，用共保此黄髮期也。人旋，布謝，不盡所懷。

寄陳幼溪

五開叛黨怙惡日久，已爲湖廣附骨疣癰，前政悉姑息養亂，苟倖一時而已。兹者借重壯猷，一舉而剗滌其凶渠殆盡，使王略遠振，頹綱復舉，其爲地方之幸奚啻千億？大患初夷，然惡俗漸染非一朝夕，防範教訓，諸善後之圖尤望明臺加意焉。不盡，不盡。

復褚愛所

承示，具見寅奉簡書之小心，使錯事者咸若公，天下安有不舉之政也？蠲免帶徵，以七年爲限，此朝廷曠蕩恩，恐未可分疆界爲行止也。今驛遞裁省甚多，額派有餘，以其餘給募陪之數，亦一變通術，第在本省，不必免派耳。

其　二

丈田事，公極爲盡心，反遭糾駁，其草率苟完，民迄今稱病者類得佳奬，此責實之難也。科部索瘢求疵，苛細有之，至謂挾私則未必然，于時蓋有所希合也。光山事，鄉官固巨〔一〕惡，而縣官亦殊非人道。近來有司任情自恣，所謂“無天于工〔二〕，無地于下”者也。幸從公實勘，以挽薄俗、懲率妄可焉。

其　三

自古民不樂生，未有不階亂者。以僕庸陋而適當是時，朝夕食寢不寧也。兹幸聖慈以大慶霈洪澤，與天下更始，寔宗社無疆之福。辱諭，具見臺下遠猷實政，中州民受詔恩當獨深耳。良幸！良幸！臺刻稍稍披閲，領教不淺。僕近有煩言，求告未遂，在此殊靦顔。人旋，布復，不多及。

復張崌崍

明臺近日定亂威略，即古人鮮儷，朝廷亟行寵賚，以彰示軍民，非謂以是酬大功也。日來聞布信施惠，與明威並行，法紀肅然，衆心悦服，殊有欣仰。凡地方事所當興革，原奉便宜之命，可以徑行，或有當奏請者奏請，有須商議者，不妨密以見示可也。僕孱暗，驟肩重任，百凡更希知己匡翊，不特浙中，天下政體急務及人材宜任用者，幸悉所知見諭，殊大惠也。人旋，謹用布復，欲言不盡。

其　二

月初領臺諭三摺，開示諄切，具荷深教。緣不材見憎多口，杜門請罷者旬餘，遂久稽裁復，殊有罪也。越中歲稔民和，反側哉肅，臺下真可謂再造此地矣。處州妖賊，不動聲色，咄啐底定，具服雄略。若稍加張大，則遠邇觀聽必惶惑，駭增訛傳，不但已也。藩臬諸新君當已至，果視去者有異否？所示家食諸公，悉公論允協者。但前人積弊非一朝夕，私人要結，異己斥外，根蟠牢互，將來未知所極，顧天祚國家何如耳。僕孤危一身，終當引去，候來春仍申前請，久留此無益也。匆匆，不盡。

寄張念華

吾友在餘杭，數月中兩遭大變，良苦。大賚顯行，以明示彼中，俾知尊奉爾。清丈報完，甚善。初聞浙中甚以此事爲苦，緣有司奉行不得法，至丈及居室，故駭聽耳。營卒既悔罪奉法，當示以不疑，使各安心戴上。其元惡正法，當自有日，無容汲汲也。宸濠逆誅，法無遺育，此詐稱者即真，亦當死無疑，無俟行該府查也，宜速請正法，以絶民惑。不多及。

復朱鎮山

與丈人相别十年餘矣，雖仰止德暉，朝夕如見，乃鴻冥高舉，邈焉莫得而慕焉。每遘盤錯乏才，未嘗不惋念艨艟之横野渡也。伏奉教示，開緘如面，恭審仙履康强，間閈歸德，倍增欣仰。某孱暗，遂〔三〕肩重任，深以不勝爲懼，更希長者不忘夙昔，慨然示以矩矱，俾不迷所往，又大幸也。人旋，敢用布復。辱嘉貺，非所敢當，更希大雅見原，宥其愆罪，幸甚。

復張筆峰

伏奉翰諭，沐手莊誦。既示以調攝人情，復導以經權時出，老成遠識，何異蓍龜，敢不佩服？第僕才智短淺，而事機所值多端，未審竟作何狀耳。嘉貺非所敢承，敢用璧返，更希長者相諒，不以不恭見罪，則深幸也。人旋，謝復，餘不多及。

復梅鶴洲

伏承手教諄諄，肝膈之談，老成之見，良所佩感。操切逢迎，今日吏治通弊，膠固難解。前吏部覆考察疏，得旨，已微露其意，用以風示天下耳。承諭，具見同心之言有默契也。人旋，敢用布復。凡可見教，不妨陸續示及，幸甚。

復潘印川

今海内幸無事，而中外軍民咸有憂鬱無聊、疾視其上之心，此極可慮者。伏奉明諭，謂閭閻困苦未舒。夫未舒云者，謂前此罹灾變殘虐，今已過而猶有餘苦也。乃今日則軍民困悴，覺日方甚耳，所當亟爲拯解不可緩者。第區區短識，迷于當局，諸所當興革先務，希長者不靳覼縷，提耳命之，僕將奉以周旋也。至于虚文取名，又不特將領爲然，此在士夫翻然易慮，戮力務實，以率先之耳。敢此申布請益之私，南望江雲，跂候甚切。

寄劉鳳坪

隴川事，以中國大體，在所必治，顧須計定後發，一舉而事集可也。不宜嘗試漫爲，反長寇謀，而褻中國之體。即如前見教，多氏諸土司親屬願助天討者甚衆，何此行乃寂無一言？且多氏前舉族赴訴，今勘官至彼，岳賊已逃，而反覓多氏宗人不獲何耶？此中皆有飾詐，幸審諦之。騰衝募兵既欲得其力，須厚其養，即月給銀九錢非過，第欲有實用耳。

其　二

往年滇中覈覆，謂猛寅恭順，准給誥命矣。兹見議順寧屬金、滄之文，則寅方跳肆不靖，前此給誥，不幾于賞罪乎？南裔萬里，遠人之情狀蒼黄反覆若此，可恨！今賴明臺在此，希每事惟以實聞，幸甚。

寄于晋川

使至，辱諭，知臺軿已渡江入境，甚爲三吴人幸。今歲江南有秋，徵賦當易集，第聞彼土民殊愁苦，不樂業，此其病根安在？希賢者爲我審察明確，并所爲消弭之方，亟以見示，幸甚。

復陸廬江

山右士朴陋鮮學，大段多自畫。兹幸遇宗工陶冶，諭導殷篤，要束嚴肅，自此士習當一變矣。鄉閭人自西來者，其贊頌臺下公明兼至，如出一口，殊有歆仰。至如豚子何知，乃蒙孫陽特顧，增價復不淺矣。敢因使旋，附楮布謝。按試多勞，兹竣事，希慎加節嗇。餘不多及。

其　二

豚子質本頑鈍，兼乏師授，蹭蹬場屋，年且三十矣。今歲適有天幸，獲與宗工品題，凡所以激厲導誘、栽培匡翼者，無所不用其極，俾此溝中青黄列之豆俎，覆冒曲成之恩，二天豈足擬哉？僕懷感在心，未遑陳一言爲謝，顧辱臺慈惓惓隆誼，旬日三至，而貺施及焉，此將奚以承載，奚以圖報也？敬因旋使，仰布謝私，其銘佩深衷固非毫素可宣述者，惟臺明鑒炤之，幸甚。

寄高鳳渚

全陜饑荒可慮，未審七八月間竟曾得雨否。停徵最爲緊要，乃各邊軍餉何以足之？此全仗明臺實心區畫以濟也。各邊清丈事完否？天時如此，諸惟便民圖之，庶不致意外虞耳。

其　二

階、文諸番，年來雖絶其貢道，然私與中國人市如故。近法紀漸張，私市不便，故請復貢耳，宜因而成之，以靖邊裔也。不宣。

其　三

承諭，詞旨諄切，夙昔深愛，盎然滿紙。良荷！良荷！所謂君子盡才，小民蒙福，蓋前人之芳武，欲步之而末由者也，豈所優耶？套中大旱，虜部就食西鄙，亦如慶、固流民，爲度生計耳，當原無内侵意。但恐中國將吏畏懼之過，反啓戎心。如犬原不噬人，人見而恐縮盤避，則犬逐之矣。恃明臺在上，調度中機，而威令嚴肅，我兵當無敢玩敵，或不至大左計也。

復王竹溪

承示，甘鎮監收官假報附餘，剋減軍餉，殊爲可恨。然此不特甘鎮爲然，亦不特監收錢糧一事爲然，今天下事大段如此，務虚矜名，害人壞事，以致承平之世，而人心嗷嗷愁苦，有可慮也。安得公輩數十人布列中外，以宣上德而端政體哉？

其　二

承示河西虜情之詳，甚慰。四郡孤懸西北，兵食耗斁，以當蜂聚群虜，其勢不支，近累累有聞，心竊憂之。今虜既未大肆，而我力又未能制，姑委曲以示羈縻，乃時宜當然者。第須知虜之情而陰有以懾服之，使有所畏忌，乃可善後。若一意曲徇，虜將日狃而跳梁滋甚矣。蓋虜年來貪中國貨利，已吞吾餌，欲吐之而不忍也。臺諭謂需以歲時，實内安外，知淵略預定，非偶然者。然當積敝之後，欲事振飭，須上下同心，乃克有濟。或事有掣肘，不妨見教。有當奏請者，公奉專鉞之命，雖徑以上聞亦可也。僕孱劣，不任艱巨，全仗忠賢宣力，夾持中外，庶幾免于顛隮，所仰資明臺者甚弘，願無動引疾念也。匆匆，餘不多及。

復周樂軒

承諭，王台物故，當厚恤其喪，且先剿阿台，以孤二奴之黨，殊服淵略。審如是，則中國威信交暢，遠人知畏慕矣。其北虜糾犯，若大舉，須九月終十月，乃可涉境，乘間煩李將軍東出蕩逆子巢穴，將以爲大兵自天降也。何如？何如？人旋，布復。諸惟明臺加意審酌，無失機宜，貽疆場永利是祈。

復戚南塘

前承示夷情，皦如觀火，所謂遼地沮洳，虜大舉必秋盡冬深乃入，此節年有明驗也。而屬夷往往以虚聲内喝，中國輒爲擾擾，非將軍明鑒，孰覺其誣耶？至謂簡集大旅，候軍門調集，尤爲遠猷。曩者將軍樹奇勛海上，四方想其風采。自借重薊垣，而呶呶者每有背噂何也？則以虜畏威不輕入，未嘗一見將軍長技，慰群望故耳。今若因其犯遼，以節制之師與遼爲犄角，虜出不意，且驚潰，不則力亦不支，是將軍建大功以間塞讒慝之會也，豈不壯與？願將軍幸留心，有以踐斯言也。

其　二

僕孱劣，無能當大任，所賴忠賢戮力一心，夾持中外，共濟國事而已。必不以私意撓公議，必不以朋言摇成畫。其傾倚將軍者甚弘，希有以相副也。辱翰示，推獎過隆，非敢當者。以後幸略時套，每事以質言相訂議爲愛。不盡。

寄吴中雲

僕孱暗，驟膺大任，深懼弗勝，所賴忠直同心，主持公論，庶幾協濟于理，少展薄效耳。凡有當局之迷，更希知己不憚苦口以匡訂違謬，僕實所樂聞也。

寄吴止庵

聞虜帳西駐者近頗不靖，大搶屬番，延及肅州城外，居民悉遭焚掠，此當以實聞也。該鎮兵力單，虜勢衆，力之不敵，原無深罪。第虜方納款，而恣肆若此，須有以懲艾之，使知創，邊圉乃可少事耳。苟務爲含容，亂將滋長，惟臺明在意焉。不宣。

復胡順庵

承示虜情，雲中來報亦然。其九月初一之約，乃黄酋意，未審三娘子意竟何如也。虜中事體尚未可定執，則市期亦未可定擬。大段虜自多故，其來市與否，不足爲中國輕重，不必數邀之。若果終歲不能來市，反爲中國利也。以後虜情，幸不吝數示及。荷荷。

其　二

朝廷綱紀，乃一日不可解弛者。第年來任法太過，人情覺有弗堪，治道去其太甚可耳。若有意於寬，則其弊又將流于不振矣。何如？何如？承諭，具荷隆指。然僕以綿劣秉國均，一惟行所無事，實不敢有毫髮着意也。人旋，謹用布謝，兼此請益。不宣。

復鄭範溪

承示夷情之詳。今歲虜中多事，兼之大旱，其不能依期來市，與中國無關係。但當静以待之，入冬亦可，開春亦可，今歲竟不市，直至明秋方市亦可。不必數遣人往招之，恐黠虜反以是要中國也。板升叛種，今兹爲天所厭，必不可納。假使盡流離死亡，亦可爲邊人投虜之明戒耳。臺下機應陰陽，隱然遠略，社稷之衛非虚語也。嗣有夷情，幸惟頻示。荷荷。

其　二

再承明教，并領《策虜問答》，具見臺明以沉識炳幾先，以定力鎮摇撼，以實心任國事，豈惟三鎮藉以謐寧，異日弘運廟謨，以永清四海，有深賴也，益用景服。黄酋不當嗣王之説，僕别無所聞，惟岳老曾言之，謂前督君所策。于時僕即明其不然，正如來教，虜中廢置非中國所得主持，恐徒失信義無益也。昨蒙諭，虜婦追叛西去，僕覆札中謬有所云，蓋因此婦頗不願從黄酋，果力能自振，與黄酋相抗，則我亦不可强令之合，當徐待其自定。若不能自振，爲黄酋所虜，則黄酋王何疑焉？大段虜中自爲恇擾，于中國無與，但當静觀其變，勿失吾之威信已爾。僕意如此，但迹與黄酋不當王之説相近，恐臺明生疑，敢附白之。百爾幸開心見教，僕無成心也。匆匆，不盡所云。

其　三

承示虜情及兩道原揭，觀其情狀，黄酋之心不勝汲汲，而三娘子尚爾夷猶，則其諧事之遲速尚未可决，其來市與否益難定擬。臺下謂須静以待之，俟其事定而往賀，來市而與之貿易焉，此真鎮定之壯猷也。良服！良服！僕杜門旬餘，求去不得，驟出不禁恇攘，匆匆具復，不盡欲言。

其　四

虜貢入都，承札諭兼領揭示，具稔臺明當虜情離合之會，威信兩用，操縱張弛，微妙敏給，既弘且密如此，豈惟今日虜情大定，後來貢市將延衍未有涯也。疆埸有人，其爲北門屏翰增崇嚴豈細哉？良所欽服。蒙諭，今歲暫以虜王之賞賞其妻，甚是。蓋所貢鞍馬、弓矢，既皆依虜王存日，未嘗少損，又皆本婦自備，則朝廷恩賚自不可薄耳。虜王既葬，其請王封、求互市當次第至矣。諸所爲更約堅盟，昭恩明信，臺下已具有定畫，有當商確者，幸預示之。

其　五

今海内事所以不理，由中外當事者惟務窺探廟堂意向而矜飾求合，無有毅然爲地方任事之誠心。即如僕性本暗淺，又未歷外事，凡有所質訂，蓋據一時所見言之，豈有成心也？往往即爲諛詞相答，絶無相校正語，此豈不誤事？仰惟明臺實心直道，沉機壯猷，諸所商確開誠相示，使僕豁若發蒙，此豈惟僕受教益，疆事所仗藉殊弘遠矣。僕心誠信之服之，嘆時之鮮二也。伏承明翰，申諭諄懇，具領深指。古之人所以建震世之烈，而垂無窮之聞者，惟此實心耳，僕今乃于明臺見之。使旋，布復，伏希垂鑒。

其　六

承示夷情，前有以九月朔虜中婚期來告者，僕度此出黄酋意，三娘子或不樂從，謂其未必如約也，今果若是。黄酋必欲得虜婦，非必艷其色，實欲得虜王之故部曲耳。若三娘子不與之偕，則黄酋之衆不能自爲一軍，其勢且不能王。今三娘子復西去，名爲逐叛，安知非借此爲離遠黄酋計耶？果三娘子能約束虜王之衆，自爲一部，則黄酋不能與抗，虜勢且分散。黄酋性本無恒，近日馴服，以兵少且未成王也，一旦有順義之衆，繼立爲王，恐狂態復作，則今日虜中恇擾未必非中國利也。隨機善應，威信兩不失，諒明臺必有成畫妙應矣，僕恭伺之。不悉。

復葉龍潭

前使旋，附有札復，鄙衷略具。玆重辱翰示，覽之惘惘。緣僕懲前人攬權，爲公論所厭，凡部事常行者悉斷其關白。吾友俸歷深，僕未及爲銓司言，不意遽補滇缺。僕訝而問之，則以隴川多事、借重長才爲詞，亦其選掄初意然也。吾友前在贛，化頑賊爲良民，至今士論服其機略，此行當樹炳鏑之績，爲異日開府建節地矣。臨楮怏怏，不盡所懷。

復宋敬齋

壬申之事，古今大異，吾友適逢其阨，命也。甑已墮地，無復可言。修身見于世，君子盡其在我而已。機穽所遺尚據腹心，僕急未可去，然東山之思切切矣。附使布復，臨翰惘惘。

復沈鶴石

閩海萬里，其吏治得失，賢者入疆可得按轡而訪也。僕總有聞，亦未敢據以爲確，不可臆説，幸相體信。惟公虚詳慎，其臧否自不淆耳。不多及。

寄曹傅川

不奉音候久，僕年來仰止之心未嘗替于時刻，而居危履險，又未敢引去，此惟可與吾丈言耳。兹者謬當事任，顧其機穽深固，遺毒甚烈，海内冀望若解倒懸，而此中一舉手引足咸有掣曳。數月來，僕寢食爲損，形神瘁不支矣，此亦惟吾丈能信之而加憐也。僕所以依依在此，冀幸天純佑命，鼎祚方隆，期月之後，或得群正集而公道申，庶少效涓埃耳。不然，且求避賢，保兹晚節，豈敢冒天下後世之疵議耶？

復蕭念渠

承示甘、固疆事，令人增憂。河西孤懸千里，三面羌虜，絶無川梁之限，所恃以自立者，兵馬而已，奈何邀節省之虚名，而置地方大計于不問耶？良爲可恨。幸其土頗饒，不識練兵補馬，該鎮力能自辦與，或仰給内運也。又聞彼中頗以墾田爲擾累，果否？希密以見示，幸甚。

寄嚴養齋

丈人養重東山且廿載，雖鴻冥高蹈，邈不可慕，然老成典刑，卓然斯世羽儀，海内士所繫心而景仰者弘矣。某叨步長者末塵，每侍德輝，聆緒論，未嘗不嘆古之淳德今所僅見。自違遠左右，師資日疏，時思遡下風而請益焉，末由也。忽奉琅函，不異自雲霄而降，再拜捧誦，依然如坐春風中，習習然披拂之，良幸甚矣。承示，東南水沴民艱諸困楚顛踣情狀，宛然在目。今歲四方灾報爲多，俟按史覈册至，此財賦根本要區，其議恤當從優也。斗山在望，瞻企馳切。

復晋似齋

承示清丈疏揭，此方是務實宜民之舉。靈州事情已分曉，别無訛傳，幸無生疑。開荒事，不但夏鎮，環秦、凉數千里間驛騷殊甚，人心憤怨，至以爲大旱由兹而致。而主者方揚揚自爲功，飾文矜僞，置軍國正務不理，僕殊爲西事憂也。渠所進圖説，無論逞虛，即其孟浪鄙淺，縉紳無不傳笑，何其一旦狼狽乃至此耶？兄幸善處之，不多及。

其　二

靈州之變，乃許帥以殘暴取禍，非仗臺下應機敏給，幾成地方大患。近來文武將吏習尚苛刻，全無體恤愛下之誠心，軍民離怨，在在皆然，故紀綱雖振舉而讙呶决裂往往有之，此古之識治體者所深憂也。夏鎮獲庇仁人，當必翕然親上。第士夫方以矯激相矜，競名而不務實，則斯民之病未有瘳期耳。

復張震峰

伏承明翰，具稔知己相愛至情，良深佩荷。僕綿劣，不勝艱巨，第此心不敢毫有偏欺，盡其在我，以求無負于上下，世之相諒與否，莫可計也。猥荷開示深教，謹當奉以周旋，如有悖違，希明指而責改焉，又大幸也。謝復，不多及。

校勘記

〔一〕“巨”，當作“可”。

〔二〕“工”，當作“上”。《尉繚子·武議》：“將者死官也，故不得已而用之，無天於上，無地於下，無主於後，無敵於前。”

〔三〕“遂”，疑當作“遽”。

條麓堂續集卷十七

書十五

寄陸冲台

承示學規，弘雅精確，以身立教，不爲空言，甚勝！甚勝！西土僻陋，生質間有美者，第謏聞寡學，不足以充之。臺明加意誘導如此，諸生真得師也。至於冒籍一節，最爲可恨，近雖稍清汰，其風未已，更希臺下嚴爲斥絶，又幸。

復鄭範溪

前承臺諭，謂虜王物故，邊人及夷衆各疑畏不安，惟當以鎮重處之，具服沉略。其所謂一二應議事宜，尚未見題示。閫外事惟臺明措置，廟議協同，浮議不足恤也。昨晚又承遣二使虜役至，兼領續教，益知虜情之詳，甚慰。黄酋倫序固宜，未審其病狀何如。此虜風狂無賴，當順義存時，常不用其父命，後爲其諸子分搶所部，其勢遂衰。年來屢發狂態，而竟莫能逞者，力不足也。今若假之大號，奄有順義之衆，恐前日之態復作，將不可制，惟臺明圖之，即虜衆或亦憚此虜之無恒，而不樂爲之屬也。其扯力艮性行何如？不多及。

其　二

承諭虜情之詳，其乖散誠中國利，乃其凶荒可慮。蓋物至無以聊生，則無復顧藉，易生他虞。此須微示拯恤，使知所繫戴也。仰復，不多及。

其　三

再辱諭示虜情之詳及條議十事，沉猷壯略，雖古名賢煒然垂竹帛績者亦奚以過此？北方事固變幻未知所終，以臺算臨之，自綽有餘裕，無所可慮矣。其謂虜勢東西分披，非我所能合，板升叛孽不當此時招降，且啓釁納侮，俱弘遠異俗見。朝廷以閫外付公，廟議自無差互，幸臺下百爾毅然任之，毋顧忌浮言也。

其　四

承示虜情及偵探綏懷之詳，具服淵略。觀黄酋之意，蓋亦自懼不得立，欲借中國爲重，須善應之，使其感恩自結，亦制馭一奇也。虜王恤典從優頒給，已奉成命。計此時東西酋當悉至，未審虜中定議竟何如也。通官返，幸示知之。不宣。

其　五

承示，黄酋貢馬進邊，視節歲爲大早矣，固知貢市虜衆所共利，非俺酋强以威驅之也，則俺酋歿而貢市知其不廢矣。觀虜中立王遲遲，似衆頭目各自有心，非黄酋所能齊一，此在明臺徐察其變而應之耳。

寄沈少林

辰歲，徐陵陽至都，曾爲語，趣吾友北上。巳春，訛議紛然，已乃遂有曇陽之詆，時情險薄，真可憤恨！吾友壯年令器，當及時自奮以報國恩，豈容自廢？若欲稍爲斂避，以俟公論明、心迹彰則可耳。朝夕善自攝，博綜今古，以待應世，是相知所期也。不多及。

復范繼川

滹沱年來爲真定患甚亟，郡邑屢行捍築，率不可恃。兹臺明軫念民瘼，特爲加意經營之，必貽地方永久平寧福矣，良所擊節。不多及。

復陳愚所

曾太守至，接惠札，意至而詞悽，讀之動心。大段君子立身行政，其實迹真行，衆耳目所共睹聽，豈可掩昧？浮言訛謗，譬則朝氛寒靄，能障翳一時而已，日月有光，終無損減。今察期既過，公論亦漸昭晰，無俟公之自明也。禫除，幸依期北上，動忍所增，天意有在，惟高明自信，爲相知慰也。曾太守行，附楮布復，臨翰依依無任。

復辛順庵

新歲累奉教言，知臺明爲地方留心無所不到，良荷。清丈既竣〔一〕，即當奏報。其軍屯越在别省者，俟查至續題可也。昨江西、保定所報皆然，俱於疏後明言之耳。偏頭迤西，邊工最屬喫緊。今虜王已斃，虜貪漢利，當奉約如故。萬一渝盟，其内訌必不在他途矣。惟臺明念之。餘不多及。

其　二

山鄉清丈事，承臺慈備盡心力，極其周善。其以汾郡新科之糧代遼、沁各郡之荒堉，爲地方造福誠無量也。敝州河工仰仗臺庇，北工悉完矣。新議西工鳩材甚美，此時當已興舉。在事各官祗奉臺約，咸夙夜殫勤，使民悦以趨事，亦近時所罕見也。前所白奸商謀竊發山木者，其所稱舍親多係假名，縱使非僞，亦係作奸蠹國之物，僕所深恨，仰希臺威一切盡法治之，庶異日山關餘木可保耳。昨丈册内絶不言及王府莊田，此亦地方一要緊事，先年屢興大訟，乘兹清丈，爲之正其疆界，使後無詞可也。其寧河素有行，故以疏支管府，凡事希明臺稍加優假，庶彼可以攝服諸宗，即有司亦可省事耳。仰復，不盡。

其　三

承臺示，具悉尊指。杜大参部覆，已行臺下勘議，俟奏至即爲處分，科論不足泥也。僕所云王莊事，緣大同、山東各處俱明開某州縣有某王府莊地若干，已經丈明，聽其自行徵租。蓋往時王府多聽撥置之奸，侵占民地，宜因此時明其疆界、頃畝耳。如晋府莊田在大同者，册開百十餘處，昨丈明只十三處。其散在内地者亦稱數十處，俱不知坐落州縣。而敝州臨晋縣亦有本府牧馬草場地，殊爲民害。僕意欲如大同、山東軍民地，一例丈明之耳。寧化府事，原未有聞也。其寧河管理府事一節，係前晋王將歿自舉。後禮部欲行勘，僕謂此王忍死上請，必有深意，當從之。已而聞寧河果協衆心，第力弱，恐不能攝豪宗耳。僕極知省城宗室横肆，故前後爲諸臺言，悉令優假寧河，冀以壯其威力，使其懾服耳。昨奉告，乃不知適有寧化事，承諭及茫然，敢布其始末如此，唯臺明諒之。

其　四

伏承臺示諄諄，爲地方諸事留心至矣。開田事，原議三年起科。昨歲當起科期，而地方無秋，即熟田且蠲振矣，恐此新地取盈爲難，或明説破，待今歲起科亦可，第不可朦朧遷就耳。敝州河隄，承臺慈丁囑該道，危城受福無量。丈田，聞各郡邑尚多未妥。此不貴速完，苟於地方有實益，即稍徐無妨也。

其　五

清丈雖通行天下，然率虚文塞責，不則生事取名，求其實心實政，切切然求民之瘼，惟宣布朝廷德意是務，則僅於明臺見之，褒綸悉確當其情，非虚美也。五臺山木之禁，實于地方關係至切。曩歲奸人作孽，僕有不才親黨與謀其中，承臺下曲法貸之，僕感愧兩極，至今以爲恨。近聞復有不逞輩借言僕親，仍欲襲前事者，故祈明臺盡法懲奸，非申言前事也。兹辱諭，乃知其謀尚未行，不然或傳訛耳。然亦可爲先事之防，異日倘遇有端倪，幸勿復輕貰之。至懇！至荷！

其　六

伏奉臺諭，軫念山鄉凶歲饑民，惻然溢於詞表，良切感戴。全省無麥，誠罄倉粟、帑金不足以賑，第有一分，則民受一分之賜，猶賢乎已也。夏灾奏報，原以五月爲限，希速爲請蠲，以安困敝餘民之心。仍行有司，令多方賑恤，或措理，或勸借，但須開示明而調停審，務使富家不擾而窮民獲濟可也。仰復兼謝，不多及。

復褚愛所

清丈事最不易，不貴速完，貴在實有益于地方耳。中州一省而地糧輕重迥殊，顧河北之上視南府饒堉何如也？往者嘗有意均之，多掣肘不果，今可乘此際量爲平匀否？不多及。

其　二

今歲吾鄉通省無麥，乃中州大稵，而西北近吾省者亦旱，可異也。南陽越獄諸犯悉殪之，甚善，但不知果皆應死罪囚，或盡越獄真犯否。不多及。

寄陳警亭

敖友至，致吾友惠問，荷誼甚厚。境内豐歉，百姓率以爲守令淑慝之應，良亦不偶。吾友勤民於灾敝之餘，而秋夏大熟，其爲地方造福不淺也。願益弘令圖，守已務實，要之可久，則令聞章而大受有基矣。第附郭衝道，勞劇視它邑增倍，更惟厚自攝，爲相知慰。餘不多及。

寄賈春宇

虜王恤典已議，從優頒給矣。觀其部衆分披情態若此，知諸酋無復雄桀，不足憚也。其虜中或自多故，真與中國無與。但練兵繕械，預自治以爲先事防者，不可忽耳。不多及。

其　二

虜王既没，吾但當厚恤其喪耳。疆場之事，申嚴守備而慎接其使，無異平時，庶得鎮静之體。至於虜情，其分合强弱，當任其自定而後應之，不可先存成心，偏有依助，此無益於事，徒足示中國之不誠信耳，惟臺明慎之。不宣。

其　三

承示，虜部諸酋貢馬絡繹入塞，蓋其所欲在焉，不係虜王之存殁也。中國惟當以常年事體待之，毫無改易，則夷情必益安且悦矣。其立王與否，不與吾事，吾惟聽之已爾。

復李金嵩

中臺風紀方爾倚重，乃不禁孝思，陳情懇切。兹者晝錦歸奉晨昏，足慰愛日誠矣。僕老親在堂，縻於斯，未能引去，艷賢者之行，有深感焉。附復，不多及。

復高鳳渚

承論套中虜情之詳，謂俺酋雖死，其子若孫繼立，套虜必仍服屬，不敢畔涣，良然。第此貢市一節，套虜至願，惟恐失之，視東虜爲甚。縱使東部嗣酋不能統一各部，套虜亦未遽萌別圖，自失安利也。日來東部謀所立，尚未决，大要辛愛以倫序當繼。此酋已成篤疾，雖性欠馴調，然各部不甚歸心，未必敢如曩時桀驁耳。不多及。

其　二

貢市，東西虜均有利，西虜且免害焉，渝約必不自套虜始。縱套虜狡焉有異謀，亦未肯舍延慶近地而遠搶河西荒塞也。第部衆猥繁，取道吾土，欲使絶無騷擾寔難。其搶瓦剌當真，後發之虜過河西與否，尚未可知，計此時必有定形也。附復，不宣。

其　三

市馬本以款夷，原非計利，乃以之累軍，殊非策也。來議，如東方例寬之，良是。靈州士卒戕主帥，殊可駭。大段邇來文武長吏多務以刻削苛急取聲譽，而不恤人情，故紀法雖肅而下無歡然相愛之情，不特許子爲然，第此其尤耳。

其　四

承論，套虜今歲貢馬，進邊視節歲爲早。不特套虜也，即東部諸虜亦然。蓋中國慮虜王没，虜衆叛散，而虜中亦慮虜王没而中國杜其貢市也，其情狀大可見矣。肅鎮時有小小變動，犬羊性則固然，第須地方有戰兵二三枝，足以應卒，乃可陰攝之，不然，雖日阻罰，安能絶也？大帥既報罷，自難責以振勵，蓋其意氣消沮，縱使勉自策督，威令亦不行，勢則然耳，此無足怪者。不多及。

其　五

承示四鎮墾荒田數，具服臺下明作有功之政，飽歌騰槽之盛當再見矣。其河西得地最多，緣彼土孤懸天末，三面戎虜，曩時不獲盡力南畝，故所在荒萊，自虜款而來，邊鄙不聳，故穡人得成功耳。今須視内地從寬處之，庶異日不致紛紛，且得實用也。何如？何如？此復，不多及。

其　六

虜部衆而人雜，經過地方間有乘隙作孽，勢所不免。此須嚴諭各酋，令查實罰處，并縛送殺人首惡，庶足懲後耳。閫外事，臺下分鉞專治，事係夷情，雖小題亦無妨，但不須張其詞耳。不宣。

復張念華

報代使人至，辱翰示，甚爲浙人幸。今天下事，百司群務咸取辦於按史，而責成於期月。即在小省，當常歲猶爾，日不暇給，矧浙爲劇藩，復值大計期，其爲勤勞倍蓰矣。希厚自攝理，事以漸次治之可也。近奉明旨蠲逋賦，及查浙賦，逋者無幾，年來織造相尋，閭閻殫矣。幸吾友加意焉，不多及。

其　二

使至，荷翰教，且惓惓以織造憂民也。越二日，即有募卒之變，殊可驚愕。吴君既非馭衆長材，輕犯衆怒，乃諸無賴無知一旦横決至此，若非吾友挺身力解，將不知所終矣。此時已再旬，不知首惡有就擒者否。杭城别無兵力彈壓，料理不易，若置之不問，則將來之禍未已。竊意減餉雖各兵共憤，其爲亂首者要亦不過數人，黨中亦有知法度、畏禍患者，因而用之，則爲力易而無後患，可以坐銷亂萌，惟吾友審計而妙運之。要在相機速決，既得首惡，即明赦其衆，縱有一二遺漏，俟後徐圖，不必復加搜括，將自無事矣。夫其執挐保長，宰牛歃血，皆首惡知罪在不宥，要挾自固之意。若不及時撲熄，恐新撫將至，此輩爲謀益堅，滋難圖也。觀二司中絶無可分語者，今日之事，所賴惟吾友耳。念之慎之，不盡，不盡。

其　三

諸兵雖出防春汛，然身負重惡，未經處分，其猜防豈能一日釋也？事機須早決，罪人既得，則衆心自安定，猶豫滋久，恐反生他變難圖耳，惟吾友在意焉。不多及。

其　四

反側子誠難猝治，第其身負大惡，自知罪在不宥，久恐别生事端耳。海洋之捷多生擒，果皆真倭，信膚功也，須趣審明確爲宜。不多及。

寄王河汀

弟自登堂承接之後，迄今且十年所矣，塵緣未斷，畏途重涉，叨冒增慚，毫末靡樹，每懷仰冥鴻，超然若在萬仞之表，誓欲投紱相從而末由也，蓋劇于饑渴矣。緬惟兄丈藴負茂猷，偃仰東山，徒令鄉閭薰其德化，蓋世道之不幸。顧天未必終棄斯民，則行止疾徐之間，固俟其數之自定耳，豈人力也？近雷奉常及小婿至，再辱惠函，同心之言，千里若面，彼諷内循，恍若有失，自覺年來訊候之疏也。然朝夕夢寐之勤，則知己必相諒于形迹外矣。兹小婿奉使西旋，敢此布闊懷。臨楮悵悵，殊不盡其所云。

復〔二〕吴環洲

畿地名色多端，如勛莊、子粒等，前後累勘，竟不得其疆理。兹仗臺威，一舉而悉清之，真地方一快事也。虜款且十年，邊氓與國儲俱有利焉。惟修繕一節，反爲軍士苦累。雖未雨桑土，役不可緩，然亦體恤之者未至耳。承諭，量加給恤，足稱悦道矣。不多及。

其　二

速酋授首，虜衆破膽矣。此時虜馬正弱，非其馳騁時，所謂忿虜思報，當在秋冬交，嚴防可也。優犒戰士，亦鼓衆作氣一機，具如來議行耳。不多及。

復劉鳳坪

滇遠裔，藩臬郡邑，最賴得人，汰庸肆，誠所急也。莽酋竟物故否？隴川逆奴此時作何經略？此殊有關係，幸臺下加意焉。不多及。

其　二

隴川叛逆極於疆圉有干係，不容但已，臺下審圖詳慮，承示方略，可謂得上策矣。幸益加艱慎，務出萬全，使國威伸，王法正，蠻邦畏服，永無後虞可也。不多及。

其　三

隴川逆奴篡主，法不可貸，顧兵未易輕動。承示招携搆致之詳，已爲得策，然須選擇任使必得人，事乃可集耳。惟臺明加慎焉。

復李會川

承示考卷及札諭，具見明臺力挽士風、惇崇雅道之美，良所擊節。今天下業舉子者則傚吴會，吴會士習歸正，所關係匪直一方耳。不多及。

復孫小溪

承諭鎮江妖僧逆謀之詳，迹若可駭，及察其注措，則殊孟浪可笑。既捕獲，速斃之而已。愚民雖易惑，不足爲慮，第須防漸銷萌，無使爲奸雄所乘耳。都中密緝五人者，無有影響，恐詭托也。不多及。

復劉華石

山鄉清丈田糧，極蒙臺慈加意，詭漏盡出，包累悉豁，其爲埲土艱民造福深至矣。國初，糧徵本色者多，其起運折色，每石自四五錢至六七錢不等。後因宗室日衍，邊患日棘，盡徵折色，每石以一兩爲則。今幸以會計實徵作額，其實視國初猶重也。昨爲司徒公言之，渠謂天下無此重折。然疲民獲免包賠，且稍霑輕減，則臺澤所溉潤也。人旋，布復兼謝，不盡所懷。

復辛慎軒

承示疏揭，八事之議，具服遠猷。標兵東防，撫鎮乃無一卒自將，何以待變？此事理極舛者，第恐猝難復耳。總兵移鎮紫荆，最爲得策。沿河、馬水二衝設險，委所當急，若跨水繕障，保禦極固矣，然殊未易言也。不多及。

復晋似齋

承示賓兔部夷狂態，鼠子跳梁，真不可耐。但當飭兵固防，來則接之，去則任之而已，彼計將自窮，不足校也。貢市款虜，要在威信兼施。朝廷原不責督邊臣，令每歲虜必齊至，無一横決也。乃邊疆當事諸公則務以各虜齊至爲全功，故招致餌誘，無所不至，使狡虜窺見吾情，反挾以横索，此可笑也。夏中借重壯猷，諸咸得勝算。此着力兔者，來則接之，雖遲何害？使其終不來，亦奚足爲吾損耶？固知大度自不同耳。不多及。

寄吴止庵

承示，河西與虜部接居，無險可阨，第當練武，養勇士氣，以待不虞。此寔安邊長策，不特河西爲然，即各鎮依險設防，未聞虜至而墻能禦之也，乃終歲驅壯士服版築役，計亦左矣。今虜情漫涣，而該鎮復天象示異，誠宜慎備，幸同新撫君亟圖之。不多及。

其　二

西和事極慘，果真正首惡，治此數人，亦足正法矣。邊民愚獷不馴，有司者不能化誨服習之，往往忿疾于頑，流于殘暴。辱札示，具見慎刑恤民之誠心也。不宣。

復董擴庵

承示隴川夷情疏揭，兼領别諭，謂今日之患由在前隳武備而啓戎心，非朝夕故也，良然！良然！至於所示調度招携之略，曲盡機應，幸與撫鎮協心圖之，務保萬全而無貽後虞，斯善道也。不多及。

其二

清丈事，即中土亦稱不易，矧遠裔民夷雜居，尤難措手，不貴速完，貴有實益於地方耳。隴川逆奴不可宥。莽酋既死，渠已失所恃，其部衆必不服，而南甸、千崖且共惡焉。幸擇人委任，加意經營之，可不煩中國兵力也。不宣。

寄錢秀峰

僕自違遠親闈，凡八更寒暑矣。高堂垂白，逾七望八，國恩隆重，將父未遑，每歲值壽辰，更眷然不勝白雲思也。緬承明臺垂念，藻函豐貺，惠頒自遠，自非孝思篤至，錫類不匱，何以至此！不敢例却，特用登嘉，領深誼焉。使旋，附謝，不盡。

復江達泉

兄丈登科三十載，始膺專城之任，復得遠裔小郡，弟心殊以爲怍。兹承翰諭，鑿鑿皆肝膈語，具稔大雅宏度謙德有過人者。兄丈既不鄙夷是邦，勃勃然許與爲理，不惟其地方厚幸，且見駿譽將日著聞，澠池奮翼不遠矣。詞不悉心，更惟惠諒。

復徐雲皋

宣鎮密邇北門，而分款虜之東部，最爲龐雜，犬羊多端，撫攝極費區晝，時作變態，所不能無，不足爲將吏病，但須令廟堂知之，庶不失機應耳。兹幸臺駕入境，異時疆事當不壅于内聞也。人旋，布復，不多及。

寄李少莊

緬惟兄丈養重東山日久，鴻冥遐躅，天下共高之。弟夙忝同心，不意冒塵非據，上不能章明主德，博濟四方，下不能推轂名賢，允釐庶務，每懷知己，深愧頭顱。念昔同袍兄弟，今在世者落落不啻晨星，而館中歲寒之契，唯兄及弟存爾，乃終歲時不獲通一訊，言之此心真怍。兹令弟予告歸省，敢附布候音。計年來湖山清逸，高什當充篋籠，便中幸不吝金玉，以祛我鄙吝，何如？外土幣將芹私，更惟鑒入。不盡，不盡。

寄何晋吾

清丈事，山郡仰藉明威，隱漏盡覈，艱民免包陪之累，其爲地方造福深也。又蒙曲庇不佞，特寬徵賦，極感顧覆厚意。第此番原議均糧，而士夫爲民庶表率，不宜示之以私，僕心竊不安，故敢申祈一體公派，使州人戴使君均平之惠，世世不忘，不獨僕也。然僕荷我公殊特之寵，則已刻之肝肺，夙夜耿耿爾矣。河隄極爲使君賢勞，聞工力益精堅可恃。第值此歉歲，百姓苦於供役，更希使君俯爲處賑，使樂于趨事，庶免祁寒暑雨怨咨耳。麥秋已失望，未審竟能安秋苗否。朝夕知爲地方焦慮，希加攝，爲祝。

復周樂軒

再承札示，始知速酋已久隨屬夷入市，乃凶肆無已，其授首得非天厭之耶？夷犬羊也，得利則趨，見害則避，速酋死，遼鎮自後差可少事矣。第恐昂酋攛弄未休，當慎防之耳。不多及。

其　二

昔俺酋求貢市，即遣夷使同中國人傳箭東西各部，不許犯塞，蓋至今而六鎮宴如也。今土蠻講市之使在邊，而速酋即東西分犯，則東虜不能攝齊所部明矣。前蒙諭，聞警同李帥戒備，隨有此捷，可謂間諜審而機應速，得兵家之勝算矣。良仰！良仰！

復任正宇

江北節歲告災，求蠲賑無虚月，心嘗疑之。比得丈地覈册，乃知淮揚田土傾蕩于河者八九矣。夫無地，租賦將安出？此當爲長久計，非若雨暘愆戾可歲一請恤耳。承示，今歲徵輸完以七八分計，不啻過當，又安可取盈也？不多及。

其　二

漕糧盡完，且先期過淮，寔仗臺力，然勤勞可想也。商販以營利爲業，苟爲無利，即官法不可强驅，但當講求各地方官鹽積滯之故，而加意疏通之。苟有利焉，將相率争趨，不待威挾矣。沈子吏幹無以過人，然亦不能作惡，昨臺參殊與其人不類，蓋有成心，又爲其僚長所陷耳，辱留神，深荷。人旋，布復，不多及。

寄陰月溪

深鉅流寇，日來傳聞甚異，或謂無之。兹奉臺諭，的知其爲訛傳矣。第歲荒民饑，而魏博、鎮定之區自古稱多盗，銷戢捕禦之方，更希臺下重加意焉。餘不多及。

復孫滸西

杭城復有此變，殊駭觀聽。承諭，浙中各役工食裁革太驟，思亂者衆，得亂本矣。然此寧惟浙中，蓋天下通然，惟賴賢輩識治體者爲宣達爾。不多及。

復潘印川

近歲，徵賦法舉，民鮮逋者，而苦于遠年帶徵，故明詔蠲之，乃不意留部之額負乃若是之甚，蓋有司相沿，視爲緩圖耳。嚴催濟用，良不可已，承命敬識之矣。不多及。

其　二

承札諭，兼領揭示，乃知留都武備單弛若此，不虞之戒真當汲汲圖之。其伍籍空虚，不及十一，計初額今二百年餘矣，若原籍清勾，恐增擾無益。其招募烏合，又有振武覆轍可鑒。此必何如乃爲完道耶？江浦縣、衛之釁，啓於經界不清，良然。今欲早爲清理以息禍機，可謂探本確論，然第一須得人爲之善處，乃可兩相聽服，而未易言也。謹復，不宣。

復王肖岩

大疏已覆允，戍卒之困悴當少蘇矣。往歲庚戌虜入訌京邑，乃徵各邊鋭卒入衛，約以薊鎮練兵有成罷徵，大段不越三五年爲期耳。經今三十餘年，各鎮稍稍罷之，乃延綏獨疲于奔命，而又于薊鎮實無所益，真左計也。人旋，布復，不宣。

寄蕭岳峰

款虜安邊，所省度支不貲，即歲捐撫賞數萬，比之軍興，費有間也。往宣鎮以費鉅極力節縮，遂致軍困不支。近歲議增市本，减馬價，積困稍紓矣。兹所請客兵銀，乃覆允定議，非創請者，承諭，具悉慎重深意矣。不宣。

寄西河玉峰王孫

賢王讀書博古，藩國所希。兹奉諭，稚孫不順，多由驕愛致然。既訓諭不悛，即痛懲而嚴錮之，奚不可者？何必恚怒生疾，且外煩有司也？今其黨惡，官府既治之，當必知戢。如悖肆猶昔，本是親孫，在殿下所治耳，不必過爲紛紛，恐使觀者不諒也。惟高明裁之。

復高昆侖

四方士群聚於太學，顧使之無居息之所，極爲非宜，乃不知南雍亦若是也。今司空財用頗饒，視前時異，即責令修繕，亦所能辦，矧復以成均經用佐之？興廢育才，在此舉矣。其條議亦悉切要不迂，具見恪恭修政之美，殊善！殊善！附復，不多及。

寄凌洋山

前江北專設營田，亦謂各兵道政煩力分，須專官乃可責成耳。及既設，則又謂不兼道務，其威令不行于有司，不若兵道兼領爲便，而營田竟無功。兹水利實淮揚要務，有臺仁在上加意督察，即今所講求端緒而次第經營之，有司各道奉令趨事，功可成也。臺軿外勞久，一旦奉簡命入朝，縱設有專官，恐異日復如營田耳。何如？何如？

寄曹如川

畿南站軍相沿二百年，一旦更張，殊與物情不便。大段爲治之道貴在不擾，自非極敝難行，不可輒議舊章。若此之舉，雖謂之擾人可也。臺下極力調停，良費心思，寔前政所貽累耳。

復辛順庵

山鄉土堉民貧，役煩賦重，兼之田糧詭脱，偏累孱弱。兹仗臺下嚴明仁恕，隱弊盡剔，困累獲蘇，且爲三晋無窮利也。良感！良感！覈册極詳備，且措處周贍，一省稱平，政府、地曹亟讚精慎，諸俱如疏議允行，絶無駁異，與他方不侔矣。臨晋屯糧，昔議增傷多，故難徵斂，今盡數豁之，則曠恩也。人旋，布復兼謝，匆匆，不盡所云。

其　二

三關修守疏極詳備矣。然寧、雁有大同外蔽，勢猶差緩。若偏關則切與虜鄰，最爲喫緊，而西面復與套虜相接，設險峻防，此其所最先矣。岢嵐胡道才幹卓越，臺下幸丁寧之，令其悉心從事，其爲異日憑仗不貲也。

寄賈肖泉

江洋捕獲鄰境劫賊，足爲奇功，各捕官勞不可泯，此須具題可也。緝捕盗窩册，自弘治庚申起，乃相沿虚文，真所當革。第嘉靖二十一年至今，亦四十餘年矣。今狡賊逃者，大段十數年之内不得，則終莫能獲，間有獲者，亦多其自犯，非由根捕也。似當以十年爲限，乃可責實耳。何如？何如？

復凌洋山

自黄淮横潰，淮揚沮洳久矣，近水歸其壑，將謂汙萊漸闢。兹承揭示，則爲沙淤水占，不啻十八，民瘼真難堪也。夫有田，可論豐歉；田既失矣，即晴雨適宜亦安所取豐耶？僕一覽，爲之惻然不寧，則臺慈之連歲憂勤可想見已。人旋，布復，不多及。

寄王小湛

有司事當以守法爲本，至于一時急應監司之命，未免法外取辦，此在僚友前後相爲地耳。以僕所見，尚有私費借用公帑，而後來人爲處辦掩飾之者，所謂"律設大法，禮順人情"者耳。今宋南出易社倉，取息爲積穀、紙贖，于時上司未有禁也，奚爲不可？吾友既已明陳其事于查盤者，謂二人過舉矣，即南君之穀尚在，豈可復移入預備倉乎？何其不恕也！且社倉穀止開四千五百餘石，若節年加增，今且巨萬餘矣，而春來豈得盡出貸耶？南君今亦謀歸，但爲吾友惜此舉動耳。餘無言。

復邢知吾

承示，經理苦池堤堰工竣〔三〕，極爲鹺池永利。此地原爲瀦水，但無使居民田芻其間，庶異日不爲藩府奪耳。時且入夏，今歲鹽花生結何似？不多及。

寄孫小〔四〕溪

諸妖逆既鞫訊明實，委當速正刑章，以銷變釁。連坐律重同居，此皆飄蓬斷梗，其家安得預聞？且所供籍貫亦未必真，根逮徒滋驚擾耳。罪止其身爲宜，已如諭語法司矣。不宣。

復邢昆田

三關馬政久廢，近日院道乃議孳息及易處夷馬，頗爲詳悉。昨巡茶赫侍御謂留心牧政獨公一人，故借重荒裔耳。極知爲高賢屈，然非藉塞淵明德，其奚以壯軍容而蘇民困耶？敢因使旋，附楮仰復，兼布芘賴之私，幸惟惠鑒。

寄侯順庵

清丈田糧，朝廷本意惠民，而各處頗反爲民擾。山右仰仗臺下明威弘略，條戒精詳，區畫周善，墾土盡覈，而賦額不增，其爲艱民造福殊無涯量耳。昨撫臺見示全晋田糧册，乃藩司所造，其條例甚詳。僕間一披閱，見前開倉口折糧不等，大段一兩者多，亦有七八錢，如王府糧又有減半徵至四錢者，其折布糧，每石只及三錢耳。及後開州縣實徵，大段多以一兩爲額，一條鞭派徵。心頗疑之，希明臺覈查其詳，備將各郡邑坐派額徵明開一册見示。只開太原、平陽、冀南三道，其冀北不必開也。率爾奉煩，更希原炤。

校勘記

〔一〕“竣”，原作“峻”，據文意改。

〔二〕“復”，據卷首原目録補。

〔三〕“竣”，原作“俟”，據文意改。

〔四〕“小”，原作“守”，據卷首原目録及本卷前《復孫小溪》改。

條麓堂續集卷十八

書十六

復宗正西亭

豚子童習一經，今年且三十所矣，始博一鄉試名，何足道者？過辱大雅儼然論之，泠泠然金石之章，足爲世珍，感荷不可言喻。生薄劣，不諧物望，浮言胥動，歸計已決，乃主上堅不欲放，栖栖在此，恐將來爲有道羞。希不吝啓迷，生當奉爲蓍鑑也。兩長史承教導栽〔一〕培，恩同覆載，屋烏深愛，生寔戴之。敢因使旋，統此佈謝，仰希尊鑒。不宣。

復馮清宇

前在都，缘多冗不獲一款叙，别後殊悔。吾友識度清遠，足爲留都公議重，百爾希加恪慎。僕近招多口，寔負乘所致，然亦有播弄之者，聞且發機南中，幸吾友爲我加意察之。僕不爲一身惜，恐釀宗社禍，異日雖去國，無能逃天下後世責耳。特布腹心，希留神，荷荷。

寄郭華溪

憑祥土目刁難夷使，致差官自盡，此事明臺所洞炤也。國體所係，夷人所視爲逆順，不可含糊草草。部覆甚悉，希臺下爲加意焉。

復趙用吾

覽疏，具言刑獄冤濫之詳，惻怛慘切，使人感動。此不獨梁豫爲然，當通行海内，嚴爲禁飭之，然安得人人有不忍之心如公也?

復劉佐

江防近稱清肅，然聞南中自妖僧煽亂後，人心頗摇惑，更希加意振飭，以銷萌建威也。草復，不多及。

復潘鶴汀

伏奉教翰諄諄，若侍面談。所云同袍諸兄三十年來今昔之感，不覺心惻。蓋人世事大段可見，而吾兄弟幸保歲寒，冀晚節克全，不爲後世所嗤可也。

寄羅聞野

礦徒基亂，早見而預除之，殊善。首禍罪重，誠未可輕易，審確然後坐之，庶無枉縱耳。

復孫肯堂

江右最稱多口，自文軿往莅，殊有頌聲。兹覽所示考卷，鑒别既精，而崇典實，抑浮詭，蓋三致意焉。使督文者咸若兹，天下士風不當一變耶? 良所擊節。科歷滋深，久稽殊非宜，行且奉不次擢耳。不多及。

寄蕭岳峰

今歲貢表、鞍馬入京，視往昔爲早，具見虜情恭順無他，何莫非臺下威信交暢所致耶？張家口市獨青酋一部未至，蓋遠搜各夷馬匹，冀以多取利，故遲遲耳。聞東虜糾此酋搶遼，陽爲不行，而陰分部衆往助，此其狡悖可惡。明臺幸多方偵探，果不虚，即昌言責諭之，庶可杜邪謀耳。塞内外事情，無論巨細，幸一一示及。第直示其事，不必更作啓耳。不宣。

其　二

今歲虜中多故，互市視常歲稍遲，然宣鎮獨完且馴謹，則臺下威信所致耳。承示，打剌、明安部二酋東行，此真未可測，已傳薊遼爲偵備矣。差去通官回日，幸以夷情申示，又荷。僕近被狂訕，欲去未得，覥顔就列，殊非本心，俟春明仍申前請耳。

其　三

青酋東行祭神，薊鎮半月前已來報矣。以後凡得境外夷情，幸速賜密示如前。打喇〔二〕、明安東行，絶未知得。僕傳示乃要止之，斯有益也。人旋，布復，不多及。

其　四

長昂婦死，而青酋母子東駐，徘徊不歸，豈貪節歲祭神屬夷例有供送甚厚，不欲捨耶？抑仍欲伺隙犯遼西耶？續有偵耗，幸速示及，荷荷。

復李肖山

辱翰教，具領鄉曲深誼。南曹清簡，士夫類不事事。願才賢加意職業，以需遠到也。不多及。

復山陰元峰王孫

弟技能原短，宦情復淡，年來多故關心，驟成衰憊，日夜思歸，非飾説也。不意忽肩重任，外之則政令煩苛，民心解體，内之則機穽牢密，遺毒更深。受國厚恩，不可委之而去，即欲料理，又狃牾牽礙，倍費心力。凡所見教，皆針石至言，寔契鄙心，容勉强遵奉，未審竟能有濟否。匆匆，不盡。

復栗健齋

伏承惠翰，具荷長者深誼。僕楞疏無具，濫秉國均，日夜憂惶，慮無以弘濟艱虞，貽辱鄉井。乃丈人不以不任爲念，猶然有樂與之心焉，豈非愛忘其醜耶！使旋，附楮，仰布謝私。凡中外事所當因革先務，及僕近來愆咎，暗于自知，希知己不憚提耳命之，願安意以承教也。外薄篚將敬，更惟撝納，幸甚。

復凌洋山

再承諭示，具領深教。政體張弛，在因時合宜，苟有成心先主，未有不陷于一偏者。姑息養亂，偷安廢事，非所謂寬政也。今中外軍民所由不安，以文武吏務以操切取名，不恤下情，爲一切無章之令耳。即各邊將怙寵自恣者固有，其以無辜被斥謫者亦累累不絶，所謂“弛于將領，太阿倒持”者，不過一二人。此等矜飾成性，若欲改心易慮以修實務，將恐不能也。此誠癰瘍附身之患，非臺明誠心相與，安肯言及此哉？良感！良感！人旋，附楮謝復，不宣。

其　二

伏奉明諭，具稔同心深誼，千里如面。第結附内庭者，不獨楚人爲然，群小雖除，其傍睨而怒目者方甚也。衆正競進，僕誠不孤，然危則滋劇耳。人旋，布復兼謝，不盡所云。

寄徐存翁

門生某綿力短識，自知甚明，乃不意一旦遽膺重任，朝夕慄慄，懼若涉淵。兹奉吾師函諭至四，而不以一言教及，懼滋甚矣。門生雖駑劣，不足當甄冶，然此心則師翁所知，必不敢横一毫私念，有所偏倚，忮求自用。凡時政所宜，及門生平生所短，及近日愆尤章著者，希師翁不憚提耳命之，無俾覆餗，貽門墻羞也。謹九頓陳乞，無任悚息馳切之至。

復賈星衢

兩京省署一體，而仕者多厭薄南任，且吾友所從膺鄉賦，乃亦謂其風土不宜，况在數千里外哉？幸安心易慮，勉修職業，毋過爾憧憧，徒亂心曲也。更惟相亮，幸甚。

復周喬石

伏奉教翰，宛轉諷誦，緬憶鴻冥高躅，藐不可慕。回思三十年前，承司農省署色笑時，若隔世事矣，爲之慨然。弟材具短淺，性復疏直，原無當世之志，不意謬秉國均，濩落無當，遂憎多口，謀歸未遂，進退惟谷。倘復留連在此，尚欲博搜巖穴，廣延群正，若遂得釋重，則付之後人責耳。使旋，敬用布復，不宣。

復高鳳渚

屯糧蠲免，原當與民地同，部有成議。陝西灾恤，悉如臺議允行矣。今又有慶恩給賞，灾困當少紓。第所論慶陽之旱，其甚若此，地方真有可憂，希臺慈特爲加意焉，須過二三月，新苗茂，乃無虞耳。人旋，布復且謝，匆匆，不盡云。

其　二

邇者權璫罪惡貫盈，干天威怒，一時附麗交結之衆多從斥譴，臺下不幸而有其迹，則夷陵累之也。好事者遂窮搜幽密，至使人掩耳不忍聞。以公之受國恩深厚如此，且僕叨知愛亦一紀餘矣，公豈固欲負國而且負僕哉？僕以爲必不然也，而世誰能諒之？今延慶異歉，春來大有可虞，旌麾離此，未必非福也，呶呶者何知焉？人旋，布復，臨楮悵悵。

寄陳楚石

陜中旱饑，各郡尚有分數，而延慶乃赤地千里，蠲賑良所急矣。第今去春收時尚遠，地方事真足隱憂也。數年來，朝廷加意節省蘇民，蒙示，秦中乃糜濫無紀，公私垂罄，可恨。往事無及已，今日釐正轉移，全仗臺明加意責實行之，誠斯民時雨望也。

復褚愛所

僕自當事謀國，一念可質天日，弱體覺已不支勞累矣。適被流言，恐將來展布益難，反至失己，汲汲思欲釋重而去耳。承臺諭諄諄，具領知己相與之篤，然中有不可也。僕孤危之踪，思近同德，朝夕劇於饑渴，諸覼縷須面布云。

復侯葵所

僕力小任重，兼之賤體年來衰羸之甚，自當事來寢食頓減，殊覺不支。然區區一念報國爲民之心，則自信可鑒諸天日而不怍也。乃讒搆驟興，機穽甚毒。若乘此得釋重，返初服，實所至願，而聖心堅不許去。臣子之義，未敢决裂，勉强就列，顧無如黨人之睊睊何也。仰塵臺慮，諄諄慰藉，殊荷知己深誼。猷望隆著，兹大察之典方借重藻衡以黜陟臧否，使兩河萬姓同受福焉。承諭，何其謙抑甚耶！使返，謹楮謝復，匆匆，不盡意。

復張念華

知人最難，大段兩道得人，則其一路臧否足據也。僕綿力膺重任，當四方灾沴、人心畔涣之際，百憂集心，形神頓敝矣，而讒忌横復見及，義當决去。乃主恩又未忍恝然，勉强在此，冀紓尺寸，顧未審天意何如耳。承相知見念，殊荷且怍。使返，附復，不多及。

復鄭範溪

前使旋，附有啓復，方發，即接續教，知馬通官已自虜帳歸，及示黄酋夫婦書，甚慰。虜中情狀，不惟傳至京者多謬，即其夷使口語，先後來塞下者亦自相抵戾，蓋不惟真僞淆雜，即真者又各自以情之向背厚薄爲説，故多端也。緬惟臺下訏謨遠覽，通照而徐持之，以玩虜于掌股之上，而使之聽命惟謹，疆埸有人，其爲國體增崇鉅不細矣。良服！良服！

其　二

陵山潛入之夷所索逋奴也。山後有新墻，乃巡邏者寂無所覺，則宣鎮之防護南山不啻疏矣。須因此申飭之，無使再生事端也。

其　三

學至，重辱臺諭，具示三鎮邊事之詳，良慰！良感！浮言不足爲重輕，而疆埸之事須實幹乃可以待變，故今日練兵爲要，僕所寤寐不能忘于懷也。辱開導明哲，此心豁然若有獲矣。第馬政亦要務，須求所以變通，廣采善飼，爲經久宏圖，則國威當益暢而虜奉約當益堅耳。願臺下悉心指畫，僕將使各鎮悉效法也。學返，布復兼謝，匆匆，不多及。

復趙寧宇

承臺諭，知旌麾已入閩境，殊爲地方幸。政在宜民，譬則夏葛冬裘，因時而改，我無心也，寬猛緩急，亦何有常？第出于有心，則未有不害政而苦民者。辱諭，殊慰所期。匆匆，不多及。

其　二

天下事非才賢不能取辦，第才賢率近名，凡事未爲，先務取聲譽，故多不以實心幹濟，此今日通弊也。兹承臺諭，閩中事前緒可循者不務紛更，力可自爲者不侈章奏，此乃鑿鑿務實事語，時賢中少見者，殊慰僕深望。果堅此心，遵此道行之，豈惟今日八閩獲福，異時宏受遠施，將使天下被惠澤深也。

寄辛順庵

前政與中奄表裏爲奸，自僕當事來，中奄殊相牴牾，群小遂合謀以爲奇貨，而又有因以爲利者。兹者天啓聖斷，大憝克除，群小星散，即欲借爲利者亦膽落矣。僕何足言，寔宗社大慶也。病冗中，不盡所云。

其　二

承別諭，地方荒歉不支之狀，令人酸鼻。時已將夏，未審地方雨澤何如，春苗可望否。發內帑寔難，如僕前議，以站銀積餘散賑最便，蓋此項錢糧原題有餘免派一年，自是民間物也。事勢既迫，一面奏請，一面即行動支亦得，部中當無異同耳。謹復。

復宋桐岡

僕性拙直，不能如前人善事中宦，乃群小即以爲奇貨，而傍觀又有陰爲利者相與從臾之，僕已決意引去矣，乃聖明窺見奸狀，其術不行。未幾，中宦得罪，而群小遂瓦解，即傍觀爲利者亦自慚沮，不爲士論所齒矣。此寔宗社之慶，僕何足道也？使旋，附楮布謝，病冗中不盡所懷。

復王忠銘

使至，承翰諭，知文軒已莅留院，南都殊有清議，公此行良足爲詞林增重也。邇者聖明英斷，芟除心膂大患，一時群小稍稍解散。此寔宗社神靈護佑所致，僕自是得與諸公正人相戮力，無它撓矣。然已有旁睨而攘臂者，可恨也。使旋，附謝，不盡。

復陰月溪

自古權奸用事，士之傾巧貪競者附以亂政有矣。至于中奄依憑城社，播弄威福，不才縉紳或陰附之，未有公行交結，卑污無耻，且揚揚誇詡于人，若近日者也。一旦天日清明，群陰解剥，固足爲社稷、生民幸。第士風頹靡已甚，在位端碩落落如晨星，僕蓋愀然夢寐念之。緬惟臺下亮節清望，士論所歸，更化之始，特借重文昌，表儀後進。伏希旌麾速入，用隆國體，且便區區請教之私焉。伏奉教函，盎然同心之言，無任欣荷。使返，敬用布復，匆匆，不盡所云。

復周樂軒

承諭，調李帥入薊，議之本兵，謂遼方多事，恐此將未可驟離。然薊苦難得人，議用西路陳副將，未審可否。入衛爲各鎮累已極，而薊殊無實用，言者欲量爲調停，而本兵又酌訂有説，班兵弗減，特欲省近地者春上耳。臺下當其事任，幸虚心議示，要在不妨邊備，使困頓獲休息耳。

其　二

今九邊凡三督府，自西虜款貢，分陝谷、雲，職專綏馭，與曩時異矣。惟薊、遼西綏東勘，和戰兼用，兼之屬夷狡肆，視西二鬮特稱難焉。且密邇陵、京，所恃爲屏翰又特切也。臺下撫遼日久，勛猷章著，凡此三虜情狀與兩鎮所以威懷之略，固已諳歷之明而計慮之豫矣。簡命專閫，士論翕允，行將使卒乘輯睦，兩鎮同心，離東西虜之交，而震疊屬夷之玩縱，豈非社稷萬年衛哉！然莫非王事，顧使賢者獨勞，僕心殊念之矣。人旋，謹用布復，俟旌麾入關，嗣容請教，不備。

其　三

東郊拱護京邑，其兵馬不夥于列鎮，而朝廷傾内帑以供之，誠重之也。然法紀蕩弛，錢糧靡費，弊蠹百端，防禦無具，識者憂焉。兹借重明臺，以實心宣壯猷，旌麾既入，自當卒乘改觀，百吏竦命矣。使旋，附復，諸疆事當絡繹請教，不悉。

其　四

二奴且未可議剿，誘執亦非體，姑明諭之，令縛獻阿台，并令與虎兒罕解仇，各安守分域可也。如諭之不從，然後議加兵未晚。惟臺明籌之。

其　五

昌帥移薊，乃地方人情所共願，即告本兵，如來議，一二日題推矣。代昌者，不必陳也。京東初因庚戌虜患，徵各鎮兵入援，始議原謂俟一二年主兵練成即罷之耳。今且三十餘年，主兵竟未練，各鎮疲于奔命甚矣。即昔調戚帥來此，原以總理練兵列銜，乃其效可睹也。玆者臺下招來有道，地方武健樂從。蒙諭，期以來歲練成主兵，盡撤入衛。此三十餘年相沿不能成者，而臺下毅然以底績自信，國有任事之臣若此，豈非社稷衛耶？良服！良慰！班兵既係京操，春秋常班仍舊，亦不爲累。第薊、遼數千里，欲扼險無一隙可乘，將恐不能。不若擇要害，如墻子嶺等處，如法繕築，其餘可緩者姑已之，以節軍力可也。且邊墻本以外防，今表裏包砌，且内外皆用女墻，此大費且舛矣。薊東用南兵，原爲防禦計，兵制已 定，豈以一將去來驟爲更改，臺下所處甚當，可明示其衆，俾安心焉。人旋，布復，草草，不次。

其　六

東郊借重保釐，以實政練土兵，將建永安長利，息各鎮兵力，浮言無當，僕豈有私護也？承諭，具稔深指，良荷。昨寧前之訌，宣鎮督撫咸謂馬五大等實不與，其所示偵探甚詳確。此非董忽力借言，則詗者不的也。近見本兵意，雅不欲料理屬夷，謂薊當蓄力援遼，僕不甚解。大段今日練兵爲急，兵可用，則討罪援鄰惟相可而動耳。薊門自庚戌虜變即議練兵，當事者給有專敕，仍每歲遣部臣閲視賞罰之，久無成效。乃調南將有才名者，加以總理練兵之銜，又十五六年矣，而地方卒未練一卒，殊可恨也。玆東鎮厄運已極，乃獲借重忠賢，視師建節于此，不數月即團練土兵，軍氣勃勃然振。遲以二三年，將使漁陽突騎充斥塞下，而各鎮可免奔命疲矣。此宗社萬年計，僕日夜所疚心者，聞教，甚欲遡下風而東拜也。閫外之事，委重壯猷，僕非敢從中制，其將來召兵增餉事宜，惟臺明規畫停妥行之。大段利不厚則人不樂從，然須爲經久慮。若取歡虞集事一時，而後或難繼，未免又費曲折，故謀始不可不慎也，惟臺明留意焉。不盡，不盡。

復蕭兑嵎

春來幸方内清宴，第關隴荒歉至極，僕晝夜疚心，知臺下念切地方更棘也。不審冬春來天澤何似。昨已破格議賑恤，發二部銀抵民間起運，幸接春收，艱民即可蘇耳。如復鮮穫，則地方事有大可憂者，全仗仁賢壯猷深計而預待之也。

其　二

全陝大歉，非仗仁人在上，多方援恤，如救焚溺，餘民其有孑遺乎？然苦心真澤，則一方老幼尸祝之矣。邇者大憝翦除，僕以綿力當棼處艱，形神俱瘁。承示我周行，敢不佩服？然僕之心，天地神明鑒之，亦惟高明能諒此苦衷耳。全陝文武吏俱免催科罰矣。謹復，不多及。

復劉鳳坪

再承札示，滇西夷患剥膚如此，即莽酋未必有宿謀，而逆賊岳鳳不除，則滇中之患終無已也。設將增兵，及調鄧、劉二帥，俱如來議矣。第諸事料理，須秋中乃可成備禦具，而目前之急，全仗壯猷善應，俾不至大逞。若時入炎蒸，則賊兵亦自不能久屯耳。沐平西世守此土，故昨明旨乃責成之，不知其人能爲地方紓患否。人旋，布復，匆匆，不多及。

復翟左溪

曩旌節莅密雲有年，既去而地方思之不置，咸以爲誠心直道，遇事能任，僕心重之。兹者撫臺新復，特借宿德，用從民望，且東郊密邇，將使保釐洪潤，都邑與被焉耳。伏承臺諭，具稔虚己敬事之美，良所欣服。百爾希明臺以昔日任憲司之實心處之，人事套可減損，僕但有聞見，當附便以聞也。匆匆，不多及。

寄董擴庵

滇西夷患剥膚之急如此，諸建將增兵，調鄧、劉二帥，俱如議行矣。第皆備禦長計，而非拯焚急策。不知此時地方事勢何如，良可殷憂。因事設奇，隨勢制變，是存乎人，則幸有臺明與撫鎮協心圖之耳。

復宋栗庵

邇者聖明斥逐大憝，屏汰群小，博延耆碩，用弘理道。以臺下清節偉望，後進表儀，特用賜環，冀以維世風、端士習也。緬惟大雅達觀，謂且不俟駕以趨，答中外望，乃過爾淹留，復以請告聞，恐非宜也。奉旨申留，更惟旌麾速發，幸甚。

復黄健所

僕力小任重，自當事來寢食爲减，方擬求去未敢，而毁言已至矣。緣聖明諒其無它，不欲遽令引去，而禍機甚毒，窺伺方深。僕惟求此心不負國負民，成敗利鈍，任之而已，臣子之義，豈敢悻悻也？伏承明臺諄諭，肝膈之言，藹爾深切，良感！良荷！人旋，謹楮謝復，百爾迷謬，更希不吝示及，俾不得罪公議，又甚幸也。不宣。

復晋似齋

僕叨冒逾量，復承渥恩，鬼神害盈，是增多口，聖意堅不許去，在此非本心也。重蒙諭及，衹覺慚怍，倦鳥思林，天下事自有能者，安可久與鬼蜮同居也？靈州逆犯正法，足快神人之憤。第徐隆亦係首惡，馬、李以下，此其最也，乃復逸去，可恨！此等凶渠豈千里聽審物耶？須多方緝獲之。不盡。

復李貞吾

近來各處衛所官百方扣剋軍糧，習爲常事，人心憤怨久矣。不特南都，即南都，當亦不止抵贖一事而已。因事示禁，且由此推及其餘，亦收拾人心之一機也。不多及。

復楊震厓

揚州土塗泥，而都城外垣乃用土，雖煩歲修，徒靡耳。臺下今易以磚，若小費，實大省，且濟實用，二百年相承之謬一旦豁矣。殊勝！殊勝！人旋，布復，不多及。

寄阮沙城

辱惠翰諭，具領知己深誼。僕冒膺事任，百爾因應順施，絶不敢有一毫成心，期于人心相安，去百姓所患苦耳。而談者多涉于有意，非大雅超然遠覽，深燭理原，則區區一念自靖之私，其孰知之也？僕嚮聞公治行，乃今始得公之深，自後南中事當托重在高明矣，煩不時示及，幸甚。

其　二

冒濫疏乃例所不可已者，該部已覆行矣。南中清議甚重，而工于讒搆及懷怨欲復者，多以内外察時具誣揭中傷人，願高明審察之。大段博訪確究，則浮謗不能行矣。不多及。

其　三

承札示兼疏揭，殊有慨嘆，一物失所，足干天和，刑罰不中，民安所措手足？且此公素清鯁，不以苛刻聞，而治獄之濫若此，四海之廣，欲無冤民，豈不難哉？兹疏極有關係，諸無辜亟當湔釋之，可憐也。

復李及泉

僕以梼淺當事任，適四方灾沴、萬姓嗷嗷之秋，歷覽古昔，有足畏者。坐是食寢俱損，思以收拾人心爲急，法紀所在，毫不可假。第于吏治之過苛者，稍以寬大持之，雖未知有濟于治與否，而區區自靖之苦心則然耳。不謂高明旁觀，乃通晰若此，僕因以自慰矣。東南灾傷，其甚者已破格議蠲。附復，不多及。

寄張嵐山

僕疏直，不能如前人曲事中閹，而傍伺者且欲以爲奇貨，兼之楚氛甚惡，故决意褰裳避去耳。兹幸聖明英斷，元凶黜伏，群黨已稍稍解去，即傍伺者稔毒愈深，然其情狀，三尺童子知之矣，可嘆也。

復雷慕庵

承翰示，同心之言，若親歷僕之甘苦者，使僕讀之，不覺前日之心戚戚也。天啓聖明，城社盤固之奸一舉而蕩斥之，不異摧枯發蒙，真宗社大慶。然僕之犯危機，操苦慮，則都中覿面者不知，而知己在千里外如睹也，知公今必爲僕一解顔矣。感之！感之！偶小恙，不多及。

復胡順庵

承函諭，知臺軿已莅雲中，闔鎮軍民當不啻離荆棘而即袵席也。此地方内屏北門，外鄰大虜，土瘠賦重，宗繁軍悍，而年來荒饉相仍，撫恤無術，疲困極矣，矧虜王代立，夷情觀望。所恃我公沉機壯猷，所以紓急難而圖先事者非淺鮮也。伏誦來教，其於地方患苦措理方略較然如指掌，僕殊幸之，謹拭目以觀厥成而已。屬膺小恙，絶不禁勞，匆匆，不能多及。

其　二

昨歲閲科將出訊疆事，僕告以虜款一紀餘，諸所繕亭障、治器械略備矣，第將士久不臨陣，而健兒苦力役，軍氣衰甚，今日之閲，當以練兵有實效者爲先耳。兹承臺諭，具見壯猷宏識，爲國任事之實心，雲中兵氣當期月振揚，足以建神威而銷虜侮矣。良服！良服！願專志圖成，無以違衆避嫌爲慮，僕在此，必不使任事者罔功也。郭帥自乞休，殊善。此將衰老，人多指之者，疏至，當如命優榮其歸耳。人旋，布復，不多及。

復張濂濱

楚黨不便于僕，當時陰有所附，要結中奄，合力擠陷，僕已决意歸矣。乃主上諒其朴忠，堅不爲動，而群小鼓弄不已，其機遂爲聖明所覺，因并得中奄一切奸狀，赫然斥之，兹寔九廟神靈鑒佑，世道之幸也。承諭，具荷知己相念至情。計時已得代，幸速入都，以慰區區每事請益之私，顒盼，顒盼。

復楊二山

伏奉教札，侃侃忠告，不啻提耳命之，謹斂衽拜受，揭諸座隅，出入省覽，用比韋弦。朋友道喪久矣，縉紳尺牘往復，寒暄外多作獎頌語，非直諒如公，僕安得聞金石之言若此哉？良感！良荷！且公既稱僕爲知己，傾肝膽相示，或不以僕爲不足共事也。温綸已下，幸以時詣闕，不佞朝夕有所就正，其所謂時事可流涕、撫掌、搤腕者，或相見面示，或先以札示，僕孜孜欲聞之，不能終朝待也。人旋，布復，跂首都門，專候前驅之入，無任翹切。

復王繼津

僕以孱劣任國政，值奸黨布列，要結權璫，沮撓國是。于是引拔耆碩，若以纖絲舉千鈞于深淵也，蓋力困而心苦矣。比聖明英斷，大憝遠斥，曩時比周作奸詭迹無不炫露，乃始汰屏匪人，群賢彙進又特易易矣。留都根本，樞務爲重，非公莫可任者。伏辱翰教，輯人心，壯神氣，充此二言，即畢公保釐成周，勛莫過矣，殊爲東南幸。然不得朝夕請益，以迪迷謬，則私衷不無自失耳。人旋，布復，匆匆，不多及。

寄龔日池

前臺軿在都時，僕方爲權璫所扼辱，惓惓顧念，肝膈之言，骨肉之愛，盎然溢于詞色，僕深荷于心，蓋没齒所不忘也。冬杪，賴宗社孚佑，默啓聖斷，舉城社心腹之患一旦芟屏剪滌，不勞餘力，謂非天幸耶？僕竊計知己在遠有聞，必爲世道慶，爲僕欣慰。兹承諭及，同心之言，固千里與面談不異也。閩中近頗少事，第每歲防汛〔三〕所稱出洋捕斬功情狀多異，希臺明審訂之。

外患誠宜慎防，第未可別生事端耳。閩暑稱烈，幸加攝，不多及。

復馬呈圖

差官生事夷方，誠當參究，第未審明果軍門所遣否耶，或未必真官也。充戍邊遠者，本以懲惡，乃返易逃難勾，且累及無辜，非便。既有例，則改近可耳。

復王培山

豚子誠騃鈍，然其向學攻苦，在河東頗有聲士林中，臺下駐節此土，可一訊知也。偃蹇場屋，五舉始獲一第，而橫爲杯蛇所猜，則僕之涼德不信于時而爲子累也。承賢者通家深愛，遠頒翰教，感且不貲，而併布愧衷若此。河東商累至極。夫細民侵冒公帑，銖兩皆有罪，重至斬首、充戍不貸。乃朝廷富有四海，而反拖欠民資以數十萬計，此古今所希有也。惟明臺善圖之。外一摺，乃相知所教者，并以奉覽采。寒家自來原不中河東鹽引，故僕得不避嫌言之。使旋，仰謝，餘不多及。

復石毅庵

伏承臺翰，知旌麾已莅五原，爲慰深至。分陝重地，年來洊饑異常，而前府全不以疆事、民瘼爲念，上之則飾虚要譽，逢迎結納，下之則操切任術，毫無體恤惻怛之意，民之顛連無告極矣。臺慈昔歲建節此土，深仁實政，去後而民思之不忘，特此復麾仁駕西巡，冀拯民水火，慰來蘇之望耳。簡命已數月，久不聞問，心甚遲之。玆蒙諭，不覺欣然，則關輔舊民室家相慶可知也。人旋，敬用布復。時已入夏，未審西方雨澤近復何似。公車既入境，朝廷可無西顧憂，希爲國加玉。諸恤灾除患，先其急者，餘以次徐圖之，勿過爾焦勞，是所望也。不盡，不盡。

復南暘谷

仲公至，領教札，具稔兄丈存念之篤，不啻雲霄下也。弟孱陋多病，謬秉國成，期月來，罪過且萬狀矣，何敢當兄丈所褒許？每念登科三十載，曩時同袍四百人，今在位者落落如日將出之星，而不在世者且大半矣。自惟病軀不禁機務，日夕且請老西旋，擬拉兄丈一訪西嶽，酬生平未了之願，亦晚歲一快事也。使人告返，附楮布復，匆匆，不盡所云。

復郭希所

前使旋，附有復言，方發，續領臺翰，則以豚子僥冒，曲垂奬借，意至而詞文，荷誼殊殷厚矣。僕誠不德，然自束髮以不欺自矢，近乃横爲不相諒者所疑，羞爲知己道，事久自明。第僕不稱具瞻，行當避賢路去耳。人旋，附謝，并布委衷，餘不多及。

復李少莊

兄丈清標足以範俗，雅調足以訓世，乃士林羽儀，法當簡置高華，爲後進導率，而偃仰丘園，且越一紀，弟心竊自愧焉。玆者天啓休運，妖孽既滌，群正彙進，環召初膺，故借舊銜，旦夕當入贊禁近，東土非久淹也。伏承札諭，具稔深指。伯父母壽康方茂，且令弟新歸，足代兄定省，忠孝一致，願大雅宏觀，慨然爲蒼生出，使不佞弟有請裁焉。幸甚，幸甚。

復魏確庵

浮雲蔽日，經時已久，匪特兄丈鴻冥高躅，邈不可慕，即不佞弟亦賸欲褰裳去矣。明祚方隆，宗祐神靈默相，聖明英斷，伏奸悉發，妖黨盡黜，弟始獲安位行志，推轂群賢，即今端碩漸集，國容改觀，海内諸苛細科條亦稍解除矣。第弟本綿□〔四〕，兼之脆質，數月來漸成羸廢，每遇盤錯，靡所取裁，瞻遡旌麾，恨不即侍左右，方屈指計日，而使者復以辭疏至，悶人何如！温綸已下，希前旌遄發，慰蒼生久望。使行，弟心即隨之俱西矣。百爾非筆舌可罄，臨翰心摇，亦不能憶所當言，統俟仲夏初握手促膝布耳。

復吴濟軒

承揭示，留都百司攸萃，乃猶有民隱若此，則僻郡遠邑小民困累概可知矣，此當急議改正耳。人旋，布復，不多及。

校勘記

〔一〕“栽”，疑當作“裁”。

〔二〕“打喇”，上篇作“打剌”。

〔三〕“汛”，原作“訊”，據文意改。

〔四〕□，底本貼補不清，疑當作“力”。

條麓堂續集卷十九

書十七

寄葉龍潭

僕自仲春襄大事，即羸憊伏枕，自分與海内交游無復相聞矣。乃吾友劻勷戈濤間，方爲浙東建永安長便策，其勤勞可想，顧且垂念棘人，乘間專力來訊，加之饋遺，其敦舊而不忘遠如此，可謂特存古誼者矣，感何可喻？金塘之議，確然石畫。今世所以輕于啓事而重于違人者，多不究所終，而期異日事敗在他人時耳。推是心也，亦何所不至耶？所諭云云，具諗藎臣深憂、故人雅指。第僕之不可復出有難言者，諒高明能測之，非敢忘主上恩厚，則病朽亦難强耳。要之，世道污隆，天數有定，固非一夫能爲軒輊也。使旋，布謝，惓惓至愛，臨翰倍有惘然。猷望日隆，建節在邇，或復借重西北，則瞻望旌麾有日耳。不盡，不盡。

其　二

春中久不聞龍潭抵浙之訊，意其先已入滇，念往返勞也。未幾，孤罹大戚，負痛西奔，遂與世事隔絶，迄今歷三時矣。承吾友敦念，宿昔專使遠道馳函唁賻，諄諄開示，皆肝膈真語，門墻道義之愛，盎然滿紙，雖千里其何異面談也！昨事人所難言，方前人横恣時，孤欲引去極易，第慮一旦爲國禍，將不可支，故隱忍留連，冀有爲也。及當事變，不憚萬死，以清君側。賴宗廟神靈，乃克有濟，而孤亦形神頓憊極矣。比遭不天，尪毀不復人形。今喙息幸存，然絶不禁酬應，卜仲春襄事，惴惴懼不勝，安能異日復理人間事也？惟吾友堅貞有爲，將來東南事必當倚重，願厚自愛，爲相知光耀。草根已枯，不復能蔓，餘黨誠懷慝，然公論所擯，豈能復弄禍機？今所慮者，惟嗣事者不同心耳。麟陽正人，不虞詐也。使返，復謝，附布衷曲，惟吾友諒之。

復姚禹門

弟疚處且再期，尪病牽纏，餘息僅屬。静中每念海内同袍，三十年來存者落落如晨星，而知愛如兄者又越在各天，不唯晤言契闊，即欲通一牘相問訊靡由也。晨有客扣門，詢之，則岐太守使者以雙鯉見寄，長跪捧讀，若侍左右。彼此俱林居，而兄丈乃以腆貺見及，使弟何能安也？弟才不通方，韵不諧俗，偶秉國成，幾不免虎口。仰藉宗廟神靈，廓清君側，然心力俱殫瘁矣。幸晚節不爲公論所非，即死亦瞑目，安能以支離形神復强顏營天下事耶？兄丈清望極爲輿情所歸，貴體既轉佳，不日且有鋒車之召，希幡然爲蒼生一出，不必固守東山也。岐使行迫，匆遽修復兼謝。江雲寥渺，臨翰無任瞻馳，不盡，不盡。

復劉應谷

去歲不佞謬肩大任，深懼不勝，思與海内名德協心以圖康濟。方忽忽經始，遽罹大艱，歸途幾死。于時憒憒，心無餘念，惟以大事未襄、仁賢未進、有負君親爲不瞑目耳。不意苟延迄今，先人窀穸幸完，而所負于國者竟不可補，此則不敏無所逃罪，然亦似有數焉。天意苟未忘斯民，則丈人固不得堅守東山也。公子事意謂久平，兹蒙諭，則猶未結，何淹延至此，諒不日當報竣耳。不佞尪朽已極，兩耳全聵，朝夕惟填溝壑是慮，安能復理人間事？倘邀雲庇，果有餘年，則近卜中條一曲，剩可優遊卒歲耳。南望所欽，江雲寥迥，臨翰無任依依。

復王河汀

弟初擬秋中西渡，大慶候謝兄丈，且酹乾丈墳。不意夏杪患聾閉，迄今不解，不能與賓友言，故未果出，然此心之企仰勤矣。兹承惠音，兼領志教，晨興傍齋檐，負暄讀之，啓茅塞，祛鄙吝，殊爲不淺。此志行而貴邑政教當日興矣，非徒作也。使至，時適有客在座，即啓名醖，相與傳觴，蓋篝燈始罷，若侍餘論、披春風也。感荷！感荷！附使布謝，不盡中所欲言，統容面布耳。

其　二

兄丈躬粹白之德，抱弘濟之具，養晦丘樊幾二十年，有識者每爲朝廷惜之。邇者泰運初復，群正彙進，褎然應求舊之休命，士論翕服，民望允愜，豈獨疆圉賴之，將使四方普受其賜矣。弟叨隨政府後，知賢久不能薦，舉賢又不能先，越在草土，愧悔交至。欣聞榮召，若有所獲，蓋非爲一人之私幸也。謹專使仰布賀私，薄篚不成享用，將《緇衣》之好，伏希惠存而製服之，俾區區芹曝獲申，則大願也。不盡，不盡。

寄梅鶴洲

臺下久歷疆陲，清望壯猷，一時鮮儷，簡命節鉞，中外翕服，豈草土人能爲軒輊也？延鎮士馬驍健爲九邊冠，向緣入衛稍稍耗損，今獲借重臺略，其振興在瞬息爾。孤年躋六十，衰憊日甚，閒居常累日杜門，聞客至，即顰蹙不勝苦，此豈復能應天下事耶？承知己惓惓，具見相念至情，然不知老慵非故我久矣。異日臺軿入贊樞府，倘前驅過潼，或可一望見顔色，道此款款耳。不盡。

寄高鶴樓

使旋，承惠音，知仲冬入治境，殊慰。所諭兼制、掣肘及人情、地瘴之詳，信有之。但今從宦之難不在遐遠，世態翻覆，寧惟土司？惟在高明加意酬酢之爾。朝夕更須倍加珍攝，以迎來祉。不盡。

復胡順庵

伏承臺使載臨，惠問狎至，逾涯之賚且源源及焉。存舊高情，久要厚道，人非木石，感何能忘？且見古誼之存于今，其受寵于門下者更異也。孤幼稟孱弱，嘗有憂生之慮，不謂駑足誤任轅服，幸免覆餗，且年躋六十所矣。年來衰疾交攻，神用大耗。頃于條山南麓嬀汭水之左卜地一區，誅茅種竹，爲終老計，自此得十年不死，即古今幸賴莫大焉，餘非所聞也。敬因使返，附上謝言。辱知己顧念渠渠，故敢以布其老况。臨翰馳戀，不盡戴德之私，伏希臺炤。

其　二

使至，再承翰訊，具荷相念至情。孤瘡患頗平，而尪羸日甚，重爲知己憂，良感！良愧！伏覽别諭，不覺愴然心動。虜欲何厭？要在制馭有機，不失操縱之宜而已。曩所陳練習武勇，乃自治良圖、禦戎上策，希臺下鋭然圖厥成焉，勿以時事稍不當意，便蒙歸念也。怡台吉果左袒扯力艮，異日必爲疆埸憂，黄酋不足深慮，惟臺明加意預圖之。孤歸舍十日，復有繼母之變，哀頓甚憊，不能多及。

其　三

承示虜情之詳，及制服備禦之略，具服弘猷淵算，曲中機宜，虜在股掌間矣。恰台吉乃虜之有識量者，機勇善將，其心頗向中國，當此困阨時宜有以陰結之。蓋此虜亦受中國官職，爲我臣子，酋婦不得以納叛爲詞也。操縱弛張，使兩皆仰重中國，斯爲長策，惟臺明加意焉。其互市，任其自至，不至，即今歲不市亦可。馭虜要術，一言以蔽之矣，非臺明偉度，其孰能知之？

其　四

日者黄生行，附有啓候，方發，而朱役至，領臺諭，具諗故人相念之殷，藹然若春風之襲物也。感之！荷之！朱役蒙臺慈雲庇，獲有進身階，屋烏深寵，僕寔荷之，非渠敢專承也。虜勢離披，而情復乖盭，必且内生他變。臺諭謂申嚴約束，坐收兩利，真得馭戎上策，今日之患，良不在疆圉矣。朱役北旋，附楮仰覆兼謝。僕近耳閉滋甚，頃復嬰臀瘍，蒲柳孱姿，日益彫瘁，臨翰殊瞶眊，不盡懷。

其　五

伏奉别諭，具稔淵略遠馭，爲疆圉保障殊厚，棘人寔藉餘庇焉。良服！良服！陳宗伯邃學高行，蓋社稷之賴，且有甘盤之舊，一旦横罹非意，天下事真有可憂。昔寇萊公南竄，張忠定爲之寢食俱廢，古今有同情，非以朋交私也。天果無意于斯民耶？可嘆！可嘆！臺下偉望茂猷，夷夏歸德，願爲時厚自愛，以副民望，毋遽興潔身念也。相知各天，衷抱非毫素可盡，臨翰無任惘然。

其　六

近來訛議譸張，人心詭險，起於作興浮誕之士，以爲名高而不徵之實際，故澆風大煽，人争爲矜肆，以博虚聲、邀後福耳。人臣一念自固之私，至于植黨崇誣，不顧爲天下禍，蓋唐宋末季皆爾，今不幸類之，不特邊事一節敢顛倒也。心之憂矣，曷惟其極？所賴天祚皇明，與前代不同耳。僕朽瞶日甚，絶不談時事，蒙知己諭及，輒復刺刺，不覺其言之長也。惟臺明諒之，幸甚。

復趙寧宇

謝札已緘，乃使者復以別諭見示，具稔深指。狂狡謬肆，得罪公議，此世所共斥，豈足爲高明累，願無以是介懷。第此二人所以無忌憚至是，則有由矣。蓋曩時有以持正不阿，遇事敢爲，而横被摧抑者，近悉湔雪奬拔之是也，乃失其持平，往往過當。至于浮詭剛愎，本自有過者，亦概不分别。故後生不逞者咸擬出一奇以釣名，爲它日速化計。此則世道可深慮者也，于公何損焉？僕不聞時事，然犬馬憂國之私有不能忘者。願大雅益明目張膽，底展壯猷，以對于中外，勿以淫朋比德、滃訿萋菲爲畏沮也。同心之言，千里如面，臨翰不覺喋喋，更希垂鑒。

復張見冲

孤謬忝國均，冥行多疚，不自殞滅，乃延禍康健無疾之親，奄爾違養，悔慟奔歸，患癰幾道死，比抵舍，而繼母復不禄矣。自惟罪積深重，明逃人非，幽被天罰，其酷若此。乃吾友儼然在大戚中，軫念同憂，馳使錫奠，唁慰殷懇，累累數十言，皆肝膈真語，覽之不覺泫然，則相知之感深矣。孤當事之初，艱危特甚，于時緬念同心，越在千里，日夕盼旋旌不至，心甚苦之。賴宗廟神靈，眇忠獲效，斗旋氣轉，而孤之心力俱瘁矣。敬田、柱石二友惓惓以盛意見示，于時冗劇，不及爲一言奉慰。兹承厚誼，荷佩良多，而不勝内愧矣。孤方煢煢營葬事，尫憊餘息，獲終老先人壟傍爲幸。惟願相知早出，俾國是有準，永杜邪火，不令復燃，此草土中不能忘情者也。使旋，謝復，爲知己深語，不覺刺刺，臨緘倍有惘然。

寄栗瑞軒

伏奉别諭，具荷隆誼。孤冒竊恩私，頒恤丘壟，得藉爲先人榮，少贖不孝罪，逾望多矣。百惟營造已汲汲自爲備，俱有次第，不敢復煩官府。矧西土連歲荒歉，公私空竭，豈宜以私家之役重增諸臺累耶？家舅所言，孤初不知，萬望大雅相信以心，白之撫臺，惟以典例見待，則孤之受賜更弘矣。敝州蟲灾幸熄，秋成猶有可望者，蒙臺慈軫念，敬附聞焉。不盡。

寄吴耀州

先人兆域所用諸石具、碑柱等，孤已自顧工匠，琢石富平山中，剋期完送。今擇葬在二月，恐各匠稽遲，或製造粗惡，及闊厚不如式，今將原契録似吾友一覽，煩爲我一督視之。工完，希遣一役來告，孤令人相驗畢，然後發行，則受賜不淺。更希嚴戒公差，毋令侵擾諸匠。至荷。

寄陳松翁

孤不忠不孝，奔伏先廬，怨艾悲哀，自惟天地罪人，且爲世之君子所不齒。伏辱丈人不忘宿愛，略其釁咎，惻然加軫憐焉，馳使萬里，以台函見唁，錫之崇奠，名世雄章，豈惟不孝孤借爲親重，即先人九泉有知，亦戴佩休光無極也。竊伏自念，曩雖獲侍長者緒教，顧天靳孱暗，不能奉以周旋。年來謬秉國成，蹈於大戾罔覺，乃延禍康健無疾之親，奄爾棄養，重爲長者憂，死且不足自贖。又惟丈人不輕許可，今乃惓惓顧恤罪孤，豈以後進未大得罪公議，故加非常惠耶？某誠悚仄不敢當，而竊用自慰也。使人返，肅布謝私，西望岷峨，百拜稽顙，無任哀感之至。

復郭希所

孤綿力冥行，謬司政柄，國恩未報，家難驟膺，怨艾悲哀，苟存餘息，天地罪人，宜爲世之君子所不齒也。乃辱明臺惓惓軫念，千里馳使，惠奠先靈，澤逮九泉，光增閭里。重蒙特函申諭，情至而詞切，顧孤何足當之，第增感泣已爾。今泰運方新，群正路闢，明臺直辭勁節，孤所欽服，百爾希倍加慎重，爲公論宗盟，則世道、生民大幸也。人旋，復謝，兼布區區，不盡所云。

寄王雲澤

明臺端亮宏碩，廊廟倚重，老成典刑，爲國利賴豈淺哉？孤雖罪伏林壑，然公道方張，群正彙進，願安心畢慮，爲社稷、蒼生造福，未可便萌高尚念也。敝省二三塉邑今歲復無夏，煢民辦税不及，暨全省恩詔所蠲，計將十餘萬，地方無他蓄可抵補，有司擬以三關積餘主兵餉銀佐之。伏希慈臺俯爲覆允，其爲我西人造福，當子孫世祝也。恃愛輕冒，臨楮悚仄。

寄邢昆田

近來中外不逞往往鼓衆狂肆，而官司務爲姑息，避激變名，故日益多事，不特邊方也。寧武凶卒蓋狃於積習致然，仗臺下淵略，戎首駢戮，法紀大振，其爲邊政裨益不細，亂階自是其有弭矣。前撫臺屢示其詳，具知臺下苦心。兹承揭諭，開示益明備。此事不足爲明臺累，適以章應變之長猷耳。人旋，布復。秋令已深，虜馬入市，疆埸事正煩經略，希爲國加攝。餘不多及。

復胡順庵

孤叨秉國成，殊多謬戾，幸未得罪公議，衰病餘息，果獲襄大事，將結廬先人墓側，以終首丘之願，不能復與人間事矣。辱臺諭諄諄，具諗知己深誼，蓋蔽于愛，不見其惡，故其冀待甚弘如此，非所當也。承示虜情，那吉婦若歸不他失禮，則扯力良必相仇怨，二虜交鬥，乃中國之利，蓋天意也。中國以威信結夷狄，臺下數使使勸諭，極得大體。虜雖不能從，然必心重中國，内向益固也。雲兵賴壯猷，易弱爲强，足待不虞，此爲制勝全策。《傳》云"疆埸之事，慎守其一，而謹備其他"，古今禦戎之通道也。惜各邊不能悉如雲中，故杞人有遺憂耳。薊門失事非大，第欺蔽爲罪深，不與各鎮同也。據札裁復，兼申上謝忱，語無倫叙，惟明臺鑒之。

寄王贊襄

孤扶杖西奔，忽忽歲暮，怔營摧慟，尫頓殆不可任。回念昔遊，殊多孟浪，若夢覺然，不復悉記憶矣。賢者博辯端確，孤心識之，未及奬拔，遽罹大故，竊私以爲恨。兹乃辱慰函遠及，肝膈真語，款款動人，孤即死，亦知朴忠心迹必爲世之君子所諒矣。歸來神耗甚，凡四方書問多不能答，感知己惓惓，特此布謝。願努力明時自效，勿復以孤爲念也。不宣。

復王對南

前僕回，袛承翰諭，諄諄悉肝膈語，感慰不可任。恭稔榮晋端翰，詞宗士儀，蔚爲國華，非特藝苑生暉，寔啓政樞先路，深爲宗社慶焉。孤跧伏草土，忽忽歲暮，形神毁憊，汔不可復，不辭爲廢人，第恐來日無多耳。先人葬事擇期仲春，朝夕怔營，百爾無緒。兹附齎咨人謝恩，草草申候，殊不盡所欲言，惟知己諒之。

其　二

夏中，謝恩使旋，祗領惠音，千里心知，無異對面，轉首忽復入冬矣。僕慵病相乘，頓成惛蹇，兩耳全閉，奇瘍間作，無論寒暑，無分朝暮，行坐皆在夢寐中，古所謂“倦翼歸雲”，其殆是與，抑蒲柳不禁秋甚也。坐是百事盡廢，聞春卿榮命，極爲世道幸，而未能以一言道賀左右，它可知矣。小兒奉使逾期，初擬亦爲請告，已思有未妥者，勉令北轅，殊有不得于心，朝夕希門下以通家子誨督之，毋俾貽公論嗤也。短札申候，臨翰倍有悵惘，不盡，不盡。

其　三

昨歲小兒入都，附有啓候，旋聞拜麻嘉命，疚病中不覺忭躍欲狂。文富同登，縉紳交賀，帝堯知人之哲，周曆天保之固，千載快瞻，非特鄉邦知舊私喜已也。顧以姓名不祥，不敢以素緘凟慶牘，兼念裁答正殷，慮煩神用，故久未申一言左右，今且歷三時矣。私衷缺然，不能自已，敬束幣仰引燕賀之私，潢污非儀，聊薦明信，伏希台明不斥疏慢而撝存之，爲榮爲慰，未有涯也。衰聵昏迷，陳辭無叙，更希鑒涵，幸甚。

其　四

伏自公拜宣麻之命，今且期月矣。海隅蒼生待命喁喁，林壑餘生依庇特切，蓋日夕希金玉之音而不可得也，豈台慈忘我哉？此其中殆有難于發言而不可形之札素者矣。僕老病日甚，人皆爲僕憂死，僕不自憂，而獨有一念憂國區區之心不能忘，故每聞時事，而爲我公憂苦，甚于僕之昔自當其艱也。然亦不敢數數瀆訊，惟自懊懷于木石、鹿豕間，日有孜孜耳。鮑復軒憲使入覲歸秦，專力以台函見諭，重之縟貺，知己深言，千里若面。復軒且再三以台慈所加意不佞者見示，感鏤次骨，匪可言喻。于時僕適感濕寒，困卧荒圃中，稽使者旬日，始能勉强口占致謝，語未終而神憒，不盡之悰，惟台明垂鑒焉。

其　五

伏奉别諭，三復無任惋悵。自古汙隆之代，率視人爲消長，訛言幻説，終不足蔽翳天日，但須在我者不失其正耳。台丈立心持己，不愧衾影，今四方正人所仰恃、九廟神靈所孚佑者，願赤舄几几，以御其變，無論其不可去，即欲去亦有所不能耳。前諸建言忠直之士，意氣儘不差，第磨鍊未老成，紛紛多事，至爲舉朝所嫉，乃末後此舉近于傾排，何以自解于君子哉？可恨也！可恨也！此不足爲我公累，幸勿過自苦。困卧床簀口占，不盡所懷。

其　六

明興二百年，山右士自文清公外，無參政地者，以某無似，乃負乘者十年。今明公乃褒然應夢卜，駑駘有幸，叨爲騏驥先驅，其借光曜多矣。然具瞻之地，妍媸難掩，文清與公殊絶百代，而使么麽介乎其間，其形穢安有量耶？僕以戇直當事，兼際傾否之會，怨猜頗多，疢伏來，每有意外之慮。玆者大賢爰立，君子道長，自此林壑中有安眠日矣。更願高明遵養時晦，爲宗社、蒼生自愛，以繫海内正人之望。私衷切切，非言可盡述也，臨翰不任惓惓。

寄趙見田

孤積疢延親，銜戚卒歲，力疾營兆，百感愴目。遠承吾友軫念，馳函垂唁，情真語切，不異面談。重蒙惠奠先靈，申之名誄，禮隆儀備，光被存歿，哀感結心，載之没齒矣。吾友横罹非意，孤嘗以爲愧，兹雖量叙，尚屬淹抑，然梁豫諸生得被正人甄冶，則將來世道所繫不淺耳。孤尪羸日甚，覺中氣卒不能復，未審竟作何狀，修短有數，任之而已。惟望相知賢達宏樹偉烈，爲社稷、生民永賴，則藉之不朽矣。使旋，附謝，不盡所云。

寄劉少嵐

孤奉先柩在塋，其日命使舉下葬諭祭，乃令親縞衣白馬，執翰札來奠，光逮存歿。孤涕泣開緘，具領相知繾綣至意，連章累牘，諄復懇到，無一語不真切動心者，何賢者用情之過于厚如此也？感之！感之！尪軀奔歸，膺奇瘍，血氣大敗，仍之家難重沓，悲慟勞頓，憊不可支，坐是稽遲令親數日，憒憒裁復，殊不能道感謝私衷之萬一也，惟吾友亮之。尊堂大事何時可舉？亦願賢者勉自寬攝，副尊公千里念也。不盡，不盡。

寄趙定宇

孤柄政未期，冥行多疢，獲罪于天，驟罹大戚，抱慟奔歸，殊以負國爲懼。比聞吾友榮膺欽命，群正彙升，哀憒中有深慰焉，非以門墻私也。遠承諸賢隆誼，專役錫奠，華章縟儀，情文兩極，存歿佩德，曷維其已？爰附來使，布上謝言。冬來賤體益尪瘠不支，不辭殘廢，第恐來日無多。所賴相知賢達宣暢洪業，以翊隆昌運，俾衰朽借末曜自榮，顧不偉與？臨翰依依，不盡。

寄傅名岩

承别諭，具悉滇事之艱，其最可慮在民習安久，見敵即潰耳。如此，雖百萬不足恃，矧四萬耶？若兵練技精，遇敵敢戰，則緬固不足慮矣。今日滇中事誠如來諭，練兵修備爲第一義，威信既立，即緬酋可懷而鳳賊可購也。議剿誠浪談，然振積衰，招携貳，以外靖内綏，存乎人方略何如耳，孤于吾友有深望焉。臨楮不任惓惓。

寄林昇石

前承旋，孤哀慟方劇，草草布衷，迄今不復憶其所云。孤不揣譾薄，以屏邪進賢爲任，冀效萬分之一于國。而狡佞根盤，人皆縮手，非吾友忠誠端亮，其能毅然爲斯世除讒賊耶？孤與吾友，此心可質天日。與若人原無私憾，將來事未可知，要之，司馬公有言，“天若祚宋，必無此事”，吾輩第各求盡其心，他何計耶？時事孤所未知，願吾友厚自愛，爲國家保此一柱〔一〕以俟大效，此草土中深念也。不盡，不盡。

復費唐衢

孤自奔伏草土，絶不聞時事。兹承臺諭，始知旌節復借重浙東，豈以彼中反側未寧而薊門久晏耶？天都肘腋，密邇戎狄，方當倚仗壯猷，爲東方藩屏，顧以牛刀割雞，左矣！夫通方之器，無適不可；絶塵之足，亦豈擇地？孤所爲憮然，則重念國計耳。公匆匆戒行，乃廑念棘人，遠加饋問，極荷用情之厚。敬附崔使，仰布謝言，俾達此哀感私衷。尫憊餘息，家難重沓，臨楮憒憒，不盡所云。

寄李少莊

盛使齎教至，兼領大製縟儀，稽顙捧讀，既感且服。始聞老年伯之變，乃知兄丈亦在大戚，顧曲念孱弟，千里拳拳若此，其厚誼非尋常也。曩弟以蓬質附麻，竊思自樹，比所欽既遠，疏惰乘之，今髮如是種種而道無聞也。日來披繹大方咳唾，憬如醒夢，得所未有，爲之惶汗自慚。弟今爲先人安厝畢，苟未即死，當朝夕名編以自請益于桑榆也，未審高明許否。使返，附楮布謝言，外具篚將，深愧不腆，更惟惠納，幸甚。

復何淵泉

孤罪伏草土，他無所念，惟冀端人在列，訂定國是，爲世道繫隆，則切切焉遲公之禫除也。盛使至，辱惠問，兼承錫奠先人，佳幣名誄，寵誼甚渥，哀感無量。始聞繼有大艱，孤創巨同，憂惻如分割，禮宜專价上束絮之敬，復恐後時，肅備瓣香，附使仰致几筵。不腆不恭，殊有慚悚，更希知己鑒諒，幸甚。

寄何晋吾

自孤奔伏草土，期歲間，凡蒙故人惠問源源至也。念舊深仁，恤灾厚誼，寔近時所鮮睹。孤某哀憒昏迷，然感藏在心，則特耿耿爾矣。兹公方乘軺歸覲，宵征晨省，公私鞅掌，乃眷然念及先兆就封，馳使惠顧，此非篤愛弘慈，發于誠懇，其何以至是耶？增感倍蓰，非口可言。使旋，附楮布謝。孤尫頓之極，大事襄且一月，困憊未蘇，惘惘不盡所云。

寄沈蛟門

孤罪伏草土，忽爾逾期，懷感德施，耿耿在念。先人塋兆，猥蒙令弟大若宣布主恩，申令百吏，方歲春仲，輶軒再臨，俾孤獲以支離病軀奉先靈安厝，非公篤念館誼，而大若遵友于明訓，詎至是耶？兹具疏謝皇上恩，兼謝愛雅，形罷神憒，詞不達志，惟高明鑒之。

寄邵梅墩

昨歲孤銜恤西奔，内惟庸緩，事多後時，有負國之憾；但念一時才碩，若明公輩稍稍振揚，用以自解焉。秋末乃聞公遭外艱，惘如有失。門下茂年弘望，雖暫淹數期，其展措固自有日，第此時世道初轉，所賴于正人者極喫緊耳。道里阻修，不獲時奉問，異日或旌麾借重北土，當快瞻大賢作用以暢宿期也。臨楮無任依依。

寄侯葵所

前附王二府上謝言，哀榮私感，鏤心鐫骨，非言可述。辰下炎候漸歊熾矣，恭審幕府多福，夷夏清宴，爲慰。竊聞道路語，旌麾將朝夕南巡，孤懷德感恩，亦誠亟思一奉顔色，百拜稱謝，以豁此積抱。第今按史方在河東，且麥秋已及，過此則暑雨，又秋防密邇，均非高軒循行時。矧三關至敝州千餘里，萬一有疆事、夷情，往返隔越非便。孤輒不自量，敢恃臺下深愛，輒白其肺腑，請毋煩輿人，甚大惠也。臺下念孤之深，恤孤之切，蓋期年中欲遵汾、霍而南下者不止三四矣，孤心稔知之，心誠感之，故敢以心懇。願臺明以心相信，無以形迹爲拘，則孤之感知爲榮幸更倍也。

寄王懷棘

吾友識宇宏定，志向端確，僕所心賞者。在陝右持憲極得體，地方殊歸心。即如收生番貢馬一節，國與民兩便，而先後人皆沮縮，借重吾友，始張膽爲之，此中外所同服也。近日事，賢者所睹，當無敢舍公徇偏無顧忌，若前時年例之舉，必不至驟及清望表表者，幸大雅自信焉。君子立朝，以正直爲本，然天下事必沉重慎練者成之。願吾友厚自愛，僕所期于君子者不淺也。珍重！珍重！

寄毛小山

兄丈栖遲東山，蒼生佇望甚切，弟不能以時推轂，殊以爲愧。迨濫當國政，又屬凶慝相梗，數月而後能去之。方汲汲振敝易舛，思引重兄丈，朝夕請益，乃以積罪延親，奔伏草土，殊以爲恨。迨今群正彙征，世道改觀，弟疚伏中深幸之，然愧恨則終弗釋也。兹辱兄丈厚誼，走使千里，惠唁廬次，申之殷奠佳誄，寵逮先人，感激涕零，莫知爲報。第多故傷心，頓成衰朽，耳聾骨立，殘息僅存。所冀同袍碩德蚤升樞軸，以宏濟斯世，俾林壑中借末光耳。使旋，敬申謝銘佩之私，非詞可述，惟兄丈鑒之。

寄張條海

兄丈有此舉，如何不預告弟知，豈防弟沮止耶？兄丈義氣耿耿，直欲爲死者白積冤，此天地神明所鑒，弟之夙夜負愧于知己者也。良服！良服！第今浮翳障空，日月未能旋炤，而禪客、狡童方爾彈冠得勢，則此言正犯所忌，恐無益而招尤耳。夫時然後言，則言之必可行。兄之言忠矣直矣，然非時也，倘未上爲佳，餘無可言者，惟高明深諒之。

寄張心齋

昨歲家僕旋，蒙惠教音，知己深言，藎臣長慮，讀之種種動心。及小兒傳示兄丈諸所見詔，道義、骨肉至情，人非木石，寧不感佩？轉首時復已春半矣，樞府仗弘猷，九域謐如，惟弟知其功之所自，固非俗輩所能窺探。乃呶呶者且横加排抵，絶不爲公家慮，此則世道有可深憂耳。兄丈膺國重寄，宜一意爲國，勿以萋菲介念，大臣之義，固不當徒爲潔身計也。弟里居既久，慵昏成癖，舍親郭主政將行，勉爲數字，以布此款款之私。潦倒無緒，惟兄丈鑒諒，幸甚。

寄賈石葵

伏承臺使遠臨，曲垂惠問，藹然德愛，若奉坐談。重之錫賚駢蕃，倍逾涯量，草土中爲榮爲感，莫可言述。緬惟臺下亮節清望，蔚爲時重，東山一出，吾道增色，宗社之休，匪直畿右蒼生之幸已也，兹其受澤先矣。孤頃以孱劣任重，不自揣量，輒思隨海内群正共斡化機以還大和，冥行多愆，延爲親禍，兩年來痛心思咎，邈不可追。乃明臺不以爲戾，而猶若有取焉，蓋以宿愛略其釁醜耳，豈其所敢當也？敬因使旋，仰布謝私，外具篚將，深愧不腆。統希臺明鑒存，幸甚。

寄蕭兑嵎

不孝孤之罹疚奔歸也，勞旌麾東顧至再。軫恤慰藉，劇于骨肉；奠唁贈饋，禮遇隆異。河梁奉别，卧輿中瞻望嗚咽，自以爲旦夕人耳，而蒙被崇深若此，顧將奚以承也？仰仗恩庇，不自意獲至今日，形憊神惛，健忘耳閉，百念盡廢矣。乃感德之私則日益耿耿，每嚮企江雲，懷所欽而若見也。頃聞留卿新命，正人登進，孤良爲世道慶，顧末由一致鄙忱。乃蒙臺使遠臨，惠言殷懇，宛然夙昔深愛，厚德雅誼，蓋與古道有光，顧非譾劣所堪承耳。感切心骨，不可名狀，謹附來使，仰布謝悰，言有盡而意不可極也。臺下弘猷實政，隨所至必有景績頌聲，海内蒼生思霑康濟博澤切矣，簡召樞衡，屬在朝莫，草土中方日望之。

復陳與漸

承示令器試文，迥異疇昔，尊翁老師書香于是爲有紹矣。第少年人多輕鋭，吾友可教使務本崇實，沉潛義理，淹貫經史，以宏其識量，遠其志趣，即異日國器也。義返，附謝，衰病中不盡所云。

復蔡晋田

昨歲勞臨奠先人，弟當躬謝，緣出門不便，遣小兒代致，心殊不安。公子至，承惠音，兼拜芳醞之貺，良荷厚誼。老兄逾七望八，人間世最稱高壽矣，乃有六齡幼子，可謂奇特。弟開歲方及六十，乃衰憊龍鍾之甚，固知松柏、蒲柳不可同日語也。佳孫既美質向學，柄文者自能收録，弟在家絶不干官府，宗族、姻友皆能知之，惟兄丈相諒焉。公子返，附布謝言，匆匆，不盡意。

寄李漸庵

旌節北上，朝野頓覺改觀。邇來議論紛紜，以愛憎爲毁譽，頗有失真者，如確老亦詆及之，可慨也。明臺人物權衡，公論取則，朝入都而夕論定矣，爲世道幸，豈有量耶？都中知舊有訊及者，希以病朽偷惰近狀示之。不盡。

復王麟泉

舍親陳常德來自京，致至臺下所惠翰儀，具述高明惓惓，見示深誼，良切感愧，嗟嗟！戊寅之事，其可復言也？于時僕叨在政地，上之不能開迪聖聰以植民彝，下之不能主持國是以全善類，朝夕念及，殊切疚衷。乃高明不加斥絶，若鑒其綿弱而取心焉者，德音佳錫，情理兩隆。僕内省增慚，其何敢當君子之隆指也？山僻卒無便鴻，久稽修復。兹肅短牘，附家僮，仰布感謝之悰，併陳私心所不安者。緬惟正氣弘猷，世道民生攸係，更希爲時加玉，以爲公道主盟，草土中不勝大願。

復楊楚亭

歲前蒙惠音，兼承錫奠先靈，具荷道義、骨肉深愛。僕衰疾已痼，日惟困卧床榻，頓成真懶，緣是久稽修復。兹家僮北上，附楮特布謝私。吾友沉毅有識，任重之器，願厚自愛護，留心大業，期于弘濟，當時爲相知慰。不多及。

寄王繼津

孤與公心相知久矣。頃者大憝既除，方圖與群正協力，俄以罪釁干天，罹于大戚。蒙臺慈惇念舊誼，殷奠華誄，頒自留都，哀感中藏，朝夕耿耿，顧以姓名不祥，未敢輒通鄙忱于左右耳。緬惟三朝遺直，獨有公在，兩年來司農所上國計無慮數十章，忠亮剀切，類人所難言者。聖明灼見藎臣體國之誠，眷倚轉篤，此社稷福也。今時稱隆平，然南北事多可隱憂，樞府借重壯猷，將使王略暢於四裔，草土中聞之，倍有忻慰。犬子孤素失教，今獲祗奉大賢訓束，寔爲世幸。頃以書來告，蒙公垂訊惓惓，德愛藹爾，私心感激，等于山岳。謹肅短狀，仰布佩戴之私，爰陳不腆之幣，用旌芹臆，伏希不鄙而惠存之，爲榮爲荷，無涯量也。孤尪病日深，臨翰憒憒，語無倫次，惟知己鑒諒之。

復陳岐岡

小僕至，蒙吾友惠音，知臺輧錦旋，殊慰。吾友練達沉毅，剏鹺政乃耳目習熟者，維揚之衆望之，若解倒懸然。辱虚懷垂訊，孤將奚以奉益？天下運司凡六，雖爲法不同，大抵導利布之上下，必通商而後可足國則同。故司計者有苦心極慮，委曲求以通之者矣，未有舉前人數十年疏滯良法一旦掃蕩而壞亂之者也。此其害不獨困商，且妨國計，未免煩吾友復苦心極慮一番耳。草草附復且謝，尪病，不多及。

復王復齋

孤病暑郊居，日惟困卧。小兒自都中寄至兄丈翰儀及所札示，具稔知己相念之深，若是其惓惓也。感之！愧之！曩者楚公驕恣，兄丈横遭摧抑，孤不能相爲力。及出萬死，清君側，曾未經時，而又罹于大戚，故歸來每一念之，未嘗不竊自恨不敏也。比聞鋒車嘉命，未幾榮還舊貫，私心喜慰，若有所獲，蓋仁賢出處，世道污隆所係，匪以梓里、意氣私也。顧甇甇疚伏，未敢以不祥姓名道悃誠左右，乃知己顧亟垂盼睞焉。方爲聖主祝釐，驅馳周道，而猶不忘河曲陳人，賜之惠問，星紀再易，而必致之，此其爲誼，山海詎語崇深也？感之！感之！家僮行，附楮布謝，外篚將殊不成享，聊引芹曝之私，惟知己不鄙而撝存之。不盡。

寄李近臺

孤疚伏河曲，邈與世隔。伏承明臺猥加存念，温函腆貺，頒自東國，感領跼蹐，措躬無地。緬惟臺下古道實心，迥出流輩，乃孤所加意旁求最難得者，井渫不汲，念之非一旦矣。既叨秉國成，顧未獲一推轂所欽，罹於大戚，歸卧苫廬，竊有私恨。乃高明不以爲譴，間關數千里，專使而垂惠問焉，孤益信昔日之知德不謬，而深愧無以自解于知己也。使旋，敬用布上謝言。良猷茂澤，浹于東土，聖主方博延惇碩，登閎化理，寵召樞垣當不久矣，丘壑中朝夕佇聞之。

寄趙新盤

僕跧伏幽僻，兼之耳聵，不聞外事。近有鄉人言旌節抵里者，詢其由，始知公罹大戚，同憂驚心，聞之不覺刺痛。相望咫尺，即具瓣〔二〕香，躬致几筵，兼面唁叙闊，乃此心所汲汲者。顧形格勢禁，莫可自遂，爰專小使，仰陳香幣，用將雞絮微忱，東向雲山，再拜以送。惟公鑒此區區野人之敬，不靳而撝入之，幸莫大焉。天道禴炎，更希抑情遵禮，以終大孝。不悉。

復王胤泉

吾友清勤之績冠于畿南，忽聞倅郡之擢，令人短氣，何當銓者懵懵若此，豈中有讒搆耶？要之，行止有數，多福自求，惟賢者安遇順受，恪共職業，將來固未量也。重辱賤日之貺，既荷且怍。使者返，附布謝衷。僕方屏居南山，殷憂如織，臨翰惘惘，不盡所云。

復魏確庵

自尊駕還東山，即擬專力奉候，念初歸親故逢迎，尺牘裁答正煩。六月中，忽夢與兄劇談，若曩在館署時，全不憶後來，覺來即擬馳候，則炎暑方熾，欲稍俟秋凉耳。兹乃勞使者遠顧，捧函披翫，同心之言，真如面語。弟爽然自失，覺疏節之慢于禮也，罪矣！罪矣！重荷文幣之貺，其何以當？弟禫期已過，緣有繼母之戚，須十月終制。賤體近始稍健，或將來更有數年之生，第耳閉竟不開，蓋天人之交會非偶然也。使至，弟正在東山避暑，不敢久稽，即日旋小莊，草草申復兼謝。有懷如海，不盡萬一，然弟之形病神適，則使者當能具道之矣。

校勘記

〔一〕“枉”，疑當作“柱”。

〔二〕“辧”，原作“辮”，據文意改。

條麓堂續集卷二十

書十八

寄鄭範溪

前承馳示，虜王襲封禮成，諸揭内有爲那吉請恤典一疏，而諭函内絶不言及，心竊疑之。兹河東守道致至五月初臺札，乃專言那吉事者，蓋先發而後至耳。此子庚午冬款塞，寔肇封貢，迄今爲夷夏利者一紀餘矣。雖嗜酒，不能卓立，然本老婦愛孫，席其父全力，隱然虜一大部，乃其心耿耿在中國，方冀異日得其力用，今驟死可惜，然亦甚可疑也。遺孤幼弱足憐，爲之請襲，見中國繼絶念舊之義，以杜黄酋、三娘子淩踐之心，殊有關係。虜中酋死，其妻必爲人所納。扯力艮雖與那吉友善，然方壯年雄悍，異日襲其父爵，部衆大盛，恐狡焉生異心。不他失禮固三娘子子，若攝那吉之衆，足與扯酋抗，以待嗣子之長，那吉妻似令此酋納之便。此分虜、恤亡一機，可密授恰台吉以意也。事在疆外，明臺操縱秘略，非孤淺陋遼遠可測，既承垂示，輒布其愚如此，未知其有當于情否也，惟高明裁之。

其　二

承示虜情及叙市疏揭，具稔壯猷淵略，不動聲色，而使群虜悉歸操縱，古所謂折衝樽俎非耶？良服！良服！前聞那吉子死，心殊悼之。兹聞諭，乃知猶有二子，足慰。若夷婦果歸扯力克〔一〕，則二子當可保矣。恰酋久心中國，今與扯力克合，則將來疆事益安固，知臺下有妙運其間也，孤方爲中國樂觀其利耳。憒憒，不多及。

其　三

承示虜情，具服元老壯猷，張弛曲中肯窾。犬羊方鬥狠，乃使群然奉約束，終事無一人譁者，誠自古所希聞也。恰酋部衆止飲，則此酋制馭之略亦稍可見，異日必且稱雄北方，不但已也。扯酋心欲納大成婦，而内憚三娘子，所以遲遲，蓋欲使恰酋任其怨、當其鋒，而己安受其成耳。虜中子收父妻，不以爲忌，而又何論序耶？此虜真狡矣。虜部方紛紛出入，撫綏鎮御，正煩淵略，乃臺慈復眷然念及棘人，孤良感用情之厚，而又欽服應務之優也。

其　四

承示夷情，兼領疏揭，具稔壯猷淵略，爲疆埸保障，益引之弗替矣。良服！良服！扯酋故與那吉厚善，其弱子可望其保護。此不唯中國利，亦足償死者首順之忠矣。恰酋能以一葦障狂瀾，竟成所志，其人異日殆將雄于北部；扯酋心所欲而勢有所憚，逡巡寧耐，安坐而得之：均非常虜也。第三娘子憤失所圖，不能安受，其紛披未有涯耳。孤尪病日甚，百慮悉泯，辱臺明惓惓見示，故不覺復爾喋喋，更惟垂亮，幸甚。

其　五

伏奉教函，兼承揭示，明臺所以造福邊陲、策勛宗社者，豈不彰灼著于耳目哉？乃狂夫盲談，漫無忌憚，蓋有眲忌者幸虜盟之渝以壞我成功，而不恤國與民之利病安危也。人心至此，世道可憂。藎臣謀國，盡其在我。願臺下益壯其猷，永保無前之烈，則九廟神靈固有昭鑒，彼譸張之口不足慮也。人旋，敬用布復，臨翰不覺氣踴，陳辭不次。

其　六

邇者正論弗明，人逞胸臆，紛紛競肆口吻，賢否是非，敢于公行顛倒而無忌，僕蓋竊憂之如此。馬市之議，臺下身當之，固不能堪其誣搆，然諸所譸張若是者不少也。方嘉、隆間苦虜患時，其中外詾詾之狀，言者乃所親睹，及貢議初成，人惟恐其亟渝也。昨順義殁，事蓋岌岌矣。賴臺下沉機忠略，百方操縱，乃克永前約不廢，然良工苦心則特至矣。彼夸毗子、娼忌夫，自古壞人國家，班班可考，而安知憂國者之百艱也？可恨！可恨！大抵此風倡于獎浮詭之士以爲名高，致不逞之類昧心大言，以博世譽、徼後福，則其所由來必有任其責者矣。僕老病昏迷，不復談時事，承同心之論，不覺刺刺，希覽畢火之，幸甚。

其　七

前閲邸報，見有大疏條邊事，奉旨特温，第未知疏中何説，心切切欲聞之。兹承揭示，鬱戚中不覺暢然稱快，忠猷真事，直氣實言，固宜上感宸聰，下戢群猜也。自是疆事有定論，而呶呶者不復爲臆説，讒妒者無能亂白黑矣。異日録之信史，亦足以明此事始末，立古今標幟。甚勝！甚勝！虜中恇攘，乃其衰壞之會，而臺下待以恩信，不以小利開釁端，練武揚威，以俟其變，保邦長算，常勝廟略，將貽封疆百歲之安矣。聖明真知人哉！孤尪疾日久，中氣殊不見復，未審竟作何狀。遥依臺庇，時切瞻注，其傾嚮之私非詞可述也，惟臺慈鑒之。

其　八

伏奉别諭，兼領揭示，具稔元老壯猷，坐收全勝，功在萬里，而不顯其迹也。蕭、胡二公遵奉廟謨，克奏丕績，真北門一時之盛。然形勞神瘁，比之内地安享休逸者奚啻天淵？此在巖廊，録勛酬勞自應從厚，而况臺明發揮如是之詳盡耶？昔趙充國欲漢宣知邊事之真，雖自言其功不避，議者以爲忠，今古藎臣誠千載一律矣。敬服！敬服！孤尫憊，不復言外事，兹蒙示及，輒復布其區區，更惟惠亮。

其　九

承别諭，兼領揭示二摺，具服遠略。夫虜犬羊也，自初納款，原擬不免時有跼蹐，此其恒態，無足怪者。第疆場諸將吏類以安静爲全美，每曲意徇虜，以冀倖無事，故虜習我畏之，亦每虛聲恐喝以邀厚利。蓋各鎮多然，而宣爲最，其來久矣。自臺麾督師後，一洗舊轍，陰陽操縱，大折虜奸，而國威滋暢，僕所爲傾心，願爲執鞭，幸社稷之衛有人也。哈酋蓋狃於故套，故敢狂逞，乃狼狽至此，其將來貢市，虜當益奉約惟謹矣。昔老把都初議多梗，宣府委曲遷就，以圖彌縫。高中玄曰："此事不患有破綻，但要處置有方。若操縱得宜，則經一番破綻，增一番堅久。"以今日觀之，其信然矣。高公地下有知，當亦服壯猷以自慰也。今之呶呶徇聲者，大段懵無知見，不足與論大計，幸大雅無以介念焉。

復王竹溪

前者公以至情見諭，非不動情，第于時西事正藉弘猷，冀及秋移旌節東耳。乃孤遽遭不天，遂負諸責，竟使臺下孝思爲終天恨，則孤之罪莫可贖矣。然今河西士氣漸揚，羌狄受約束，則爲國事裨益不淺，盡忠固孝之大節也，願公無憾焉。孤尪憊餘息，不能多作竿牘語，而内顧有歉于明臺，故刺刺自白若此，希大雅鑒諒之。

復王柱石

孤積疢延親，奔歸患癰，幾道死。抵舍，復罹繼母之戚，尪憊不可支。遠蒙相知軫念，馳函奠唁，諄諄皆肝膈語，哀迷中殊增感結。孤蒲柳孱軀，薦經大故，苟存視息，冀以勉襄大事，終老先人兆側，無復意人間事矣。所願正直進用，爲世道、生人利賴，孤一日不死，即蒙庥一日也。敬因使旋，布復兼謝，總總，不多及。

其　二

頃吾友西還，蒙惠音貺。于時僕擬約文軿過蒲，或僕至首陽，相與爲面語，罄此衷抱。已又思之，時方多忌，恐見影生猜，反滋多事，遂不果，區區心事竟不獲爲知己一白，殊有悵怏。柱石負正氣直節，無一毫世俗詭隨態，乃惓惓于僕，顧惜愛護，務欲成就，俾爲完人，不得罪于名教。三益之友，僕生平求之不可得者，乃今得之吾友，其爲私幸何有涯量？顧僕淺薄，雖有硜硜自守之私，而行誼不孚，不爲士大夫所信，故往往蒙杯蛇之疑，僕悉置之不辯，蓋久則其事情自明耳。至于柱石，乃知僕心于形迹之外者，道義相愛，何所不至？而來翰云云，若恐僕蹈不潔者，此則楚咻既衆使然，亦僕不德，無皎皎可指之節所致耳。然其議端所起，則亦有由。昨歲僕罹大戚，主上堅欲留之，僕力辭而旋。顧其事秘，外人莫知，而聖意則時時形之諭問。當事者計恐不待僕終制，心欲沮之而不敢也，則揚言于外，謂僕營求起復。此其意一旦倘有召命，而以此見皪也。不知僕自遭大故，尫毀無復人狀，今百念盡廢，惟朝夕先狗馬爲慮，而焉復有經營天下之志？不但此時，即他日制終，亦勢不能復出，非忘國恩，蓋精力惛竭甚矣。此爲知己吐肝膽，若有一字飾說，異日露出破綻，吾友當勿復以人道相待也。自文軿抵左輔，即擬通一言相候，屬病且冗，不能具緘，每念至心如有失。兹專力布起居，附布心事，惟高明諒之。貴體無他苦，希以時出，爲吾道重。不盡，不盡。

復楊二山

孤復罹繼母之變，百憂攢心，不似在人世，蓋獲罪于天，故遭酷罰如此。行時蒙丈人顧念，深情隱然見於辭色，感著于心，每憶及戚戚也。敝省石樓等州縣，今春又復荒甚，民艱可虞，非全免起存不可，并恩詔所蠲起存三分之一，通計當抵補起運銀近十萬。乃司府空竭無蓄，而貴部分司節年所餘主、客糧至三十餘萬，撫按會疏，請於内動支，抵二項所蠲，庶民瘼可蘇，希臺慈惠爲允覆，西土百萬舊民不啻荷再生造也。悲劇，煩聒，悚罪，悚罪。

復侯葵所

堉土艱民，仰賴洪慈恤賑多方，感于天聽，孤方同士民荷戴不淺，承諭，顧將歸德焉，豈所敢當也？先人塋兆得蒙恩命，即爲光寵不朽，國有常經，不可增也。伏承惓惓厚德，孤心感之，幸檄所司，惟以例額見予，則孤荷臺慈體諒之德又增倍矣，謹百拜以懇。今歲虜情漸異，須寧静鎮重以待之，飭兵慎防，乃第一義，而撫按〔二〕須操縱得中，要在擇人矣。承諭，輒布其愚，伏希賜鑒。

其　二

承示，虜情叛涣若此，果相持不已，勢將益弱。互市遲速，當待其自至，此不足爲中國輕重。臺諭謂不當催促，使虜反得以藉口多索，真遠猷也。第塞垣嚴凍，士馬久屯，不勝供億勞頓耳。虜雖犬羊，然中國待之，當以威信爲本。今其醜類自相魚肉，我雖不能爲之約束，其虜使至，宜各以好言諭之，令其解争息鬥，縱未必聽我，然必益敬信中國矣。承諭，輒布其愚，幸恕輕率爲荷。

其　三

側聞臺下有北堂之變，始駭而不信，徬徨累日，未敢奉唁，蓋私心猶冀其傳之訛也。已而信然，孤愴惻神失，坐立無所措，矧臺下至孝根心，其將何以爲情耶？臺下望重一時，朝夕且入贊樞府，孤所以皇皇，非敢爲鄉土私，亦匪直戴德沐庇，幸所私便，正以世風方囂諠未定，藉重端碩鎮浮肅競者匪渺小耳。謹具束芻馳吊，先布款款不能自已之衷。候臺軿南歸，當修炙絮、薦几筵，以效此深忱耳。北嚮晋陽，形留神往，臨翰不任悒怏。

復鄭石岩

孤冥行多疚，延禍于親，摧慟奔歸，復值繼母之變，尪疾餘息，憊不可支。承相知軫念，馳使自萬里外顧我草土，唁慰殷殷，申之縟奠，儀周情至，哀感殊無紀極。承諭，西粤荒僻事簡，第猺獞多變，信然。人臣之義，不擇夷險，君子信道安命，隨寓盡職，前途亨否，一聽之天而已，年力方將，豈宜遽爾引退？幸吾友達觀順受之也。

復周樂軒

孤積罪延親，奔赴草土。方其聞訃在都，荷仁臺軫念殷隆，唁吊絡繹。比出都，即蒙錫奠首途。惟時孤欲杜沿途煩費，有違惠命，然哀感中結，迄今耿耿耳。兹蒙專官千里申致前命，華章縟典，光炤里閭，存殁承暉，矢與孫子共戴之矣。敬因使旋，附楮布謝。東方事，賴臺下實心壯猷，一洗舊套，寔疆埸至計。願堅持初志，無以呶呶者自沮，狡夷且計窮，而猾帥將革心從事矣。尫病怔營，輒復刺刺，不盡。

復李敬田

春中與公別，此心惘然，若失左右手，即公論嘖嘖，咸謂敬田不當去省闥也。俄而孤亦憂歸，天下事真非人力可預定者。孤歸，復病癱，幾死，蓋罪積深重，幸逃人非，乃爲鬼神所罰耳。敬田正氣弘猷，熙運方昌，異日必爲國家肩重大任，願勿以么麽介意，此其關係非一人一家事也。草草布衷曲，語無倫次，惟高明諒之。

其　二

承諭，中齋所云，乃中外縉紳共知者，向非聖明察其狡誖，豈惟吾黨患，將社稷、蒼生均受其害矣。此自有天地、宗廟神靈昭鑒在上，聽之已爾。敬田誠心直道，爲士論所孚信，乃世道所深幸，非若人所能軒輊，希無介之念中，諦觀天人之際，未便是小人得志時也。然孤不能無深憂，則非爲身故爾。承知己示及，聊布腹心，密之，密之。

復戴中齋

昨謝恩疏發，附有候言。孤静息已久，而元氣竟不復，肢體尪瘠滋甚，殊不禁勞，故不及細敘心曲。兹蒙專使惠音，重之縟貺，綣念深情，溢于言表，感何可勝也！中齋清望章灼，士論推服。近見言事諸疏，皆妥當得確，不爲虚矯語，知國是藉賴不細也。孤喪病之餘，僅僅視息，以得襄大事爲幸，豈有心復惹世緣？而忌者横鼓風波，妄相刻畫，獨無天道乎？獨無公論乎？孤惟任之而已，九廟神靈必爲昭鑒也。陳子歸，附布謝私。歲暮風寒，塋土未就，形神緫緫，不盡所懷。

復傅後川

孤過不自量，思與海内耆哲一新化理，挽正末俗，識暗行謬，不覺蹈于大戾，明逃人非，幽被天罰，乃至延爲親禍，悔慟何及！兹蒙臺慈存憶，走使千里，顧唁草土中，誄以名章，錫之光奠，德被存殁，感傳子孫，非没齒所能忘也。敬因使返，附布謝私。孤家難頻仍，尪疾益憊，臨翰困頓，不知所云。

復陳五岳

春中都門别後，孤旋罹大戚，抱慟奔歸，復嬰奇疢，形神支離，歲忽忽向盡矣。遠承吾友惠問，慰藉殷殷，語出肝腑，殊荷道義相知深誼。顧孤孱淺無術，何足當高明品隲？第所謂以公心處天下事，則竊有志焉耳。孤幼而多疾，每有憂生之慮，今年且六十，若爲先人襄事後得不死，將栖神山趾，以保餘息，不復能理家國事矣。重承名誄縟賻，寵逮存殁，幽明感德，兩無紀極。使返，附布謝言。榮命旦夕，更惟珍護，以膺鉅任、樹弘勛也。不多及。

復魏岳庵

盛使至，領教函，重之厚奠，存歿感德，匪言可喻。載領副函，諄切之詞，鬱抑之氣，讀之令人悒悵無已。自古憸壬敗類，苟便己私，不顧國家，圖快恩讐，罔恤公議，固亦有之，然未若此諸凶者若是甚也。猶且歡虞邀名，陰洪殖利，而一世被其欺焉。王法既遁，天道又若懵懵，吾輩將奈彼何？然其心迹真僞，安能盡掩天下後世有識者之目，終必爲異時所羞稱耳。吾輩第力守初心，求不愧怍，俯仰白駒過隙，浮榮不足爲輕重也。使旋，謹楮布謝，總總裁復，陳詞無緒，惟世丈諒之。

寄張周田

銀、夏借重壯猷，戎狄歸心，士卒豫附，其爲北門增重不淺。虜自多故，來則與市，不則省一歲經費，無不可者，不必要催，反使黠虜内挾也。夏在西諸鎮中稱裕，今兹歲支匱竭，雖由灾歉，實前政苛刻沽名，壞鹽易之長策，殊可恨耳。臺下極力改弦，固地方深幸，然爲朝夕焦勞甚矣。承開諭，倍有欽服。蒲守禦所軍有分班遠戍夏鎮者，極爲苦差，且多貧窶，有途丐而往者。希臺慈俯加矜恤，優以守門等差，河潤洪澤，孤寔承之矣。不禁鄉曲之私，恃愛輕干，竦仄，竦仄。

其　二

承示鹽糧疏揭，不覺扼腕。邇年操切刻削，薄海同調，受事者不爲地方實務，希當事者之意而迎合之，循此道不變，而患之生也，可勝紀乎？大疏指陳明晰，辨議剴切，其爲疆埸轉禍爲福不淺，厲階爲梗，使人追恨無極也。草土中不與外事，然憂國之私寔未能一息忘，承下諭，故復喋喋耳。

復趙繼節

使至，辱惠音，荷誼殊厚。孤報國無狀，延禍于親，每念及慟恨無極，何能當賢者所稱述？然不揣孱駑，冀以時月維世運，而志之不竟，天也。賢者前誣既白，會須牽復，年力方將，幸益加邃養，以需大受，無遂放意林泉、遺落世務爲也。不多及。

復李見衡

伏蒙惠奠先靈，名章縟儀，來自千里，殊荷臺下敦念鄉曲深誼。及領翰教，開迪剴切，欲舉此孱陋納之始終無過之地，爲愛良厚。夫僕正以報國無狀，延禍于親，年來怨慟靡極，何能當公所推許者？且尫毁骨立，餘息僅屬，今方煢然營兆，以不能終事爲憂，豈有餘力勝艱巨而興妄念耶？緣孤罹疚奔歸，主上每加憶念，忌者遂搆造貝錦，被孤以無端之誣，此公子順衡賢契所備知者。孤倘不死，即終禫亦不復能理世事。今方慮死不暇，顧汲汲甘蹈匪彝，取萬世唾駡以自犯其所深耻耶？孤自愧凉德，不足取信于君子，致呶呶者能易觀聽。公第諦視其後，當曉然知孤心耳。然此人所難言，承臺明開心忠告，孤敬當張之座隅，朝夕省覽，永期不負明德，用比韋弦、徵久要也。附使謝復，爲知己明心事，不覺詞之刺刺，伏希惠鑒。

復朱訥齋

自孤銜恤奔歸，海内舊知以札來唁慰者多矣。比得吾友惠音，則戚戚動心，淚汪汪不可禁也。同心之言，千里如面，由衷所發，固與尋常往復語不同耳。重承名誄，詞懇惻而意真至，隆誼越量，顧非菲劣所能當耳。吾友實心直道，齟齬于時，登第八年，猶困守百里，孤心殊以爲痛，計今公道昭明，當無久抑才賢理也。孤積罪盈愆，遭天酷罰，抵舍而繼母見背，未及匝歲，兩弟淪没，左腋生癰，時出膿血，本以蒲柳孱姿，尪毁殆不類矣。賢者知我，異日者豈可復出，貽天下後世嗤耶？先人安厝在仲春，日下正總總治葬事，附使布復兼謝，草草叙心，不能莊語，惟吾友諒之。

其　二

吾友横罹非意，徊翔風塵中，僕未及振拔而歸，每念以爲恨。自伏處草土，絶不聞世事，兹蒙專使馳顧，始知文軿已抵長安，爲慰不可言。吾友初入都，桂玉煩費何似，乃腆儀殷奠，見貺逾涯，極荷相知存念厚情，然此心則殊不安耳。今公論方明，群正牽復，固足爲世道幸。但君子爲善，自其本分，隨寓共職，期于庇民益國，乃賢者所自盡。若有爲而爲，即事雖本善，究竟必有敗闕。吾友家學淵源，不俟余贅，第叨在相知，别有所感，願吾友以僕意爲諸友告也。僕尪病已痼，近又兩耳全聾，不復可應世用，所恃報國在諸君子耳。使旋，布謝，附陳鄙衷，惟大雅鑒諒，幸甚。

復張陽和

沈屯部至，聞吾友新罹内艱，終天之戚，彼此均慟，不覺隕涕。比接諭札二函，兼領奠貺，又惻然感之，知賢者之軫念不肖若是之殷且篤也。孤以孱暗與政本，冥行多愆，延爲親禍，期年來每念及，方不勝悔艾，乃吾友不見其醜，而曲加原許焉，覽之增怍，然謂竊有是心可也。世道初清，方賴正人維國是，乃吾友復儼然在衰絰，孤殊以爲恨，所冀抑情遵禮，以保國楨、成大孝焉。沈屯部還，附楮謝復，具有薄奠，少效束絮之敬，希不鄙而薦之几筵，見孤千里意焉。尪軀勞頓未蘇，憒憒，不盡。

寄沈晴峰

公養痾海濱，孤之伏守苫廬也，乃在西嶽下，逖矣！頃者，小兒自都中寄至高賢惠音，詞甚切，意甚真，憐我惠我，惻惻見于言外。自惟寡昧多過，何至辱明哲異等軫恤若是？哀感流涕，極知公所見念非尋常也。即擬馳一牘，陳佩荷之至，道阻修未果。兹沈屯部南旋，敬附短狀，申布謝忱，尪頓不支，言不盡意。計道體轉泰久矣，希以時還闕，以壯正人之氣，維世運焉。不多及。

復張岷徠〔三〕

薊事爲狡夫驕帥所壞至極，積習既久，更易弦轍非易，周公蓋亦有志焉，惜無術也。伏自旌麾東巡，威信暢孚，屬夷凛凛奉漢約，而左輔軍容焕然，萬口悦誦，草土中得諸縉紳士民所傳，蓋多端未易數也。曩二奴與王杲子同逆，王台遺胤不能自立，撫鎮咸謂疆外之事，任其興廢，但能自樹，不失中國貢者，斯受之耳。孤以爲非宜，蓋王台嘗縛獻王杲，若不恤其嗣，或爲逆黨破滅，失諸逆内附心，乃一意以扶弱討畔爲計，遂殲杲子。今仰仗壯猷，又滅二奴，則台子獲寧，而中國威德著矣。遼左伍符缺耗，即寧遠所部，戰士不及四千人，故戰功多而虜不忌者，以大舉則不能却耳。今聖主方信任公，若以此時乘西虜款順，各邊少事，專力破格以强遼左，使零虜不敢並塞居而大舉足以折之，則遼人始有息肩日耳。非臺下宏識神略，其孰能與于斯？孤不談時事，緣此舉關國大計，私心所切切望于知己者，辱諭及，輒復喋喋，殊有皇恐。

復吴復庵

前使旋後，私心愀然，不懌者久之。今日吾友出處正自不輕，直道所在，衆望攸歸，非讒忮所能撼。幸爲國寧耐，無徒取快自潔，不爲世道計也。孤尪罷神餒，不能作札，草草布心，唯知己相信，不盡。

其　二

前舍親王監生行，曾附有小札，計當徹覽久矣。嚮睹復庵見諭，不知其詳，故私心謂君子處世，剛柔屈伸，貴在適時協義，不可專一，及風波既作，乃始大駭，此亦古今一異事也。于時杞人之憂，茫然莫知底止。賴聖明英斷，公論昭晣，國是屹不爲摇，良爲世道幸，然國體所損滋不細矣。定宇雖以差旋，仍須依限還闕，君臣之義，出處之節，自有大道，不可譾譾守一節也。便中復庵可以僕意示之。小兒初擬爲之請告，既而思之，覺其未可，勉令北轅，心殊不自得。草土餘息，來日有數，所希飲食安卧，以盡其餘齒。將來世道所賴，在相知諸君子不淺耳。小兒更希不吝誨督，俾勿得罪公議，幸甚。

其　三

前使旋，承翰諭諄諄，肝膈之語，讀之動心，非吾友心在朝廷，動忍深至，豈孤嘗膽卧薪，甘苦自知，莫能語人者，而高明乃歷數若見耶？孤即死亦瞑目，知必不貽譏于世之君子矣。閲邸報，見榮進宫坊，忠直聲華，聳動朝野，誠熙朝盛事。吾友宏達沉毅，乃將來世運攸賴，自今益慎自愛，養全鋒以需大任、慰人望焉，諸瑣瑣者不足發千鈞機也。謝恩人便，附楮布區區，惟知己鑒此心焉。不盡，不盡。

其　四

昨具疏謝壽宫加恩，尪病中不及徧爲相知作札，顧有所欲告于吾友，特附簡焉。方發，而使者以函諭至，披覽數過，肝膽道義之誼，懇切諄至，惻惻動人，顧孤不能當耳。此事寔賴聖明英斷，鑒孤一念不欺之愚，信之不疑，故得效毫末，蓋九廟神靈所默相而熙運方隆昌也。不然，使孤罹大戚在城社未除之先，則孤負國之罪萬死無以自贖。今幸積閼既通，國是昭晰，孤即死，有辭于天下後世，可瞑目矣，無所復恨。其深衷所念，乃賴相知忠直，早參密勿，俾斯世遂破澆還淳，則古今一快事也。重荷惓惓深意，附使布謝，不盡衷曲，惟知己諒之。

復曹傅川

承别諭，具稔藎臣憂國之深。楚公以用事久，其黨寔繁，故每每希非望，爲譸張語惑人。但聖明已灼照其奸欺，切齒日甚，天意祚明，豈使熙、豐妖孽復熾耶？然此有大關係，非人能爲，孤初但求不負國家，不犯公論，其禍福利害置之不計矣。其事幸遂，天也。敢附布之。

復王少方

僕謝政期年矣，而時事搜索日甚，竊嘗憂其所終，兹遂有遼藩之舉，興此大獄，真可懼也。岳老乃才相，後雖恣横，何至如言者所詆？乃今遂與分宜同禍，則馮閹以無將干聖怒深耳。初時士論咸欲甘心，今事至此，則人復憐念，計將來當不若分宜酷也，幸語諸公子安心焉。僕前以綿力當巨任，神用竭矣，自罹不天，已成殘廢，懲湯吹虀，豈敢復以犢任轅耶？近卜中條一曲，依河面華，車馬冠蓋之所不至，且多仙聖遺迹。若餘生未死，得徜徉其中，亦人生異福也。世間恩怨是非，自此洗耳不聞矣。惟懷念同心，山川修阻，時不能忘情耳，計知己相念亦復若是。臨楮惘惘，殊不可禁。不盡，不盡。

復張心齋

曩弟之行也，皇上深以邊事爲慮。弟告以兄丈在本兵，凡事一以付之，定有成績。今方期年，而遼左、滇南屢奏奇捷，元老壯猷，决勝帷幄，章章若是，弟之不肖，其藉以報主者有榮慰焉。前時滄詘貝錦，無損日月之明，願兄丈勿復介意。第睹邸報，群譁不已，非惟國體不雅觀，且傾危成習，世道可慮，則草土臣不能無憂也。持重鎮浮，其倚賴于老成人，此時尤切，兄丈安得獨爲一身計也？小价尚未旋，懸企嗣音。自後弟不復遣使入京，不能時裁復。不盡，不盡。

其　二

弟苫處不與外事，竊有杞人隱憂。今老成凋謝，國家事所倚重，緩急可得力者惟兄爾。大臣之義，先須體國，而後謀潔身，願兄丈無汲汲以引去爲高，當以宗社、蒼生爲念。彼不逞輩諏諏譸張，無損日月，希無過廑念慮也。豚子具述兄丈赤舄几几，以處流言，甚爲物望所歸。至于敦念世誼，指教庇覆，真兼父母、師保之恩，蕞爾末弟，特承湛濊宏施，洽于俯仰若此，其將奚以圖報耶？謹北向再稽顙，申布謝忱。不盡，不盡。

其　三

夏中附使有謝言，懷感迄今，益用耿耿。緬惟兄丈壯猷淵略，晝箸帷幄中而制勝萬里外，不異探懷取物。此番滇南之功，視思利發、米魯時其氣象大不侔矣，真千古一奇事。聖心嘉悅，特頒殊錫，足爲勞臣勸。弟草木中聞之，與有榮慰，彼睊睊者將不自咋其舌而内生愧耶？此宗社之福也。小兒蒙恩庇，賜差先人，與受深寵。兹離職且週期，弟欲令亦請告，或謂不可，勉使北轅，鄙心竊有未安。屬吏且年家子，朝夕望兄丈時加督誨，勿使得罪公議，即棘人沐世澤之深，不論江海矣。長至在時，嶽誕孔邇，謹具篚將，用伸遥祝，不腆不恭，更惟鑒納，幸甚。

其　四

弟疢伏河濱，再罹寒暑，山林幽逖，與海内交遊音問大半隔矣。緬承兄丈篤念同袍，特存古道，二載之間，惠問相接，固已感沁心脾，即一息苟存，無能忘也。頃小兒趨侍臺端，具有候札，未徹記室，而寵翰顧又儼然專使臨焉，慰示諄懇，錫賚駢疊，弟捧受三復，再拜稽顙，不能自已。自非道義深愛同于骨肉，豈得在遠不忘，久而益殷如此哉？滇南膚功，全賴發踪奇略，方今寰宇砥平，何莫非樞府得人之效，此其較著者耳。薊鎮屬夷，不一治其悖肆，遼左終無息肩期，何訛言乃盈庭若是？此全仗壯猷妙運而默授之耳。弟入冬來益尫瞶不可支，日惟負暄静坐，冀保末景，未審此身在世復有幾稔也。使旋，肅楮謝復，銘戴鄙忱，言不可盡。

復何肖山

弟纍然廬居，劬勞之辰，感愴增倍，豈敢稱壽？過辱兄丈垂愛，儼然贈饋及之，何以當也？時弟以尫軀不禁酬拜，南走山中，使者復間關百里而致嘉命，又不敢概辭，乃領饋而返贈焉，幸大雅特原炤之也。伏辱居常待終之諭，領教甚厚。第弟冒叨太過，與披裘帶索有殊，恐無榮公長年耳。佳什近益入細，異日倘輶軒臨蒲，仍借大筆灑之壁間，永爲林泉光，何如？晨興，將陟方山，匆匆布謝，不盡感衷，更惟垂諒。

其　二

頃承兄丈惠顧荒城，得款叙數十年之闊，别來越朔，耿耿念之。弟方居大疚，劬勞之旦，寔深感惻，不忍聞親友稱祝，故歲走南山避之。乃復過辱兄丈廑念，遠頒豐饋。緬惟隆誼，不敢例辭，稽首登嘉，感荷無極。承諭，吾輩弱冠相從，咄啐間曆元週矣。流光迅邁，古人所謂興嘆亦良有謂。黄髪可期，願與高賢同守歲寒，優游晚節，庶不貽當世嗤耳。使返，布謝，臨翰不異面談。不盡。

寄吴南洲

曩僕以粤右爲南洲舊遊，擬借重開府，及見教欲就近地，則計即江右可也。留尹之推，以資深不宜後于人，稍需時日耳。比僕銜恤奔歸，而旌節竟鎮桂林，則數之前定可知矣。此地無上供之賦，第苦猺獞。近自羅旁八寨剿定後，異類斂迹，所賴良有司撫定安輯，無使奸民豪族凌鑠侵剋，庶永杜亂萌耳。鄭憲副一信、江潯州萬仞皆貴鄉人，其坎壈可憫，幸加庇焉。萬里尺楮，臨翰依依無任。

其　二

孤疚伏再期，多故傷心，頓成殘朽。邇者卜築中條之南、黄河東曲，爲幽栖終焉計，渺與人世隔矣。南洲方承聖主簡書之托，釐殿南服，勘暴綏良，時正劻勷，乃眷然遥念棘人，不憚萬里，專使者，越水陸，來致賤日之惠。華函豐貺，情禮兼隆〔四〕，久要篤誼，孤殆睹古道于君子矣，感荷不可言喻。孤幼學不力，蹉跎六十，永言省愆，此生誠爲虚度。倘餘齒可延，亦非進道之日，得寡過終身，庶不抱終天恨耳。使旋，附布謝言。索居，久不作札，爲相知裁復，輒復語心，不盡，不盡。

復陳愚所

孤苦伏期餘，不聞外事，乃不意公尚留滯百里，何其久也！曩公條奏滇事甚悉，格于時，不獲行，孤每以爲恨。近者患發，孤即擬借重公董憲其地以勘定之。比孤歸，而嚴太宰復予告，豈非數耶？要之，猷望日茂，異日委重盤錯，不以此爲速緩。乃孤意如此，故附白之，餘無言。

其　二

曩僕所告，匪有私于公，蓋爲滇事計也。大段爲地方擇人，以人任事，則賢者進而事治。若爲人擇地，以情任人，則非區區所能知耳。此則關乎世運，幸高明自信，無過煩神也。餘無言。

寄徐繼齋

孤河曲賤儒，蒙師翁録置門墻，覆育長養，恩同天地。且入館之初，即以朴愚無似荷宗匠特達之知。此則三十年兢兢自保，恐一有不類爲明哲累。乃師翁始終教愛，則羹墻所常睹也。兹者泰山既頽，纂述遺烈以詔後世，寔門下士事，豈敢辭遜？第恐尫毁餘息，荒殖已久，無能發揚宏懿，有玷名阡耳。然師翁勛在社稷，德冠人倫，海内名筆自有能紀載以垂不朽者，區區管窺，亦惟求自盡此心爾矣。但孤連遭大故，兼爲毒癧所苦，形神憊頓，不敢草草執筆，俟春仲襄先人大事，當汲汲撰稿，馳上請裁也。辱貺再三，稠疊逾量，非所宜承者，不敢違諸丈千里深誼，衹用拜嘉，然心之不寧甚矣。

其　二

昨歲辱諸丈以師翁神道碑文見屬，于時不敢違命，自以受師翁恩知不貲，無可仰酬，不自審其不能也。春末使者持教來督，則某方劬勸，爲先人安厝，賤體積憂，尫瘁之極，加以悲慟，拮据之久，遂萎然形神不相攝，即食飲寢卧皆不勝勞，間有士夫尺牘，亦往往不能答也。矧師翁德隆業鉅，若摹寫天地，不可措手。坐是朝夕焦然，心愈煩憒，稽使者三月餘，非敢遲延，寔荒落衰憊，交成鈍滯耳。兹勉綴蕪言，殊不成語，藉手報命，用完諸責。老師壬戌更化，世道爽然一新，寔古今希覯，故某特用闡著以告方來，第詞不明心，師翁當鑒我于九原也。某疲癃委頓之狀，使者所悉，更惟諸丈察之，而寬其罪譴焉，幸甚。

復黄儀廷

昨歲僕罹戚西奔，遠勞文輿出祖于蘆溝道左，于時僕雖哀頓昏迷，乃知己深誼，則言念在心，未之忘也。舍親張監生大仕至自成周，蒙公惠我好音，款款至情，諄諄盈楮，具諗君子牧身之謙而用心厚也。僕無它長，然殊不喜夸毗子態，故一生寡交，與執事篤志自修，絶不近名。比丁年共事，僕始覺之，故特爲擊節不置。于時當事者方以逢迎爲順、炫飾爲才，僕雖累言公，不省也，徒有竊嘆耳。比僕謬膺事任，方冀振拔務實之士以自匡贊，不意積罪延親，遂陷大恤。承諭云云，心戚戚而動，然有愧也，載辱貺儀，抑又何當？僕尫毁殘息，已成痼廢，暑月耳閉，杜門昏卧，不復理人事。張生將南行，來辭，特用布謝，爲知己語，不覺復刺刺耳。大仕北産，不習水土，希以便差假之，又屋烏深愛也。不盡。

寄畢松坡

昨歲翁甫入留京，即同諸公寵奠先柩，哀感榮荷，耿耿在心。兹自小婿馬武選所得翁惠音，慰示殷款，殊荷長者知愛，重之腆貺，抑又何當？昔歲狂子肆言，舉朝斥其謬妄，乃前政左計，行其讒説，堂屬之分爲之倒置，僕竊有不平，誠惜國體也。偶叨事任，遂不量譾劣，思與海内正人共濟斯世，故首拔大賢，以副民望，俾觀聽者曉然易慮耳。不意積罪，爲鬼神所譴，遂罹大戚以歸。念負宸知以迂鈍，多後時悔，惟安石既出東山，稍用自解焉。蒙諭云云，心欿然非敢承，第增愧恧。僕尫毀餘息，近益困殆，永日困卧，人事都廢。感翁念舊深誼，特用布謝，紓此衷悃，即長逝無恨矣。所謂精調茵鼎，永爲社稷、生靈福賴。不盡，不盡。

其　二

頃荷翁垂存深誼，末由一布感衷，屬張生南行，特附短緘仰謝。顧草土昏迷，久不習禮度，方以獲戾于長者爲懼耳。比張生旋，重辱惠命申及，益之束幣，訓詞深厚，藹然若奉坐談，竊于是窺先進之餘風不可及也。近來士習漸澆，僕殊爲世道慮，老成典刑，惟翁巋然爲魯靈光爾。願大雅念在斯世，爲後生羽儀，無輒動東山興也。張生卒業南雍，敬此申布謝私。瞻望江雲，倍有馳戀。

寄黄麗江

粤右去晋鄙不啻萬里，乃吾友不忘一日之雅，間關水陸，專使遥致好音，真意盎然襲懷，何君子用情之過于厚也！孤自銜恤奔歸，喪疾頻仍，幾不自保。今形骸雖存，然支離尫瞶，神氣索然，恐不能長視于世。所冀相知賢達以實心匡濟上下，永翊世運，與古有光，則此心之欣慰無窮耳。使旋，布謝。南裔氣候殊中土，朝夕幸厚自珍護。不盡，不盡。

寄趙麟陽

某報國無狀，獲罪于天，延禍老親，悔慟靡及，疚伏彌年，殆爲世之君子所不齒矣。緬惟丈人，一代名德，堅正不苟，所與方力振頹俗，汲汲爲天子釐風紀，乃猶眷然念及棘人，走使數千里，曲垂唁顧，名章豐貺，錫賚九京，隆禮高情，非夢寐之所敢望。某誠感切心肺，言不能名，然亦緣是自解，蹇薄心迹，或未爲名教所棄，則幸慰甚矣。承諭，日者紛紜，非遠人所知，要之，消釋頗偏，歸之蕩平，使群情翕然易慮，全仗臺下宿德重望，坐鎮而默喻之，非異人任也。某昨春已大病，即無先人虞，亦須乞骸。比罹大戚，益成尪廢，近復兩耳全聾，絶不諳人語。所冀耆碩永翊化機，俾林壑中生被膏澤，死亦瞑目耳。使旋，肅函仰布謝私，昏憒，語殊無倫，更希惠諒。

其　二

頃使旋，附有謝函，言念高情，寤寐不忘感戴，不有君子，誰知古道之猶存于今也？楚事賴于公評讞，忠懇孚于帝心，獲從末減，海内縉紳翕然歸德，高門之報，天道當不爽矣。僕絶不敢作京書，小兒北上，特具短牘，俾執以奉謁，致鄙衷鏤藏之靡已者，惟大雅惠鑒焉。不盡。

寄沈繼山

春中道輿甫入都，即蒙函札唁諭，誄章錫奠，于時公務勞劇可想，乃汲汲遥念棘人，情文隆至若此，道義相知之殊愛，孤誠鄭重感荷，不敢以尋常視也，然竊有深愧矣。昔丁丑之冬，孤時忝在政地，不能爲朝廷庇正士，亦奚以自解于公論？比叨柄國，則孽閹、楚氛相與蟠結齕嚙，動輒相左，孤幾以膈噎死矣。賴宗社之靈，聖明英斷，中外群慝一時盪廓。孤竊不自量，方擬昭幽申滯，庶得隨海内正人後，以康時艱、培國運，將次第需時月舉之。不意獲罪於天，奄罹大故，蹇鈍不敏，遂成後時，雖有區區之心，亦何以自白于當世之君子也？乃明公身遭其難，顧不加疵詬，又特略罪累之迹而原其心。伏覽來教，肝膈真至之情，如春風拂物，觸膚動心。孤哀頓中再拜三復，豁然如釋重負，意者天下後世或終不以孤爲名教罪人也。感之佩之，無日可忘。第林壑中作京札不易，越歷三時，未及修謝，朝夕良用悚仄。兹小兒北上，謹肅楮仰布積悰，景德之私，固非尺素所可罄也。小兒魯，未知學，明公既與僕越形骸相信，希以通家子畜之，每事誨迪，俾不謬向往，又幸，又幸。

復張洪陽

詞館萃文學諸彦，豈不彬彬然？乃國家以此地儲丞弼，則所重在器識矣。僕昔忝宫坊時識公，以爲其人也。比相與滋久，則真其人無疑。于時區區有杞憂焉，竊以是自慰，謂天且有意于斯世也。俄而事變乖互，初出人不意，已乃大悖，良可憤嘆。幸人卒不能勝天，一旦氛霾廓清，端碩彙進，此則宗社靈慶，豈人力也？伏承惠我好音，奬借太過，僕自知甚審，豈敢貪天？然領君子意則厚矣。門下德望日隆，僕昔所獨覺者，今爲海内共仰，末世澆競，非借重沉毅弘達之量，其曷能易之？故草土中百念俱灰，所不能忘情者，則願正人早翊樞衡，庶幾復睹淳俗耳。小兒旋京，謹用布謝幣貺之稠疊者，附具篚將，愧不成享，惟高明鑒其意而揮存之，幸甚。

復陸葵日

歲杪，小兒至自都，蒙吾友惠音，重之殷奠幣貺，于時吾友方有鼓盆之戚，乃惓惓爲我如此，荷誼極厚。所諭壬午之事，乃主上明聖，灼知孤臣一念爲國赤忠，故得屏除君側蟠據巨孽，蓋遭遇之幸，非孱蹇能逾于先輩也。然僕亦精力殫竭，即非先人大故，亦且乞骸，矧今毁頓已甚，豈能復肩巨任？然亦竊自念少效勞于國矣，即優游卒歲，不爲負國而偷自逸也，惟吾友知我心焉。僕絶不作入京書，故久未答賢意。兹小兒北上，附楮布復兼謝。時方苦瘍，草草，不盡所云。

校勘記

〔一〕“扯力克”，上文作“扯力艮”。

〔二〕“撫按”，原作“撫接”，據文意改。

〔三〕“徠”，疑當作“崍”。

〔四〕“隆”後，底本空一格，有原附紙條一，書“前半原少一字”六字。

條麓堂續集卷二十一

奏　疏

謝人言疏一

禮部尚書兼東閣大學士臣張某謹奏：爲庸劣不堪重任，乞賜罷斥以謝人言事。臣本章句腐儒，行能無可比數，頃蒙皇上俯允大學士張某、吕某之請，特命臣隨同内閣辦事。仰惟密勿之任非樗散可勝，特達之知非庸常可副，臣内自思念，且怍且懼，蓋寢食靡寧者歷三時于兹矣。兹者御史某論臣不職，理有固然，無足怪者。第謂臣之濫冒，由臣某自爲異日之謀，則悖理傷道、誣罔不根之甚，臣不容于無辯。臣昔蒙世廟作養，録置詞林，忘其分量，竊有狂斐之志。唯是硜硜一節，迂僻自好，乃爲臣某所與，期以不負古人，有益當世。兹者皇上以睿聖紹基，恢弘化理。臣某深惟委寄之重、任遇之隆，一志奉公，夙夜匪懈。臣方避謗山居，遁迹遐遠，乃孜孜汲引，惟恐不及，此其以人事君之心，顧臣愚不足當耳。夫人子之心，孰不欲其親之壽考？而御史乃横加搆巇，至言人子所不忍聞者。且臣有老親，亦與臣某之親其年相若，而臣復與臣某年亦相若，臣不省御史之所謂何也。其謂臣有機械，夫臣某之有取于臣者，正以其專確耳，果有機械，臣某方將推而遠之，豈肯引以自近？且臣日侍左右，其誠與僞亦豈能逃于聖鑒哉？其謂臣多藉庇，臣江湖孤迹，起自白屋，即如今者之進，自二輔臣奏薦外，復有一人一言以臣瀆之聖聽者乎？此不難察也。御史又謂臣居館局未任事時，不宜爲人言所及，而又言臣忍于作福作威。夫臣未任事，而御史以作福作威詆之，則前之詆臣者，亦不足異矣。凡此皆事理甚明，不足深辯。且以臣某忠誠孚于聖明，功業著于中外，而猶張膽明目詆訐無忌，而何有于臣者？第萋菲成錦，雖譖人者固然，而負乘致寇，則誨盜之有自，臣實德薄望輕，下流叢惡。伏望聖明將臣特賜罷斥，另選忠賢以資丞弼，庶輔職得人，國體自重，臣亦得以安其無用之分矣。臣干冒天威，無任屏營悚懼之至。爲此具本謹具奏聞，伏候敕旨。

疏　二

謹奏：爲再乞天恩，放歸田里，以明心迹，以全臣節事。臣昨因御史某論劾，疏乞罷斥。伏奉溫綸慰諭，勉令安心供職。臣仰感隆恩，不覺隕涕，誓當鞠躬盡瘁，以死報國，何敢復有他説？但臣反覆思惟，終有不能安于心者，敢冒死再爲皇上陳之。内閣任重事煩，職親地要，其得人最難，而又最不容以匪人參之。邇者皇上所以特允臣某等之薦，俾臣濫竽其末者，冀有萬一裨補焉耳。今者未效一割，遽爲流言所詆，不唯累上臣以人事君之公舉，而且負聖皇虛己任賢之盛心，臣之罪大矣。夫人臣之靖獻，在審其才力；士人之進退，當酌之禮義。臣某承先帝之顧托，受皇上之委任，兼以其精誠不二之志，濟以錯綜萬變之才，固已計安天下，功在社稷，天下之人皆知其不可一日離于朝廷，雖有煩言，輿論自晰。臣某當先國家而後身圖，義有所重也。至若臣者，譽聞不章，行能無取，譬則雙鳧乘雁，其飛集不足爲渤澥多寡，若復橫犯人言，靦顏班列，則于義有所不可矣。是臣之留也，爲失其自量之明；而臣之去也，乃可示有耻之節。伏望皇上鑒臣悃誠，特賜放歸田里，另選忠哲以充輔職，使臣得爲盛世逸民，遠離詬謗，終始生全之仁，即没齒永戴矣。臣重冒天威，無任悚懼懇切之至。

辭恩命疏

具官臣某等謹奏：爲披瀝懇誠，辭免殊常恩命事。該吏、兵二部接奉手敕“内閣輔臣”云云，欽此。欽遵，移咨到臣。臣等聞命自天，無任感激，無任震懼。竊惟自西虜款貢以來，今日邊患獨在遼東。所以爲全遼患者，惟土蠻爲大。乃若遼人所最苦者，又惟速把亥爲急。蓋土蠻巢帳頗遠，非大舉不至，而此酋密邇封疆，凶狡特甚，朝夕驟發，焚掠慘酷，非一日矣。仰惟我皇上聖神御極，加意邊防，留心民隱，不忍此方隅赤子塗炭困厄，選將士，除戎器，廣騎卒，增額餉，睿意所向，寰海承風，若膏雨之潤草木。乃兹狡夷肆行不靖，輒以非時犯我王略。將士協心，奮鋭疾驅，斬之塞障之下，醜類幾殲，旃裘破膽，此寔我皇上聖武布昭、威靈遠震之所致也。臣等叨依日月，蒙被光耀，私幸已深，雖職在贊襄，朝夕不敢不竭盡心力；然識短力綿，何能仰裨萬一？伏蒙恩命，逾越等倫，窮階華貫，録後褒先，咸人臣至榮，得一爲難者，臣等省循儆惕，實不敢當。伏望聖慈收回成命，俾臣等仍照舊供職，云云。

謝恩疏

原任少師兼太子太師、吏部尚書、中極殿大學士臣張某謹奏：爲恭謝天恩事。今月六日，得臣原籍書，臣父某以三月二十三日病故。臣一聞訃音，五内崩裂。伏蒙聖諭：“諭元輔，卿父辭世，朕心甚悼。雖人子孝情當盡，還宜節哀，以慰朕懷，以副衆望。卿宜體之。”該某官某恭捧到臣私第。臣不忠不孝，禍延臣父，乃蒙聖慈曲軫哀憐，犬馬餘生，慰諭優渥。臣哀毁昏迷，不能措詞，惟有痛哭泣血而已。臣不勝激切哀感之至。

代乞恩疏

原任巡撫寧夏右副都御史、今故羅鳳翱妻淑人臣王氏謹奏：爲懇乞天恩，憐憫邊臣，照例給賜恤典，以光泉壤事。臣係山西平陽府蒲州人。臣夫羅鳳翱存日，由舉人嘉靖三十八年除授直隸保定府易州儒學學正。四十年，升國子監博士。四十四年，選授湖廣道監察御史，巡視京倉，巡按山東、保定等處。隆慶五年，升大理寺右寺丞。六年，升本寺左寺丞。本年十月，升本寺右少卿。萬曆元年三月，升本寺左少卿。四月，該吏部等衙門會推，題奉欽依，升都察院右僉都御史，巡撫寧夏地方，贊理軍務。萬曆五年二月，升右副都御史。萬曆七年十一月，升俸一級。萬曆八年正月，考滿，廕一子入監。本年四月十一日，偶感痰厥病症身故。伏念臣夫自萬曆元年履任寧夏，經今八年，感幸遭際委寄之隆，思效駑馬鉛刀之用，夙夜孜孜，殫心極力，以靖虜宣威、足食安民爲務。修復漢唐古渠，易用石閘，荒萊盡闢，流移復業。廣創倉庾，增守要害，修置器械，簡練兵馬，百度改觀，遂稱雄鎮。時屬北虜款貢，本鎮于中衛等處開設市廠，歲與虜市。臣夫撫接制馭，曲盡機宜，虜不失歡，民獲厚利。遵奉廟謨，及時修舉八事，節年磚包鎮城及南北兩關城，石砌横城、馬頭等處，修築城堡中、東、北路，靈州中衛等處，及修完邊墻、墩鋪、敵臺、關隘，挑浚濠塹，以及虜王西牧，撫馭歸巢。屢經督臣戴才、石茂華、郜光先等，及閲視侍郎吴道直、給事中戴光啓、巡按御史沈涵等具題，節蒙聖恩賞賚銀幣，升職加俸，俱在部卷可查。諸如此類，寔皆邊臣職分之常，臣夫叨荷寵榮已逾涯分。不意身先朝露，未酬覆載洪恩萬一，豈宜復有希冀？仰惟聖明軫念臣勞，恩禮始終悉從優厚。伏睹恤典條例一款，兩京三品文官病故者祭一壇，照例造葬。臣夫係在京三品官員，已經考滿，且盡瘁邊庭，情尤可憫。伏望皇上憐念封疆之臣勤勞死事，如蒙敕下該部查覈功實，照例上請，俯賜葬祭贈官，則哀榮渥澤，下漏重泉，不惟臣舉家戴荷，臣夫有知，亦當誓圖冥報，不忘結草于九京之下矣。爲此具本，遣義男羅某齎捧奏聞。

表

賀白鹿表

玉闕回春，寶曆衍萬年之祚；金方誕秀，瑶光呈百禄之符。當有道之昌辰，獲長生之上瑞。鈞天集慶，壽域增輝。恭惟皇上，合德重玄，凝神太素。隆顯思于烈祖，不愆不忘；篤陰隲于下民，以休以豫。至誠感而三靈協佑，太和鬯而品彙昭蘇。内順治，外威嚴，撫維熙之帝載；岳效珍，川修貢，荷滋至之天庥。顧物應雖備乎嘉徵，而昊眷尤申于上壽。眷兹白鹿，儀彼蒼龍。毓神于萬壽之宫，闡降年之有永；現彩于一陽之月，示迎日之增長。角若挺瓊，毫疑集霰。甡甡孔碩，侣玉兔以來庭；濯濯不驚，茹瑶芝而在囿。適四十載光華之旦，睹五百年皓曜之暉。應王者之禎符，克稱鴻烈；爲仙人之上乘，是曰龍媒。昔黄帝受環，因契廣成之旨；玄元托駕，實開道德之宗。蓋披圖牒以稱奇，邈矣振古；介岡陵而獻壽，巍乎齊天。臣等叨塵法從，久荷恩慈。帝力難名，紀述自慚于窺管；皇猷有象，報稱祇效于呼嵩。伏願仙算日新，聖躬天保。玉燭光調于四序，天不愛道，地不愛寶，合龜龍麟鳳以來遊；璿璣氣叶于五辰，上及太清，下及太寧，暨鳥獸魚鱉而咸若。

啓

上瀋王啓

伏惟桂叢繚繞，榮敷三殿之華；松茂相承，永介千齡之祉。山河盟固，箕翼年長。屬上國之祝釐，適蕤賓之届候。茅分白社，侯度肅以虔修；名在丹臺，仙侶紛而來下。本支億麗，壽考萬年。某風挹東平，居連右輔。忘勢屢承于折簡，從游未遂于曳裾。月滿西園，情每歆于飛蓋；星暉南斗，忱欲獻于稱觥。爰貢芹誠，仰希鑒茹。無任馳切之至。

其　二

仰惟殿下，以國懿親，膺天嘉祐。屏翰有赫，壽考維祺。兹值紱麟之辰，敢後稱兕之祝？爰陳菲幣，用效芹忱。所冀揮存，不勝馳懇。

其　三

恭惟帶礪弘勛，岡陵衍算。帝賴屏翰之烈，天垂純嘏之庥。乃今古所樂稱，寔鄉園之勝事。某久叨禮遇，倍有歡悰。爰貢筐將，用昭芹獻。伏希鑒納，無任幸榮。

其　四

恭惟蘭殿啓祥，椿齡益算。河山帶礪，永承西土之封；户牖詩書，茂享東平之樂。德高天派，名在仙都。捧兕登堂，阻趨陪於遠道；承筐獻悃，寄祝讚於長年。詞靡心宣，神隨函往。仰冀鑒納，不任悚惶。

上相公啓三道

伏以秘閣彈冠，丕荷裁成之德；中庖授粲，更承慈惠之施。資生真並夫二儀，酬造能忘夫一飯？藥階初霽，景正值於清和；蘭醑新篘，願有娱於閒燕。是涓穀旦，敬瀹溪毛。敞京洛之名園，啓衣裳之勝會。灑庭宇而陳八簋，佇瞻衮繡之暉；擁巾篝而饋十漿，爰借絲綸之暇。希乘永晝，肯過高軒。星聚人間，台象預占於漢史；風生賓坐，德音式傚于周行。爲慶維多，矢言莫竟。

其　二

伏惟新命維周，協鳳鳴之景會；盛陽在夏，開麟紱之元辰。南風薰而民生康，北斗旋而天道正。靈樞妙斡，壽域弘開。恭惟相公，王室棟梁，人倫冠冕。贊萬幾于先甲，納一世於由庚。嘉謀嘉猷，咸造膝而陳也；大順大化，由推心以致之。不惟帝眷元忠，既臣而學；亦且天佑純命，俾熾而昌。屬北陸之晷最長，睹南極之輝增焕。明良千載，當五百載必有之期；壽考百年，正五十年方將之旦。巖廊多慶，寰海同歡。矧一介之孱生，荷萬間之大庇。祝長者之壽，情倍切于宫墻；掃相國之門，迹則隔于湖海。緘牘莫罄，束帛是將。葵藿云微，自效有同于傾日；松筠之茂，所期惟在于歷年。漱石以言，瞻雲而貢。無任頌禱依戀之至。

其　三

伏惟衡宇栖遲，自分人寰之隔；樗材啓擬，忽承天綍之臨。輝光頓賁于丘園，陶冶寔資于宗匠。感藏極矣，言謝先之。伏念某章句陋儒，斗筲小器。雖以三語受知於長者，寔無一善可比於衆人。行能薄而聞望未孚，名位過而悔尤荐至。信車轍而返，豈謂窮途？營菟裘以居，且將終歲。仙署望疑于天上，帝所時遊于夢中。蓋三年獨賦其閒居，而一旦輒還其舊觀。儲闈正宋，依鶴禁之深嚴；石室抽毫，遡玉宵之迢遞。朝廷殊典，儒者至榮，不謂此生，復有今日。玆蓋伏遇相公，大鈞播物，真宰存心。計安宗社而有餘，功在朝廷而不露。摶北溟之水，妙運雄猷；擘太華之山，獨持定力。濟衆不遺于一物，取士必録其寸長。乃眷此三折肱之踦人，特施以一舉手之深惠。溝中斷木，被以青黄；爨下枯桐，加之丹漆。某敢不銜結報德，檢束酬知？牛溲馬勃之兼收，幸備在籠之藥；軒鑑鏌鋣之惟命，豈云躍冶之金？所以報千載一二之奇逢，惟是堅百里九十之晚節。衷丹可瀝，毫素難宣。某無任瞻佇屏營之至。

壽楊本庵啓

緬惟陽月迎長，仙籌錫羡。天保純嘏，俾熾俾昌。蘭桂襲芬，棘槐陟峻。誠人間之景禄而婣黨之壯觀也。某拜别旌麾，於今三載；有懷江漢，莫致一舧。少肅承筐之儀，用代祝嵩之悃焉耳。伏希莞納，無任幸榮。

寄某中丞啓

緬念兩河厚幸，獲借重旌麾，拊循疲瘵。河山表裏，欽方叔之壯猷；鎖鑰藩垣，藉寇公之宿望。旌旗改色，夷夏騰歡。某藐焉煢疚，伏處林丘。綸綍初傳，仰聖主知人之哲；雲霓在望，慰鄉人來暮之思。迹遐阻於趨庭，誠遠將於束帛。沚毛薦釜，敢云明信之羞？蔀屋生春，佇聽勞來之頌。所希撝納，荷寵良多。

寄蒲州應試諸生啓丙子

緬惟諸賢，懷負利器，彙進清時。爲鄉井之光，發河山之秀，極爲勝事。僕引領汾曲，樂觀厥成；爰具柴薪，用充卷價。所願平分名第，占賢籍六十五人之中；並奪魁元，接吾榜二十八年之後。幸甚。己酉至丙子凡二十八年。

聯　對

午日划龍船走驃騎宫聯計十五首

五蓂開地臘，萬騎奮天閑。

鶉火天中節，龍舸水面嬉。

橐鞬穿柳戲，簫鼓采蓮歌。

選奇來大宛，鬥勝出期門。

馮夷陳水樂，海若護帷宫。

右五聯，各五字。

天中午節延昌曆，池上離宫奉勝遊。

桃花駿馬金爲勒，蓮葉仙舟錦作帆。

天行近轉濯龍殿，宸賞高臨戲馬臺。

水底魚龍驚笳吹，波間荷芰映帆檣。

樓船衍漾芙蓉沼，鐵馬奔騰楊柳堤。

右五聯，各七字。

萬載無虞豫遊瑞午節，五兵不試習戰昆明池。

編埒布連錢騰驤鬥技，築臺徵汗血雲錦成群。

榴日荷風媚端陽節候，仙舟神駿壯上界山河。

緑耳華〔一〕騮高驤瑪瑙勒，黄龍青雀齊舉木蘭橈。

銀漢分暉千艘明組練，金臺選勝八駿躡風雲。

右五聯，各九字。

門聯計六十八首

宫端府

太簇律中，幾多日繁華時候；首陽山下，二百年清白人家。

其　二

皇運休明，金馬石渠開大雅；帝州佳麗，歷山嬀水咏重華。

四魁坊

神聖圖書，數千載心傳伊洛；弟兄科第，二十年名冠河汾。

時思堂

桂酒椒漿，燕邸烝嘗開俎豆；秋霜春雨，條山物候念松楸。

其　二

弓冶箕裘，百世雲仍承茂澤；春秋霜露，一年禴思繫遐思。

三母祠

曾祖祖姑，再世柏舟矢操；孝孫孫婦，百年蘭譜紹芳。

榮壽堂

東觀貤榮，千里恩波分太液；南山獻壽，百年佳氣繞中峰。

其　二

南圃天長，千歲靈椿培景禄；北扉日麗，滿階紅藥競年芳。

其　三

鳩杖逍遥，仙室鼎裀供壽養；鸞文燦爛，卿階金紫沐恩光。

其　四

鶯囀玉階春，恩誥載從天上授；鶴飛瓊島曙，仙籌更向海中添。

其　五

萊舍白雲多，菽水晨昏遊子念；芸闈紅日近，皇王墳典侍臣心。

其　六

親壽如山，花甲重開躔度始；君恩若海，木天坐閱歲時深。

其　七

堯殿轉春風，丹地仙班深篴迹；舜城依太華，白雲親舍遠關情。

其　八

閶闔迎祥，車馬千門始旦；蓬萊受籙，松筠百歲長春。

其　九

華蓋啓昌期，縹緲五雲擎曉日；蓬萊添永算，綿延千祀衍春籌。

福善堂

壽富康寧，福自天來靈貺固；仁義忠信，善由世積慶源長。

其　二

所求乎子，所求乎臣，忠孝衍一門之慶；必得其名，必得其壽，仁賢種五福之靈。

康樂莊

先世有廬依舜畝，後人作業付韋經。

其　二

翠柏蒼松，猿鶴秋盟同澗壑；崇蘭芳蕙，熊羆春瑞滿庭幃。

太史第

神融白鳳春裁賦，光借青藜夜校書。

其　二

天近詞林，吾道本爲當世計；日遲經囿，此心原與古人期。

其　三

翰墨承恩，堂構敢忘先世芘？詩書續業，箕裘仍賴後人傳。

其　四

廣厦細旃，常日金華陳寶訓；高文大册，經年石室演瑶編。

其　五

黼黻一生心，常日金華講藝；青緗千古事，經年石室抽毫。

其　六

苑柳宫梅，須信春風先到處；階蘭庭桂，佇看淑景漸長時。

其　七

浪迹帝閽中，清禁恩暉隨日永；幽懷人境外，小窗書卷伴春閒。

永裕門

遲日簾櫳，琴瑟雝雝閑永晝；東風庭院，桂蘭馥馥占韶年。

其　二

日永槐階，王氏寶刀章瑞應；風和蘭砌，謝家玉樹衍韶芳。

其　三

晋水燕山，萬里椿萱看具慶；謝蘭竇桂，一門科第待聯榮。

其　四

柳色新春，大厦韶光明燕雀；槐陰清晝，重幃佳兆襲熊羆。

其　五

斗轉星移，光嶽更逢千載旦；風和日麗，桂蘭争放滿庭芳。

城中精舍

西嶽列幃屏，百里雲霞弄色；東風吹院宇，一時花卉生香。

其　二

蕙帳竹床，夢徹洞天清曉；柳塘花塢，興隨化國陽春。

其　三

鶴語琴音，門庭外即同瀛島；花香嵐影，城市中自有山林。

其　四

上苑十年，浪迹曷能追鮑謝？故園三徑，閒心猶及訪求羊。

其　五

朝山色，夕河聲，上國清幽世界；左棋枰，右琴几，高人瀟灑生涯。

書　樓

松茂竹苞，佳氣春生樓閣；山暉川麗，祥光曉入簾櫳。

其　二

槐廕滿庭，承先德敢忘堂構？芸香充棟，貽後人安用籯金？

挹涑〔二〕郊居

海晏河清，萬國衣冠瞻化日；鳥啼花發，千家山郭弄春風。

超然樓

徑入林幽，雞犬聲疑雲外出；山鄰墻角，峰嵐光在座中看。

其　二

鹿遊町疃千峰側，鳥下樓臺萬木陰。

中林勝境

禾黍社田多，四野農謡時雨足；牛羊村巷静，一聲牧笛暮烟横。

其　二

花氣遞風來綺幄，山光隨酒入金尊。

其　三

座上風來知花氣，杯中雲净見山光。

清曠閣

返照漾窗摇四海，朝雲拖棟控南山。

東田新築

陸地神仙府，碧山學士家。

其　二

畎畝身閑，時取青�詮漢紀；江湖心遠，每從紅日望堯天。

其　三

萬里江湖，晝日每懷山甫衮；百年菽水，春風正舞老萊衣。

其　四

瞻雲已慰承顔志，愛日長同報國心。

樂志堂

籤插架，帙充厨，静几明窗，遊泳古今上下；水環門，山遶屋，扁舟短杖，逍遥天地中間。

其　二

白帽青氊，載寢載興，日用外無他長物；茂林修竹，一觴一咏，天寰中有此閑身。

其　三

林隱五六峰，探勝漫憑短屐；架插三萬軸，訪奇時過高軒。

其　四

樂意相關，風暖簾櫳鳥語；幽情自愜，雨酣亭館花香。

知白室

斗室鳴琴，聊以清音引鶴；匡床掛劍，不將奇術屠龍。

思玄堂

窅窅先天，聲臭無從窺象帝；綿綿中夜，古今常駐見谷神。

四槐堂

清蔭滿庭，作室菑田承世澤；扶疏遶屋，素琴濁酒愛吾廬。

其　二

剪樹納青山，當户雲霞弄色；開渠分碧澗，遶欄花卉生香。

其　三

弦望俟潮音，静與羽流譚道記；朝昏占雨候，閑隨田父驗農書。

其　四

竹杖行歌，十畝林塘供酒興；蒲團對奕，半軒風雨弄棋聲。

長春塢

蒼翠列幃屏，一幅輞川真景；紅黄敷綺繡，四時金谷韶光。

四時佳興

嘉魚吹雨芙蓉沼，好鳥吟風楊柳橋。

人世蓬瀛

右山左河，面阜背關，最是林亭勝處；遲日薰風，雪朝月夜，更無詩酒閑時。

其　二

池洗硯，葉供書，華苑還成藝苑；龜巢蓮，猿獻果，山家即是仙家。

小有洞天

梧月入簾明，一榻廣寒宮闕近；竹風吟籟迥，九天清曉珮環過。

尋雲榭

亭臺縹緲烟霞接，草樹玲瓏日月新。

巖居深處

虞阪秦封，無限山川來掌上；松雲蘿月，别有天地非人間。

解元坊

溟海神鯤，風起已看摶大翼；曲江仙杏，春來還許占高枝。

其　二

日麗曲江，文筆五花吞彩鳳；風掀溟海，雄濤千丈起神鯤。

校勘記

〔一〕“華”，似當作“驊”。

〔二〕“凍”，疑當作“涑”。

條麓堂續集卷二十二

序

左柱存齋徐瑞公八帙壽序

當世宗之季年，我師存齋徐公在首揆，以忠誠精白深結主知，諸蓋謨秘畫、匡贊調護皆關宗社大計。時當壬人穢濁之後，士風國紀，壞廢已甚。公孜孜然湔濯振刷，不遺餘力，未期月而海内改觀聽焉，蓋至于今賴之。先皇帝即位，翼戴功尤著，新政之美，天下方喁喁嚮風，而公遽謝機務以歸。歸十有五年，爲今壬午，公春秋八十。今天子念公光輔兩朝，齒德隆茂無與比，於是下璽書，遣使者，即其家存問，益以蟒衣、文綺、兼金之賜，鴻章縟典，舄奕焜燿，誠太平之偉觀而人代之奇覯也。九月某日，公嶽降之辰，維辱爲門下士，宜有言以先酌者。維間嘗觀古名公鉅人，其所得於天者厚，則其所自表竪者甚宏，而天於始終進退之際亦若有以默相之者。雖乘遇不同，翕張亦異，然其用不滯，而其道益尊以光。故夫股肱弼亮，納誨格心，則勛在朝家；燮調元化，陶冶人群，則澤在寰宇；及夫艱大克舉，消息隨時，引長天年，分功自逸，則純嘏眉壽在于厥躬。若此者，名實並至，吉祥顯融，豈不甚休與？然上下千百年，身有其福而兼履其盛者一何鮮也！故韓魏國、裴晋國兩公功名最著白矣，乃魏公不能忘情于白傅，有歆艷焉；而晋公乞身東都，屬王室多故，懸車屢下，竟未能終歲逍遥緑野之遊。公斡斗樞，秉國成，樹功揚聲，固足以垂旂常而耀來裔，計其十五年之間，抱一葆和，徜徉容與，間命杖屨巖觀而川游，年雖甚高，而形神充腴，精明强力，幾與壯夫等。蓋晚而當昌時，被聖眷寵光，光大如此。外無虞於國，而内不違其天，繇此進之，即百年未艾，以視兩公所得孰多？謂非天所默相不可也。然則以今日觀公，其《易》之《鼎》乎？夫《鼎》，相道也，而用殊焉。時而黄耳金鉉，烹飪以享；時而寘諸廟序，歷萬祀而愈安。故“上九”曰：“玉鉉在上，剛柔節也。”而説者謂居成功之地，與時宜之，是以“吉，無不利”。公進而效“六五”之用，退而收“上九”之成，熙豫恬恬，而臻無疆之福，固其必然者，夫天寧有私于公？“天壽平格，保乂有殷”，自昔聞之矣。夫所謂平格之臣，公實當之，此國家所倚以爲重而天下所共宗也。古者國有大政，就問耆碩，或奉爲更老，親屈帝尊，袒割執酳而乞言焉。今天子倘有意乎稽古誼，修曠典，則孰有先於公？公所以仰酬恩眷而貽休于國者，又寧有窮也？公之孫尚賓君以使事將取道歸壽，維公慶國之綦昌，私慶公之壽考，故爲授簡，寓尚賓君以獻。

四川鄉試録序

皇上御極之四年丙子，四川當大比士。巡按御史某寔監臨其事，先期則馳幣四方，聘文學官某某爲考試官，某某爲同考試官，提調則某官某某，監試則某官某某。御史既已率百執事相與毖飭而後從事，乃合提學副使某所選士若干有奇，遵故事鎖院，三試，得七十人，次其名氏及文之雋者，謹籍以獻，某猥以職事宜序首簡。某往嘗讀蜀紀，言蜀固僻陋，由開明以前未曉文字。漢文翁始修起學舍，招延弟子，於時士民乃稍自厲飭。至王襃爲益州，作《中和》《樂職》《宣布》三詩，令依《鹿鳴》聲歌之，以宣風化。一時才士，如長卿、淵、雲者間起輩出，摛詞掞藻，精耀華燭，卒能使蜀大重若是者，豈非教之使然耶？始某之浮灩濵、泝沱潛而至也，得周覽其形勝。蜀蓋四塞爲固，沃野千里，而其中所謂廓靈關，包玉壘，岷峨滙波，褒斜縮轂，瓌詭豐蔚之狀，莫可名數。夫山川之氣，盤鬱而舒，必且洩之人文，以協昌明之會。由斯以談，蜀靈秀本甲天下，乃漢所稱才廑廑如二三子者，將由地之靈乃爾，抑士之束於教然也？臣以此則嘆士生斯時，漸靡之無術，令宏碩之才靳委於詞賦小道也。我國家運際熙洽，列聖紹休，文教旁魄，邇浹〔一〕者游原，迴闊者泳沫，彬彬乎，以程較自昔，且什百于漢矣。主上以冲齡嗣大位，首嚮意文學，嘉惠賢俊，海内之士即阻深疏逖者莫不聲附景從，争自磨濯，思一躡風雲以自效于尺寸，矧蜀故閑于文學而尤重泳沐於聖化者哉？某今者得徧閱諸士所爲文，大都囊包衆美，春容不觚，藉令長卿數子授簡而談，不過于此矣。乃主上勤思乎道德，而經緯乎仁義禮樂之用，諸士子即幸以文進，顧所以效之用而塞今日之求者，則豈徒顒顒競詞采藻麗爲也？某又按圖記，蜀界西南，於位爲輿坤。坤之象爲文爲臣，“六二”臣位，其爻曰“直方大”，是所以應黄裳之君者，惟取於直内方外，而其文則含之，爲地道之光而已。以今天下士習稍競於文矣。即其所論説，非不人人當於名實，然至其操行，則或外獵修姱之名，而中實包伏奸諼。苟以規竊富貴、游徼榮寵如是，亦何所貴於文？亦何以稱於臣道而不負乎上所求也？主上右文隆化，超軼往古。某以爲即得士如漢，猶化理之薄而報稱之不厚也，此亦士之過矣。儻其徒飾聾瞽之言，以自售其恣睢之行，是主司不明，以非材進上，無以宣主上作成之化，而下使山川亦且蒙詬於靈秀，又安所逃罪乎？故由前言之，某猶耻士之爲長卿、淵、雲也；由後言之，某乃懼士之不得爲長卿、淵、雲矣。諸士子宜何處焉？是役也，巡撫四川都御史某、都御史某某，綏静西土，弘闡文教。某官某某，或先時綜畫，或臨時贊襄，皆有勞於斯舉。某官某某以使事至，某官某某以入賀行，亦與觀乎斯事之成者，法得並書，□[二]云。

記

曲周縣新建弘濟閘記

距曲周縣治東一里許，有水曰滏陽河者，源蓋出磁之神囷山云。經邯鄲、永年，由縣西南入境，而東折而北，由威縣境以達于運道。曲周舊志稱沃壤，乃今其土之瘠磽斥鹵稱下田者，計畝幾過其半，而賦出倍它邑，民甚病之。今歲甲子，侍御海寧愚齋董公出按畿右，申飭有司，各畫所以佐百姓急者。于時曲周令王君友賢莅邑且再期矣，念浚滏水以漑其堧近地，可化鹵爲沃，而民力方詘，役興，慮不任費也。比承侍御公條教，遂以其事請。公亟許，因發贖鍰二百金佐其經用。王君乃鳩材蕆工，分域戒事，悦道所使，民用丕勸，于四月六日始工，迨五月二十五日而功告竣。是爲石閘三：其一最大，當縣東濟川橋迤北，引水抵城隅東北二里所，分二派以注于柴家堡、七岔路。其一據城角，納水於湟，四週附郭之田得引焉。其一當七岔路，俾相時洩閉，以防潦溢。大閘輪廣各十丈。城角閘廣丈有五尺，輪贏五尺。其七岔路者，廣同大閘，輪得十二焉。大閘之上爲團亭一座、官亭一座，以時憩視。外爲護閘堤一道，以禦湍悍。凡用磚木、灰石各若干計，而侍御公所發贖鍰沛然猶有餘焉。縣上狀侍御公告成功，公命其閘曰“弘濟”。王君乃遣使問記于余。余攷滏水自神囷發源，郭景純謂至列人入於漳，地志又謂自臨漳入漳，則漳、滏嘗合流蓋久。漳舊由曲周而北，達于鉅鹿，既徙而東，則滏經縣境者當由漳故道。今曲周有漳河枯漕，在縣東十五里，而滏僅去城里許，安知非前人導之而西以資灌浸耶？顧紀述無存，不可得而考矣。歐陽子有言："作者未始不欲其久存，而繼者常至于殆廢。"昔西門豹引漳水溉鄴，史起繼之，修其遺法，鄴人遂享其利累世。漳水今自如也，不聞爲鄴利，由繼史者無其人耳。以侍御公之勤民，而王君承之，毅然爲曲周建長利若此，嗣續而修葺之，將無望于後之人乎？余故不辭王君之請，爲著其建置始末，俾來者有攷焉。

重修昭應宫記

玄帝古未有專祀，漢始祠黑帝，列于五畤。天文，北方七宿虚、危有龜蛇形，號曰玄武，故世之祀玄帝者象之。今都門西高梁河之滸，舊有昭應宫，以祠玄帝。相傳元至元六年，有龜蛇並現河上，元人以爲祥，因即其地宫之。至我朝成化時，憲廟嘗賜璽書監護。正德中，御馬監太監谷公者寔更葺焉，詳具前大學士費文憲公記中。顧祠無常主，歲久基搆摧圮，祀事遂廢。道士李宗玄私以宫求鬻於番經廠畢太監敬，敬以其故白司禮監太監某公。公嚮事世廟，嘗一夕夢謁祠，宫敞甚，若將告神以經始者，及寤，念之弗忘。至是，聞敬言則心動，往閲廢宫，宛若曩所夢者。因捐貲三千金，屬某某以某年月日鳩工而舉役焉。且謀於衆曰："夫祠事始未嘗不肅祗，後稍怠慢也。藉令守非其人，他日將復有私鬻如宗玄者，奈何？"乃言於上曰："臣幸給事掖庭，蒙被寵渥，伏自惟念，無所報塞。間者祗哀皇上賜予之惠，敬輸之神，爲葺敞宫一區，以祀玄帝，庶幾邀神之庥，祐國庇民，永延聖祚。請即以其宫給御用監爲公廨，使得專主祠事，神且有常饗焉。"上嘉其意，許之，仍賜帑金若干。兩宫聖母太后、潞王殿下暨公主各賜金有差，諸中貴助役者又若干人，蓋幾閲月而告成事。其中爲大殿者三，爲小殿者四，爲鐘、鼓樓者各一。别有崇教堂，三清、五老、三官諸殿，以至齋舍、庖湢、門垣之制，悉起其故而新之，而宏傑瓌麗，固不啻數倍疇昔矣。宫既成，公以狀屬余記其事。余惟聖王在宥天下，旁洽百靈，故國有禜禬、祈禳之事，猶將索神而禮之，矧天帝之尊嚴者乎？《記》曰："有其舉之，莫敢廢也。"惟兹玄宫，肇祀且三百餘載，守者無以夙夜奉灑掃，而因規以爲利，非公且鞠爲禾黍污萊，河上之祀幾于隊矣。先事而見夢，豈神之靈固預通其感耶？公歷事三朝，小心畏抑，見稱純恪。今上以冲年踐阼，勗勸擁佑，勞勩有加，其中心誠敬孚質於神明久矣。今兹之役，經費不煩有司，珪幣不領於天子之太祝，身率其屬，以共祠事，而歸福於國與民。夫使國與民無所用其禜禬、祈禳而陰受其福，功德孰有盛於此者乎？是宜紀其事，而系之以辭。辭曰：

伉貝闕兮高丘，泝光景兮臨流。開聖緒兮有俶，儼神物兮蟠糾。歲荏苒兮代序，鍾與簴兮易處。靈欻欻兮何歸，降巫咸兮無所。輦文石兮瓌材，增厥搆兮崔嵬。列周廬兮布翅，闢九關兮洞開。驷玄虬兮委蛇，撫長劍兮陸離。倏臨睨兮故宇，雲溤溤兮下垂。羞桂糈兮椒漿，考鐘磬兮喤喤。紛總總兮拜舞，憺神志兮娱康。殄氛祲兮祚嘉祥，調四序兮叶三光。闡神休兮無極，贊天子兮垂裳。

蒲州重建首陽山夷齊祠記

當蒲州治之南，河曲之中，對華而峙，有山曰首陽者，夷齊之墓存焉。陵柏鬱然，攢茂丘阜，闞駰《十三州志》已謂然矣。其廟貌所肇，宋黄庭堅、元王惲咸謂起自唐代，而郡志云自晋太康。然余攷後魏酈道元注《水經》，已稱雷首山有夷齊廟。及漢熹平中蔡邕所撰《夷齊碑記》，内述登山升祠，又其事原于平陽蘇騰，疑漢人固已祀之，不獨唐、晋也。皇朝褒禮德讓，咸秩群祀，凡古賢臣義士墳墓所在，令有司崇護，時祀之，故其廟宇閎深，甍棟壯麗，視前代有加者。嘉靖乙卯，秦晋地大震，祠乃盡圮，委像設瓦礫中，不蔽〔三〕風日者十年矣，故址寖湮，鞠爲榛莽。歲甲子，選部洪都吴公一瀾來貳郡政，睹遺迹動心焉。越明年，公既假守是郡，振蠹起罷，撫鰥蘇困，不三月民信且悦，四境翕然。乃重建首陽祠，增其舊制，度材賦工，量力授事，負河而陶，埏埴取足。于時財罔告詘，民未知役，而工用竣矣。戒事于乙丑秋八月，迨冬十有二月而畢。凡爲正殿五楹，殿左右各有廡，共爲楹六。殿前爲獻殿三楹。又前曰中門，楹如獻殿之數。又前曰欞星門者，楹亦如之。殿東曰致齋所，有前堂，有後堂，有左右廊，前後共四，有鐘樓，有鼓樓，以楹計凡二十。殿西有宰牲所，有二堂，各爲楹三。二所由殿中門外左右分，各樹坊表其道。又爲碑亭二，在雙塚前，爲井亭一。繚以崇垣，輪廣凡若干計。奕奕新廟，突出于層岡茂柏之中，河、嶽、中條相顧頓生色矣。初太守將莅蒲，蒲人張生四維以首陽祠爲請。及是，太守以祠成來告，併命紀之。某惟二君當商周之際，餓于兹域，距今固已數千歲矣，清風泠然，孤標若在，此豈惟制行之卓足以聳人觀聽哉？蓋五常之性，烝民具之，而二君信心任理，其于父子、兄弟、君臣之際，以爲必如是而後爲得者，故確然行之不疑，而非自異也。夫心，烝民所同也；迹，二君所獨也。唯其同，故百世聞風猶足以興起；唯其獨，故當世以爲奇，而二君無心也。莊周乃謂夷齊死名於首陽之下，或者又謂二君憂萬世之無君。嗚呼！身、名孰親也？至以身爲後世易乎？此皆好事喜奇之士以其心爲聖賢量，而不知其必不出於是也。孔子曰："求仁而得仁，又何怨？"二君之心固如此。黄庭堅、王安石諸人紛紛疑其遜國、扣馬、采薇之事，其説甚具。夫事在千載上，真贋有無惡可盡辨？但所傳聞者如此，夫亦有所受矣。聖賢之心，萬世一日，所謂廉頑立懦者固自有在，尚論者不泥迹焉可也。余既重太守表章往哲，興舉廢典，不辭紀其成迹，因并著二君之心事，俾鄉人知盛德所以百世祀者在此云。

講　章

經　筵

仲弓曰："居敬而行簡，以臨其民，不亦可乎？居簡而行簡，無乃大簡乎！"

這是《論語》第六篇孔子弟子仲弓論人君行簡的説話。"敬"是謹畏，不怠忽的意思，"簡"是簡易，不煩瑣的意思。昔仲弓因孔子有"可也簡之"答復質問之説，道人君南面臨民，其道固貴於簡。然簡有兩樣，一樣是簡的恰好的，一樣是簡得不好的，不可不明辨也。如何是簡得恰好的？蓋人君一心，萬化根本，須要戒慎恐懼，不使須臾之離，動作威儀，必謹周旋之節，則中心有主，自治嚴密。由是而行簡以臨其民，事舉大綱，政務體要，固不紛紛以蹈于多事，亦不瑣瑣以察于細微，事既不煩，民又不擾。這樣簡纔是簡得恰好，所以説"不亦可乎"。如何是簡得不好的？蓋簡止是個制事的道理，却不是居身的道理。若是厭惡拘束，不能居敬，内無以收斂心志，外無以謹飭威儀，則中心先自没有主張，何能應用？自己尚且管攝不下，何以治人？由是本之以怠荒不檢之心，出之爲苟且無章之政，必將致紀綱紊亂，法制隳頹。這樣簡却是簡得不好，所以説"無乃大簡乎"。人君南面而聽天下，以居敬行簡爲法，居簡行簡爲戒，則恭己無爲之化不外此矣。臣嘗論之，居以心言，行以事言，雖有内外之分，初無二理。蓋惟居敬則中心無爲，以守至正，上畏天命，不敢斁經常以擾天紀；中畏祖宗，不敢作聰明以亂舊章；下畏民嵒，不敢咈百姓以從己欲。一政事之頒，一號令之布，非至當極順，不見于行，雖欲不簡，不可得矣，故程子謂"居敬則所行自簡"也。若居簡行簡，不但大簡，政無典要，人莫適從，奸蠹乘之而生，釁孼緣之以起，自古天下多事，未有不由疏闊縱弛而成者也。臣竊謂居簡乃棼擾之端，非能簡也。仰惟皇上天植英姿，日嚴睿學，聖功養正，固已無不敬矣。至于停省不急之工，數下寬大之詔，遵守成憲，與民休息，居敬行簡之美，雖古帝王篤恭之化何以加焉？臣愚更望永保此心，守而勿失，力行此道，期以有常，充其火燃泉達之機，用臻天清地寧之效，蓋惟在指掌間耳。宗社幸甚，臣等幸甚。

日講

"點爾何如？"鼓瑟希，止夫子喟然嘆曰："吾與點也。"節文

夫子一聞曾點之言，有契於心，乃喟然嘆息，説道："吾與點也。"其深嘉樂予之意溢於言表矣。蓋君子所性，萬物皆備。人惟見道不明，未免有慕於外，乃以得失爲欣戚耳。若是反身而誠，無所愧怍，此心泰然，天理充滿，則無所往而不得其樂矣。故簞瓢陋巷，蔬食水飲窮居，此樂也。用于國而安富尊榮，達之天下而老安少懷，施諸後世而親賢樂利，亦此樂也。大行不加，窮居不損，用舍行藏，安於所遇，蓋聖門學術如此。曾點知之，乃以童冠游咏之適答"如或知爾"之問，故爲夫子所深許也。然曾點惟未得位，故得以是自樂。若有天下國家之責，則必使無一民一物不遂其樂，方爲盡性極致，此堯舜所以病博施也。合而觀之，三子之志固亦夫子之所取者，而乃獨許曾點何也？蓋隱居

以求其志，行義以達其道，君子出處之大節也。若負其材能，汲汲然欲以自見於世，則出處之際，必有不能審于義命而苟于所就者，觀于子路仕衛輒、冉有從季氏則可見矣。故夫子許點，以其有見于隱居求志之道耳。然三子所志，乃其優爲。曾點狂者，行有不掩，夫子因其質問而亟稱三子以答之，亦裁成之教也。

經　筵

惟天聰明，止〔四〕惟民從乂。節文

所謂法天，一唯因視聽于民而已。民之所好，天所福也，而君之慶賞隨之，雖在疏遠，雖所憎惡，有所不敢蔽矣。民之所惡，天所禍也，而君之刑威隨之，雖在貴倖，雖所寵愛，有所不敢私矣。若是者，蓋聽不以己，兼萬耳以爲聽；視不以己，兼萬目以爲視。可以端拱穆清之表而聽徹于閭閻，可以深居九重之中而視周于萬物，此聰明之實也。如或不知法天，不能循民，獨任耳目以爲視聽，則上焉者必矜炫才智，而好惡拂群情之公，下焉者必沉溺聲色，而取舍徇一身之便，欲求臣欽若而民從乂也不可得矣。仰惟我皇上以聰明首出之資，膺天眷命，海宇臣民無不翕然敬信者，良由于憲天出治，視聽以民故耳。然聖齡益長，則睿智日開；化理已臻，則保持當慎。臣請召對臣寮，詢訪四民之疾苦；覽閱章疏，繹思百度之廢興。兼聽遠觀，通幽鑒隱，則我皇上聽〔五〕明之實合符天德，而今日中興之治媲美殷宗矣。臣等不勝顒望。

經　筵

不役耳目，百度惟貞。節文

臣嘗因是而論，人之一身，五官百體，莫不有欲存焉。而召公進戒，武王特舉"不役耳目"爲言者，蓋身之取給於物者有限，而欲之交引于物者無窮。飲食之奉，適于口而已，一飽之外皆餘物矣。居處之安，適于體而已，容膝之外皆餘地矣。而末世之主，乃有府庫不能供其求、四海不能贍其欲者，則由心失其主，爲耳目所役故爾。彼目司視，而色之所接無窮；耳司聽，而聲之所接無窮。苟不能清心寡欲，爲非禮所牽引，豈惟妖冶奇麗之觀、淫佚流蕩之音足以眩蔽聰明，滅德而敗度？凡其車轂馬炙，池酒林肉，極饕餮之凶者，與口何與焉？供耳目之玩而已。瓊宫瑶臺，千門萬户，窮土木之侈者，與身何與焉？供耳目之玩而已。是體之在人，其易逐于物而爲心害者，莫耳目若也。故聖帝明王必謹乎此，戒懼于不睹不聞之中，時致詳于作哲作謀之用，夫是以明目達聰，而不爲奸聲亂色所蠱惑也。仰惟皇上踐阼以來，非帝王之學不講，非六經之文不觀，凡耳目之玩固無因而至前矣。然明王慎德，每察于微；忠臣愛君，必防其漸。臣愚更望乘此至虚至明之天，益茂無怠無荒之學。所見必正事，而一切奇巧珍異之物不接于目；所聞必正言，而一切諧謔諛誕之詞不接于耳。于以禁進獻之端于未發，防游佚之欲于未萌，豈惟聖德克慎，百度惟貞，將見聖祚無疆而萬年永保矣。臣等不勝幸甚。

教習庶吉士條約

翰林院爲作養人材事。照得自古以學校養士，待其成材，進于科目，銓品器能，授之職任，以責其功效，此恒典也。惟我國家庶吉士之設，乃選諸科目既進之後，不以其材之所成爲足，重加教養，使益勉進未能，以需大受，所以作興期望，視前代特重。諸士既與兹茂典，其所自待豈宜後于時髦？今將進學規條開列于後：

一、聖賢之學，帝王之治，具載經傳，粲然可陳。諸士童而習之，誦述已久，則夫今日所宜從事，豈其異術？要惟于其所學明辨篤行而已。蓋自科舉制興，士多視經術爲進取之資，不復體貼身心，驗之實用，乃至名實不副，言行相違，循以爲常，恬不知怪。士習若此，世道何裨？諸生其繹思經傳所以垂訓之旨，以求仰副國家優異作興之意。理必求其真知，行必期於實踐，内正厥志，持以悠久，庶幾德性堅定，他日施用，必有可觀。

一、秘館儲才，將以待文學侍從之用。非博識多聞，不足以備顧問；非高文大筆，不足以供撰述。績學攻文，乃諸士今日職務，其各愛惜寸陰，益求未至，期與古今作者競爽齊驅。毋得高坐空談，厭忽本業，玩愒時日，終歲無成。

一、諸士入館之後，自本經外宜另治一經。一經完，然後以漸及於别經。其有平日先已博綜六籍者，亦須温繹舊業，朋友講習，以求新得。其歷代史記、志傳並宜循序博觀，以考制度沿革、人材高下、治道污隆之詳，開廣見聞。至于國朝政典，尤當加意講求，悉究利病，用諳世務。

一、館中誦讀書籍，自五經外，如《文章正宗》、《唐音》、李杜詩，悉聽先生逐日限授。或諸士學有餘力，課程外旁及他書者，不在此限。

一、每月先生出題四道，内文二篇、詩二篇，月終呈稿。先生删正畢，于次月初十日送閣稽驗。

一、每月赴内閣考試二次，定以初一、十五日。

一、入館之後，各宜謝絶人事，合志同方，考德問業，以資義重之樂。毋得笑言終日，飲食徵逐，取誚群居。

恭題御筆“一德和衷”字後

頃歲臣四維在告，聞皇上宸翰超絶，得自天縱，間親灑以賜近臣，竊驚聖作之異，顧江湖遠迹，末由快睹也。邇蒙聖恩，召臣自遠，拔參政府之末。未幾，御書“一德和衷”字二幅，各以“御筆賜大學士張四維”九字標其旁，面授于臣。臣捧受稽首，驚喜失措，爰用摹臨，顔之堂宇，朝夕瞻奉，用章殊恩，服明訓于不斁云。

萬曆乙亥十月七日臣四維拜手稽首謹識。

跋河中府廣孝泉記

宋真宗西祀汾陰，經蒲，謁舜廟，名雙井曰“廣孝泉”，命樞臣王欽若作記，鎸碑廟中。州爲帝故都，廟建蓋久，前代豐碑毁剥殆盡，獨此石巋然存耳。自嘉靖乙卯地變後，廟雖稍修復，此碑則已泐裂，不可復竪。萬曆癸未，分守河東道參政王公基，檄蒲守鄭君文彬庀費掄材，既已，舉廟貌而一新之矣。因余謂是碑不可遂廢，仍令判官嚴汝聘别礱一石，録碑文鎸竪原所，雖雄鉅視前少遜，庶以存斯廟之故焉爾。碑成，余乃著其始末，綴于左方。

移吏部咨

少保兼太子太保、禮部尚書、武英殿大學士張□□，爲欽奉恩詔事。萬曆六年三月初八日，節奉詔書，内一款：“兩京文官未及三年考滿者，俱與應得誥敕。”欽此。欽遵，今將本職應請給誥命封贈曾祖父母、祖父母、父母并妻名氏開具，備咨前去，煩爲查照題請施行。須至咨者。

本職山西平陽府蒲州人，由進士改翰林院庶吉士。一任翰林院編修。二任右春坊右中允，兼翰林院編修。三任左春坊左諭德，兼翰林院侍讀。四任翰林院學士，掌院事。五任吏部右侍郎，兼翰林院學士。六任吏部左侍郎，兼翰林院學士。七任吏部左侍郎，兼翰林院學士，掌詹事府事。患病回籍。病痊，仍補前職。八任禮部尚書，兼東閣大學士。九任太子太保、禮部尚書，兼文淵閣大學士。十任今職。

見在妻王氏，初封孺人，加封宜人、淑人。

已故曾祖父寧，已故曾祖母雷氏。

已故祖父誼，贈通議大夫、吏部左侍郎兼翰林院學士。已故前祖母王氏，贈淑人。已故祖母解氏，贈淑人。

見在父允齡，初封文林郎、翰林院編修，加封奉直大夫、左春坊左諭德兼翰林院侍讀，又封通議大夫、吏部左侍郎兼翰林院學士。已故母王氏，初贈孺人，加贈宜人、淑人。

右咨吏部。

萬曆六年三月□□日咨。

恤孤義約

鳳磐子因晋峰兄不禄，遺有寡嫂幼子，具俸金若干，煩吴樂田義運，每春送麥七石，每秋送米三石，供晋峰兄妻子日用。立約三紙，一付樂田，一付張嫂，一自收備照。

萬曆二年十月二十二日立。

歸途檄約

中極殿大學士張，牌示沿途經過衙門知悉。兹者本閣部奔喪回籍，途中原不設靈受奠，免舉祭禮。一應官員人等只用常穿服色相見，執事俱毋得更易素服。其儒學師生及六房吏典在官諸色人役俱免接送。衙門内毋得結架素綵，沿途毋得苫搭茶棚。本閣部素性不欲煩民，此番又與吉行不同，凡我守土循良須依牌内事理一一遵行，乃見相信。不許故違，取咎不便。須至牌者。

其　二

爲防護家眷回鄉事。今有本宅眷屬回歸山西蒲州，由張家灣水陸南行，至衛輝府起旱，由河南府潼關經過。一應船隻、車輛、人夫、馬匹俱係本宅自顧長行，沿途有司、軍衛、驛遞等衙門並無一毫干預。如遇關津防守去處，驗實放行，毋得稽留阻滯。其一應隨從人等，如有指稱本宅，在於經過去處有所需索，或因而生事者，許所在官司即便擒送本宅懲治。須至牌者。

領誥命祭祖儀式

通贊：

序立　參神　鞠躬　拜　興　拜　興　拜　興　拜　平身

引贊：

詣盥洗所　酌水　進巾　詣香案前　跪

通：

衆人皆跪

引：

上香　奠爵

通：

讀祝文

通、引：

俯伏　興　平身

引：

復位

通：

跪　宣制詞　俯伏　興　平身　四拜

通：

請主

引：

奉主出櫝　　酌水　　進巾　　題主　　奉主入櫝　　復位

引：

主人詣香案前　　跪　　上香　　酹酒　　俯伏　　興　　平身　　復位

通：

鞠躬　　四拜　　平身　　焚黄　禮畢

甲申襄事祭式

曩隨楊襄毅公及舅氏少保公諸先正議定祭式，蒲俗一變。今且三十年，復漸趨侈縟，輒不自量，追惟先進雅意，取曩時所定稍爲增損，具列下方，用以適豐儉之節，通幽明之情，庶幾經久可行。先太師安厝有期，必蒙垂奠，敢希見惠如式，無任哀感。

計開：

上祭式

喫襯三卓務從簡潔，凡近時絨綫花草、黏果、細菜、添豢等項俱不用。　饊子四盤　麻糖四盤　大煿食四盤　小煿食四盤　饅頭三盤　時果四盤　看盤一座　看花一枝

猪一口　羊一腔　燭一對　香紙一分其餘盆花、捏生、金銀絹山等項俱不用。

中祭式

喫襯三卓　饊子二盤　麻糖二盤　大煿食二盤　小煿食二盤　饅頭三盤　時果四盤　猪一口或羊一腔。　燭一對　香紙一分

下祭式

喫襯三卓或二卓。　饅頭三盤　時果四盤　羊一腔　香紙一分

《自省篇》注解

誠，吾身也。反而歸之，吾性也。性其理乎？身也。博

而約之，吾本然之天衷也。窮而至之，聲臭泯然，吾元化之混沌也，故曰"無極而太極"也。自是而陰陽，而五行，吾形色之造端也。通貫本末，周流造化，誠其萬化之祖乎！生民之初乎！吾身吾性之終始也。

此言思誠之事，推其功之不可缺，引其效之必至，而究其理之所從出，蓋本周子《太極圖説》，而專言君子修之之事，其極致與聖人同歸，合誠明而一之者也。《圖説》以太極動静而生陰陽，陰陽變化而生五行，真精妙合而生男女，交感化生而生萬物。是萬物之生無非太極爲之根抵，而太極所生之物雖萬有不齊，而太極之理皆周流灌注，無少欠缺于其間，所謂實理也。人亦由是實理而生，而獨得其氣之秀而靈者，是以太極全體無不渾然全界于繼善之初。形神者，陰陽也。五性之感，五行也，善惡、男女也，萬事萬物也。雖其渾然在中，而萬象森然已具，孟子所謂"萬物皆備于我"者也。故曰"誠，吾身也"，天命之本然也。然唯聖人清明純粹，秀出等夷，爲能于太極之理全體不息，無少滲漏間斷，方其寂然不動，而陰陽、五行、男女、萬物之理彌綸溥博，與太極同體，所謂"大德敦化"也。及其感而神知、五性、善惡、萬事之變時出不匱，太極同用，所謂"小德川流"也。此聖人性之天道也。未至于聖，或爲氣稟所拘，或爲物欲所累，其本性之良昏昧放逸，與太極本然之妙大相遼邈；然其所受之中，固有未嘗亡者，是以君子貴修之之功焉。修之則可以及于聖，同于天，悖之則流于禽獸不遠者，故曰"反而歸之，吾性也"，非有加于性之外，功不可已也。夫理一而已矣，然其在天也，而爲陰陽，而爲五行，而爲男女，而爲萬物。其在于人也，而爲形神，而爲五性，而爲善惡，而爲萬事。不探其賾，何以旁達？不觀其變，何以泛應？若是乎博文之功不可已也。然萬物也，男女也，五行也，陰陽也，其實一太極也。萬事也，善惡也，五性也，形神也，其實一太極也。不窮其源，何以知至？不揆其本，何以執極？若是乎約禮之功不可已也，故曰“博而約之，吾本然之天衷也”。博約者，反歸之事也；本然之天衷者，性也。下學之功如斯而已，所謂人道也。過此以往，則上達矣。文無事于博也，禮無事于約也，窮神以繼其志，知化以述其事，無容言，無容力，本原静深，而陰陽、五行、男女、萬物之體復與太極本然之妙吻合無間，反而歸之之全體也，大德之敦化也，故曰“窮而至之，聲臭泯然，吾元化之混沌也，故曰無極而太極也”。由是本既立矣，道斯生焉，存既神矣，應斯妙焉，而神知、五性、善惡、萬事之變，隨感而應，以時而出，所謂“成性存存，道義之門”者也。反而歸之之大用也，小德之川流也，故曰“由是而陰陽，而五行，吾形色之造端也”。天以實理而資吾之生，吾以實德而成吾之性，誠至則成身矣，與聖人一矣。造化者不有其誠，而自無不誠者也。聖人，誠者也。修之者去其不誠，以求至乎其誠者也。造化非誠，而乾坤幾乎毁矣；聖學非誠，而德業幾乎息矣。故曰“誠其萬化之祖乎！生民之初乎！吾身吾性之終始也”。真精妙合而萬物生，吾身吾性之始也，氣具理行者也；博約兼至而體用備，吾身吾性之終也，踐形立命者也。

《自省篇》者，余季外祖中翰止一翁之遺墨也。翁留心理學，默存實踐，容聲舉足，綽有標準。書是篇座隅，以朝夕省觀，蓋倣横渠張子《東》《西銘》之意，理邃辭玄，非膚淺可擬議者。舅氏省元公間以示余，且命之箋繹。嗚呼！某安能以與于斯哉？既辭不獲，乃强爲見解如右，郢書燕説，極知不侔，然而爲之者，冀豹管所窺，庶有一班之見云爾。

校勘記

〔一〕“浹”，疑當作“陝”。《史記·司馬相如列傳》：“邇陝游原，迥闊泳沫。”

〔二〕□，底本空一格，疑當作“云”。

〔三〕“蔽”，原作“敝”，據文意改。

〔四〕“止”，據上文體例，似當作小字，表示自上句始，至下句止。

〔五〕“聽”，疑當作“聰”。

絛麓堂續集卷二十三

雜　著

擬封妃册文二道

制曰：朕恭承慈訓，式叙彝倫。惟王化始于宜家，既肇建中宫之位；而壼政資於多助，用敷求内職之良。名號攸崇，典章具在。咨爾楊〔一〕氏，柔嘉爲性，貞静自持。禮度夙閑，動有珩璜之節；言容純備，行符圖史之規。爰副長樂之簡掄，俾翼坤寧之教範。兹特封爾爲宜〔二〕妃。象應四星，麗紫垣而耀彩；榮先九御，煒彤管以流芳。服此寵光，迪惟淑德。尚祗勤於夙夜，用集慶於家邦。欽哉！

其　二

制曰：化成〔三〕閨闥，式資協贊之良；禮重宗祧，宜廣繼承之道。爰率備官之茂典，載頒叙進之明恩。光我壼儀，亶惟邦媛。咨爾劉〔四〕氏，儲祥令族，毓粹中州。端良合法相之徵，窈窕副好逑之選。徽容有曄，已參景曜于軒龍；懿號所加，宜亞聲華于褕翟。兹特封爾爲昭〔五〕妃。椒塗敷秀，聿昭四德之休；蘭殿承芬，用佐二南之化。尚其祗服，勿替執勤。勉遵圖史之規，丕衍本支之慶。欽哉！

擬敕諭一道

朕惟自古紹庭纘緒之君，必有宅揆保衡之佐。功每崇而勿替，治乃進於無疆。卿歷事三朝，咸有一德。受遺皇考，篤棐冲人。坐待仰思，不敢少遑於夙夜；殫心畢力，惟蘄有利于國家。兹祖宗列聖皆鑒知，實社稷蒼生所倚賴。忽甇甇而在疚，輒懇懇以求歸。朕固惻矣〔六〕其靡寧，義則斷乎其不可。爰稽故典，勉抑孝思。聽辭常秩之頒，仍總繁機之斷。方贊成於嘉禮，乃叠奏夫封章。特允暫還，涣頒異寵。導衛備官〔七〕于文武，驂騑馳傳〔八〕于往來。待靈輴之就封，奉板輿而共邁。是宜諭敕，用示深衷。於戲！舟楫鹽梅，朕方念倚毗之切；腹心手足，卿尚思報禮之隆。惟忘家以徇國謂之忠，惟資父以事君謂之孝。遄即鋒車之駕，仰紓側席之勞。欽哉！

刑部員外郎陳成甫誥命二道

制曰：朕初纘丕圖，思覃渥澤。哀矜庶獄，弘在宥之仁；敷錫群工，舉酬庸之典：恩蓋無不浹也。若司寇諸大夫，寔率乂民彝，以贊朕哀矜之治者，顧酬典可獨後與？爾刑部江西清吏司員外郎陳成甫，發身甲第，佐理邦刑。從政有聲，臨文無害。邇以閥書奏最，敕褒爾勛矣。兹復進爾階奉直大夫，錫之誥命。嗚呼！民命所寄，厥惟内外司憲之臣。爾之明允既著聞於内矣，朕復陟爾出僉外臬，用導予從欲之治。爾往，欽哉！

制曰：士君子能制民于中以肅邦典，必自其正身端軌閑於家者始之，故《詩》咏御邦之美，而以刑于先焉，明立政之有本也。爾封安人馮氏，乃刑部江西清吏司員外郎陳成甫之妻。女德夙備，婦順明章。是相哲人，蔚爲邦憲。執勤有恪，褒典宜均。兹加封爾爲宜人。其益敦正内之風，用佐播刑之迪。

其　二

制曰：君子履道自己，必垂而爲貽厥之謀；積善之家，必衍而爲有餘之慶。故國家霈恩臣下，而恒推及其親者，所以泝慶源、章義訓也。爾贈承德郎、刑部江西清吏司署員外郎事主事陳璡，乃刑部江西清吏司員外郎成甫之父。含可貞之德，不偶當年；廣未究之施，克昌厥後。肆育令子，能讀父書；爲我能臣，恪共君令。屬當大賚，可後申褒？兹加贈爾爲奉直大夫、刑部江西清吏司員外郎。歆兹再命之榮，永作九京之賁。

制曰：父母之于子，其鞠育之恩同也，故人子所以欲報之者，其情當亦不異。朝廷貤恩臣子，而必併及其父母焉，禮之情也。爾贈安人周氏，乃刑部江西清吏司員外郎陳成甫之嫡母。順正承夫，直温啓後。自天受祉，克振厥家。惟爾之休，宜承嘉命。兹加贈爾爲宜人。象服申頒，堂封增焕。

秘閣題札十道

臣吕某、臣張某謹題：昨奉聖諭，以皇祖實録纂完，照例加恩效勞諸臣。隨該臣等議擬，臣某乃堅欲自辭，只擬監修及臣等二人恩例敕稿進呈。于時臣等知聖明睿斷，必不允從，未敢輕易有言。今早文書官丘得用齎原擬敕稿至閣，口傳聖諭，令臣等改擬。臣某仍執初意，不肯增入。臣等竊惟，累朝進呈實録，我祖宗列聖加恩供事諸臣，無有總裁内閣首臣不與恩典之例。矧皇祖臨御最久，紀載浩繁，臣某殫心竭力，潤色訂正，字字句句，悉加勘閲，自始至終，藁草删易，多者八九次，少亦不下四五次，然後成編，其勞加臣等百倍。此固聖諭所及，亦在館諸臣所共知也。且自正德辛巳迄於嘉靖丙寅，綿曆年遠，人亡籍缺，初時紀述苦於無緒，遂至因循歲月，漫無終事之期。自我皇上御極，臣某始裁示義例，張列條貫，嚴定章程，約限期月。于是衆職競奮，簡策日富，僅及四年有餘，汗青奏御。揆厥所由，咸臣某一人督勵之力，此則聖諭未及，又在朝諸臣所共知也。夫懋賞之典，本以勸功。若微勞甄録，顧于元功見遺，則慶賞失中，人心不服。矧某輔贊有年，茂烈精忠，聖心簡在，今官階雖峻，然稽之先朝，或禄秩增崇，或文武廕叙，具有成典。仰希斷自聖心，特頒優命，或下臣等再擬，仍諭臣某勿容再辭，庶不廢累朝崇重訓録之令彝。激勸所關，臣等義不容默。謹具題以聞。

其　二

臣張某謹題：臣同官臣吕某先以患病給假調理，近臣張某復聞父喪，日來二臣俱不進内閣中，只臣一人供事。照得閣務煩重，非臣孱暗所能獨理，且政本之地，事體亦非所宜。臣吕某疾已漸平，只是足力未健，不便站立。仰祈皇上查照在前輔臣偶患時疾事例，諭令即出供職，每日朝參、講讀暫免侍班，庶爲便益。謹題請旨。

其　三

臣吕某、臣張某謹題：節奉明旨：“四品以上京堂官着自陳。”欽此。照得先年凡遇考察，内閣首臣先行自陳，得旨，然後同官諸臣自陳。今次適值首臣張某奉旨，許其辭俸守制，免朝參，照舊入閣辦事，侍講讀。考之舊例，惟在位者自陳，凡有他故不在位者俱免。今臣某既辭俸守制，似與居常在位者不同；乃閣務、講幄辦事如故，又與全不與政者有間。緣係事體有異，其應自陳與否，臣等未敢定擬，伏希聖明裁示，臣等遵奉施行。謹具題以聞。

其　四

臣某等謹題：今早文書官孫斌齎捧聖諭至閣："諭内閣，朕日夜，云云。"欽此。臣等祗遵明諭，已將首臣某二本票擬呈覽。兹擬上敕稿一道，伏乞聖明裁定，發下謄黄施行。所有聖諭一道，臣等尊藏在閣。謹具題以聞。

其　五

臣某某謹題：今早文書官韓壽捧送聖諭一道至閣："朕以冲年，云云，來行。"欽此。臣等恭覽至再，仰見我皇上信任忠賢、慎守成法至意，無任悚服。首臣張某，忠義、才略委過人遠甚。我皇上自踐祚以來，虚心任之。臣某殫竭心力，不避勞怨，孜孜夙夜，贊襄化理，于今七年，百度皆已就緒，無容變更。臣等才雖不逮臣某，而奉國之心則靡有二。百司庶府奉法惟謹，當亦無敢或乘機變亂者。如果有之，臣等即遵奉明諭奏知處治，以杜奸人窺伺之端。遇有事情重大費處分者，亦先奉〔九〕聞皇上，待臣某至日定議請行。所有原奉聖諭謹尊藏在閣，臣等朝夕省閲，異日仍示臣居正，俾益感恩圖報。臣等謹具題以聞。

其　六

臣某某謹題：今早文書官孫斌散本至閣，内有户部覆内承建庫請買金珠、寶石，及江西道御史李學時等請停止各一本，口傳聖諭，每節供進兩宫及各宫例賜歲不可闕，内庫委是缺乏，須下部取用，令臣等議處。仰惟皇上天植盛德，自臨御以來躬履節儉，御服、供膳率從省約。臣等叨侍近列，仰見聖性自然，非由勉强，私相慶讚，以爲宗社萬年之福。至於上奉兩宫，備極誠孝，尤爲帝王盛節，臣等敢不將順？第揆事度理，竊所未安，審勢察時，有必不可繼者，臣等謹爲我皇上直陳之。宮中歲節進貢、賞用之例，未知起于何時，原非祖宗舊制。即如嘉靖初年，奉有兩宮太后在上，徽稱尊禮，節行增加，册后建嬪，懋典疊舉，然亦未有采買珠寶之令行於外也。于時帑藏豐盈，人民樂業，庶幾太平。及十年以後，雖間有之，然亦不過數歲一行，則已帑藏漸虚，閭閻愁悴，四方遂以多事。此近事之明驗，中外諸臣所共知也。我皇上春秋方富，如日初升，將隆堯舜之業，當以世祖初政爲法。况帝王之孝，不在備物，在於畏天勤民，繼志述事，使百度修明，萬方安堵，貽親令名，奉之百順。不然，萬一四方有意外之虞，仰廑慈慮，雖日奉金寶，恐無以承其歡也。且猫睛寶石等物，惟其希有，故爲珍奇。兹堆篋積笥，寘之無用，亦似無益。乃其價費浩穰，取用不已，必致上下俱詘，所損不細。今次臣等屢奉聖諭，不敢牴牾，及照該部欲行出産地方采買，又恐延緩日久。臣等擬令陸續收買進用，將該監原擬數目量爲減損，用昭我皇上恭儉實德，不得已而後取於外也。臣等又惟兩宮聖母萬福無疆，而我皇上至孝悦親，尊養方始，願擴不匱之孝思，立爲可久之定制，及一應宮闈賞賚酌量京庫所入，悉加撙節，務使以後歲時經用無煩外求。此寔康時垂後之永圖，在聖明一加之意而已，非臣等所敢與議也。謹將原本擬票呈覽，伏候聖裁。臣等無任戰慄祈懇之至，謹具題以聞。

其　七

臣某某謹題：今早文書官丘得用齎捧聖諭一道至閣："諭内閣，卿等説的是。但朕方以天下孝養兩宮聖母，豈敢儉其親？况祖宗舊制都是如此，聖母在先帝時何等享用，朕親見的。如今一旦薄了，云云，務如諭行。"欽此。臣等祗誦再三，仰見我皇上奉親念民，仁孝兼至。第欲歲增金花銀二十萬兩，則視昨該庫所開珠石等費反至增倍，臣等螻蟻微誠，不能仰感天聽，不勝慚惶惴懼。臣等前次欽奉聖諭，令凡大事悉待首臣某來行。兹欲增加歲入，立爲定制，事體甚重。及照臣某葬期已過，計當遵奉欽限來京，少待旬時，俟臣某至日定擬，然後人心帖服，免煩聖慮。今次該監所開珠石等項，且令户部照數買進，不必量減。臣等謹改票呈覽，伏乞聖明裁奪。所有原奉聖諭，臣等尊藏在閣。謹具題以聞。

其　八

臣吕某、臣張某、臣馬某、臣申某謹題：午間文書官丘得用再齎聖諭一道至閣："諭内閣，卿等説這係大事，待張先生來才行，朕意也是如此。但目今要用，且將夏季金花銀加伍萬兩一併進來。睛碌珠石不必買了，就買金花銀，也要加進才足用。又買又加，恐非節省之道。朕再三酌量，這們行，不必又説。"欽此。臣等祗遵，已將户部本改票呈覽，伏候聖裁。臣等恭睹諭末念及節省之道，寔宗社無疆之福，斯世斯民大慶。伏望我皇上自今以往常存此心，見諸行事，臣等不勝幸願。所有奉到聖諭尊藏在閣。謹具題以聞。

其　九

臣某等謹題：今早講書畢，文書官丘得用發本至臣等直房，内有南京陝西道試御史孟一脉一本，口傳聖諭："前有旨，救擾的重治，如何又有這本來?"臣等隨觀一脉本辭，委係輕率不倫，自干罪譴，即加重處治，亦不爲過。及照前次南京御史朱鴻謨首犯嚴旨，外庭咸爲危懼。仰蒙聖慈曲從寬貸，天下莫不傳頌。大慶覃恩，無幽不被。一脉不知我皇上仁義並行，雷霆雨露，各有攸當，即妄意爲諸臣瀆請，誠爲愚昧。但因恩詔捄救，比之無故奏擾者不同。其所陳乞，欲將謫戍諸臣量從同罪爲民之例，似猶知畏懼，與概請叙録者有間。臣等敢竊體日前德意，仰祈聖慈，念其無知，俯從寛典，用昭覆載含弘之度。謹擬票呈覽，伏候聖裁施行。臣等干冒天威，不勝悚懼隕越之至。謹具題以聞。

其　十

臣某等謹題：適文書官丘得用齎至聖諭一道："諭内閣，昨見遼東塘報大捷，云云，用示朕惓惓獎酬之意。"欽此。仰惟皇上臨御以來，純心任賢，敬天法祖，仁孝感通，信順協應，膏澤旁流，威靈遠暢。玆者遼東將士出塞擊虜，斬首至四百七十餘級，奪獲牛羊各以千計，鎧甲、馬匹各以百計，而我兵鮮有亡失，功委奇特。况當我皇上嘉禮訢成之會，前後僅兩浹月，而該鎮報捷至再，其爲天地、祖宗眷佑，綿社稷無疆之休，厥有明驗，誠非常之大慶。聖諭欲傳示首臣居正，一應叙録，比前加厚。仰惟聖裁允當，臣等即當祗奉。但部疏録功，須待該鎮奏報之日乃與題覆。若部疏已入，方纔録封諭内，傳部差人示首臣，往返五千餘里，未免疏留中日久。臣等擬即將該鎮塘報封置諭内，即日馬上差人星馳南去。計該鎮疏報必查覈詳確方敢具奏，亦須更待旬日之外。彼時居正回奏，計將先後抵京。兵部疏入，即可依所擬奏欽定施行，庶於事體便益。臣等未敢擅便，謹具題以聞。

敦睦條議前編

凡　例

一、宗藩事例，載在祖訓，宏綱略備。累朝因事制宜，遞有增益，中間條目繁多，行止互易。今擇其法定協中，可以通行無弊者具列于後。

一、《宗藩條例》一書，裒集前後事例，最爲折衷，已經頒布。但當集議之始，刻期迫促，中有兩款互見原止一事者，有一款而數例並存者，其恩禮厚薄，法比輕重，亦間有出于一時一人之見，未厭衆心者。今一以條例爲準，删去例議，訂偏補缺，撮爲簡要畫一之規，以便遵守。

一、封爵、品秩及宫室、車服制度，定自國初，遵守無議者不録。或間有更改，或累朝續定，爲今日通行者則録。其有一事而累經更定者，止據目今見行録著爲例，以前因革亦不具録。

一、宗藩法制，因事漸密，諸所約禁，當自立法之日爲始。如郡王故絶，弟侄不許承襲，及妾媵限制，則以弘治以來爲斷。未娶妻，先收侍女生子，不許請封，則以正德四年爲斷。妾媵不經奏報生子，不許請封，則以嘉靖二十三年爲斷。擅婚子女，則以嘉靖二十八年爲斷。郡王、將軍進封親王，長子襲封，次子不封郡王，及革前所生未封子女不許請封，則皆以嘉靖四十四年爲斷。諸事在例前者俱准照常，其在例後，如犯弘治、正德年例，除郡王冒封不首，即行革奪外，餘許本人終身，子孫如例停降。如犯嘉靖以後例者，查出即行革奪，不待終身。

一、今例頒布之後，各宗事宜悉照款遵守，不許違越本條，妄引以日前未定事例朦朧混冒。其有事端旁出，例未該載者，禮部臨時議擬，請旨裁定，增附例末。

敦睦條議十款

奏　報凡二條

一、王府宗支，但有新生子女，三日後即開本支郡王，取具收生、兩鄰、親眷人等保結，啓親王審實，逐季類奏。或因事稽緩，許即於下季具由補奏。每年終，長史司通將四季奏報子女造册二本賫部，一送宗人府比對，一留本部查考。其各城别住郡王，照例徑奏，教授造册繳部。如無故過期，罪在其父者，一年罰禄米三月，二年六月，三年九月。如延至四年以外方始奏報者，即與立案，不准請名、請封。如各宗三日後已經具啓，而該府抑勒稽留，不依期具奏者，聽各宗具告撫按、守巡等衙門，轉爲參請。本部每年終通查各府過期多寡，將輔導官參究。

一、奏報格式。某王臣某謹奏：爲報生事。據某王啓稱，該府鎮、輔、奉國將軍，中尉某人，年若干歲，於某年月日奏請，授封爲某銜。於某年月日奉到禮部某字幾號勘合，會同選到某府州縣某籍某人第幾女某氏爲配。於某年月日具奏，於某年月日奉到禮部某字幾號勘合，授封爲夫、淑、恭、宜、安人，於某年月日入府成婚。於某年月日嫡生第幾子，收生婦某氏。例該報生，乞爲轉奏，等因。具啓到臣，已令長史、教授某等查勘明白，理合具奏報生，爲此具本，專差某人賫捧，謹具奏聞。其庶出者則開：先於某年月日，因年足若干歲，夫、淑、恭、宜、安人某氏無出，遵例具奏娶妾，於某年月日奉到禮部某字幾號勘合，憑媒某氏，於某年月日以禮娶到某州縣某籍某人第幾女某氏，入府爲第一妾，已經造入當年妾媵文册，年終報部。今於某年月日庶生第幾子，收生婦某氏。例該報生，乞爲轉奏，等因。

名　封凡六條

一、親、郡王，將軍，中尉所生之子，不分長次、嫡庶，俱年五歲方許請名。

一、親王嫡庶子女，郡王嫡長子孫，限年十歲請封。郡王次庶子女，將軍、中尉嫡庶子女，限年一十五歲請封。歲數不及者案候。或間有事故，耽延過期，五年以下者姑准題覆，五年以上行勘，十年以上另題口糧，十六年以上立案。

一、王府子女奏請名封，俱聽親王及分封郡王管理，將軍、中尉類奏，抄下本部，轉行宗人府，備查生年月日、父爵母氏，及曾否奏報，明白回報。仍將本部收貯玉牒文册查對相同，方與題覆。查有差錯，駁回覆勘。若原未奏報，徑自請名、請封者，立案不行。

一、各王府子女請乞名封，取具本位親支。如無親支，以次挨及房族宗室五位并長史、教授不致扶同欺隱甘結，于類奏之時一併差人齎解到部投遞，以憑查考無礙，方與題請名封。若將擅婚、濫妾並乞養、過房，來歷不明樂婦花生、傳生子女扶同隱匿，捏作嫡出、庶出，朦朧冒請名封者，本部查出及被奏告事發，將本位參革爵禄，原結勘宗室降爵一等，長史、教授等官照例罷黜。其原奏報取結收生、兩鄰、親眷人等，行巡按御史，問發附近衛所充軍。

一、請名奏格。某王臣某謹奏：爲乞恩請名事。據某郡王某啓稱，該府鎮、輔、奉國將軍，中尉某，年若干歲，於某年月日授封爲某銜。於某年月日奉到禮部某字幾號勘合，會同選到某州縣某籍某人第幾女某氏爲配，某年月日奉禮部某字幾號勘合授封爲某人，某年月日入府成婚。于某年月日嫡生第幾子，收生婦某氏，已於某年月日奏報。今見年五歲，例該請名，乞爲轉奏，等因。到臣，已令長史、教授某人查勘明白，理合具奏。伏望皇上俯念親親，乞敕該部照例賜名，臣等不勝感戴天恩之至。庶子照前奏報格式開具母氏，餘同。

一、請封奏格。某王臣某謹奏：爲乞恩請封選婚事。據某郡王某啓稱，該府鎮、輔、奉國將軍，中尉某，年若干歲，於某年月日夫、淑、恭、宜、安人某氏嫡生第幾子，收生婦某氏，已於某年月日奏報。某年月日具奏，賜名某。今見年一十五歲，例該請封選婚，乞爲轉奏，等因。具啓到臣，已令長史、教授某人查勘明白，理合具奏。伏望皇上俯念親親，乞敕該部照例給賜封號、誥命、禄米、從人等項，准令於本境官員、軍民良家女内選擇，具奏婚配。臣等不勝感戴天恩之至。如女封同，止不用“某年月日具奏賜名”一句。

選　婚凡九條

一、各王府選婚，務待子女年足十五以上，奏行本境内府衛州縣官員、軍民及護衛軍民之家，會同承奉長史、教授等官選擇。如果家道清白，人物俊秀，年歲相應，及不係服屬失序，於例無礙者，繳報本部，奏准婚配。如有做官寄籍，不係本土人氏，及緣事革遣本府軍校、厨役，及遠方流移軍匠人等，朦朧冒選者，革退另選，仍將被選及營求撥置之人編發極邊衛分永遠充軍，經該官吏並保勘人等以枉法論罪。如已婚配，生有子女後事發者，姑免革退，仍追奪封誥，所生子女不許請名、請封。

一、各王府奏准請封選婚，奉有本部勘合，原係查無違礙，中有過期年久，别無弊端者，若違限在十五年之内，准與題覆，二十五年以下者行勘，二十六年以上者立案停封。

一、選婚奏格。某王臣某謹奏：爲乞恩婚禮事。據某郡王某啓稱，該府鎮、輔、奉國將軍，中尉某，見年幾歲，係鎮、輔、奉國將軍，中尉某夫、淑、恭、宜、安人某氏嫡生，或第幾妾某氏庶生。先於某年月日奏報，某年月日請名，某年月日具奏請封選婚。奉到禮部某字幾號勘合，遵例會選到某府州縣某籍某人嫡妻某氏所生第幾女某氏，見年幾歲，家道清白，人物俊秀，年命相宜，並無重結王親、倫理失序等項，堪爲婚配，伏乞轉奏，等因。具啓到臣，除行教授某人覆勘相同，取具各該官吏、里鄰人等不扶結狀繳部外，理合具奏。伏望皇上篤念親親，乞敕禮部照例題請，賜給誥命等項，行令成婚便宜。臣等不勝感戴天恩之至。儀賓、冠帶同。

一、親、郡王妃并將軍、中尉夫、淑、恭、宜、安人病故者，如未有子，許選繼室。但有嫡、庶子一人，即不許選繼，許選内助。若年及五十以上，子女長成者，止許於妾媵内奏乞管理，不得請選内助。其親王世子、郡王長子未襲爵，而妃與夫人病故者，雖已有子，俱許選繼。以後生子，惟序長幼，不分嫡庶。

一、各王府宗室有未經奏選授封，擅自成婚者，該府輔導官員并主嫁之人，悉行巡按御史查提究問。所生之子止許請名，不許請封。歲給口糧，照依歷年原議，减庶人三分之一，給米五十石，仍本折中半兼支。其女任其擇配，不得别有希望。如未娶有正室，先收侍女者，所生子女不許請名、請封。

一、郡王選婚之後，年二十五歲，嫡配無出，具啓親王，長史司申呈巡按御史，覈實具奏，許娶二人。以後不拘嫡庶，如生有子，則止於二妾，不許再娶。俟至三十歲後無出，方許仍前申呈巡按御史，具奏，娶足四妾。將軍、中尉選婚之後，年三十，嫡配無出，具啓各府親、郡王，長史、教授司申呈巡按御史，覈實具奏，許娶一人。以後不拘嫡庶，如生有子，則止於一妾，不許再娶。俟至三十五歲復無出，方許仍前申呈巡按御史，具奏，將軍娶足三妾，中尉娶足二妾，俱不得概引額數，必求娶足。各王府仍將妾媵姓氏并入府年月攢造文册，年終送部。如過期不到，或開載模糊，以後所生子女無從質對者，其所請名、封立案不行。

一、宗室額外濫收妾媵所生子女，不准請名。其雖係額數，未經奏請者，及雖經奏請，而以流移人户，或犯罪革遣，與本府軍校、匠役之女，捏寄户籍充選者，所生子女只許請名，依擅婚例量給口糧，不給婚嫁之資。其有以逃移婦女、有夫之婦，及陪從婢僕苟合生育子女者，並不許請給名、糧，貽玷玉牒。

一、宗室奸收樂女與不良之婦所生子女，選配夫人等及儀賓已授封者，爵秩、封號、禄米盡行革去。未授名、封者，不許冒請。樂工人等俱發邊衛永遠充軍，女婦逐出，仍將本宗裁革禄米三分之二。

一、各王府中尉女選配子弟，止授宗婿名色，就各該王府給與冠帶，免其赴京，仍聽其自便，不必在府隨衆朝參。有司以禮相待，照品官例免其雜泛差役。如有科舉者，聽提學官比照教官科舉例考選。

玉　牒

一、各王府玉牒文册，務查先年奏報生年月日相同，并嫡庶、行列、次第、賜名、授封、加封、出閣、成婚、薨逝、亡故等項事迹明白，造册二本，徑齎到部，一本轉送宗人府，一本存留本部，以憑查考纂修。

一、今後各王府攢造玉牒文册，須分别各郡王府，以人數多者，一府爲一本，人數少者，三四府爲一本。每府照依世次，以賜名上一字相同者爲一列，不拘鎮、輔、奉國將軍，中尉，挨次開盡，然後又及一派，以次而終。其每位下明開子幾人，女幾人，備造生年月日、母氏來歷、名封、婚期、夭卒等項，逐一如式備造，按時差人投遞。仍各於册尾明注監造某官，對同某官，以便查考。如有開載模糊、那移增減，有與舊册並奏報等册互異者，將長史等官、經管員役指名參請，從重究治，仍將原册駁回另造。

禄　給

一、親王禄米一萬石，郡王始封二千石，襲封一千石，載在祖訓。然代、肅、韓、唐封國皆在洪武年間，其禄米多者六千石，少者至一千石不等。其後累朝分封親王，皆以一萬石爲則，本折不等。郡王若韓府襄陵等王，初封、襲封俱一千石。岷府善化等王，初封、襲封俱五百石。成化年間，令郡王禄米不拘初封、襲封，俱以一千石爲則，以後悉遵此制。

一、宗室子年十五，先令照例請封，且給禄米三分之一。宗學肄禮五年後出學，方給本等全禄。

一、親王故絶，郡王、將軍而下應繼封爵者，原給禄米截日住支，俟册封之日，方與所應得禄米。如有請封而仍前冒支者，聽巡按御史糾奏，本部查參降革。

一、禄米改折。近議自郡王及鎮、輔、奉國將軍俱三分本色，七分折鈔。其另城郡王，慶賀、名封自行具奏者，照舊中半兼支。鎮、輔、奉國中尉俱四分本色，六分折鈔。郡、縣主，郡、縣、鄉君及儀賓俱二分本色，八分折鈔。其本折輕重之數，從各地方舊例支給。

一、庶人同妻，月共支米六石，本折中半兼支。其男女聽其自行擇配，不得復給米、布婚嫁之費。

一、將軍、中尉病故，子幼未請禄給者，所遺宫眷照例給養贍米石，俟子長封受禄職扣日停止。如無子者，俟宫眷身終停止。其郡縣鄉主、君有儀賓亡故者，各照原食禄米減半支給。若郡縣鄉主、君先歿，所食禄米盡數住支，儀賓免在該府朝參，聽其隨便自治生業。

藩　封

一、親王病故，其子應襲本爵者，止照例請敕管理府事。其襲封金册、冠服等件，禮部預請行造。俟其服滿及年歲已足，方許請封，不許援引遠年事例，服内陳乞。如違，本部將該府輔導官參奏問罪。

一、親王故絶，除親弟、親侄承襲本王爵禄外，如無親枝弟侄，其以堂從弟侄旁枝承繼者，其所支禄米各以該府原封之數爲准，裁其中半。如一萬石者，止支五千石之類。其原封禄額在三千石以下者，仍依本等支給。

一、凡由弟侄及旁枝承繼親王爵者，以後世子世襲，次嫡、庶子止封鎮國將軍，女止封郡君。其以郡王進封親王者，原支郡爵不許補襲。

一、世子病故，追封親王，及旁枝承爵，其祖、父追封親王者，比與實封王爵不同，各子女俱止授原封本等官職，不許奏請加封。

支　封

一、郡王病故無嗣，只許親枝以本等官職奉祀。其另城郡王故絶，照依近例，推選倫序相應、賢能爲衆所服者一人，以本等官職奉敕管理府事。俱不許夤緣請封，如違，聽禮部從重參治。

一、郡王有絶嗣，及郡王進封親王，原爵停封者，其所給印信進繳。緣事降革者，通將印册、冠服進繳。

一、郡王長子、長孫未襲爵病故後追封王者，其妻許進封妃號，請敕，該府知會，免遣官行禮，冠服等件本府自備。其餘子女原從長子、長孫所封，不許朦朧請乞進封。

一、郡王病故，如分封另城者，其應襲之人先請敕管理。與親王同城居住者，不許請敕。通候服闋，年歲已足，遣官册封。儀仗准令如式自備，不許僭越。其冠服銀、大器等項，悉照近例免給。

一、郡王犯罪革爵，弟侄、遠孫輩夤緣冒襲，自《宗藩條例》頒行以後迄今，猶未有自首者，禮部查出，或撫按訪奏，或被人訐告，即將本爵削奪，不待終身。其郡王故絶，弟侄冒襲，係在弘治以前者，姑準照舊。自正德以後，已有定例，不許明係夤緣倖封。如本爵自首，准待身終停襲。如因事訐發，或訪查得出，即行革奪，不在自首身終之例。

世長子孫

一、親王嫡長子年及十歲，朝廷授以册寶，立爲王世子。正妃未有嫡子，其庶子止封郡王。待王與妃年及五十無嫡，始立庶長子爲王世子。其正妃已故，無嫡，王年四十以上，欲改封庶長子爲世子者，許具實奏請定奪。若正妃尚存，王年未及五十，不許朦朧奏請立庶。

一、親王世子有長孫者，授以世孫，給一品冠服。

一、郡王嫡長子、孫年及十歲，即與請封。其餘子、孫俱年十五歲方許請封。若正妃已故，無嫡，有庶子者，不選繼室，其庶長子請封長子，長子之孫請封長孫。

恩　睦

一、親王之妾，其子已襲封親王而嫡妃不存者，准封爲繼妃。郡王之妾，其子已襲封郡王而嫡妃不存者，准封爲次妃。其親王之妾，有子已受封爲郡王者，許封爲夫人。俱止請敕知會，不給册誥、冠服、祭葬。其庶母、養母及親王妾媵生女者，俱不得援以爲例。鎮國將軍而下，生母必年至七十，嫡母不存，及子有孝行者，方准封爲夫、淑、恭、宜、安人，止行文知會該府。

一、宗室中有孝子節婦，例應奬表者，許該府開具實迹具奏，本部覈實，請旨奬表。如無節孝實德，不許扶同妄奏，濫冒陳乞。

一、親、郡王有讀書好禮，以書院名額奏請者，禮部即與題覆，翊成美意。但不許假借虛名，以滋欺罔。其書院止令自備工料營造，不許因而干涉有司，擾害百姓。違者，許撫按官參治。

一、各王府缺少内官、内使者，明白具奏員數，司禮監擇其老成讀書者，照缺奏請，給賜該府供役。以後有缺，仍行奏補。合用衣服、飲食等項，本府照例關給。其郡王府每府給與内使二名，專管宫闈事務，及關防門禁。其將軍、中尉原無撥給事例，有違例濫請者，將該府長史、教授、承奉等官參奏究治。

一、郡王、將軍、中尉、郡縣主君冠服、房價，悉照近例免給外，郡王仍量給墳價，遣官祭葬。將軍以下止照例賜祭，免給墳價。其儀賓，惟親、郡王婿仍給祭典，其餘悉從裁革。

約束

一、各府將軍、中尉并夫人以下，服色、傘蓋、馬匹等項，務要各照原授官職、封號、品級服色，不許〔一〇〕張打銷金紅傘，擡八人硃紅漆轎，穿用龍鳳衣服，僭束紅鞓玉帶。宗室親迎之禮，止於府門之外、城門之内設館，不許擅自出郭。

一、各王府儀賓不許僭用服舍〔一一〕，合行各撫按、守巡官通行禁約。如有違犯，即指名參奏，革去冠帶，戴平頭巾，于本處儒學讀書習禮，五年無過，方許復職冠帶。

一、各王府凡遇拜賀聖節等項，務遵祖訓定制，各照爵職高下立班行禮。同班者以行輩尊卑爲次，毋得錯亂失序。違者，聽各親、郡王及將軍、中尉管理府事者參究。

一、各郡王并將軍、中尉凡有奏請，先令長史司具啓親王知會，參詳可否。若應該具奏者，然後給批，差人齎奏。如違，該衙門將齎奏人員并教授一體參究。其所奏事件仍行長史司，具啓親王，查勘明白具奏，方纔施行。若機密重事，或與親王事有干涉，及郡王分封不在一城居住者，許令徑自具奏。若已經參奏，勘問未結，重復奏擾，即將奏詞立案不行。或有本非機密，本無干涉，而捏稱機密、干涉，及假以建言爲報復之舉者，奏詞立案，仍將差來人送問。其長史、教授遇有各爵應奏事件，即與啓親王、郡王，按季類奏，不得阻抑。

一、各王府但一城居住者，凡有婚喪等事，每年春秋二季總啓本府類奏。如有不依期另奏，濫遣人役騷擾驛遞者，本部查出，將各爵參降禄米，輔導官行巡按御史提究。

一、各王府差人赴京奏事并慶賀、進貢等項，俱要嚴立程限，刻期回還。該管官吏并輯事衙門催促起程。如有在途延緩，及在京潛住、營求幹事者，禮部照例參究。

一、各處無籍奸人、遊食術士，及無名内使、私自净身人等，有托故擅入王府，因而撥置害人，貽累宗室者，撫按官嚴加禁治。

一、宗室有犯，事情輕者照常奏請。犯該殺死平人及事情重大者，從重奏請定奪。投充撥置之人，查照見行事例問擬。各該軍衛有司官員，俱不許擅撥青衣人夫、城操人役跟用。

條議款目附餘

奏報　　凡係奏報皆列此款内，擅婚、冒妾、濫妾、花生、革前寄養。

請名　　凡係請名事例皆列此款内，首寫奏格以下。

請封　　如前。

選婚　　選擇、婚配、擅婚、妾媵、繼選等皆在此款。

給禄　　五年全禄，及初封親、郡王，及承繼、住支，皆在此款。議處改折，酌處庶糧。

親王　　襲封及進封、追封皆在此款。

郡王　　承襲、追封皆在此款，庶子争襲，自備儀仗。

世長子孫　　改封及曾孫皆列此款。

罪削　　親王削封，郡王革爵，降發高墻，查革冒封，添入閑宅一節，釋放庶人。

絶廢　　進繳册印，管理府事。

恩睦　　請封生母，旌表孝節，奏討内使，恩恤限制，書院請名，保升官員。

約束　　行禮次序，宗儀服飾，收買子女，收買物件，王國相賀，停給工價，越關奏擾，奏差人員，私收净身，私放錢債。

藩寮　　慎簡，考察，裁革。

儀賓　　婚配，教養，守制。

玉牒

條議未盡事宜

請封奏報過期者，立案當爲年限。

玉牒當定式。

郡王、將軍進封親王，其父祖追封親王者，所生子女只依原封官次，不許進封。若原係世子追封親王，其子女仍當進封。

革絶郡王，子孫世授鎮國將軍，管理府事，不妥。已經隆慶三年禮部題准，只用本等爵秩，宜改正。

初封郡王恩典，當如嘉靖三十二年議，帝孫、王孫以爲差等。

世孫、長孫，必世子、長子亡歿方封，宜明言。

郡王及鎮國將軍禄俱一千石，本折三七兼支。郡王長子、長孫受封無禄，鎮國將軍子受封即有禄，似厚薄失宜。

新封郡王已免給府第，故絶郡王却查刷府第入官，過當。

將軍以下無子妻亡，許選繼，郡王無子妃亡，不許選繼，係《條例》所引事例。其前件下又言將軍以下妻未成婚而亡者，許選繼，已成婚而亡者，不論有無子嗣，但有妾，即用妾理家并内助，不許選娶，殊非人情。

冒妾、濫妾子女引例不一。一例比擅婚子女，只許請名，不許請封；一例着籍爲民。擅婚係正妻，非冒濫可比，着籍爲民又太甚。

進繳册、印，舊例，郡王故絶，有本宗子孫奉祀者，只繳印，不繳册。其罪革者，册、印同繳。新例不分故絶、罪革，一概繳册、印，未妥。

越關奏擾，前後引例參差，議擬未一，當以萬曆四年題准事例酌議。

王府奏事，議准一年四季類奏，而奏差人員條下却引舊例，一年二奏爲斷。

校勘記

〔一〕“楊”，《明神宗顯皇帝實録》卷之七十三作“劉”。

〔二〕“宜”，同上書作“昭”。

〔三〕“成”，同上書作“先”。

〔四〕“劉”，同上書作“楊”。

〔五〕“昭”，同上書作“宜”。

〔六〕“矣”，（明）周永春《絲綸録》卷三《敕諭大學士張居正》作“以”。

〔七〕“官”，同上文無此字。

〔八〕“傳”，同上文無此字。

〔九〕“奉”，疑當作“奏”。

〔一〇〕“許”，原作“計”，據文意改。

〔一一〕“舍”，疑當作“色”。

條麓堂續集卷二十四

詞

恭擬世宗肅皇帝發引鼓吹詞

四紀太平端冕御，帝鄉忽漫乘雲去。引虹旌，移蜃輅，千官執紼橋山路。　神皋春欲暮，悽愴啼鵑飛絮。萬載中興難遇，山河標永慕。

右調《應天長》

恭擬孝恪皇太后遷祔鼓吹詞

瑶池月落西山曉，幾年玉匣封春草。龍化劍，鶴歸表，厭車却轉蒼梧道。　葆吹千峰遶，《薤露》歌聲正悄。昔恨今悲多少，紫臺聞夜烏。

右調《應天長》

其　二

靈輀春轉西山谷，鳳簫吹斷瑶池曲。輦路長，虞歌續，六宫追悼人如玉。　生死君恩篤，合祔玉匣金粟。風撼白楊聲促，皇情哀楚竹。

右調《應天長》

重　陽

木落庭空，曉來霜信，白雁聲中。正彭澤秋清，金錢綴菊，吴江水冷，錦陣飄楓。戲馬勝遊，龍山高會，當時冠蓋氣如虹。今日裏，平原走兔，衰草號蛩。

算來千古英雄，直恁地豪華感慨同。要剖判興亡，還須酒客；平章山水，付與詩翁。對盞當歌，登高能賦，閑來何事不從容？且任他呼牛呼馬，從虎從龍。

右調《沁園春》

其　二

塞雁成行，風酸霜釅，又是重陽。正盆面垂蘭，晴偏小砌，瓶頭戴菊，秋在幽窗。京洛十年，條山千里，歲時兒女倍懷鄉。紅塵裏，漫蹉跎青鬢，辜負滄浪。

當年誤入文場，最好笑屠龍底事忙。要把翫玄纁，西都冠冕；牢籠風月，江左笙簧。蝸戰虚名，雕蟲小技，到來今日總亡。年逢佳節，有一番惆悵，祇籍萸觴。

右調《沁園春》

送劉登封之任

宿雨初晴，流雲度，蒼龍宫闕。青門外，驪駒在駕，行人將發。把袂暫拚燕市醉，匆匆忽聽《陽關》徹。問離情，何似柳條長，不堪折。

洛陽道，嵩高月。蓬矢志，冰壺節。念丈夫，有淚不灑離别。竹馬兒童應滿路，一錢父老還攀轍。看御屏，的的注循良，君須列。

右調《滿江红》

賀滎河侯明府重築邑城詞有引，代友人作

惟時汾水秋高，郯陽霜净。雲翔白雁，野有黄華。屬萬

寶之告成，屹一方之保障。穰穰黍稷，神貺有年；翼翼干城，民來不日。恭惟使君先生大人，濟西名家，斗南碩望。漱《詩》、《書》之芳潤，學足三冬；纘簪紱之華腴，業隆五世。指蘭宫而鳳翥，遡棘甸而鸞栖。天未絶於遺民，子獲哺於慈父。恩覃雨露，蘇草木既槁之荄；威肅風霆，戢豺虎方張之勢。念山陵之震蕩，則政在輯民；瞻井邑之凋夷，則憂深禦暴。乃相地利，爰叶人謀。負長汾而建規，聯舊基而拓址。千夫鱗集，百堵雲興。謳歌諧板築之聲，民不告病；指顧竪金湯之績，役不逾時。埄〔一〕櫓相望，矗長形於雉堞；山川回互，控遠勢於龍門。閭閻之雞犬不驚，廬井之桑麻暢茂。北門鎖鑰，争傳藩屏之勛；東魯弦歌，行見禮樂之化。某等或叨司黌序，或濫迹章縫。質陋蒹葭，敢自忻於倚玉；恩深桑梓，顧莫報於投瓊。樂道豐功，快瞻偉績。效斯《下里》，愧郢唱之無稱；陳之太師，知唐風之可采。詞曰：

河水湯湯，見修洫蜿蜒，崇墉新列。雄瞰秋空，斷岸長雲高潔。漢鼎唐宫，瞻望處川縈霧疊。盡道是，使君經略，果然千載豪傑。　自古龔黄曾説，看弛張文武，風稜又别。四境熙熙，人在春風秋月。白叟黄童，歡頌劇都成一舌。願我君甘霖四海，又恐還轅金闕。

右調《漢宫春》

賦

大閲賦

臣聞五材並用，誰能去兵？四海雖安，不可忘戰。自古講武詰戎之典，不廢于隆平極辨之朝，所以宣闡威靈，戒不虞而保長治也。皇上御曆當陽之九年，帝載惟熙，文教大洽，四夷來王，萑苻不驚，而聖衷穆然深念，慮武備之寖以愒也。乃考《周官》大閱之禮，以三月三日大集七萃六軍之衆，躬萬乘而簡練之。宏遠哉緯武經文，所謂明聖之長猷而中興之偉觀也。臣從三事，職扈聖，忻逢彝典之成，恭獻《大閱賦》一首。其辭曰：

帝紹天以御籙兮，開萬曆之明昌。璿衡正而昭瑞兮，海波平而不揚。瞻冕旒之端拱兮，恢帝紘與皇綱。將建威以銷萌兮，豫衣袽之周防。詔司馬其檢武憲兮，蓋法繇鴻黄之肇作。夏商創四時之田兮，越周代乃搜岐而會洛。肆我明之神武造邦兮，垂燕翼之鴻略。宣皇嘗肄旅於兔山兮，英廟亦簡戎於近郭。迨穆考之采忠兮，裁徽儀而粲若。惟聖皇憲先烈兮，下綸音而施之。飭百度其豫具兮，胥嚴翼而持之。大卜奉蓍龜而揆吉兮，叶祓禊之佳期。將作建行宫之穹窿兮，象鈎陳周衛之逶迤。屬靈辰之既届兮，日初曙而光熹。氛全驅於風伯兮，塵夙清於雨師。六玉虬以騰驤兮，驂劍佩之陸離。驅倚霓之羽葆兮，曳宛虹之長綏。部招摇與太陰兮，伏蚩尤使司之。擁組練之繽繙兮，排千隊之熊羆。金鉦按節而鏗鞫兮，笙簫嘹亮以相侑。導天車莅止於轅門兮，從臣即序於左右。羽林材官之雲集兮，參期門佽飛而輻湊。望黄麾之既指兮，聽三令之申授。紛布營於清野兮，乃蛇鳥風雲之迭奏。恍箕張而翼舒兮，奮虎格而虓鬥。建貍首以爲正兮，屬甘蠅使控弦。彎繁弱而旁睨兮，羌及遠而入堅。驚熊渠之石飲兮，詫由基之楊穿。洵衆能之畢試兮，千夫踴躍而争先。殷雷轟而嵩祝兮，萬聲齊一而歡然。盛軍容之肅肅兮，伐金鼓之闐闐。壁壘豁而動地兮，羽旄舉而蔽天。羲馭方移于午晷兮，鐲笳鳴而振旆。宣鐃歌而奏武成兮，飄清韵於天籟。翠華旋馭於九重兮，浮璇霄之瑞靄。瞻閶闔之晨開兮，百辟奉璋而虎拜。賀七德之丕昭兮，寔萬方之攸賴。陳夏諺而續周歌兮，慶一人之保泰。聲靈焯其有暐兮，明威播乎無外。

頌曰：於鑠聖時文化普兮，儆戒無虞爰詰武兮，王旅雲屯闞如虎兮，銷釁遏萌謐九宇兮，載戢干戈舞階羽兮，敬德持盈常鑒古兮，玉曆萬年受天祜兮。

昭德賦

維皇御極之三十七年，遣世臣持節册命僖順王長子爲山陰王於河中，禮也。于時河中有偶真子者，栖心六藝之林，冥迹一丘之室。耳謝簫簧，目忘丹漆。尋軒氣于大荒，攬羲象於終日。門館闃兮羅張，三逕蕪兮草密。忽有客過而問焉，曰："蓋聞玄黄肇真，君臣位陳；親疏派别，貴賤所分。遡墳索而觀，則見皇王之展親。自五等之堙基，歷六代之革因。雖損益以斠時，終建廢之糾紛。肆聖祖之龍飛，掩天紘而定業。析玄壤以錫代，宅雲中之巀嶪。迨賓派之星分，奕連城之霧接。建山陰于兹邑，聯恩光于五葉。粤敦牂之在舍，瑩金天之八月。宣恩綍于九重，降金符與玉節。眷貊德之嗣王，對雨施之耿烈。爾乃雙星戒御，四牡騑騑，于河之陽，爰正其旂。五校儼其容衛，三河聳其威儀。諏吉辰兮拜命，被宸曜兮丹闈。大樂充庭，天香散衣。旌旃猋列，棟宇翬飛。王人布詔，帝孫稽首。弁服是宜，祝帝萬壽。于是觀其衮冕，則捧玉垂旒，朱纁五章，爍兮若星辰的皪，披雲漢之七襄；觀其儀仗，則文旌繡幰，幡戟齊驅，爛兮若雲霞斌駁，散綺縠于三衢。鄙人固陋，附景葭莩。忭觀彝典，雀躍凫趍。矢言廷賀，儀子爲圖。"于是偶真子咍曰："若知賀山陰，誠善也，而其所賀未盡也。若徒不見丹穴之鳳、玄囿之麟，八方仰德，千載推仁，若是者，豈徒以其頭角之觺觺而羽翮之鮮新哉？蒙與王孫齠齔比鄰，挹芳浸澤，迴瞰其真。蓋其茂質神贊，冲宇天挺。刃不餘割，金無留礦。簡編雲積，菁華霞熒。誦《詩》襲楚元之篤，騁藻邁陳思之敏。指象艘而現幾，聽雞聲以問寢。接白屋則循墻示僂，履朱舃則臨淵含警，霍若不知峻爵之在躬而矜蕩之足逞也。以此承家，則可以懋延帶礪；以此翊國，則可以無忝藩屏。衍令緒于無疆，垂碩譽于有永，顧不偉與！緊人情之大端，奚淑淫之載性？慨居遷而養易，斯即慆而戾正。緬服美之愆儀，竪侯王之龜鏡。勝詭入而梁恀，申生去而楚怲。洎鴻寶之長覽，亦邁德之不競。諒人事之藴尤，豈天道之惡盛？河間休明，禮樂專精。沛獻淳穆，京易垂情。莅東平而好善，校天禄以傳經。越皇代之英藩，焯周憲之淑程。豈不足以規模人紀，振耀國禎，禄延麟趾，功著維城？惟兹山陰之洵武兮，亘將與若人者歷綿代而相京。夫懿親隆位，匪時所無。駿聲義問，圖史攸都。客徒見夫炎炎者足以炫夫耳目，而不知温温者寔以重夫訓謨。休兹鑠哉，兹爲可賀也，夫豈借華于簪組而假耀于輿服乎？”

箴

當官三事箴

當官三事者，蓋吕氏所稱清、慎與勤之謂也。夫政知要則不謬，心有恒則可久。士君子立身行道，孰不思以懋建休庸，方軌哲駕者哉？第以操守失宜，警戒罔至，或以寵賂滅德，或以怠忽荒政。譬彼正鵠弗設，則弓矢之技安施？棟宇既傾，則楶櫨之才奚濟？自待雖深，而奇績鮮效，以此也。三事之訓，貽我蓍龜，匪遠匪難，既簡既備。予因檃〔二〕括其義，綴爲短箴，朝夕自規，庶幾寡過云爾。不然製錦之費，臨淵之危，其何以自免也？箴曰：

顯惟臣職，乂衆致君。靖共有道，清慎與勤。清寔德基，冰蘗自持。嶺南一畝，關西四知。炯炯夙夜，鬼神可欺？慎以宅心，履薄臨深。温樹靡言，嚴陣若臨。毋謂曷傷，患將爾尋。以勤康務，豐功是赴。出入戴星，胼胝在路。將父未遑，古有虔度。執此三經，酬彼庶幾。利害罔撓，造次弗違。是謂民主，邦家其依。亦有邪凶，黷于貨貝。弗暨乃心，弗敏厥事。貽害有邦，亡身敗類。禍福芳穢，炳若丹青。百爾有位，敢不敬聽。

頌

平胡頌有闕文

夫荆楚底清，殷武列于商頌；幕南息迹，朱鷺形于漢歌。所以昭奕成功，播流無極，今古蓋一揆也。國家自太祖以駿德開天，八荒之腥穢滌焉。成祖以神武纘統，三犂之休烈垂焉。其撻伐殊威，肅清遠軌，固已軼炎軒而上之矣。列聖承文，懷遠以德，狼胥遺種，涵育生息，恩至渥也。頃乃怙衆悖彝，憑陵關輔。于是天子震怒，申命守臣，礪械飭防，練卒俟釁，歲維癸丑，而震揚之威播焉。蓋自虜勢匪茹，封疆之吏仰承廟算，嘗一再奏膚功矣。而星流彗掃，攄憤光靈，未有若今兹之赫奕者也。皇上中興之烈，擬之殷高、漢武，功侔德倍，則夫歌咏休明，形之聲樂，亦其所矣。臣用是敢獻頌曰：

皇撫一作“奠”。洪一作“神”。樞，軒虞媲德。一作“乾坤合德”。環海爲家，罄天作屋。九葉光流，八埏風穆。蠢爾韃靼，創孽自躬。鯨奔灞上，豕突雲中。羽書晝馳，千里狼烽。皇耀其武，礪我戈斧。折馘執俘，撻彼醜虜。氐羌來王，朔方啓土。建碣封丘，赫濯千古。

墓誌銘

明故都察院右副都御史張公墓誌銘

萬曆丙子春，前總督宣大副都御史洛陽張公以疾卒于家，河南守臣以聞，公子啓蕃因請恤典，詔下禮臣議。令甲，凡文武階三品，滿三年考者，例給葬祭。其有未滿考，必著有邊功乃給，不則止。于是，禮臣移文司勛氏詰功狀，則公總督宣大僅期年，前後與虜無慮十餘戰。其大者若洗馬林之役，公躬擐甲臨戎，破虜精騎數萬，俘馘一百一十八級，尤爲奇偉。其繕雲中塞，自朔州抵左衛，延袤二百里，亭障聯絡，雲西自是鮮寇警。禮臣以聞，天子曰："嘻！是惟先朝封疆之臣宣勞於國者，其備給恤典。"乃命有司營葬事，遣官諭祭，蓋異數也。啓蕃卜以某月某日安厝公于新阡，乃持前通政使兩石吴公所爲公狀，徵余爲銘誌。曩歲己酉，余以諸生叨鄉薦，寔出公門下，蓋荷國士遇焉。自公居洛，余往來梁晋郊，謁公廬者凡再，見公神情朗毅，即少壯人不及，竊幸典刑有在，慰蒼生望未涯也，詎意公遽止是耶？故聞啓蕃之請，惻惻不釋，乃按狀而銘之。

公諱松，字汝喬，别號前溪，世爲洛陽人。曾祖成，祖傑。父臣，累封奉直大夫、户部雲南司員外郎。母韋氏，累封宜人。公幼穎敏，自知學即以才俊稱。嘉靖丁酉，舉於鄉。戊戌，登進士。授直隸廬州府推官，以治最徵入。年未及，授户部主事，升員外郎、郎中。總餉薊州，出納有章，諸吏卒不敢緣爲奸利。升山西平陽府知府。平陽轄郡邑三十餘，頗稱繁劇。公以仁明詳毅莅之，巨細兼綜，裁决響應，門無停郵，案無滯牒，凡州縣吏毫髮之奸無能遁者，由是闔郡稱爲神明。升陜西按察司副使、整飭固原兵備，歷山東布政司右參政、山西左參政、山東按察使，升都察院右僉都御史、巡撫保定，兼提督紫荆等關。未期月，有駿聲聞于都中。會宣大總督缺，天子乃特旨令公往，毋候代。公行及廣靈，虜已入龍門。于時猶未奉節鉞，公以便宜號召諸將，多張旗幟諸山爲疑兵，而簡精鋭出其不意突之。賊大潰，斬首五十餘級，邊人爲生氣云。公因條上邊防六事，一兼馬軍以安營陣，二舉兵車以備衝擊，三處援兵以保危鎮，四禁扣兑以安流移，五處村堡以資保障，六奬忠勇以激人心，上皆嘉納。公益悉心經理，築塞自雲西始。及歲中，禦虜併出塞，所與虜戰具如司勛氏所紀録。會當樞者以私憾不悦公，前後功捷率不即叙。洗馬林所斬馘且一百二十級，亦不爲宣捷。由是上疑公不任疆事，令調内郡用。是時奉直公與韋宜人俱在堂，年高矣。公以職任戎馬，不敢以私情請，既聞命，則訢然歸奉定省，歲時捧觴上壽，愉愉如也。杜門養高，闢一軒，雜蒔花卉，置圖書其中，朝夕耽玩不廢。間與諸耆舊友執敦誼結社，相與揚搉風雅，陳説義理。每過從必經日，酌酒賦詩，翛然有物外趣焉。今歲春，偶患頸瘍，遂不起，寔二月十三日也，距〔三〕其生正德甲戌八月初二日，得壽六十有三。公配蔡氏，封孺人，加封宜人，繼程氏，俱先公卒。子男六人：啓蕃，縣學生，娶許氏，蔡出。啓心，聘李氏，程出。啓佑，娶李氏，啓賢、啓鑰、啓泰，俱側室闞出。女八：一適蔡檀，一適孫光遠，一適吴本德，一適劉志俊，蔡出。一適郭文煒，一字王〔四〕，程出。一適王基深，一幼，闞出。孫女二，一適周濟，一字許茂椅，啓蕃出。銘曰：

古稱天邑，粤惟西洛。陰陽匯淑，哲人間作。利刃横揮，曷分盤錯？朗鑒高懸，旁燭寥廓。爲民父母，爲邦鎖鑰。豈不宏偉，亦既章灼。遵彼鴻冥，不受繒繳。北邙有丘，衣冠是托。民表斯存，恩恤於鑠。刻銘堅石，陳信不怍。

封通議大夫南京兵部侍郎杜槐莊公墓誌銘

萬曆丙子五月五日，封南京兵部侍郎杜公槐莊卒，其子工部右侍郎拯屬告在里，奉公終，乃走使者籲闕下，上爲降恩綸諭祭，命有司營葬如制。初，司空與余舅今大司馬公同官比部，奉公及余外祖贈少保公各就養京邸，蓋締耆英社云。余時走試春官，嘗謁公，奉色笑。至是，司空乃以公狀示余，屬之爲銘。

按狀，公諱晞，以字行，曰士希。其所居介龍潭間，卜小築于其滸，而手自植槐焉，因以槐莊自號云。公生而頎秀警敏，稍長，從經師受弟子業。乃經師一見輒異之，期以遠到。竟以親老故，弗能離膝下待試，而晨夕奉菽水歡。事繼母孝謹，一如事父，迨父没，又益夔夔篤也。與其弟某同居五十餘年，有無均之，仍躬拮据而畀之産。有女兄既嫁而寡，家復落莫，則捐貲割地，恤其子若孫，其女兄藉是得以節終焉。蓋天性孝友如此。教諸子嚴而有法，不第課佔嗶以徼世資。司空公弱冠舉進士，官比部郎矣，乃其訓敕之嚴，弗以子貴故暫輟也。比部郎職得讞中外疑獄，公屬在宦邸，所與昕夕論議，常左刻核而右平恕。復著《法原》以示，司空謹奉教，在比部以平允稱。會河間王氏子以告訐興詔獄，詞所株連無辜甚衆，司空悉與申雪之，而抵罪王氏子。以是忤旨，遭廷杖，外謫。公不以爲戚，仍勖司空曰“臣職不啻若是”，蓋其識度淵矣。公雖夙棄舉子業，而博涉洽聞，譚世務悉中肯綮，至廣座發難吐奇，令衆口自廢。司空官比部及自謫居稍遷留曹郎，皆迎公就養。公以故由越入吴，逾淮涉濟，縱觀兩都之勝，諸所嘯咏留題，見者咸擊節稱賞也。比自留都歸，乃始慨然嘆曰："天下之壯遊盡是矣，吾且終老菟裘。"遂杜門下楗，即有禮於其廬者，亦翛然簡接云。居常念先世祠墓傾圮，且家乘、禮儀闕焉未備，乃爲繕祠宇，秩祀事，倣《朱子家禮》《蘇氏族譜》立爲宗約，而裁之以獨見。杜氏族指繁，公於行爲最尊，衆有紛競，第取公片言立决。族有祭田，有公田，有湖地，公按籍授事，諸爲奸利者不得漁獵其間。然性復輕財好施，族黨中貧弗能葬者，窶無以爲業者，婚娶弗能以時者，輒推所有賑之，如償宿負然，以故人人懷德而服從其教。蓋萬石君家不言而躬行，視此豈異哉？宜乎公之有子也。公生于弘治戊午，享壽七十有九。卒之日，夙戒家人具湯沐，比午集子弟，以節事會食于中堂，日晡乃危坐逝，其令終如此。所著有《槐莊存稿》一編藏于家。公曾祖旋，以子參貴贈儒林郎。旋生修，修生欒，即公考也，贈如公官。嫡母鄒、生母張俱贈淑人。繼母孫、公配游氏累封淑人。生丈夫子三，長即少司空拯，嘉靖戊戌進士，娶鄒氏，累封淑人；次哲，貢入太學，先公卒，娶萬氏，繼李氏；次搢，隆慶辛未進士，知臨清州，亦先公卒，娶雷氏。孫男三：伯初、應初、慎初。曾孫男二。司空卜吉于某山之原，葬以某月某日。銘曰：

龐且淑，性所鍾。辯以博，學斯充。澤未究，德則融。施于嗣人，若川之東。執我王度，用標民衷。懿志之大行，奚必在躬？壽考令終，卜兆共工。妥靈衍休，惟萬祀無窮。

明通議大夫巡撫寧夏都察院右副都御史念山羅公暨元配贈淑人王氏合葬墓誌銘

念山羅公鎮西夏之七年，考績再奏最。天子憫其勤事，將還之九列。余庸作書往慰之，公復書遜謝，歡然猶平生也。居無何，或言公卒于軍，余未能信，已而訃至，信然。嗚呼！公胡爲遽如是已也？公性度疏朗，識趣超逸。自余丱弁偕公遊，每見其愉愉然，坦坦然，未嘗有幾微侘傺于衷者。余官翰苑，公按歷齊、趙間，歲一再通問，越千里不異面，其襟况足歡也。公在夏鎮，余從政府之後，歲一再通問，率如初焉。余謂公臨絶塞，肩鉅任，宜有北山慘慘之嗟，而顧益優裕若此，此其所建樹未可量其遠且大也。嗚呼！公胡爲遽如是已也？公卒之數月，其兄子奎光走謁余都下，跽而請曰："季父有子重光，方在襁褓，未任衰絰之事。奎光跋履山川，反虆梩于故鄉矣。懼無能焜燿窀穸以獲戾于九京，惟是季父之辱知也最深，敢冒昧以銘請。"余悼公弗究于厥施，而重惜其芳懿之掩没無辭于永世也，不忍違奎光之請，用按狀而銘之。狀曰：

公姓羅氏，名鳳翺，字高翰，別號念山。自其先世爲蒲名族，曾祖聰，祖壽，父九疇，咸隱德不仕。母王氏，生四子，伯鳳陽，仲鳳池，叔鳳翔，公其季也。叔季有異質，相從攻舉子業，而伯仲服賈佐給之。弟夜誦，兄則坐待不即安，勸勵諄至，卒俱以成名。叔應癸卯薦，仕至南京刑部郎中。公繼應丙午薦，仕至今官。鄉人榮二弟之名，而多兩兄之功。仲早卒，公父事伯子〔五〕，母事嫂，而師事刑部，君子以爲知禮。公詩文、書翰一時推重。其應薦也，年始冠，進取甚鋭，顧五上春官不一遇。歲己未，乃以伯兄命筮仕易州學正。科條森整，不襲故常，諸生經指授成名，彬彬相望。庚申，入爲國子監博士，文學、操行，六館無敢望焉。丙寅，選拜湖廣道監察御史，巡京通倉，政有善經，奸利不售。丁卯，巡按山東，奬善絀邪，辯冤弭寇，不形聲色，東土底寧。是秋，舉士若干人，齊魯無留良焉，人尤以是服公之鑒。庚午，巡按真、順等府。圻南當燕、趙之交，豪猾藪萃。公始至擊斷，咸伏其辜，餘黨震恐。乃歛霽威猛，而加之以慈和，民情協洽。辛未，升大理寺丞，屢遷至左少卿。癸酉，升都察院右僉都御史，巡撫寧夏。夏鎮直三邊之中，鄰虜孔邇，自吉虜從貢，烽塵不警者且再期。而公獨焦然深慮，益飭内政，詰戎除器，若大敵之臨焉。虜歲入互市，公躬督將吏往莅之，宣播上威信，鎖鑰益完。賓兔自西海歸巢，欲取道内地以往。公伐謀决策，虜逡巡遠引去，邊氓恃以無恐。戎務暇，則復相度要害，設險固防，金湯奏功，民不告病。三載考績最，升右副都御史。六載再考績，誥贈祖、父如其官，妣皆贈淑人，仍録廕一子入太學。徵命且下，而公訃聞矣。卒之日實萬曆庚辰四月十一日，距生之日嘉靖丙戌七月初九日，享年五十有五。西夏之人，無士庶兵夷哭公如失怙恃焉，其遺愛深也。令甲，凡功在封疆者，寵之恤典。公功狀累牘，所司核之皆實，天子乃遣使諭祭，且爲之營葬，曰以“無忘我勤事之臣”。嗚呼！休矣。公所著有詩文集，有奏議，有《朔方志》，凡若干卷，行于世。初配王氏，贈淑人，生嘉靖庚寅五月初七日，卒嘉靖癸亥八月十三日，得年三十有三。繼配王氏，封淑人。子男一，重光，側室李氏出。女三：長歸杜文俊，先淑人出。次歸余子久徵，又次字張廣，俱繼淑人出。葬期爲萬曆壬午十二月十二日。銘曰：

河中望族，亦越有羅。既豐厥根，乃暢其柯。是生彦士，振譽賢科。明輝貫斗，高論懸河。鐸響斤斤，豸冠峨峨。簡命分陝，鍛矢礪戈。賀蘭生色，馬騰士歌。旂鼎方將，中道陂陁。壞我梁木，天道云何？惟銘在斯，萬載尚無訛。

明承德郎直隸大名府通判堯川戴公暨配二許安人合葬墓誌銘

給諫戴君光啓之奉詔西行邊也，其父堯川公蓋耋壽在堂，過里中省焉。比報命，遂載公來京師。時給諫以讜正當上意，晋掌兵垣，已復同考會試。公喜見其子之達，而安其孝養，愉愉如也。居無何，公疾作思歸。給諫亟以情請，扶侍西還，道次中山，公卒。給諫既扶柩抵里，乃屬李水部憙狀公世行，而爲書祈余銘，詞甚哀，余不忍辭。

按狀，公諱賓，字汝敬，别號堯川，姓戴氏，其先代州人也。明初，有自代來占籍于祁者，世遂爲祁人。曾祖子文，祖緣。父公禮，有材諝，辟爲縣掾史，以文無害見稱諸掾間。性喜儒，嘗以不獲經術起家自恨。娶程媪，生公，穎敏有異質，父大喜，命之儒。垂髫即能文，弱冠補縣諸生，下帷自奮，無間寒暑。視學使者異其文，每試必高等。簡入河汾書院，業益進。年甫二十四，以選貢入胄監。當是時，文名藉甚，人咸以高等擬公。顧以數奇，無慮十上有司，竟不一遇。既年逾强仕，承父命謁選銓部，授大名府通判，監理宣府南路糧餉。宣鎮列屯戍而仰芻粟者以鉅萬數，賈人爲奸利其間，往往潛行賂理餉左右。公至，則正色持法莅之，倉場肅然。嘗攝守蔚州，會虜入，諸城守具未備，而赤白囊交至。公爲部署保伍，飭器械，集糇餉應之，甚整暇，州人恃以無恐。俄而援兵四集，士馬有饑色，公一夕爲具煤〔六〕炒千斛給軍。其幹局敏贍若此。公當官執法不撓，而惓惓以潔己愛人爲務，甚得軍民和。大吏將薦之朝，乃復索賄公所。公曰："吾清貧守一官，黽勉自效，亦冀樹尺寸報國耳。今若此，將安應之？不去且有悔。"乃白于父，飄然解綬歸。歸而丘井依然，偕一三〔七〕朋舊，逍遥爲詩酒社者且三十年，有餘適也。公生平事親至孝，務先意承其歡。遇兄弟、族黨情愛忳忳然，諸婚喪未舉者，輒捐貲爲代辦。與人交，坦夷無崖岸，見片長稱之不容口。赴人之厄急，拯之甚于己，其自奉又甚約。故鄉閭間人人德公，無問識與不識，咸欽慕之。以父雅意好儒，闢塾貽訓，孜孜然冀以經術成先志。今給諫業已融顯，其餘子若孫類能率其家學，斌斌然儒裔也，盛矣。公以正德己巳五月十四日生，萬曆庚辰四月四日卒，得壽七十有二。配許氏，先公三十八年卒；繼配許氏，先公二十年卒：俱有閫德。給諫遘兩宫徽號詔恩，進公階承德郎，贈二許皆安人。公凡四子三女。先安人舉子光政，娶申氏，繼趙氏；光教，庠生，娶許氏；光啓，辛未進士，今兵科都給事中，娶陳氏，封孺人。女適許九州。後安人舉子光肇，庠生，娶胡氏。女適許可教、馬應魁。孫男八人：禖、祉、祚、祜，俱庠生。祐、禔、禕、禘。孫女三人。曾孫男四〔八〕：君知、君賜、君用。曾孫女一。給諫兄弟卜以本年十月二十四日葬公于城東南十五里之新阡，奉二安人之柩而合祔焉，禮也。銘曰：

孰是明經，而靡遂其名？孰是好修，而弗究其行？貽慶式穀，濟濟滿庭，亦既享其成。壽康以榮，兹惟德之程。有鬱佳城，既固且寧。永世陳信，視此刻銘。

明故壽官北泉葛公暨配孺人展氏張氏墓誌銘

去蒲州治城北七里，蒲水之東，峨嵋之麓，其地蓋曰七里渡云。有葛氏者世處其鄉，而族姓益蕃，相傳力農爲業。其用商起家，赫然以貲雄閭右，寔自北泉公始。北泉公者，蓋商遊之雄桀者也，行年七十餘，竟以客死西土。諸子扶櫬歸，以其歲十二月十八日葬公北閻郭村東，從新兆焉。乃執州學生史君喬科所爲狀，踞余而索銘。余素聞公善心計人也，顧未面公，弗諳公之詳，乃史君之言可信，因次第而銘之。

按狀，公諱景先，字德華，北泉，其别號也。曾大父曰敬，大父曰全，父曰允，母荆氏。公兄弟凡三人，公居其長。幼有遠志，以門户爲念，奮然服賈，拮据夙夜，以貲遊於四方。西極張掖、酒泉，南涉吴越，自垂髫以及終老，凡五十餘載，足迹且半天下，而居貨西北之日多。末年其産遂大裕，不啻萬倍其初。公雖身自居積，凡貿遷所入，以及綺羅、布帛，衣履、簪珥之類，室無私焉，分之諸弟、子侄，必均如也，于是閫内大睦。諸子侄既壯，必携持遠邇，示之廢居疏滯方略，俾之知嚮。以故子侄輩率獲自立，有聲廛井中，而葛氏爲益昌焉。公生于成化丙午八月十二日，卒于嘉靖戊午正月十八日，得壽七十有三，遇恩例爲壽官。配展氏，淑儉而嚴，内政甚肅，生弘治壬子十一月二十一日，卒嘉靖戊子五月十五日，得年三十有九。繼張氏，淑德猶展也，生弘治甲寅九月二十九日，卒嘉靖乙卯十二月十三日，得壽六十有二。子男三人：苗，湖廣鴨欄鎮巡檢，娶甯氏；梧，吏部聽選官，娶馮氏，繼張氏：展出。樹，布政司承差，娶曹氏，繼傅氏，張出。女三人，郭汝憲、馬潛、馮邦仁，其婿也。孫男一，幼，苗出。孫女二，一字樊胤瑞，一幼，梧出。銘曰：

資富而壽，是曰福首。俾爾多藏，粟陳貫朽。俾爾永年，台背黄耇。得天之厚，葛宗之茂。麗爾玄居，百禄川湊。

明故郡學生草窗景公墓誌銘

公諱芊，字仰周，别號草窗，前京兆公蒲津先生子也。嘉靖乙卯十二月十三日，蒲地有土崩之變，公殞焉。越二年，子宣將葬公，手公之行實請銘于余。余閲之，泫然出涕。公于余爲諸舅行，余固幼識公，謂公有以爲也，而遽止是耶？傷哉！余既稔公賢，深悲公之志，誼當有銘。

按景氏，蒲著姓。六世祖博文者生敏叔，敏叔生聚，爲公高祖。曾祖章，封文林郎、東安縣知縣。祖侃，贈文林郎、陝西道監察御史。父蒲津先生，諱溱，任順天府府丞，故號京兆公。母王氏，贈孺人，余先母之姑也，于正德庚午十月八日生公。公幼有至性，方孩抱失母，即涕泣如成人者。奉太母王太孺人，以篤孝稱。其事京兆公也，先意承顔，左右就養必至。京兆兩以疾在告，公籲天延醫，萬方求濟，卒獲其吉。門内事無巨細，悉身任之，不以煩京兆公，而綜理又悉當京兆公意。京兆公得以適情經史間，無門户憂。京兆公有兄節判公，公歲時並奉于堂，率群從兄弟迭起爲壽，是以二公者洩洩然相樂也。京兆公一日暴病，公悸而心癲，病間，癲良已。迨癸丑，京兆遘疾，大漸，公亟治後事，盡志盡物，若猶不恔然于心。或曰已泰，公曰："吾恨不身殉爾，非所計也。"形容立毁，數至幾絶，見者悲之。事繼母劉孺人，終始無違言。孺人不育，嘗取節判公女撫之。公體其意，恩愛如同胞，及笄，厚其資妝而歸之。仍于舍左貿宅居其夫婦，時時經紀其家用，以紓京兆公、劉孺人之心。待宗族、姻黨以恩，急病恤之，凡耳目所及，若不獲已。公幼失恃，余外祖封君素庵公命外祖母孫安人取而哺焉。公既長，事舅父母如子職。後素庵翁客病渤海，公適隨京兆公任，亟使迎至京師，延醫覓方，日夕供湯藥，慰養篤至，歲餘，疾竟獲康，余舅氏鑑川公洎予母生時深感焉。與衆豁達泛愛，然必擇端亮有恒德者始定交，不以亨否久近有所軒輊。晋搢紳若安節趙公輩自布衣，蒲士若吾先友徐君大經自後進，咸爲莫逆交云。唯不喜與俗子接，見世之色厲象恭、險僻多機事者，輒目拒之，無論親疏，類不假以辭色，其天性然也。幼聰穎，弱而受學，即日誦百餘言，輒語其義。少長，益淬礪不懈，雖熟寐中往往諄諄作讀書聲。京兆公故多書，公無所不窺，是以沉浸汪洋，溢然無際。其爲文操觚立就，不蹈蹊徑，直陳意所欲言，而宫羽間作，玄黄蓊鬱，若驚鯨奔兕，遌之者畏焉。嘉靖戊子，試於鄉，不第。歸而補郡學諸生，鳩同志友朋，若余諸舅輩三數人相觀于潤南精舍，充養益邃。甲午，又不第。丁酉將試，監試侍御，京兆公中臺友也，人或以私擬公。公浩然曰："夫士誠患德不明、業不修爾，名與我何有哉?"乃謝病不入試，士論高之。公禀氣清弱，中歲多疾，不禁勞。會京兆公既在告，公潔志色養，陳情辭還膳廪。監司重其才，累强不就。乃棄舉子業，益專精爲古文章，視世俗事無一物可留礙于心者。公識鑒精朗，且博涉史傳，每論及天下事，商古今機宜，指掇其興敗之因，劃張弛之略，權利害遠近去取之效，較然若指諸掌。前侍御古峰余公、今大司馬虞坡楊公，每聞謨議，亟嘆服之。公始配張氏，温淑孝敬，有子而早逝，生正德癸酉八月十五日，卒嘉靖辛丑十二月一日。繼賈氏，生嘉靖戊子閏十月二十五日，卒嘉靖丁未九月二日。繼王氏，生嘉靖壬辰七月一日，卒與公同日。俱備閫德，公甚禮焉。子男一人，即宣，州學生，娶楊氏，虞坡公女。女一人，孫女一人，俱幼。葬地爲條山鹿谷之麓京兆公新阡右，次三孺人合窆焉。葬之日爲嘉靖戊午五月二十五日。銘曰：

泝景之先，系宗有熊。差闡其華，合響靈均。炎遷四姓，景錯三輔。冠蓋蔓延，河東爰宇。於懿維公，京兆之子。德率邇儀，文聯遐軌。曰儀維何？孝友温恭。皎如秋日，穆若春風。内融外孚，式穀以隆。曰軌維何？夕秀競揚。鸞翔霞嶠，驥騦康莊。雍容入室，把玩珩璜。大河瀰瀰，條山嶷嶷。有匯斯發，人文是熙。左挹其淙，右控其岡。永偕淑儷，奠此玄堂。

司禮監管監事太監雙槐王公墓誌銘

雙槐王公既請老之明年，卒于正寢，時萬曆壬午秋九月十六日也。初公以疾乞休，上念公服勤三朝，且精力朗健，眷留不允。疏三上，詞益切。上不得已，許之，仍月給米二十石，歲給灑掃夫二十名，非常典也。及是訃聞，上悼惜深至，特命内官監大監丘得用等爲治喪事，賜諭祭六壇、寶鈔萬貫、白金百兩、紵絲表裏，及香燭、油米、麻布、齋糧，命有司造墳安葬，建亭堂、碑亭，賜祠額。兩宫聖母各有銀兩、表裏、香燭之賜。蓋凡恩恤厚終之典，視前後特隆備云。公嘗預營壽藏于磨石口薦福山之原，得用等率公弟侄，將以某月某日奉公柩歸窆，乃介太子少保、大司馬梁公狀公行實，屬余爲銘。

按狀，公諱臻，字景福，雙槐，其别號也。世爲保定府新城縣人。祖祥。父大用，以正德丁卯六月初三日生公。公初在娠，父母感異夢，及生，果不凡。警敏修潔，處宗族、鄉黨間，恂恂執禮讓，隱然有遠大志。遇達人、長者，必咨訪天下國家事，衆咸異之。正德丙子，選入内庭乾清宫近侍。嘉靖初，進内書堂讀書，識量益弘達。尋典六科廊，升司禮監典簿，辦理敏贍，一應典禮賴以周善。嗣升本監右少監。時徽庶人恣横干紀，及代藩宗人坐不法事，俱敕公往勘，詳讞明允，咸伏其辜。進升太監，賜蟒衣、玉帶。景王出封，奉敕護導之國。比王薨，復奉敕迎柩還京。潔己飭法，馭下嚴整。所至省事節財，民不知擾。各巡按御史據實以聞，中外嘆以爲難。隆慶戊辰，進本監秉筆，兼掌銀作局。位遇日隆，而處己益約，廉明練達，衆心翕服。萬曆丙子，提督文華殿及禮儀房事務。丁丑，舉大婚禮，奉敕于北直、山東地方選求賢淑，以肅慎聞，賜禁中乘馬，坐凳杌。凡前後所蒙恩賚，飛魚、斗牛、蟒衣、坐龍、玉帶、絲環，及金玉、器玩、貂服、文綺、珍饌之類，未易枚舉，歲加禄米至四百三十二石。其承寵殊優渥矣，乃居之泊然，視其德樸茂淳固，不類都顯榮者，何其厚也！公容貌魁頎，神氣偉秀，逾七望八，其狀僅若人之五六十者。天性無矯飾，人與之處，一見即傾心，久則益洽，有先民之風焉。以若豐稟篤行，即百歲當可企，乃享年七十六而止，壽矣，猶未厭人心也。公弟春，錦衣衛副千户，侄尚仁，錦衣衛百户，咸承公廕，冠裳濟濟，競爽一時，公之亢宗裕後博矣。銘曰：

惟材則良，神畿攸産。惟德之行，禁庭攸簡。歷奉三朝，永肩一心。宣勞中外，乃罔不欽。晝日承暉，夜臺蒙恤。生死榮光，褒忠垂律。福山有阡，負壠環川。勒珉考德，於萬千年。

行　狀

明故處士北莊郝公〔九〕暨配孺人葛氏行狀代鑑川王公作

北莊郝公暨配孺人葛氏者，吏部司務漁磐君之父母也。先是歲丙辰，吏部司務員缺，大宰深惟銓務之重，慎所擇委者。郝君適以欽取至，遂奏授之。于是公已歿，乃迎葛孺人養于燕京宦邸。越三載庚申，而孺人卒。司務君將扶櫬西歸，啓公之封而合祔焉，禮也，乃涕泗以告余曰："貞不幸，吾母亡矣。初先考之葬也，不肖孤爲壙記，納諸羡中。于時未徵銘，蓋有待焉。兹欲祈銘于當世之大人，以發幽潛、徵久遠。願子爲先父母狀，俾不肖有藉焉。"司務君之中子，余婿也，余故諳公夫婦之爲人，是用撮其大都，爲狀如左。

公諱麒，字廷祥，别號北莊。先世爲弘農陽化村人，元初，六世祖諱銓者始徙于蒲，是爲公之始祖。銓生恕，恕生修，公高祖。修當國初時，遂占籍蒲之明教厢，故郝氏迄今爲明教厢人。修生存禋，公曾祖。存堙生玭，公祖。玭生賓，公父也。母聶氏，于成化己亥五月二十九日生公。公天性孝友，早失怙，母聶孺人在堂，承順顔色，雖百方必求當意。友愛弟麟，恩義甚篤。幼歲遭家中否，爲俯仰計，遂服賈遊四方。西涉洮、隴，逾皋蘭，東歷梁、豫、陳、汝，而南浮淮泗，泛彭蠡，往來震澤、會稽之境，足迹且半天下。嘗以心計商四方贏縮以廢居其貨，往往奇中，迨末年而占産遂饒。公雖身自跋涉，不爲私殖計，每經營自外入，携篋與弟共之，尺寸無私焉。故弟麟事公亦最悌，和樂且孺，終其身不異爨，里人稱之。性剛正，能面折人之過，人亦鮮怨者。嘉靖壬寅正月初十日卒于家，得壽六十有四。配孺人姓葛氏，鄉耆鋭之女，淳樸，寡言笑，自奉甚約，靡事華縟。其經理内政，躬操井臼，不辭拮据之勞，故公得以行貨四方，無有中顧憂。郝氏之業微而復振者，孺人與有内助焉。姑聶孺人卧疾，孺人侍湯藥，不解者七十餘日。處妯娌甚睦，御臧獲嚴而有恩。初公命司務君業儒，既而旅遊，率比歲一歸，不得時省其業，乃孺人夙夜誨督甚至，故迄有成功焉。孺人生于弘治庚戌八月二十五日，卒於嘉靖庚申五月二十二日，得壽七十有一。子男一人，永貞，即司務君，娶張氏，繼張氏、裴氏。孫男二：承謙，州學生，娶張氏。承訓，聘余女，早卒。孫女二，一適段仲勳，生員，一幼。夫公夫婦以勤儉興家，以詩書啓後，惠風播于鄉黨，餘慶流于子孫。公殁時，司務君業已舉于鄉矣，于今幾廿年，司務君遂班銓司，駸駸益通顯，孫枝且奕奕然蕃衍而未艾也，信仁人有後哉！余不佞，姑以見聞之真著其可志者若此，伏惟立言君子擇焉。

祭　文

祭許年伯文

惟公襲華世閥，毓珍江汜。天倪懋和，人倫肇軌。氣藹春陽，神凝秋水。綰章三輔，弦歌載耳。拂衣五湖，琴書燕喜。匱玉澤身，籯金教子。餘慶惟遐，義方孔邇。越有元胤，蜚英濟美。家之鳳麟，邦之杞梓。花縣搴帷，鎖闈曳履。雉馴景風，鳳鳴晨晷。衮職無缺，中流有砥。帝念豐功，推恩自始。鸞誥褒仁，寵光朱紫。鶴髪迎和，逍遥杖几。五福攸宜，百年未已。胡是徂炎，凄風驟起？梁木其摧，靈椿告圮。氣慘吴門，悲傳燕市。天道何知，子心若毁。某等心嚮高風，夙勤瞻企。誼叨世講，寔通休否。倚玉賢嗣，彈冠帝阯。責善韋弦，比臭蘭芷。忽聞公訃，惄焉傷止。生芻可致，繐帷莫跂。爰采薄芹，式申短誄。玄酒一觴，白雲千里。嗚呼哀哉！尚饗。

祭止一公夫人文代父作

嗚呼！情有相感，數有適然。詞不及陳，涌涕如泉。謂天禍福，淫刑德賞。昔意其然，今見其爽。念外季母，種德孔阜。孝敬慈仁，休譽終茂。維父分牧，維舅司爨。維夫典誥，維子元名。河山閥閲，奕蒨家聲。然而幼秉敏慧，壯勞門户。居艱立孤，勞心焦腑。名享其榮，身嘗其辛。憂勤既往，泰豫方新。二難承芳，金輝玉映。天逵横騫，家緣滋盛。兄弟孝友，姊姒惠和。藹藹庭闈，百順是荷。旻天大憮，降是荼苦。劃然震驚，莫知控語。某屬諸婿，夙挹德音。暨我淑配，承寵良深。憶昔傷今，中心如剗。曾是閨哲，同德均患。靈轝將駕，悲何能堪？陳牲告酹，雨淚泛瀾〔一〇〕。嗚呼哀哉！尚饗。

壬申告墓文

嗚呼祖考，葆真含曜。種德則豐，未食厥報。惻惟祖妣，盛年不夭。閉門字孤，永絶華鉛。茹蓼餐荼，具歷苦辛。神佑貞德，集于蒙孫。痛惟顯妣，夙秉淑慧。烹鯉孝養，和熊訓厲。遭家中窶，逢歲又艱。鞠育維多，愁心慘顔。維承明訓，幸通仕籍。教有三遷，養靡一日。嗚呼！痛哉。荐荷國恩，爰歷華要。

墓木已拱，寸草難效。賜告西旋，雨露既濡。感今念昔，音容邈如。敬陳牲醴，祇具芳樽。豐碑可待，國有明恩。以叔妣左氏，弟四事、弟婦王氏，弟四術、弟婦沈氏配。尚饗！

考妣祔廟告文

昨歲仲春，新營〔一〕安厝。爰遵禮典，設座中堂。用妥明靈，朝夕供祀。日月易邁，奄逾大祥。家廟既成，卜吉來辰。虔奉考妣神主，同始、高、曾祖遷祔新室，以昭受榮恩。春秋嚴事，謹用牲齊，恭申預告。音容如睹，感愴惟新。尚饗！

家廟告文

孫叨列祖遺庥，有位于朝，法當立廟。謹即新宅之左崇建祖居，卜吉來辰，寅奉列祖考妣神主遷祔，謹用牲齊，敢申預告。尚饗！

外祖新祠告文

外玄孫張某，敢昭告于外高祖考雷公、外高祖妣□氏，外曾祖考解公、外曾祖妣王氏之神曰：玄孫謹即新宅之右崇搆明祠，卜吉來辰，寅奉二祖考、二祖妣神主以遷，朝夕嚴事，謹用牲齊，恭申預告。尚饗！

禫除祭文

嗚呼！父棄諸孤，已越大祥。家難連綿，骨肉摧圮，旦夕不遑。忽終禫制，歲月遄邁。音容益遐，感愴百緒。從吉有典，禮弗敢違。怙恃永懷，終天罔極。謹用清酌庶羞，祇修禫祀。

甲申新塋司工之神祭文代作

欽差工部屯田清吏司主事沈一中，敢昭告于敕建新塋司工之神曰：恭將欽命，來搆崇阡。時日惟良，靈歸其宅。恤恩顯被，隆典告成。允藉庥靈，敢忘虔報？牲醴既潔，攄悃陳辭。鞏固斯封，流光渥澤。於千萬祀，永荷神功。尚饗！

新塋司門祭文代作

欽差分守河東道、山西布政司左參政王基，敢昭告于敕建新塋司門之神曰：欽承上命，創此新塋。諏日惟良，靈輦至止。敢用牲醴，祗告明神。仰藉陰庥，默垂呵護。安歸玄宇，光荷皇仁。尚饗！

新塋司土祭文代作

欽差分巡河東道、山西按察司副使栗在庭，敢昭告于敕建新塋司土之神曰：帝有恩命，營葬此土。迨今其吉，靈柩來歸。敢用牲牷，敬申祀告。玄堂閟密，惟神是依。保固崇封，永光天寵。所祈幽贊，尚鑒悃誠。尚饗！

舊塋司土祭文代作

蒲州知州鄭文彬，敢昭告于張氏祖塋司土之神曰：惟誥封王夫人即安于此二紀餘矣，棺翣如新，寔神之祐。茲承明命，遷葬新塋。執紼戒行，奉牲辭告。神其歆服，保無後虞。尚饗！

五弟子易生日令兒輩墓祭文代作

孝侄某某等，敢昭告于叔考松磐府君之靈曰：嗚呼！叔考之歿，時當春暮。歲序流易，奄及仲冬。言念茲辰，寔惟生忌。感今思昔，舉室慟傷。敬用牲齊，仰申薦告。叔靈不昧，陟降如存。奉叔妣范孺人配。尚饗!

祭薛文清公文

維隆慶六年，歲次壬申，三月丙戌朔，二日丁亥，吏部左侍郎兼翰林院學士張某，謹以剛鬣束帛庶羞之儀告奠于先正薛文清公之神曰：嗚呼！惟公契道以心，體道以身。斥遠異説，不作空言。正學一脉，昭代一人。朝著表儀，學者準繩。頑夫薰德，稚子聞名。皇運聿昌，僉論載明。特表真儒，從祀孔庭。一時曠典，萬世公心。某州里小子，百年後生。仰止每切，寡過未能。讀書有録，示我規箴。遵彼汾曲，修謁祠宫。琴舄瞻德，黍稷薦馨。流風穆若，山高水清。

《條麓堂續集》跋

歷稽往牒，古瑰瑋大君子身往而其言益尊，非直言尊也，有尊於言者也。因其垂世之辭，以游其經世之品，謂皋、伊、周、傅至今存可矣，而况於去世之甚近者乎！憶不肖冲稚時，侍先祖王温懿席間，聆貴客語朝家大務，謂今宗社奠沸鼎於安瀾，燮元氣以敦大，寔賴蒲阪張師相公爲乂安命脉。間傳示公筆撰緒餘，則共相欽讚，以爲降嶽神而鍾列星，胡相業、文章摽朗如是？獨憾荒徼疏逖，不多讀其鴻藻偉麗之辭。不肖雖幼，固彷佛志焉，如蘇子瞻聽父客譚富、范，謂天上人。積是有年，徼天之霈，歲登甲寅，璽書掄公仲公大參知公保釐荆岳，按節涔澧，不肖私淑之餘，得藉手讀先太師《條麓堂集》。居頃之，而續集賡成，蓋先祖以來所爲仰斗山而負笈無緣者，不肖得縱汪洋之觀，叩洪鐘而披玉屑焉，豈非重厚幸哉？太師翼亮貫日月，勛施覆華夷，恢綱廓紘，補天浴日，黄髮垂髫，知之頌之。而以昭明典則勒簡編，以渾噩文章培氣運，則嘉、隆而後，綿萬曆之聖祚於永永無疆者，寧獨相業之鞏磐石，實惟文章之斡造化焉。今隨讀其集中隻詞，無不冲雅純至，淵邃精宏，而必攄之忠君愛國，撫世旋運，與謨弼幾康之指相參，而表裏於《伊訓》《説命》間，則太師文毅公之功之言，直繼皋、伊、周、傅以來，爲斗南一人，而奚近代殷輔之頡頏者耶？《續集》之壽諸梓也，澧鄉紳我彭吴君寔襄之。吴君一日挾策過語，曰："蒼頡書成，天爲雨粟。今山靈覿秀，名書竣工，景星、卿雲照映此土，川谷媚而夭喬稔，不蔡可知。"不肖惟是拜而誦，仰而思。往正集之出，趙藩與于弁序。夫太師文毅公之相品不以序重也，而公垂世之言益以其相品尊也。《詩》云："有匪君子，如金如錫，如圭如璧。"蘇軾有言，金錫圭璧之所見，瓦石草木被其光澤多焉，而况文章之爲金錫圭璧之所見者乎？漶不斐不倫，幸厠休隆，叨藩此邦，誼共守土，樂揚美盛，謹齋沐而綴數語於簡末云。

旹萬曆乙卯歲仲春既望，奉敕管理府事華陽王長子至漶頓首謹撰

《條麓堂續集》跋

昔韓魏公之相也，勛造社稷，施覆華夷，而猶以謂於文章未之逮焉，則置歐陽永叔於翰林而始自愜，曰："天下文章莫大於是。"繇斯知文章、相業難有兼之者也。兼之惟司馬文正乎？司馬氏學貫天人，國體、時務博極通達，而溢爲文，無不宏深訏碩，鑿鑿經世之程。微論五規、三札，通志、編年，昭萬祀不磨，即當時人主亦自知之，曰："文學兼優，無出右者。"以褒學受主知，而攄爲忠烈，崇敦大，培元氣，帖權奸，除僉邪而汲方正，一運之以真誠，而奠宗社安瀾，則文章之爲經濟大也。千古一司馬也，宜田夫、孺子皆知其爲真宰相矣。以是商先往券於玆，遐哉邈乎，而得先太師張文毅公其人。公之相品，在周、召、伊、傅間，薦紳鉅公咸識之頌之，而容詎後先君實，顧其地微有合焉。當公膴仕時，挾震主者法網牛毛，一切束濕，公陰調以寬厚，不致沮疑，而海内陰沐公仁壽之賜。"亢有悔"，而公彌膺"一德和衷"之知，不動聲色，去太去甚，元祐之君子滿朝，嘉、隆之盛治迭固，則公惟運之以真誠，而天祚盛明，共得拜公有用之學也。夫文章不足以盡公，而可以得公經世之學。愚何知，讀《條麓堂集》知之。先是，公有正集梓行，海内仰之，如兩曜經天，想見賁離之運，而讀之猶恐其易盡焉，曰："以公窺七瑛富五車，而或有藏之二酉者乎？"歲之甲寅，公次公大參知按節建旗鼓，保釐荆岳，而不肖錢以舊屬吏家居，撰杖履間，間詢先太師秘邃，而大參知出一帙，曰："此大人遺編漏剞劂者，某掇拾録輯有年矣。"不肖錢稽首拜手而函以出，讀再越旬，嗟嗟！大矣哉。臺閣文詞，五鳳樓手，鴻藻錯燦，即隻字不能掩矣。兹集出而昭徹九原，休明一世，保無遺矣。公摽炳赫奕，定難扶傾，鼎鐘史册不罄勒，而讀此兩集，亦足以神游其品矣。夫黄耳金鉉，久聘不赴，辭副樞之超卓也。《永樂大典》《肅皇實録》俱係總裁，資鑑之共昭垂也。籌服俺酋，噏指款塞，蓋遼人亦曰中國相司馬，無敢生邊事。以是大較，埒觀文章、相業，謂韓忠獻、歐陽文忠所不能俱優，而獨先太師兼爲一人焉不虚也，兹集也詎可漏而不傳耶？謹稽首拜手而董壽諸梓，題曰《條麓堂續集》。《記》有之："顯揚先嫩〔一二〕，所以崇孝也；身比焉，順也；明示後世，教也。"一舉而三美足術焉。即日者大參知以世德佐聖明鹽梅舟楫之用，蘭臺石室之紀，實屬續於此。錢不斐，惟是虔督其役，敢焚盥而爲之跋。

萬曆乙卯仲春之吉，楚澧晚學吴錢頓首拜譔

校勘記

〔一〕"埄"，疑當作"烽"。

〔二〕"穩"，疑當作"隱"。

〔三〕"距"，原作"詎"，據文意改。

〔四〕"字"後，疑有脱文，待考。

〔五〕"子"，據文意疑衍，待考。

〔六〕"煤"，疑當作"棋"。明李實《虚庵李公奉使録》："朝見上皇，同少卿羅綺、指揮馬顯，共進紵絲綵段四疋，及粳米、魚肉、棋炒、燒酒等物。"清查慎行《人海記》："嘉靖三十年，户部行宛、大二縣，領太倉銀三千，散給各燒餅鋪户，每銀一兩，上碁炒一石。其法，用白麵少和香油、芝蔴，爲碁子塊樣，炒熟，工部送至軍處所支用。""碁"同"棋"。

〔七〕"三"，疑當作"二"。

〔八〕"四"，疑當作"三"。

〔九〕"公"，原空一格，據卷首原目録補。

〔一〇〕“泛瀾”，當作“汍瀾”。《後漢書·馮衍傳》：“淚汍瀾而雨集兮。”

〔一一〕“瞀”，疑當作“堥”。

〔一二〕“嬎”，《禮記·祭統》作“祖”。

附録

闕文卷三至卷十一目録〔一〕

卷三

書一

卷四

書二

卷五

書三

卷六

書四

卷七

書五

卷八

書六

卷九

書七

復王敬所
復楊彬庵
復劉應谷
復孫寅所
復南暘谷
復晋似齋
復劉應谷
復馮澤山
復吴紹溪
復許海嶽
復曹傅川
復許淮江
復申松巖
復楊虞坡
復羅文峰
復曹傅川
復馬乾庵
復陳五嶽
復苗實齋
復陶念齋
復徐存翁
復周際川
復王心庵
復朱鎮山
復晋似齋
復楊中峰
復李沱南
復董澐溪
復温涵齋
復梁鳴泉
復高鶴樓
復劉思庸
復高玄翁
復沈柱山
復梁鳴泉
復陳中峰
復楊本庵
復王康衢
復王東岑
復楊培庵
復高玄翁
復張大石
復曹傅川
復褚愛所
復曹傅川
復劉思庸
復黄後山
復張環川
復陶念齋
復何玉軒
復王對南

卷十

書八